16	3	2	13
5	10	11	8
9	6	7	12
4	15	14	1

Lúcio Kowarick
Heitor Frúgoli Jr.
organizadores

PLURALIDADE URBANA
EM SÃO PAULO

Vulnerabilidade, marginalidade, ativismos

editora■34

EDITORA 34

Editora 34 Ltda.
Rua Hungria, 592 Jardim Europa CEP 01455-000
São Paulo - SP Brasil Tel/Fax (11) 3811-6777 www.editora34.com.br

Copyright © Editora 34 Ltda., 2016
Pluralidade urbana em São Paulo © Lúcio Kowarick e Heitor Frúgoli Jr., 2016

A FOTOCÓPIA DE QUALQUER FOLHA DESTE LIVRO É ILEGAL E CONFIGURA UMA
APROPRIAÇÃO INDEVIDA DOS DIREITOS INTELECTUAIS E PATRIMONIAIS DO AUTOR.

As opiniões, hipóteses e conclusões ou recomendações
expressas neste livro são de responsabilidade dos autores
e não necessariamente refletem a visão da FAPESP.

Capa, projeto gráfico e editoração eletrônica:
Bracher & Malta Produção Gráfica

Revisão:
Beatriz de Freitas Moreira

1ª Edição - 2016

CIP - Brasil. Catalogação-na-Fonte
(Sindicato Nacional dos Editores de Livros, RJ, Brasil)

Kowarick, Lúcio
K88p   Pluralidade urbana em São Paulo: vulnerabilidade,
marginalidade, ativismos / organização de Lúcio Kowarick
e Heitor Frúgoli Jr. — São Paulo: Editora 34; FAPESP,
2016 (1ª Edição).
416 p.

ISBN 978-85-7326-618-4

1. Sociologia urbana. 2. Antropologia urbana.
3. Cidade de São Paulo - História e crítica. 4. Cultura
e política. I. Frúgoli Jr., Heitor. II. Fundação de Amparo
à Pesquisa do Estado de São Paulo. III. Título.

CDD - 307.76

PLURALIDADE URBANA
EM SÃO PAULO
Vulnerabilidade, marginalidade, ativismos

Introdução
Lúcio Kowarick... 7

Sobre este livro
Heitor Frúgoli Jr... 15

Parte I — PRODUÇÕES CULTURAIS DA PERIFERIA

1. Hip-Hop SP:
transformações entre uma cultura de rua,
negra e periférica (1983-2013)
Márcio Macedo 23

2. Entre imagens e imaginários:
estética e política nas intervenções visuais/audiovisuais
de coletivos culturais paulistanos
Guilhermo Aderaldo 55

Parte II — MORADIA E VULNERABILIDADE

3. Favelas: fatos e boatos
Suzana Pasternak 83

4. Segregação e alteridade na metrópole:
novas e velhas questões sobre cortiços em São Paulo
Maura Pardini Bicudo Véras 111

5. A exploração nos cortiços do Centro
e a luta pelo direito de morar dignamente
Luiz Kohara 141

6. Cortiços: reflexões sobre humilhação,
subalternidade e movimentos sociais
Lúcio Kowarick.. 171

Parte III — ÁREA CENTRAL E MARGINALIDADE

7. A rua no Brasil em questão (etnográfica)
Fraya Frehse 197

8. Fluxos de uma territorialidade:
duas décadas de "cracolândia" (1995-2014)
Taniele Rui 225

9. Territorialidades e redes na região da Luz
Heitor Frúgoli Jr. 249

Parte IV — POLÍTICA NA ACEPÇÃO AMPLA DO TERMO

10. Partidos e comportamento político
na metrópole paulistana
Rachel Meneguello 275

11. Saímos do Facebook?
Esther Hamburger 293

12. *Quem não luta, tá morto*:
política e vida no centro da cidade
Stella Zagatto Paterniani 321

Parte V — SEGREGAÇÃO E VIOLÊNCIA URBANA

13. Estrutura social, segregação e espaços
Eduardo Marques, Carolina Requena e Telma Hoyler 351

14. A cidade e a dinâmica da violência
Sérgio Adorno, Camila Nunes Dias e Marcelo Batista Nery 381

Sobre os autores 411

Introdução: *Eppur si muove!*

Lúcio Kowarick

São Paulo é uma cidade dinâmica, polimorfa, complexa, sempre em movimento, *in fieri*, articulando de forma conjugada riqueza e pobreza. Seu caminhar já foi analisado social e territorialmente do seu centro histórico para a avenida Paulista, para a avenida Faria Lima e, finalmente, até os entornos da Marginal Pinheiros rumo ao Morumbi, em uma sequência que sugere os fluxos e refluxos da especulação imobiliária (Frúgoli Jr., 2006). Sobre ela muito se escreveu: houve quem se utilizasse da metáfora "decifra-me ou te devoro" para mostrar suas abismais diferenças e dificuldades de interpretação (Goulart, 2013). Também já foram assinalados os processos de sua conformação. Neste sentido, basta mencionar que em São Paulo de 1900, cerca de metade da sua população era de italianos. No Brás ouvia-se mais os sotaques siciliano e calabrês. Depois vieram os espanhóis e japoneses e, após a década de 1930, milhões de nordestinos, que deixavam pequenas cidades e áreas rurais rumo a São Paulo, cuja urbanização foi a mais veloz do mundo comparada às metrópoles europeias e norte-americanas, no percorrer do século XX. De várias partes do mundo também vieram os judeus, localizados na indústria de confecção do Bom Retiro, atualmente substituídos pelos coreanos, além dos bolivianos e paraguaios, primordialmente concentrados no distrito do Pari.

Mas de que esfinge se trata? Sem ter em conta os ensaios, poesias e contos que a ela tiveram referência, e por uma questão de espaço, pode-se dizer que *São Paulo, 1975: crescimento e pobreza* foi um marco divisório analítico (Camargo *et al.*, 1976).[1] Tratava-se de desvendar a questão urbana em que a "desordem" se esclarece na assim chamada "lógica urbana", cuja explicação se suporta na segregação socioespacial, produzindo moradia

---

[1] Não entram neste rol os estudos que se debruçaram sobre a participação em movimentos sociais, como Sader (1988), Singer e Brant (1981), Bógus e Wanderley (1992), Doimo (1995) e Avritzer (2004).

para as camadas pobres que leva ao rebaixamento do custo urbano da reprodução da força de trabalho. A seu turno, mas não menos importante, a deterioração salarial era acrescentada à precariedade ou ausência dos bens e serviços de caráter coletivo, e sua expressão síntese foi o aumento da mortalidade infantil durante o "milagre brasileiro" (1968-1973). O livro, produzido por pesquisadores do Centro Brasileiro de Análises e Planejamento (Cebrap),[2] encomendado pela Comissão de Justiça e Paz, e prefaciado pelo cardeal Dom Paulo Evaristo Arns, penetrou nos centros acadêmicos latino-americanos de vários países da Europa e dos Estados Unidos, bem como nas periferias urbanas através das Comunidades Eclesiásticas da Igreja.[3]

Implícito naquela coletânea, o conceito de *espoliação urbana* torna-se explícito poucos anos após (Kowarick, 1979, 2009). Era o contraponto do "salário indireto" — moradia, transporte, saúde, educação, segurança etc. — que, subsidiado pelo Estado, aumentava o padrão de vida dos trabalhadores, pois tinham acesso a esses componentes básicos à vida nas cidades. Estas teorizações efetuadas pela Escola Marxista Francesa de Sociologia Urbana serviram de patamar — pelo seu inverso — para as análises das metrópoles brasileiras: o acesso aos serviços, à moradia e à terra por aqui era rudimentar, constituindo-se em elemento que comprometia aqueles impossibilitados de pagar os preços vigentes no mercado.

Nesses livros nada havia a respeito da violência, seja dos bandidos, seja da polícia, que aparece na coletânea *São Paulo: trabalhar e viver* (Brant, 1989). Nela há um capítulo que aborda o tema sob vários ângulos. De fato, tal livro analisa de maneira pioneira a questão referente à criminalidade violenta, seja homicídios ou latrocínio, bem como as mortes causadas pela Polícia Militar no município: entre 1982 e 1986, foram mortos por esses agentes do Estado mais de 2 mil pessoas, a maioria composta por negros ou mulatos, jovens moradores das periferias da cidade: tratava-se de um fenômeno novo em São Paulo, que se ampliou até a década de 1990, estando presente em menor grau em todas as metrópoles brasileiras até os dias de hoje.[4] Nessa época, surgem organizações criminosas como o Primeiro Co-

---

[2] Sobre o Cebrap, ver Montero e Moura (2009).

[3] Mas nem todos dele gostaram: Erasmo Dias, Secretário de Segurança do Governo do Estado de São Paulo na época, afirmou para a imprensa que era seu "livro de cabeceira": lia-o todas as noites para "ter raiva dos comunistas".

[4] Pessoas mortas pela Polícia Civil e pela Polícia Militar entre 2002 e 2004: 1.023; entre 2005 e 2007: 599; entre 2008 e 2011: 996; totalizando 2.618 casos. Pessoas feridas nos períodos citados: 511, 428 e 564, somando 1.543 casos. Os mortos e feridos atingi-

mando da Capital (PCC). Ele pratica o assim chamado "debate", onde julga os mais variados delitos, que vão desde desavenças entre vizinhos até atos considerados por seus líderes de extrema gravidade, cujas penas vão desde a expulsão da comunidade até a sentença de morte (Feltran, 2011a, 2011b): uma justiça privada que não só "mantém a ordem" nos territórios onde atua, mas também tem a seu encargo a distribuição de vários "serviços" para a população local, que conhece os criminosos e mantém com eles relações formais ou informais. É uma problemática que necessitava ser investigada nos seus múltiplos aspectos e, neste particular, teve primordial importância o Núcleo de Estudos da Violência da Universidade de São Paulo (NEV-USP).

Daí para a frente, passou a ser tema central nos estudos que abordavam os problemas da metrópole. Sem dúvida, *Cidade de muros* (Caldeira, 2000) enfrentou-o de modo sistemático, trazendo à luz processos até então não abordados: a "evitação" que os abastados têm em relação aos que não são seus "semelhantes". Não é à toa que nos prédios de moradores de classes média e alta instalou-se toda uma aparelhagem defensiva contra os "intrusos" e "indesejáveis", sobre os quais cai toda a sorte de preconceitos. Não é por acaso também que os favelados não revelam seu local de moradia, porque isso significaria a perda ou a não obtenção de empregos domésticos. Também não é por acaso que nos prédios de grupos abastados haja o "elevador social" e o "de serviço" para mostrar a cada um sua trajetória social de entrada e saída.

Sob várias abordagens, uma coletânea posterior compara as condições socioeconômicas de moradores em favelas e aqueles que habitam em loteamentos precários em torno deles: todos estão em uma situação de vulnerabilidade, mas os primeiros podem ser caracterizados como os pobres dentre os pobres (Marques e Torres, 2005); anos antes os autores tinham introduzido a noção de "hiperperiferia", que em muito iria pautar as investigações subsequentes (Marques e Torres, 2001).

Repita-se quantas vezes necessário for: sem exaurir toda a literatura a respeito de São Paulo, a criminalidade passou a ser temática recorrente, em boa medida estruturadora das análises antropológicas e sociológicas que verificam *in loco* quem mata e quem morre (Paes Manso, 2005). É também da pesquisa etnográfica que entrevistou moradores de cortiços, periferias e

---

ram 4.161 pessoas (segundo dados divulgados pelo Instituto Sou da Paz; para mais detalhes, ver <http://www.soudapaz.org/>, acesso em 3/7/2015).

favelas procurando desvendar como o "trabalhador" convive com o "bandido", que frequentemente estudaram na mesma escola, moram nos arredores e, às vezes, na mesma casa. Ou seja, todos se conhecem, uns por amizade, outros por medo de represálias, todos se calam, enquanto os bandidos desenvolvem seus atos criminosos em outros locais (Kowarick, 2009).

A esta curta e incompleta sequência bibliográfica, resta mencionar o livro coletivo que percorre os temas de habitar na cidade, de como se desenrola sua produção e o trabalho que leva adiante as engrenagens econômicas, a questão habitacional, as mudanças nas dinâmicas demográficas, a sociabilidade e a violência na metrópole (Kowarick e Marques, 2011).

A presente coletânea retoma alguns temas do volume acima citado, sobre moradia precária, produções culturais oriundas das periferias, partidos políticos, violência, bem como aborda questões mais recentes, como os protestos de 2013 e introduz novas análises sobre o Centro, suas ruas e praças e, sob vários ângulos, analisa a desumanidade da "cracolândia" e a introdução da droga no contexto paulistano, nos seus últimos 20 anos.

Atualmente há muitos favelados — quase 1,5 milhão, mais de 13% dos habitantes da capital: eram praticamente inexistentes até o início de 1980. A seu turno, os moradores de cortiços diminuíram, mas não são uma reminiscência do passado, pois continua-se a construir ou reformar edificações com o fito de transformá-las em moradias coletivas, cuja população é estimada em cerca de 1 milhão de pessoas pelas lideranças dos movimentos sociais. A questão da moradia, que também engloba os habitantes das periferias, deve ser enfrentada com prioridade pelos poderes públicos, sob pena desses números não deixarem de crescer. Neste sentido, basta mencionar que o incremento dos favelados entre 2000 e 2010 foi três vezes superior ao aumento do conjunto dos habitantes do município. Nele o ritmo de incremento demográfico tem diminuído década após década, com exceção das fronteiras da metrópole, que ainda se expandem a ritmo elevado. Ressalta-se que 2 milhões de pessoas habitam nas cercanias das represas Guarapiranga e Billings, ao mesmo tempo que as matas da Serra da Cantareira têm sido literalmente devoradas pelos loteamentos de vários estratos de renda: o problema não é só a contaminação ambiental mas também o comprometimento do abastecimento de água para os 20 milhões de pessoas que moram na Grande São Paulo (Maricato, 2012).

Outro tema prioritário reside na mobilidade urbana, pois muitos gastam cerca de 3 horas ou mais no duplo percurso diário que une a moradia ao local de trabalho: a imensa maioria vem das periferias longínquas para trabalhar no centro da capital. Daí a importância de se dar um destino social às edificações vazias — cerca de 23% — na área central do município (Kowarick, 2009: 114).

Violência dos bandidos ou policial é outro problema, pois sabe-se que na capital cai o número de homicídios, apesar da vasta variação entre os diferentes distritos: Jardim Ângela, por exemplo, tem uma proporção de assassinatos três vezes superior à que ocorre no Alto de Pinheiros, somando-se a essa disparidade o fato de negros e mulatos jovens totalizarem 25% da população assassinada, enquanto os brancos somam 7%. Em contraponto, roubos e furtos não cessam de aumentar nas áreas de grupos de rendimentos mais elevados.[5] De toda forma, o medo tem norteado a sociabilidade dos paulistanos, que evitam trajetos, locais, horários e se defendem em edificações que mais e mais se parecem com "bunkers".

Por sua vez, dados amplamente divulgados atestam que os parcos e poucos investimentos estatais estão voltados para os grupos infantojuvenis, através de postos de saúde, creches e escolas de primeiro e segundo ciclos. Irrisórios, para não dizer inexistentes, são os investimentos voltados para as camadas idosas. Quando se sabe que no município a imigração foi negativa entre 2000 e 2010, período em que houve uma perda de 430 mil indivíduos, na maioria das vezes composta por jovens adultos, e como também é conhecido que a taxa de natalidade tem decrescido, o resultado só pode ser o incremento dos estratos mais idosos: a população de 70 anos e mais somam 5,78% e tudo leva a crer que não deixará de aumentar.[6] Pode-se estimar que em 2030 esse contingente atingirá 9,59%, e que na década de 2050 chegará a cerca de 14% da população de São Paulo, ou seja, por volta de 1,9 milhão de pessoas. Estamos longe da situação do Japão, onde consta que se vendem mais fraldas geriátricas do que infantis. Só que lá há diversas políticas públicas voltadas para a terceira e mesmo para a quarta idade, enquanto aqui elas são praticamente nulas.

Sabe-se que o parque fabril deslocou-se para outras regiões do país onde a mão de obra é mais barata, os sindicatos menos atuantes em relação aos centrados no quadrilátero ABCD e o congestionamento urbano e o preço dos terrenos não têm as dimensões encontradas na metrópole. Mas as sedes das empresas continuam a se concentrar em São Paulo na medida em que a capital se transformou em uma economia crescentemente concentrada no setor terciário — publicidade, finanças, cibernética etc. —, atividades

---

[5] Ver detalhes em <http://www.soudapaz.org/> (acesso em 3/7/2015).

[6] Ver detalhes no site da Fundação SEADE, <http://www.seade.gov.br/> (acesso em 3/7/2015).

altamente especializadas, com elevados salários. Seus habitantes moram na região dos Jardins em direção ao Morumbi. Constituem o fechado núcleo de proprietários de empresas e o topo dos executivos que frequentam os restaurantes mais caros, e quando não se deslocam em helicópteros, o fazem em carros de luxo blindados, cujos filhos fazem pós-graduação em universidades americanas. Desconhecemos pesquisas sistemáticas acerca dos grupos ricos ou muito ricos, principalmente no que diz respeito aos seus níveis de remuneração, participação nos lucros e benefícios salariais. Contudo, valem as anotações que se seguem, para se ter uma ideia de seus hábitos de consumo: "[...] a Montblanc já conta com quatro lojas em São Paulo; a Tiffany com duas, superando outras grandes capitais mundiais em número de pontos de venda (caso de Paris e Nova York) [...] a região localizada no bairro dos Jardins acumulou mais e mais lojas [...]. Em 1997, diversas delas já estavam lá: Cartier, Versace, Emporio Armani, Kenzo, Ralph Lauren, Montblanc, La Perla, Lacroix" (D'Angelo, 2006: 14, 80).

Ao mesmo tempo em que estes processos levam à concentração da renda, produz-se uma vasta e variada gama de trabalhos semiqualificados ou braçais, serviços domésticos, carregadores, biscateiros, ambulantes, tarefeiros de toda ordem que, no mais das vezes, auferem remuneração que atinge até 2 salários mínimos mensais: estas são as camadas que moram em favelas, cortiços ou nas distantes periferias. A elas falta "capital cultural", acepção que parte do termo de Bourdieu (1979): utilizam o precário SUS, com suas filas e adiamentos nos atendimentos, transporte coletivo caro e desgastante, as deficientes escolas públicas, e constituem o que já foi denominado de "ralé estrutural" (Souza, 2009).

Houve melhorias significativas na proporção de residências servidas por rede de água e esgoto. Isso é verificável mesmo nas favelas, como resultado das políticas públicas de urbanização, implementadas a partir dos anos 1980, através de vários programas governamentais. Houve também melhorias no padrão das moradias tanto nas periferias como nas favelas. O mesmo pode ser dito acerca das creches, matrículas em escolas de primeiro ciclo e no aumento do número de postos de saúde e leitos hospitalares: mas o incremento de quantidade geralmente não significa melhoria na qualidade do atendimento da população.

São Paulo, com mais de 11,5 milhões de habitantes, e sua região metropolitana, beirando os 20 milhões, forjaram uma pluralidade de novos atores e processos que só podem produzir uma diversidade de conflitos e oposições. Contudo, malgrado estas novas complexidades, penso que as contradições básicas de uma sociedade se alicerçam nas dinâmicas de oposições, que se não podem mais ser dicotomizadas de forma rígida, constituem ainda um dos nortes teóricos para interpretar uma sociedade altamente hierarquizada e excludente como a brasileira.

Repita-se mais uma vez: São Paulo, cidade dinâmica, complexa e polimorfa na qual a aparente "desordem urbana" possui uma "lógica" impulsionada pelo capital financeiro imobiliário, reconstruindo-se constantemente, está sempre em movimento, *in fieri*, em se produzindo, plena de transformação, articulando riqueza e pobreza, é a metrópole que dinamiza os debates e embates sociais e políticos do Brasil.

Eppur si muove!

BIBLIOGRAFIA

AVRITZER, Leonardo (org.) (2004). *A participação em São Paulo*. São Paulo: Editora Unesp.

BÓGUS, Lucia M.; WANDERLEY, Luís E. W. (orgs.) (1992). *A luta pela cidade de São Paulo*. São Paulo: Cortez.

BOURDIEU, Pierre (1979). *La distinction*. Paris: Minuit.

BRANT, Vinícius Caldeira (org.) (1989). *São Paulo: trabalhar e viver*. São Paulo: Brasiliense.

CALDEIRA, Teresa P. R. (2000). *Cidade de muros: crime, segregação e cidadania em São Paulo*. São Paulo: Editora 34/Edusp.

CAMARGO, Candido P. F. *et al.* (1976). *São Paulo, 1975: crescimento e pobreza*. São Paulo: Loyola.

D'ANGELO, André C. (2006). *Precisar, não precisa: um olhar sobre o consumo de luxo em São Paulo*. São Paulo: Lazuli/Companhia Editora Nacional.

DOIMO, Ana M. (1995). *A voz e a vez do popular: movimentos sociais e participação política no Brasil pós-70*. Rio de Janeiro: Relume-Dumará/ANPOCS.

FELTRAN, Gabriel (2011a). *Fronteiras de tensão: política e violência nas periferias de São Paulo*. São Paulo: Editora Unesp/CEM.

_____ (2011b). "Transformações políticas e sociais nas periferias de São Paulo". In: KOWARICK, Lúcio; MARQUES, Eduardo (orgs.). *São Paulo: novos percursos e atores — sociedade, cultura e política*. São Paulo: Editora 34/CEM, pp. 347-73.

FRÚGOLI JR., Heitor (2006). *Centralidade em São Paulo: trajetórias, conflitos e negociações na metrópole*, 2ª ed. São Paulo: Edusp.

GOULART, Jefferson O. (2013). "Novos atores e percursos em São Paulo: indicativos de uma agenda de pesquisa". *Novos Estudos*, Cebrap, nº 97, pp. 235-40.

KOWARICK, Lúcio (1979). *A espoliação urbana*. São Paulo: Paz e Terra.

_____ (2009). *Viver em risco: sobre a vulnerabilidade socioeconômica e civil*. São Paulo: Editora 34.

KOWARICK, Lúcio; MARQUES, Eduardo (orgs.) (2011). *São Paulo: novos percursos e atores — sociedade, cultura e política*. São Paulo: Editora 34/CEM.

MARICATO, Ermínia (2012). "O setor imobiliário ou a expulsão dos pobres do centro de São Paulo". *Carta Maior*, São Paulo, 26/1/2012.

MARQUES, Eduardo; TORRES, Haroldo (2001). "Reflexões sobre a hiperperiferia: novas e velhas faces da pobreza no entorno municipal". *Revista Brasileira de Estudos Urbanos e Regionais*, nº 4, Recife, pp. 49-69.

_____ (orgs.) (2005). *São Paulo: segregação, pobreza e desigualdades sociais*. São Paulo: Senac SP.

MONTERO, Paula; MOURA, Flávio (orgs.) (2009). *Retrato de grupo: 40 anos do Cebrap*. São Paulo: Cosac Naify.

PAES MANSO, Bruno (2005). *O homem X: uma reportagem sobre a alma do assassino em São Paulo*. São Paulo: Record.

SADER, Éder (1988). *Quando novos personagens entraram em cena: experiências e lutas dos trabalhadores da Grande São Paulo, 1970-1980*. Rio de Janeiro: Paz e Terra.

SINGER, Paul; BRANT, Vinícius Caldeira (orgs.) (1981). *São Paulo: o povo em movimento*. Petrópolis/São Paulo: Vozes/Cebrap.

SOUZA, Jessé (org.) (2009). *A ralé brasileira: quem é e como vive*. Belo Horizonte: Ed. UFMG.

Sobre este livro

Heitor Frúgoli Jr.

A primeira seção desta coletânea, "Produções culturais da periferia", trata das atividades artísticas realizadas por coletivos dessas regiões da cidade, tema de crescente interesse nas ciências sociais, já que essas produções estéticas têm revelado todo um campo de demarcações identitárias, formas renovadas de enfrentamento de um cotidiano difícil e desafiante, além de novos perfis dos agentes que integram e dinamizam tal contexto.

Essa parte abre com o capítulo de Márcio Macedo, que reconstitui analiticamente a trajetória do hip-hop paulistano dos últimos 30 anos, quando essa manifestação cultural nova-iorquina aporta inicialmente no contexto paulistano, com suas características de "cultura de rua" e elementos de afirmação racial, enfatizando-se o período posterior em que o termo periferia adquire centralidade e o hip-hop, ligado a uma "cultura negra", se torna também uma "cultura periférica", com um notável papel desempenhado pelos Racionais MC's. Segue-se um espraiamento e certa institucionalização do mesmo (por parte do poder público, além das ações de várias ONGs), quando então o hip-hop passa a ocupar novos espaços, inspira várias manifestações estéticas das áreas periféricas, mas também sofre algum desgaste quanto ao exercício de uma crítica social contundente.

O capítulo seguinte, de Guilhermo Aderaldo, analisa as "pontes comunicativas" entre os agrupamentos que participam do Coletivo de Vídeo Popular, engajados na produção audiovisual comprometida estética e politicamente com as áreas periféricas da metrópole, popularmente conhecida como "cinema da quebrada", com destaque para o coletivo Cinescadão, que atua na Favela do Peri e adjacências, na Zona Norte da capital. Num âmbito assinalado pela ampliação do acesso a equipamentos e instrumentos audiovisuais, pelos editais promovidos pelo Estado e pelas oportunidades de um relativo acesso à universidade, tais agentes operam num limiar entre a integração numa "cultura periférica" e as produções estéticas voltadas a novas formas de se pensar e de se "fazer a cidade".

Na seção seguinte, "Moradia e vulnerabilidade", um tema já clássico nos estudos urbanos, aborda-se questões de longo prazo bem como aspectos recentes e não menos relevantes dessa dimensão urbana popular, marcada por déficits historicamente acumulados.

O capítulo 3, de Suzana Pasternak, aborda de forma sistemática as favelas paulistanas, que embora não possuam a mesma temporalidade, abrangência e mesmo o renome das cariocas, constituem um tema de forte relevância, ainda relativamente pouco pesquisado. Segundo dados recentes, as mesmas têm crescido sobretudo em áreas de proteção ambiental, o que implica sérios limites para uma urbanização sem remoção. Tais favelas não são mais predominantemente formadas por barracos de material não permanente ou sem quaisquer infraestruturas e serviços, não constituem uma espécie de "trampolim para a cidade", passam por um processo acentuado de mercantilização e caracterizam-se por uma forte diversidade interna.

Os três capítulos seguintes tratam, sob distintos ângulos e em diálogo entre si, de diversos aspectos relativos aos cortiços, formas de habitação popular com uma longa historicidade na metrópole.

Nesse sentido, o capítulo 4, de Maura Véras, reconstitui a persistência dessa modalidade de moradia da pobreza, que embora advenha dos primórdios da industrialização paulista, ainda carece de uma mensuração precisa, bem como de políticas públicas efetivas para uma intervenção mais consistente. Segue-se uma tipologia sobre os cortiços, que ainda se concentram principalmente nos bairros centrais da cidade, e que têm abrigado crescentemente imigrantes bolivianos, sobretudo nos bairros do Brás, Bom Retiro e Pari, o que reedita, sob novas formas, uma precariedade habitacional dirigida a imigrantes que, além do envolvimento com atividades ocupacionais clandestinas, sofrem hoje toda a sorte de discriminação e preconceitos.

O capítulo seguinte, de Luiz Kohara, abre com uma investigação em cortiços da região do Glicério, no centro da cidade, em que se comprova a relação entre o agravamento da precariedade da moradia e o rebaixamento do desempenho escolar das crianças e adolescentes residentes. Na sequência, delineia-se um panorama que aponta para o aumento dos processos de encortiçamento na região central paulistana, reforçando-se sua dimensão de mercado imobiliário informal de alta lucratividade, malgrado certa invisibilidade quando comparada a outras formas populares de habitação. Isso entretanto tem ocasionado uma série de lutas políticas pelo direito de moradia, cujos principais movimentos são alvo de uma breve genealogia, que inclui diversas falas de suas principais lideranças (tema retomado, como se verá adiante, pelo artigo de Stella Paterniani).

Fecha essa parte o capítulo de Lúcio Kowarick, que retoma investigações junto a residentes de cortiços da área central, região com significativa historicidade no campo da habitação popular precária, ligada a escolhas quanto à proximidade do trabalho (na maioria informal e precário) e de serviços, cujos gastos com aluguel ocorrem em detrimento da busca da casa própria, num cotidiano marcado pelo acúmulo de tensões, decorrentes em parte das próprias condições de moradia. Segue-se uma reflexão sobre as dimensões subjetivas que propiciam potencialmente um sentido de humilhação e a consequente subalternidade social. Tais experiências de privação estariam na base de práticas políticas coletivas de enfrentamento do Estado, o que auxilia na compreensão de certas arenas de luta em andamento no centro da cidade: é o tema dos movimentos sociais urbanos.

A seção seguinte, intitulada "Área central e marginalidade", retoma o território urbano dos três capítulos anteriores, dessa vez com artigos voltados à observação etnográfica de suas ruas, praças e demais espaços públicos, sobretudo quanto às interações da chamada população em situação de rua, entre si e com os transeuntes, bem como sobre um fenômeno mais recente, que se justapõe mas que não se confunde necessariamente com o anterior, relativo aos usuários de crack, principalmente da região da Luz.

O capítulo 7, de Fraya Frehse, concentra-se na observação da Praça da Sé, lugar encravado destacadamente no espaço e na temporalidade do centro histórico da capital, com foco nas interações estabelecidas pelos "não-transeuntes" com os pedestres. Com base num exame sistemático da bibliografia existente sobre as ruas e suas formas de interação, a autora busca entender a rua como espaço público da pessoalidade moral, com suas regras e corporalidades constitutivas, dedicando uma atenção especial aos impactos etnográficos decorrentes de suas próprias interações com tais agentes, imersos que estão nas práticas vulneráveis da "viração", entendida como formas de comunicação, diálogo e comunicação desses sujeitos em relação à cidade.

O artigo seguinte, de Taniele Rui, perfaz uma observação etnográfica dos usuários de crack da região da Luz, popularmente conhecida como "cracolândia" — entendida aqui como o "ponto centrífugo mais radical da abjeção metropolitana" —, atenta a usos do espaço, atores sociais, disputas terapêuticas e governamentais, e ações performáticas cotidianas. Isso se articula a uma reconstituição das tramas que fizeram com que esse termo ganhasse concretude ao longo das últimas décadas, na busca de uma contribuição à história urbana sobre os meandros do tráfico e consumo de crack na cidade, cuja dinâmica entrelaçada foi parcialmente anterior a seu espraiamento por outras capitais brasileiras.

Sobre este livro

O último capítulo dessa parte, de minha autoria, retoma a região da Luz e a já mencionada "cracolândia" — estigma ligado ao fato de se tratar de uma área historicamente popular, desde os anos 1990 crescentemente apropriada por usuários de crack —, tomando-a como uma espécie de territorialidade itinerante, assinalada por múltiplas redes de relação e de agentes participantes, com significativas variações situacionais. Ao mesmo tempo, procura ampliar a atenção a práticas espaciais de seus residentes e a formas de lazer e interação ligadas às classes populares, em busca de um conhecimento mais abrangente do que as representações acerca desse espaço costumam apontar.

A seção seguinte, intitulada "Política na acepção ampla do termo", volta-se ao mapeamento das múltiplas práticas e representações ligadas a essa seara, das escolhas de voto em vista das dinâmicas da política partidária às ocupações estratégicas de edifícios da área central por parte de movimentos de sem-teto, passando por questões relativas às chamadas jornadas de junho de 2013, com foco em eventos havidos especificamente no contexto paulistano.

O décimo capítulo, de Rachel Meneguello, centra-se na escolha do voto para prefeito e vereadores na cidade, com atenção especial à última década, com base em dados eleitorais oficiais e de *surveys* sobre comportamento político que permitem, no seu conjunto, mapear as preferências políticas, que oscilam diacronicamente entre esquerda e direita no espectro ideológico, bem como sua distribuição espacial pelos distintos segmentos sociais no cenário da megacidade.

O texto seguinte, de Esther Hamburger, voltado a relações entre performance política, cidade e mídia, argumenta que as manifestações de junho de 2013, que mobilizaram multidões em torno de múltiplas reivindicações (e que, diga-se de passagem, se proliferaram durante tal processo), tiveram no contexto paulistano um ponto de partida referencial. Assim, o artigo se detém no exame da grande manifestação havida em 17 de junho, que tendo partido do Largo da Batata, em Pinheiros, ramificou-se ao menos em três direções, uma delas a Ponte Estaiada, monumento do urbanismo contemporâneo que serve de cenário às edições diárias do telejornal local da Rede Globo.

O capítulo que fecha esse bloco, de Stella Paterniani, aborda etnograficamente a ocupação de um edifício da rua Mauá, também na região da Luz, realizada por três movimentos de sem-teto, dentre os quais o Movimento de Moradia da Região do Centro (MMRC). A trajetória de lideranças e integrantes é reconstituída pela autora, com atenção aos vários significados assumidos pelo acionamento da categoria "luta" por parte da "coletividade Mauá", na busca de dignidade e de reconhecimento de suas demandas por habitação junto ao poder público, ante os conflitos decorrentes da própria ocupação, da possibilidade de reintegração de posse e da ameaça de demolição do prédio.

Finalmente, a última seção desta coletânea, "Segregação e violência urbana", abarca dois estudos detalhados e abrangentes acerca de tais temáticas, com forte tradição nos estudos urbanos — incluindo aqui a produção de décadas sobre a metrópole paulistana —, que simultaneamente reconstituem tendências e apontam sendas analíticas promissoras.

O capítulo 13, de Eduardo Marques, Carolina Requena e Telma Hoyler, basicamente analisa os padrões de segregação residencial por classe social da Região Metropolitana de São Paulo em 2010, com ênfase no centro histórico e na região Oeste, ambos assinalados por alterações significativas. Por meio dessa metodologia, que inclui a retomada de dados censitários de 1991 e 2000, indicam ainda uma cidade intensamente segregada, com espaços de elite crescentemente homogêneos e exclusivos, simultâneos a espaços médios e periféricos mais heterogêneos, além de um reforço da popularização do Centro em termos habitacionais, o que no conjunto abre novos desafios para aprofundamentos empíricos mais circunscritos e localizados.

Finalmente, o último capítulo, de Sérgio Adorno, Camila Dias e Marcelo Nery, abarca múltiplas relações entre o contexto da cidade e o fenômeno da violência, através da reconstituição detalhada de dados existentes sobre mortes violentas, que embora elevadas num plano comparativo internacional, apontam para certa redução dos homicídios dolosos, embora isso possa ser relativizado quando são analisados conjuntos específicos de regimes espaciais urbanos. A análise se volta então para espaços periféricos marcados pela presença e regulação de conflitos operadas pelo próprio crime organizado, em diálogo com etnografias recentes sobre o tema, argumentando que o quadro delineado pelos dados estatísticos não significa necessariamente uma configuração social menos violenta.

Parte I
PRODUÇÕES CULTURAIS DA PERIFERIA

1

Hip-Hop SP:
transformações entre uma cultura de rua, negra e periférica (1983-2013)

Márcio Macedo

INTRODUÇÃO

Cena 1. Em 10 de dezembro de 2013 é discutido em Brasília o Projeto de Lei 3/2011, de autoria do deputado federal Maurício Rands (na época filiado ao PT, mas atualmente ex-deputado e nas fileiras do PSB-PE), que sugere o reconhecimento do movimento hip-hop como elemento da cultura popular brasileira.

Cena 2. No início do ano de 2014 o Projeto de Lei 6.756/2013, de autoria do deputado federal e ex-jogador de futebol Romário (PSB-RJ), cria polêmica com setores do hip-hop paulista ao propor que as atividades exercidas por indivíduos ligados ao hip-hop, como DJs, MCs, *beat boxers*, dançarinos de rua e grafiteiros, sejam reconhecidas pelo Ministério do Trabalho e possam ser registradas em carteira de trabalho.[1]

Cena 3. Em junho de 2014 o cantor MC Guimê, principal estrela do funk ostentação paulista, dá entrevista ao jornal *Folha de S. Paulo*, na qual afirma que sua renda mensal pode esporadicamente chegar a R$ 1 milhão.[2] Ele afirma que tem como ídolo Mano Brown e exibe uma tatuagem na barriga (das muitas espalhadas pelo corpo) com os dizeres *"Bitch, don't kill my vibe"*, referência à canção do rapper estadunidense Kendrick Lamar.

---

[1] DJ é uma abreviação para o termo *disc jockey*, indivíduo responsável por fazer o controle dos toca-discos selecionando faixas a serem tocadas, realizando performances e se apresentando juntamente a MCs. MC é uma abreviação do termo *master of ceremony* (ou *microfone controller*) e se configura no indivíduo responsável por realizar a animação de festas verbalmente e/ou cantar as letras de rap tendo o acompanhamento do DJ que lhe fornece uma base musical. *Beat boxers* são os indivíduos responsáveis por reproduzir o som de uma batida musical eletrônica com a boca.

[2] *Folha de S. Paulo*, 29/6/2014.

Longe de adentrar na polêmica e discussão dos dois projetos de lei mencionados acima ou do perfil de MC Guimê, o intuito deste artigo é justamente tomar os três casos como uma espécie de calibre com o qual podemos medir o desenvolvimento e influência do movimento hip-hop em São Paulo e no Brasil. De prática cultural popular entre jovens negros e pobres frequentadores de bailes negros nos anos 1980, ele tomou configurações culturais e políticas peculiares além de uma dimensão institucional com o Estado nos anos 2010, que apontam conquistas, potencialidades e dilemas. O hip-hop também influenciou o surgimento do funk ostentação paulista, ritmo que pouco a pouco vem dividindo o gosto dos jovens potencialmente praticantes ou simpatizantes do hip-hop.

Ao analisar a bibliografia sobre hip-hop no Brasil, e mais especificamente em São Paulo, nota-se que apesar do grande número de trabalhos publicados entre dissertações de mestrado, teses de doutorado e livros em geral, ainda há poucos esforços que buscam estabelecer uma sistematização das fases históricas e diferenciações estéticas desse movimento cultural, artístico e político. A maioria dos trabalhos se restringe a construir uma história do hip-hop paulista que se limita aos anos 1980 e 1990, com exceção dos trabalhos de Félix (2006), Pardue (2008) e Silva (2011). Nesse sentido, o objetivo deste capítulo é, partindo de uma primeira sistematização esboçada pelo antropólogo Derek Pardue (2008), mostrar a complexidade da manifestação na capital paulista a partir de um entrelaçamento entre estética, cultura e política nas suas diversas fases.

Assim sendo, busca-se traçar um histórico do hip-hop em São Paulo entre 1983 e 2013. O argumento é que em seu período de existência no Brasil uma série de fatores políticos, sociais e estéticos fizeram com que o hip-hop fosse identificado de três formas distintas. De cultura de rua, nos anos 1980, ele passaria a ser entendido como cultura negra na primeira metade dos anos 1990. Na segunda metade da mesma década, o elemento rap se tornaria hegemônico na representação do hip-hop, ao mesmo tempo que a ideia de cultura periférica toma força. Os anos 2000 veriam o reconhecimento social do hip-hop/rap como cultura periférica e sua aproximação com o poder público/Estado, organizações não governamentais (ONGs) e movimentos sociais através de projetos, editais e ações políticas.

Ainda nos anos 2000, novas cenas e estilos dentro e fora do hip-hop foram elaborados, com uma multiplicidade estética ainda pouco explorada nos trabalhos acadêmicos sobre o tema. Por fim, nota-se um certo desgaste da estética que se estrutura na ideia/representação de "cultura periférica" baseada na crítica social e valorização identitária a partir do espaço/território. É nesse vácuo e contexto histórico marcado pelo apelo ao consumo e práticas hedonistas que o funk ostentação paulista, surgido em fins dos anos 2000, ganha terreno.

HIP-HOP: CULTURA DE RUA (1983-1989)

Esse é o título de uma das primeiras coletâneas de grupos de rap lançadas no Brasil, em 1988. O nome sumariza a perspectiva estética que informava os praticantes do hip-hop na década de 1980 em São Paulo: uma cultura de rua.[3] A capa do disco são duas fotos com os componentes dos grupos participantes na região central da capital. Vestindo jaquetas esportivas, tênis, bonés, calças jeans e correntes os MCs exibem a indumentária *b-boy* hegemônica no movimento naquele contexto.[4] Contudo, a influência da dança ia muito além do vestuário. Mesmo que nesse período o elemento *break* estivesse perdendo seu poder de atração sobre os praticantes em detrimento do rap (*MCing* e *DJing*), havia uma história de quase uma década da qual a coletânea de grupos de rap era tributária.

Em 1980 o apresentador e humorista Luiz Carlos Miele gravou um compacto no Rio de Janeiro com a faixa "Melô do Tagarela". A música era uma versão em português de "Rapper's Delight", canção do trio nova-iorquino The Sugarhill Gang que havia feito estrondoso sucesso no verão americano de 1979 e que apresentou através do elemento rap a manifestação que vinha sendo gestada a quase uma década no Bronx e no Harlem, bairros majoritariamente negros e latinos situados ao norte da ilha de Manhattan. "Melô do Tagarela" é tida como o primeiro registro fonográfico de algo próximo a um rap em português.

Atualmente é possível notar a circulação de mitos de origem do rap no Brasil que remetem à embolada presente nas canções do cantor Jackson do Pandeiro (1919-1982) ou que o primeiro rap em português teria sido gravado em 1964 pelo sambista Jair Rodrigues (1939-2014) na canção "Deixa

---

[3] A noção de cultura utilizada no decorrer do texto é pensada como uma categoria êmica para definir o hip-hop e não necessariamente numa perspectiva socioantropológica. Êmica, nesse sentido, é entendido como a forma ou a definição sobre essa prática cultural provida pelos agentes produtores da mesma ou com ela envolvidos.

[4] *B-boy* é uma abreviação para *break boy*, que faz referência ao indivíduo que dança o *break dance*, uma das danças de rua que compõem o hip-hop. O equivalente feminino do *b-boy* é a *b-girl*. Optei por utilizar os termos *MCing* e *DJing* mantendo sua forma no gerúndio em inglês (*ing*) para captar a ideia de ação ou performance.

Isso Pra Lá". Apesar de em ambos os casos as canções apresentarem similaridades com o rap, configurando uma espécie de canto falado, nenhum deles tinha como referência de fato esse ritmo uma vez que são anteriores ao seu surgimento. Entretanto, o canto falado não é algo restrito à experiência dos negros estadunidenses ou caribenhos, mas elemento cultural comum na experiência compartilhada de populações negras escravizadas e pertencentes à Diáspora Africana.

O período de formação do hip-hop remete ao início dos anos 1970 e ao nome de três DJs: Kool Herc (Clive Campbel); Afrika Bambaataa (Kevin Donovan) e Grandmaster Flash (Joseph Saddler). Todos com naturalidade ou ascendência caribenha, foram elaboradores de inovações que adaptavam tradições culturais e musicais negras do Caribe à realidade dos guetos nova-iorquinos. Herc trouxe a tradição dos *sound systems* (carros de som) da Jamaica para o Bronx, passando a organizar *block parties* (festas de quarteirão) e festas de salão onde ele improvisava rimas nos *breaks* (intervalos) dos discos de *soul* e *funk* da época. Com a ajuda de um toca-discos, um *mixer* (aparelho eletrônico para fazer passagens de um disco para outro) e dois vinis iguais, os *break beats* podiam ser ampliados possibilitando espaço para as performances dos MCs, que criavam rimas sobre a base musical reelaborando tradições de fala ritmada como o *toasting* jamaicano.

Afrika Bambaataa por sua vez foi responsável por fundar em 1973 a primeira *posse* ou *crew* de hip-hop: a Universal Zulu Nation. Ex-membro de gangue, sua intenção foi canalizar a rivalidade das mesmas quanto ao controle dos territórios e venda de drogas para a música, e que se digladiavam entre si de forma violenta através de "batalhas" simbólicas no universo da dança e do canto falado, promovidas nas festas por ele organizadas. Bambaataa também foi responsável por cunhar no ano seguinte, 1974, o termo hip-hop, que, de forma sumária, pode ser entendido como uma expressão artística constituída por quatro elementos: *rapping*, subdividido em *DJing* e *MCing*, *graffiti* e *b-boying*.[5] O termo, numa tradução livre, significa "saltar" e "pular" com os quadris.

---

[5] *Rapping*, subdividido em *DJing* e *MCing*, faz referência a expressão musical no gênero rap com o MC performando/improvisando rimas que são acompanhadas por uma batida instrumental fornecida pelo DJ. *Graffiti* é a expressão plástica elaborada pelos *graffiti writers* através de diversas técnicas de produção de imagens e mensagens em superfícies planas como muros. O *b-boying* é a expressão corporal vista nas danças cujas performances são informadas por movimentos de diversos estilos como o *breaking*, o *popping* e o *locking*. Optei por manter os termos em inglês.

Grandmaster Flash era o mais novo dos três. Estudante de eletrônica e apaixonado por música, ele inovou a prática da discotecagem ao criar o que viria a ser conhecido como *scratch*: ruído ou sonoridade produzida ao riscar o disco vinil contra a agulha do toca-discos no sentido anti-horário. Também elaborou a técnica que seria incorporada nas performances de DJs, o *back to back*, ou seja, usar dois discos vinis iguais num toca-discos, produzindo os *break beats* (sequência de música instrumental) ou dando continuidade à música a partir de colagens de outras faixas e partes de outras canções. Essa técnica seria a precursora das novas formas de produção que foram revolucionadas pelo surgimento do *sample*, técnica eletrônica de colagem de trechos de canções.

Essas inovações culturais e tecnológicas, mais os problemas sociais vividos no contexto desses bairros e populações, criaram uma cena alternativa de diversão e práticas juvenis que só viriam a ser publicizadas muito posteriormente, em fins da década de 1970, para o restante da cidade e dos Estados Unidos.

Nova York passava por uma crise financeira nesse período por conta do processo de desindustrialização. O fator econômico junto a projetos de reestruturação urbana levou a que o Bronx, e mais especificamente o South Bronx, sofresse um grave processo de deterioração que transformou a região num cenário de guerra, devido ao esvaziamento populacional, à infestação pela economia da droga e consequentes disputas por território entre gangues. A população pobre residente no Bronx ainda sofria com o início da implementação de políticas econômicas neoliberais pelo governo estadunidense, uma vez que elas retiravam uma série de auxílios vinculados ao estado de bem-estar social. Nesse contexto, o hip-hop era uma forma de a juventude pobre, negra e latina buscar alívio e diversão em meio ao caos e à decrepitude urbana (Chang, 2005: 7-19).

O "tagarela" ou "funk falado", forma como o rap seria chamado em São Paulo no início dos anos 1980, se tornou conhecido dos jovens negros paulistas através dos *bailes black* organizados por equipes de som. O início da "onda *break*" em São Paulo se deu efetivamente com jovens praticando esse estilo de dança na região central da cidade. Uma das figuras mais importantes desse período é Nelson Gonçalves da Silva — mais conhecido como Nelson Triunfo, cujo sobrenome remete à sua cidade de origem em Pernambuco —, fundador e líder da Funk Cia., grupo de dança que começou se apresentando na frente do Teatro Municipal, mas que posteriormente tomou como local fixo a esquina das ruas Dom José de Barros e 24 de Maio, este último um ponto de encontro já bastante conhecido de jovens negros frequentadores de bailes desde aquela época.[6] Esporadicamente havia apresentações em outras localidades próximas, como a rua Marconi, a Praça da República e a Praça da Sé.

O espaço da rua constituiria um elemento de afirmação e identidade do *break* e, posteriormente, do hip-hop nesse período. A formação de *gangs* de *break* (mais tarde chamadas de *crews*) trouxe conflitos com os organizadores de bailes. As reuniões de *b-boys* nos bailes e os passos de dança por eles executados atraíam a atenção dos frequentadores, algo que, de acordo com os proprietários de equipes de som, atrapalhava o bom andamento das festas, pois retirava o foco das atrações, como a música tocada pelos DJs e músicos contratados para apresentação. A indumentária dos praticantes de *break* também incomodava, uma vez que seus tênis, jaquetas esportivas, bonés e calças jeans não se enquadravam no padrão *sport chic* valorizado nos bailes *black* e que se aproximava da vestimenta social.

A ida para lugares abertos e públicos configurou, assim, um movimento que se esquivava dos constrangimentos do espaço regulado dos bailes. Ao mesmo tempo, apresentações em vias públicas poderiam render pequenos ganhos monetários ao se "passar o chapéu" no final das performances. Esses trocados complementavam a já escassa renda desses jovens, em sua maioria pobres, desempregados ou em ocupações precárias como office-boys (mensageiros de escritórios).

1984 foi um ano de grande movimentação para os adeptos do *break*. Nesse ano foi lançado o filme *Beat Street*, dirigido por Stan Lathan. A película seria um elemento importante no processo de formação de *b-boys* e *b-girls* em São Paulo, pois foi através dela que a concepção de que o *break* era um dos elementos de uma cultura maior chamada hip-hop começou a ser incorporada pelos jovens adeptos e praticantes da dança. Outras películas como *Flashdance* (1983), *Breakdance* (1984) e *Style Wars* (1983) também contribuíram, em menor escala, para a disseminação da ideia do que era especificamente o hip-hop entre os jovens paulistas.

Em setembro de 1984 começou a circular a revista nacional *Break*, que teve dois números. A publicação apresentava fotos, explicava o nome e a origem dos principais passos da dança e descrevia o surgimento e desenvolvimento da manifestação no Brasil. Esse ano ainda veria a gravação do primeiro registro fonográfico de um disco em *break beat*, que seria realizado pelo grupo Black Juniors e lançado pela gravadora RGE, intitulado *Break*,

---

[6] Para uma biografia de Nelson Triunfo, ver o livro de Yoshinaga (2014).

vendendo uma quantidade considerável de cópias e garantindo participações em programas de televisão.

A onda *break* foi tão popular nesse período que concursos de dança passaram a ser realizados em programas de auditório na TV. A Funk Cia., de Triunfo, foi convidada a participar da abertura da novela *Partido Alto* exibida pela Globo em 1984. Ao som de "Enredo do Meu Samba", os *b-boys* do grupo de Triunfo executam passos da dança americana juntando o tradicional (samba) com o moderno (*break*).

Em idos de 1985 a "onda *break*" já dava sinais de saturação, ao menos como objeto de interesse popular. Com a chegada no Brasil do ritmo *new wave*, as *crews* de *break* deixariam de ser alvo de atenção da mídia. Nesse período também ocorreria um deslocamento das performances dos praticantes das ruas da região central da cidade para uma estação de metrô: a São Bento. A mudança se deu por conta de conflitos constantes entre *b-boys*, comerciantes e polícia. As performances reuniam um número considerável de pessoas, o que, de acordo com a polícia, também atraía e estimulava a ação de batedores de carteira, trombadinhas e dificultava o trabalho dos comerciantes. Na São Bento, *b-boys* passaram a dividir o espaço com jovens *punks* já frequentadores do local.

Comparada às ruas centrais, a São Bento representava uma melhoria. Era coberta, livre da vigilância policial e com um piso apropriado para a prática da dança. Foi nesse espaço que o hip-hop começou a se diversificar para outros elementos, como o *DJing*, o *MCing* e mesmo o *graffiti*. De acordo com Triunfo, "ali se formou o embrião do hip-hop brasileiro, porque o espaço começou a se popularizar e atrair muita gente que hoje é referência nacional, como os Racionais, o Thaíde, o Hum, os grafiteiros Os Gêmeos, o Marcelinho Back Spin e muitas outras pessoas" (depoimento de Triunfo a Buzo, 2010: 26).

Assim, nesse período tem início uma diversificação do público frequentador da São Bento e a ideia de uma cultura formada por quatro elementos começa a tomar corpo. Era comum os adeptos do hip-hop passarem pela prática de dois ou mais elementos sem necessariamente se fixarem em nenhum deles, algo que aos poucos é substituído por uma especialização apenas em um dos elementos. A São Bento era um local onde *b-boys*, MCs, DJs e grafiteiros de todas as partes da cidade se dirigiam no sentido de se socializar, praticar sua arte e trocar algo bastante escasso à época: informação.

Muitos associam essa época ao "bater lata". Na falta de equipamentos de som apropriados para fazer a batida instrumental que acompanha o rap, MCs, DJs e *b-boys* produziam a mesma com o *beat box* (efeito de imitar as batidas com som produzido pela boca) ou batendo nas latas de lixo do metrô. Ter "batido na lata" é, até hoje, usado como um sinal de prestígio e distinção no hip-hop paulista, que traz autoridade e respeito.

Em 1985 ocorre a primeira gravação de um disco de rap. Os MCs Pepeu e Mike, sob o codinome Sebastian Boys Rap, gravam um disco em que constavam faixas como "Rap da Pipoca", "Melô do Bastião" e "Rap do Cachorro" (Toni C., 2012: 57). Era o momento do "rap estorinha". Pepeu era frequentador da São Bento e, diferente das outras gravações anteriores feitas no Brasil e que faziam uso da fala ritmada, estabelece uma associação direta ao ritmo rap e ao hip-hop no seu trabalho. Em 1987 a equipe de som Kaskatas lançaria a primeira coletânea de rap do Brasil, intitulada *A Ousadia do Rap*, composta por sete faixas. As letras dessa coletânea versam sobre temáticas diversas como dança, diversão, festas, sociabilidade, consumo, letras satíricas, proezas masculinas, relacionamentos, cotidiano das ruas e até mesmo letras românticas (as chamadas "melodias") cantadas em inglês. Não há uma politização explícita nas letras e existe pouca referência aos quatro elementos do hip-hop.

A busca e conquista de autonomia de MCs e DJs em relação aos *b-boys* e grafiteiros ficaria mais explícita na divisão espacial que se estabeleceria em 1988. Rappers deixaram de frequentar a Estação São Bento e passaram a se reunir na Praça Roosevelt, onde seria fundada a primeira posse de hip-hop de São Paulo, o Sindicato Negro. O Sindicato serviu como modelo para as outras posses que viriam a ser fundadas em regiões não centrais no começo dos anos 1990.[7] O surgimento do Clube do Rap, evento organizado pela equipe do Chic Show e que ocorria no Clube da Cidade às segundas-feiras, já evidenciava as tensões que pautavam as relações entre rappers e *b-boys*, além de ser um indício das demandas existentes entre os primeiros para a aprimoração das habilidades necessárias como MCs e DJs, dentre elas a experiência de palco.

O ano de 1988 marcou definitivamente a entrada do rap nacional no mercado fonográfico. Naquele ano foram lançadas três coletâneas. Pela Gravadora Eldorado sairia a já citada *Hip-Hop: Cultura de Rua*, trazendo como grande revelação a dupla Thaíde e DJ Hum. Ao emplacar o sucesso "Corpo Fechado" nas rádios, o grupo conseguiu realizar apresentações por várias partes do país e aparições na TV, colocando, assim, o rap em evidência pública pela primeira vez no Brasil. Pela Five Star Records, da equipe de som Chic Show, sairia a coletânea *O Som das Ruas*, que apresentava artistas

---

[7] Cf. *Pode Crê!*, nº 2, p. 13.

como a dupla adolescente Os Metralhas, o MC NDee Rap (posteriormente Ndee Naldinho) e o grupo romântico Sampa Crew. Por fim, pela gravadora independente Zimbabwe Records seria lançada a coletânea *Consciência Black Volume 1*. Nela se encontravam os artistas que formariam, um ano depois, o aclamado grupo Racionais MCs. Ainda nesse ano seria lançado o primeiro álbum de um grupo de rap, a saber, *Hip Rap Hop* do grupo Região Abissal. No ano seguinte, Pepeu lançaria seu disco solo *The Culture of Rap*.

Em 25 de janeiro de 1989, num show de rap no Parque do Ibirapuera, Milton Sales, agitador cultural e responsável pela fundação do grupo Racionais MCs, fundaria o MH20: Movimento Hip-Hop Organizado, imbuindo um aspecto político que alguns grupos de rap já explicitavam através de letras engajadas que criticavam problemas como violência policial, racismo e pobreza. A primeira canção desse tipo, "Homens da Lei", foi gravada por Thaíde & DJ Hum na coletânea *Hip-Hop: Cultura de Rua* e fazia uma crítica à ação da polícia em São Paulo.

Contudo, as canções dos futuros MCs dos Racionais, Mano Brown e Ice Blue com "Pânico na Zona Sul" e Edi Rock e KL Jay com "Tempos Difíceis", eram as que mais apontavam uma estética que se tornaria hegemônica na década seguinte. Sob a influência de grupos americanos como Public Enemy, KRS One e N.W.A, os artistas passavam a fazer das questões sociais e políticas a matéria-prima de suas letras. "Pânico na Zona Sul", por exemplo, denunciava a ação dos "pés de pato" (justiceiros) em bairros pobres dessa região da capital paulista.

O elemento rap começava a se tornar hegemônico na representação do que se entendia por hip-hop, repetindo uma lógica que já ocorria nos Estados Unidos na segunda metade dos anos 1980. Porém, tanto o hip-hop como o rap ainda estavam associados a uma cultura de rua e as letras da maioria dos MCs falavam de diversão, festas, mulheres e fatos corriqueiros do cotidiano. Com o passar do tempo haveria um deslocamento, que levaria a uma politização das letras e uma identificação do hip-hop muito mais como uma cultura negra do que necessariamente de rua. *Holocausto Urbano*, o disco de estreia dos Racionais MCs, marca esse novo momento.

"A JUVENTUDE NEGRA AGORA TEM VOZ ATIVA": HIP-HOP COMO CULTURA NEGRA (1990-1996)

O período entre 1990 e 1996 é aquele no qual a temática racial impregna a estética das letras dos grupos de rap paulistas. Isso ocorre por conta da influência de grupos estadunidenses pertencentes à segunda geração do rap norte-americano. Dentre eles o mais importante foi, sem dúvida, o Public Enemy (PE). Desde fins dos anos 1980 o PE começou a se diferenciar no cenário do hip-hop mundial ao incorporar em suas letras uma retórica de orgulho racial e nacionalismo negro. De acordo com o crítico cultural Nelson George (1998), o PE foi responsável por transformar o envolvimento com a política no rap em algo *cool*, ou seja, legal, descolado.

Com constantes referências a lideranças históricas negras como Malcolm X, Marcus Garvey, Martin Luther King, o ministro da Nação do Islã, Louis Farrakhan, e os Black Panthers, o PE possuía uma formação que mesclava e flertava com elementos de uma organização paramilitar. Boa parte dos videoclipes do grupo era saturada de imagens que remetiam ao movimento pelos direitos civis, o período de segregação racial vigente nos Estados Unidos até os anos 1960 e a violência policial. KL Jay, dos Racionais, resume bem a influência do PE sobre seu grupo afirmando que "a ideia de protestar contra a situação racial surgiu aos poucos, mas o pontapé inicial foi quando a gente começou a ouvir Public Enemy. Lemos a autobiografia do Malcolm X. Começamos a refletir: quem é o culpado pelos nossos problemas hoje? Como a nossa gente vivia no passado? Estudamos história..." (KL Jay *apud* Pimentel, 1996).

O impacto do PE sobre o Racionais MCs é visível no seu primeiro álbum, *Holocausto Urbano*. Lançado em 1990, o disco capitalizava a boa recepção das faixas "Pânico na Zona Sul" e "Tempos Difíceis", presentes na coletânea *Consciência Black Volume 1* lançada dois anos antes. O álbum, composto de seis faixas, se aproxima de uma espécie de aula sobre racismo, desigualdade e violência policial, contando ainda com uma faixa de aspecto machista e misógino intitulada "Mulheres Vulgares".

A importância do PE para o rap paulista e o grupo Racionais MCs especificamente pode ser vista em 1991, quando ocorreu o primeiro show do grupo estadunidense em São Paulo. Eles se apresentaram por duas noites num palco montado na pista de atletismo do complexo poliesportivo do Ginásio do Ibirapuera. Trazido por um *pool* de equipes de bailes (Chic Show, Black Mad e Zimbabwe), o grupo contou com abertura de seu show feita pelos Racionais MCs na primeira noite de apresentação.

Em 1992, os Racionais MCs lançariam o EP *Escolha o Seu Caminho*, no qual a temática racial continuava como carro-chefe através das faixas "Voz Ativa", "Escolha o Seu Caminho" e "Negro Limitado". Na primeira faixa, Mano Brown fazia a afirmação de que "a juventude negra agora tem voz ativa" através do rap e da cultura hip-hop. Finalmente, em 1994, os

Racionais MCs se tornariam conhecidos de um público mais amplo e sua vendagem de discos aumentaria de forma exorbitante com o lançamento do álbum *Raio X Brasil*.

Apesar da hegemonia estética do rap engajado e de cunho crítico no que diz respeito ao aspecto racial, seria equivocado afirmar que havia apenas esse tipo de tendência vigente nesse contexto. Grupos que se pautavam por um estilo mais satírico e festivo também ocupavam parte da cena. Bons exemplos eram artistas como MC Pepeu e o grupo Geração Rap. O grupo RPW, por sua vez, deu início à cena "bate cabeça" com uma mistura entre rap e *hardcore* sob a influência de grupos estadunidenses como Onyx, Cypress Hill e bandas de rock. As apresentações do grupo eram coroadas por performances no qual o público incorporava elementos oriundos do *punk rock* e do *heavy metal*, como o *stage diving* (ato no qual o público sobe ao palco para em seguida mergulhar de volta no público) e o *mosh* (roda ou círculo que se forma durante o show em que se dança reproduzindo joelhadas, cotoveladas e empurrando-se um ao outro).

Um ponto importante é que, com a hegemonia do elemento rap no hip-hop paulista devido à sua faceta mais pública e vendável, o *break* e o *graffiti* passam a ser vistos de forma acessória e menos atrativa dentro do movimento. Grupos cujos componentes foram *b-boys*, como é o caso de Thaíde & DJ Hum, ainda mantinham a tradição de terem dançarinos de *break* atuando em suas apresentações. Contudo, no geral, havia um certo desinteresse por esses elementos pela geração que conhecera o hip-hop através do rap, pois a maioria almejava se tornar MC ou DJ.

Por volta de 1991, a Praça Roosevelt começa a perder centralidade devido a uma série de fatores, dentre elas a morte de seu principal articulador, JR Blow (Silva, 2011). Assim sendo, as posses localizadas na periferia passam a ser o espaço de revitalização do hip-hop, trazendo para o centro das discussões questões mais locais. Todos os elementos da cultura deveriam ser trabalhados nas posses que a partir de 1990 começam a se espalhar pelas várias regiões da cidade. Exemplo disso é a posse Conceitos de Rua fundada em 1990 na Zona Sul, além da Força Ativa fundada na Zona Norte e que se transferiu para a Zona Leste, além da posse Haussá, localizada em São Bernardo do Campo. As posses passam a ser o local onde os praticantes do hip-hop se reúnem para aprimorar suas habilidades, trocar informações e planejar atividades artísticas, políticas e sociais. Silva ainda defende a hipótese de que a descentralização do hip-hop levou ao fortalecimento das posses situadas na periferia e, consequentemente, impregnou a estética do movimento de aspectos vigentes na realidade dos bairros pobres e distantes da cidade, local de residência dos jovens adeptos do hip-hop. Esse deslocamento teria levado a que jovens tivessem noção da segregação espacial e social a que estavam submetidos (Silva, 2011).

O reconhecimento do hip-hop como um movimento de crítica social começaria a se dar em São Paulo por volta de 1990. Vivendo o momento de uma administração de esquerda à frente da prefeitura da cidade, o governo Luiza Erundina (1989-1992), a Secretaria de Educação tinha à frente da sua pasta o educador Paulo Freire. Nesse período foi elaborado pela pedagoga Sueli Chan o projeto Rap... Pensando a Educação, no qual, sob o aval da referida Secretaria, *b-boys*, grafiteiros, MCs e DJs iam às escolas municipais, realizar debates com os alunos sobre temas como cultura, meio ambiente e qualidade de vida, com ênfase em sexualidade, drogas e violência (Silva, 1999).

Nessa mesma perspectiva ocorre a aproximação do movimento negro em relação aos grupos de rap em 1992. É fundado o Projeto Rappers, iniciativa que tinha como sede o Instituto da Mulher Negra — Geledés. Já vinha acontecendo uma negociação para o estabelecimento de uma parceria entre o Geledés e grupos de hip-hop, mas o projeto se intensificou a partir do assassinato de um jovem por um policial no metrô. A ideia central era fazer frente à perseguição policial que jovens rappers e negros sofriam (Silva, 2011).

Nesse contexto, a noção e a reivindicação de cidadania começam a tomar forma, em termos institucionais, dentro do hip-hop a partir desse projeto e da atuação das posses. Vale lembrar que tem início nesse ano uma série de chacinas que vitimizariam majoritariamente indivíduos jovens, negros e mestiços de classe pobre. A primeira delas foi a do Presídio do Carandiru, em São Paulo, 1992, seguida pela Chacina da Candelária, 1993, e Chacina de Vigário Geral, 1993, essas duas últimas ocorridas no Rio de Janeiro. Ao mesmo tempo a juventude negra, mestiça e pobre estava apartada da representação vigente na época de "jovens politizados", espaço esse ocupado pela juventude de classe média e estudantil majoritariamente branca e que se cristalizara no movimento dos "Caras Pintadas", que exigiam a renúncia do presidente Fernando Collor mediante denúncias de corrupção.

No Projeto Rappers passaram a se reunir jovens *b-boys*, MCs, DJs e grafiteiros no intuito de estabelecer discussões políticas, sociais, raciais e de gênero, aprimorar suas habilidades como artistas e desenvolver ações políticas e sociais junto à juventude praticante de hip-hop (Silva, 1999; Macedo e Silva, 2014). Em 1993 o projeto lançou o primeiro periódico dedicado ao hip-hop no Brasil, a revista *Pode Crê! Música, Política e Outras Artes*. Ela vinha suprir uma lacuna existente no movimento desde o período da "onda *break*", que era a de concentrar, organizar e disseminar informação a respeito da manifestação. Datam daí os primeiros textos buscando registrar a história do movimento no Brasil e suas conexões com os Estados Unidos, em artigos redigidos na sua maior parte por DJ Hum, do grupo Thaíde & DJ Hum. O periódico circulou de 1993 a 1994 e teve quatro números. Seu legado pode ser visto em publicações voltadas para o mesmo público que vieram posteriormente, mas que mantiveram a mesma estrutura editorial. Exemplos são a *Rap Brasil*, *Planeta Hip-Hop* e o jornal *Estação Hip-Hop*.

Outro fator que contribuiria para uma melhora no acesso a informações por parte de MCs e DJs foi o estabelecimento da MTV (Music Television) no Brasil em 1990. O canal de TV passou a transmitir o programa *Yo! MTV*, uma versão reduzida do programa *Yo! MTV Raps* veiculado na MTV americana, exibindo vídeos, reportagens e entrevistas como artistas nos Estados Unidos. Posteriormente seria produzida uma versão nacional do programa que ficaria no ar entre 1994 e 2002.

Esses programas foram importantes no sentido de construir e informar uma imagética do movimento a partir dos videoclipes veiculados, que mantinham o público brasileiro informado sobre lançamentos e novas tendências vigentes na cena hip-hop/rap estadunidense. Ainda referente a imagética, é digno de nota a procura pelos jovens dessa época de filmes que retratavam o cotidiano dos guetos negros estadunidenses. Nas falas de MCs e DJs que viveram essa época são constantes as referências a películas que o autor Baraki Kitwana (2002) classificou como *black gangster movies* ou *hood movies*, ou seja, filmes que emulavam uma versão negra e racializada dos filmes de gangsteres como *The Godfather* (1972), *Scarface* (1983), *The Untouchables* (1987) e *Goodfellas* (1990). Exemplos desse gênero são os filmes *New Jack City* (1991), *Juice* (1991), *Boyz n the Hood* (1991) e *Menace II Society* (1993).

O ano de 1993 apresentou o rap nacional como a grande novidade do cenário musical através de Gabriel, O Pensador, jovem de classe média carioca que assinou contrato com uma grande gravadora (Sony Music) depois de fazer sucesso com a *demotape* "Tô Feliz, Matei o Presidente". Apesar do sucesso, Gabriel era pouco respeitado dentro do movimento hip-hop em São Paulo devido a sua origem de classe média, por não ter tido uma relação mais orgânica com a base do hip-hop e também por ter assinado com uma grande gravadora, o que fazia com que seu disco fosse tocado em rádios comerciais. Por outro lado, os Racionais MCs eram entendidos como o melhor grupo de rap nacional e aquele que melhor representava a juventude negra, pobre e moradora de bairros periféricos devido às temáticas abordadas nas letras e à postura crítica em relação ao "sistema", à mídia, à polícia e às classes média e alta. Mas é necessário afirmar que a estética pautada por uma representação de periferia onde os elementos vigentes nessa realidade estavam incorporados na forma de se fazer rap ainda estava por vir. Essas características não apareceriam ainda de forma contundente no disco de 1994 dos Racionais, *Raio X Brasil*.

Em 20 de novembro de 1995 um grande show com vários grupos de rap foi realizado no Vale do Anhangabaú, em homenagem aos 300 anos de Zumbi dos Palmares. Era nesse contexto que o hip-hop como "cultura negra" deixaria de existir para dar lugar a representação hegemônica de "cultura periférica" que se elevaria com força nos anos seguintes. "A periferia nos une!"

"Periferia é Periferia (Em Qualquer Lugar)": hip-hop como cultura periférica (1997-2003)

Defendo que a noção de periferia é uma espécie de reelaboração de representações do gueto estadunidense conforme o conceito de marginalidade conectiva da antropóloga Halifu Osumare (2007). A concepção de marginalidade conectiva identifica quatro campos sociais que criam vínculos entre culturas juvenis pelo mundo e a origem do hip-hop nos Estados Unidos: rebeldia juvenil, opressão histórica, classe e cultura. Contribuindo para o argumento de Osumare, é possível dizer que os vários elementos da marginalidade conectiva podem ser cristalizados em noções que fazem referência a espacialidades simbólicas, imaginárias e/ou concretas que facilitam a tradução de ideias (Osumare, 2007). Nesse sentido, os guetos negro e latino estadunidenses, espaços marginais na estrutura social norte-americana, podem ser traduzidos em seus equivalentes no Brasil como periferia e/ou favela, apresentando similaridades e distinções.

Se entre os anos de 1993 e 1994 o rap nacional tinha alcançado o sucesso nas rádios comerciais FM pelos discos de Gabriel, O Pensador, e não oficialmente pelos Racionais MCs, 1997 representa novamente uma inflexão na história do hip-hop paulista. O quarteto paulistano lançaria nesse ano o álbum *Sobrevivendo no Inferno* pela gravadora independente Cosa Nostra. O disco seria um sucesso, chegando a 1 milhão e meio de cópias vendidas. Mas o álbum também marca a incorporação definitiva e explícita de uma estética marcada por temas vinculados à noção de periferia, como violência, criminalidade e desigualdades sociais. Outro ponto importante é o forte teor religioso presente no álbum, tanto na iconografia do disco quanto nas letras das canções.

Das 12 faixas, uma das canções que mais fez sucesso foi "Diário de um Detento", cuja letra descreve o Massacre do Carandiru, ocorrido em 1992, da perspectiva de um detento. Originalmente escrita por Jocenir José Fernandes Prado, ex-detento sobrevivente do episódio, foi aprimorada por Mano Brown. Ainda são dignas de nota no álbum as faixas "Jorge da Capadócia", reinterpretação da versão original de Jorge Ben, "Fórmula Mágica da Paz" e "Rapaz Comum". Entretanto, outra faixa intitulada "Periferia é Periferia (Em Qualquer Lugar)", cantada no disco por Edi Rock, vincula de forma explícita o grupo a essa perspectiva estética. Com esse disco os Racionais levariam em 1998 os prêmios de melhor videoclipe e de melhor grupo de rap no Video Music Awards da MTV Brasil. A partir dessa data os Racionais seriam inseridos de vez na lista das grandes revelações da música brasileira dos anos 1990.

Tem início nesse contexto uma constante e forte ação diacrítica de transformação da categoria periferia, de signo estigmatizado a elemento identitário. A cena hip-hop paulista continuava diversificada com vários grupos trazendo novas temáticas, sonoridades, formas de rimar e levadas (*flow*). Bons exemplos são os grupos Potencial 3, De Menos Crime, Facção Central, Comando DMC, Doctor's MCs, Xis e Dentinho, Sistema Negro, RPW, Xis, Filosofia de Rua, Thaíde & DJ Hum etc. Por outro lado, todos os grupos, de uma forma ou de outra, tinham que lidar com a representação que aos poucos ficaria associada à toda a cultura hip-hop como um movimento vinculado a jovens pobres, moradores de regiões precárias, violentas e majoritariamente (embora não exclusivamente) negros e mestiços.

Essa percepção se tornaria ainda mais forte em 1998, com a publicação de uma edição especial da revista *Caros Amigos* intitulada "Movimento Hip-Hop: A Periferia Mostra Seu Magnífico Rosto Novo". Com 31 páginas, a revista fazia uma espécie de balanço do movimento até aquele momento em São Paulo e o interpretava como manifestação cultural e política periférica, ou seja, majoritariamente apreciada e compartilhada por jovens moradores de bairros afastados, precários e violentos da capital e de outras cidades de médio e grande porte. Percebe-se também pela leitura e pelo perfil do público leitor da revista, de orientação ideológica de esquerda, uma espécie de alerta para a existência do movimento e do quanto vários praticantes tinham uma clara orientação político-ideológica de esquerda. A decisão de produzir um número especial do periódico focado no hip-hop teria vindo da boa repercussão de uma entrevista publicada na revista com Mano Brown, em janeiro desse mesmo ano.[8]

A ARTICULAÇÃO ENTRE RAÇA, CLASSE E TERRITÓRIO NA ESTÉTICA PERIFÉRICA

A elaboração da estética do hip-hop em meados dos anos 1990, numa transição de "cultura negra" para "cultura periférica", também estabelece uma nova percepção a respeito das relações raciais dentro do movimento. No caso de São Paulo, a influência musical e política do grupo Public Enemy, em sintonia com um contexto local onde situações em que as noções de raça e racismo eram cotidianamente vivenciadas por jovens negros, fez com que a recepção desse grupo levasse à elaboração de letras que descreviam essa problemática desse ponto de vista. Até aquele contexto, jovens de origem humilde não eram vistos como atores políticos ou se enquadravam na representação de juventude politicamente engajada, majoritariamente estudantil, de classe média e cursando o ensino médio ou superior. Os jovens artistas críticos eram negros e/ou mestiços, nordestinos ou filhos de famílias migrantes, trabalhadores e com educação incompleta ou precária. Era a juventude que sofria a ação dos justiceiros descritos por Mano Brown na letra de "Pânico na Zona Sul" e trazidos ao conhecimento de um público mais amplo pelo livro do jornalista Caco Barcellos, *Rota 66* (1997), obra bastante popular entre os jovens vinculados ao hip-hop.

Contudo, a faceta extremamente racializada e muitas vezes misógina das letras de rap e do posicionamento de certos MCs e DJs levava a que muitas vezes conflitos emergissem em relação a jovens que participavam do movimento, mas que eram brancos e/ou mulheres, que não se "contentavam" a fazer apenas o papel de namoradas de tal MC ou DJ e se aventuravam a tomar o palco, rimando e controlando os toca-discos. Esses conflitos ficam evidentes em duas passagens da revista *Pode Crê!*. Na primeira, a MC Rúbia, pertencente ao grupo RPW, fala das dificuldades em ser mulher e branca no meio hip-hop. Na segunda, a revista chama a atenção para um incidente ocorrido em 1993, em que o rapper Peter Muhammad espancou o DJ Man (grupo Filosofia de Rua) devido a desavenças quanto à canção do grupo de Man intitulada "A Cor da Pele Não Influi em Nada" (1993).

---

[8] Ver *Caros Amigos*, nº 10, 1998, pp. 30-4.

O discurso racializado das letras de rap vinculadas à estética negra davam ênfase ao pertencimento e à valorização de uma identidade racial supostamente perdida ou desprezada por jovens pobres. Nesse diapasão, variáveis de gênero (homem), raça (negro), classe (baixa/pobre) e orientação sexual (heterossexual) são articuladas, com a produção de um perfil valorizado que distribui capital simbólico e prestígio de forma desigual entre os jovens apreciadores ou vinculados ao movimento. Assim sendo, ser um homem negro, heterossexual e pobre é o modelo valorizado dentro desse contexto.

Um ponto importante a ser lembrado é que a imagética dessa representação é estimulada pelo consumo de vídeos de música norte-americanos, majoritariamente de rap e R&B, e os já citados *hood movies*.[9] O contexto racializado de relações binárias entre negros e brancos vivenciada nos Estados Unidos é promovido como um padrão a ser seguido e valorizado. Livio Sansone se refere a esse contexto como um processo de globalização negra em que ocorre "a internacionalização, através do processo geral de globalização, de panoramas étnicos e de símbolos e produtos correlatos, associados à representação da cultura e a identidade negras nos Estados Unidos" (Sansone, 2004: 311). Vale lembrar que a recepção dessas imagens se dá num contexto onde esses jovens estão inseridos numa espécie de invisibilidade nas mídias atuantes na época, como televisão e revistas.

Por outro lado, a noção de periferia que começa a adentrar o hip-hop nesse período propicia um deslocamento ou reestruturação da questão racial. O discurso das letras de rap desse período estabeleciam uma espécie de denúncia do racismo, no qual a variável classe social se encontrava subordinada à noção de raça e que, de certo modo, se aproximava em muito do posicionamento do movimento negro brasileiro. Esse discurso também se configurava num poderoso argumento denunciador e oposto à noção de democracia racial, algo tão caro às tradições brasileiras, perspectiva que interpreta o Brasil como um país ausente de conflitos raciais e no qual a noção de raça não teria sido incorporada na estruturação das dinâmicas das relações sociais. Todavia, como já foi afirmado, essa perspectiva mais racializada do hip-hop como "cultura negra" excluía indivíduos não negros que tinham uma relação ativa dentro do movimento ou eram simpatizantes.

---

[9] R&B é a denominação da indústria fonográfica estadunidense para o equivalente contemporâneo do ritmo *soul* dos anos 1960 e 1970, a partir dos anos 1980. De forma geral, o termo faz referência a um gênero em que prevalecem baladas românticas.

Através da mudança de orientação estética do movimento foi possível equacionar esse "problema". A categoria periferia, portanto, desloca a discussão ou a origem dos problemas dos jovens hip-hoppers do elemento "raça" para a categoria "classe", através de um construto espacial.

Nesse sentido, *periferia é um espaço social, territorial e político que se estrutura a partir de um denominador comum para jovens negros, mestiços, nordestinos e brancos: a classe pobre*. Esse denominador comum (periferia = classe pobre) gera uma *experiência partilhada por todos esses jovens que estão submetidos aos problemas sociais vigentes nesse espaço social, como violência policial, tráfico de drogas, racismo, desemprego, segregação social, ausência de equipamentos urbanos de lazer, ausência de reconhecimento social* etc. Para além da experiência em comum vivenciada em problemas cotidianos, *a população periférica também compartilharia elementos culturais em comum, o que traria ou fortaleceria uma ideia de pertencimento e identidade*.

Nesse ponto específico, a cultura negra, através de seus diversos elementos, seria algo estruturante uma vez que a "cultura periférica", pela experiência de pobreza/classe, criaria um *"melting pot"* no samba, hip-hop, forró, escolas de samba, futebol de várzea, samba rock, bailes *black*, samba de raiz, pagode, pixação, *graffiti*, torcidas organizadas, motoboys, baloeiros, que dentre outras práticas culturais, trariam uma definição do que constitui a periferia. Assim sendo, o popular, uma categoria bastante comum na tradição da sociologia da cultura brasileira dos anos 1970 e 1980, viria a se tornar o periférico dos anos 1990 em diante, em sua rearticulação no espaço urbano.

Em seu trabalho sobre a "pixação" em São Paulo, Alexandre Pereira evidencia como a ideia de uma "cultura de rua" aproximava as práticas de diversos grupos que estabeleciam uma relação ativa com equipamentos urbanos da cidade (Pereira, 2005). Penso que, devido a uma série de fatores políticos e sociais, a ideia de "periferia" conseguiu rearticular os mesmos grupos especificados pelo autor a partir de uma combinação entre classe, raça e espaço, considerando que classe aqui é uma categoria determinante, enquanto raça e espaço são categorias subordinadas, variáveis e passíveis de manipulação.

Como já citado anteriormente, a noção de periferia no Brasil representaria uma espécie de tradução simbólica do equivalente "gueto" negro e/ou latino estadunidense. A periferia brasileira seria o meio pelo qual a experiência de jovens pobres e de origens raciais diversas seriam equiparadas a de jovens negros e latinos moradores dos guetos norte-americanos e com experiências e problemas similares. Mas a periferia teria contornos próprios no que diz respeito à forma de organizar suas relações étnicos-raciais. O elemento negro é central, mas ele encontra-se mesclado à lógica de dominação, onde a experiência de discriminação não pode ser pensada sem uma vinculação à classe.

Nesse ponto tem início a delineação de uma noção que eu chamaria de "democracia sem dente". Ouvi essa expressão, ao realizar trabalho de campo, numa fala do escritor Toni C., biógrafo do rapper Sabotage, assassinado em 2003. De acordo com ele, o fato de Sabotage não ter os dentes da frente resumia a experiência da democracia brasileira, em que as pessoas seriam iguais ao experimentar a pobreza, uma vez que a ausência de dentes é um dos marcadores mais visíveis de classe em nosso país. Para além disso, vários outros artistas de rap são banguelas e alguns, mesmo possuindo recursos, se recusam a tratar dos dentes, uma vez que esse seria um fator identificador de distinção social.

Penso que a noção de "democracia sem dente", citada por Toni C., também pode ser interpretada como uma síntese do projeto estético e político vigente no rap/hip-hop paulista na virada dos anos 1990 para 2000, onde a crítica à noção de democracia racial vigente no contexto anterior do hip-hop como "cultura negra" é trocada por uma incorporação de uma noção de "democracia sem dente" de baixo para cima. Ou seja, a noção de democracia racial é um construto intelectual e político das elites brasileiras dos anos 1940 e 1950 que foi imposta ao país num movimento de cima para baixo, das classes mais elevadas para as mais baixas. No contexto do hip-hop periférico, a "democracia sem dente" estabelece uma lógica de atuação antirracista vigente na periferia devido à equalização ou minimização das diferenças via classe/pobreza e espaço/território.

Em 1999 ocorre a fundação da Casa de Hip-Hop de Diadema, com a presença de Afrika Bambaataa. A instituição se tornaria a representante oficial da Zulu Nation no Brasil e Nino Brown, importante figura histórica do hip-hop paulistano, que havia começado a se comunicar com Bambaataa por cartas em meados dos anos 1990, se tornaria o representante da Zulu Nation, sendo coroado por Bambaataà como King Nino Brown. O surgimento da casa foi possível devido a uma articulação de ativistas do movimento negro, do hip-hop e de certa abertura na administração da prefeitura de Diadema, que se encontrava sob a liderança do Partidos dos Trabalhadores nesse período.

Shows de artistas internacionais não era algo incomum para o público apreciador de rap/hip-hop de São Paulo. Desde os anos 1980 as equipes de som se organizavam e traziam DJs e rappers norte-americanos, que se apre-

Hip-Hop SP

sentavam em ginásios poliesportivos e clubes de São Paulo e algumas cidades do interior paulista. Contudo, esses eventos eram pontuais, não realizados dentro de uma perspectiva que entendia o hip-hop como um movimento mais amplo, formado por quatro elementos e com uma história específica. A Casa de Hip-Hop de Diadema também sinaliza um momento de transição, no qual as posses de hip-hop já começam a perder a centralidade que haviam construído no movimento, desde o início dos anos 1990. Isso ocorre *pari passu* a um processo que podemos denominar de institucionalização e partidarização do hip-hop, que começa a tomar força a partir dessa década.

Institucionalização nesse contexto pode ser entendida como o processo de aproximação do hip-hop, através de seus praticantes, aos grupos políticos organizados no movimento social, ONGs e, em uma última fase, ao Estado. Como vimos, em São Paulo, o primeiro projeto que viabilizou uma aproximação entre órgãos estatais e o movimento hip-hop foi o projeto Rap... Pensando a Educação, elaborado e implementado no governo municipal de Luiza Erundina (Silva, M. A., 1999: 34-5). Um segundo exemplo da institucionalização, mas através de movimento social, mais especificamente o movimento de mulheres negras, foi o Projeto Rappers, elaborado e implementado pelo Geledés em 1992 (Silva, 1999: 93-110). Posteriormente à fundação da Casa de Hip-Hop de Diadema, mais especificamente em 2001, é organizada a Primeira Semana de Cultura Hip-Hop, por parte de posses e coletivos de hip-hop, dentro da ONG Ação Educativa. Esse evento se estenderia por 10 anos e marcaria um período no qual o hip-hop passa a ser o viés de contato de organizações não governamentais com a população jovem moradora da periferia.

O processo de politização do hip-hop paulista era reflexo de um movimento que ocorria em nível nacional e pode ser comprovado pela participação de diversas posses, coletivos e personalidades do movimento no Fórum Mundial Social, ocorrido em Porto Alegre em 2001. Nesse evento tem início uma articulação de ativistas no sentido de promover o Fórum Nacional de Hip-Hop, que viria de fato a ocorrer em 2003, como parte das atividades do Fórum Mundial Social daquele ano. Uma das figuras mais importantes que trabalharam no sentido de criar uma plataforma política foi o rapper e ativista Preto Ghóez. As discussões do evento tiveram seu foco em questões de raça, gênero e classe, e ao final foi elaborado um documento no qual os grupos associados ao hip-hop declaravam apoio a Lula na campanha de eleição para presidente.

Em 2002 ocorreria o lançamento do quarto álbum do grupo Racionais MCs, intitulado *Nada Como um Dia Após o Outro*. O álbum receberia uma série de elogios da crítica, firmando o grupo como o melhor expoente do rap paulista e brasileiro.

Ironicamente, é nesse mesmo ano que começa a se estruturar com força na região da Baixada Santista, litoral paulista, uma nova cena musical que anos mais tarde subiria a Serra do Mar para conquistar o mesmo público do rap/hip-hop em São Paulo: o funk. O funk carioca já contava com apreciadores na região da Baixada Santista desde os anos 1990, mas não conseguia se inserir com força no hip-hop paulista devido à ação das equipes de som que possuíam gravadoras e selos independentes que produziam grupos de rap e samba, e que não tinham interesse que o funk conquistasse parte do mercado. Com o declínio das equipes de som e, consequentemente, de suas gravadoras a partir do final dos anos 1990, o funk passa a ter passe livre na capital, ao mesmo tempo que mudanças econômicas, inovações tecnológicas — como o acesso a microcomputadores e softwares de produção musical — e a expansão da internet vieram a promover mudanças tanto no rap/hip--hop paulistano como no funk santista.

Ainda em 2001 ocorreria o surgimento do Sarau da Cooperifa, que não aparecia num vácuo cultural e político, muito pelo contrário. No ano anterior, o rapper e escritor Ferréz havia publicado seu livro *Capão Pecado* (2000), que colocava o bairro cantado pelos Racionais MCs como local de produção cultural para além do rap. Posteriormente, o autor de *Capão Pecado* organizaria a publicação de coletâneas de contos em edições especiais da revista *Caros Amigos* e que viria com o rótulo de "literatura marginal", termo cunhado pela mídia para nomear seu trabalho e que Ferréz acabou incorporando para qualificar a estética sua e de outros escritores, que produziam textos explorando temáticas de violência, drogas, racismo e desigualdade, numa perspectiva autóctone dos moradores de bairros pobres e periféricos da cidade.

Sérgio Vaz, principal organizador da Cooperifa, já havia publicado alguns livros de poesia e circulava por um circuito de produção cultural associado a bairros periféricos, quando passou a ter mais contato com o rap em fins dos anos 1990 (Vaz, 2008). Foi nesse contexto e do encontro de produtores culturais de diferentes orientações e fazeres que surgiu a ideia de um sarau de poesia na periferia. Lá passaram a se reunir moradores, rappers, curiosos, artistas alternativos e outras personalidades com o intuito de apreciar e apresentar poesias de autoria própria ou de outros autores. Vaz explica a fundação dessa manifestação afirmando que ele e seu amigo Pezão, "numa noite fria de outubro de 2001", criaram "na senzala moderna chamada periferia o Sarau da Cooperifa, movimento que anos mais tarde iria se tornar um dos maiores e mais respeitados quilombos culturais da cidade" (Vaz, 2008: 89). No decorrer dos anos 2000, os saraus se multiplicaram por todas as regiões da periferia paulistana, configurando um espaço de ação política e cultural. Rappers encontraram nos saraus um *locus* distinto dos bailes e shows de rap onde suas rimas eram bem recebidas e entendidas como poesias. Simultaneamente, o rap/hip-hop havia em parte propiciado e influenciado a estruturação dos saraus, o que observamos no relato de organizadores dos mesmos, como Vaz.

Hip-Hop como "cultura periférica" socialmente reconhecida, "funk ostentação" e a nova "cultura da pobreza"

No início do ano de 2004, o então empossado presidente da República Luís Inácio "Lula" da Silva recebeu personalidades do movimento hip-hop em Brasília, num encontro político liderado pelo rapper carioca MV Bill. Apesar de a aproximação com o governo Lula não ser unanimidade dentro do hip-hop, várias organizações do movimento haviam apoiado a sua candidatura à presidência no ano anterior e o encontro se dava justamente no sentido de firmar tal apoio à nova administração do país, ao mesmo tempo que se buscava articular a criação de políticas públicas voltadas para o hip-hop e a juventude dele praticante.

Essa entrada do hip-hop na política institucional não se restringia apenas à explicitação de apoio a políticos que representassem interesses populares nas esferas municipal, estadual e federal. Vários praticantes do hip-hop lançaram candidaturas a vereador, deputado estadual ou federal. De acordo com Toni C., nas eleições de 2008 ocorreram em todo o país cerca de trinta candidaturas de indivíduos vinculados ao hip-hop a cargos eletivos (C., 2012: 78).

De certa forma, as relações entre hip-hop e Estado se estreitavam, considerando a feição popular do governo Lula. No entanto, mesmo em administrações não ligadas ao PT, a influência do hip-hop tornara-se visível. Exemplo disso é que o governo estadual de São Paulo, sob administração tucana, apoiaria em 2007 a realização do Primeiro Encontro Paulista de Hip-Hop, através do Conselho para o Desenvolvimento da Comunidade Negra. Posteriormente, uma Assessoria Especial para o Hip-Hop seria criada dentro do governo estadual e vinculada à Secretaria Estadual de Cultura. Aos poucos, o hip-hop como "cultura periférica" ou cultura dos jovens da periferia passava a gozar de reconhecimento social e era entendido como forma de expressão que conseguia acessar os jovens dos segmentos mais humildes da população.

A organização política do hip-hop também ocorria numa perspectiva de gênero, uma vez que nesse mesmo ano é criado o Hip-Hop Mulher, um coletivo de hip-hop que se reúne periodicamente na ONG Ação Educativa e que atualmente possui um programa pela internet. A Ação Educativa também abrigaria anualmente, entre os anos de 2001 a 2010, a Semana de Cultura Hip-Hop, evento que contava com oficinas, mesas de debate, exposições e shows e era organizado por posses e coletivos de hip-hop que se reuniam na ONG. Desde 2011 a ONG vem organizando o evento "Estéticas da Periferia", que tenta dar conta da diversidade de manifestações culturais e políticas que pululam na periferia paulistana desde a última década. Por fim, fóruns de hip-hop também se espalham pelo interior do estado de São Paulo mostrando a vitalidade do movimento em localidades fora da capital (Santos, 2011).

Porém, o reconhecimento do hip-hop não se dava sem problemas e atitudes de retrocesso associadas ao estigma da violência presente no rap. Exemplo disso foi a pancadaria verificada no centro da cidade de São Paulo no momento do show do grupo Racionais MCs durante a Virada Cultural de 2007. Polícia, artistas e público trocaram acusações de quem teria começado o tumulto que se alastrou por toda a região central naquela madrugada. O impacto desse incidente pôde ser verificado nas versões seguintes da Virada Cultural:

> "E com mais de 20 anos, [o hip-hop] deixou de ser encarado como moda, é um estilo consolidado que cresce mais e mais. Alguns casos viraram notícia, como o da Virada Cultural de 2008, quando o palco do hip-hop era o mais afastado, o de mais difícil acesso e o único com forte esquema policial, dando geral em quem chegava para assistir aos shows. Surgiram vários protestos, principalmente na internet, e a solução foi no ano seguinte não ter mais o palco de hip-hop. Uma ou outra atração ligada ao movimento foi espalhada pela cidade, mas nenhuma delas era exclusiva para os adeptos do hip-hop. Ver isso acontecer há tão pouco tempo, e na cidade de São Paulo, berço da cultura no país, é de fato um caso para se preocupar" (Buzo, 2010: 39).

No plano estético, o rap paulistano também vinha sofrendo mudanças bastante evidentes. O rap de temática mais periférica, que abordava temas relacionados a violência, desigualdade social, drogas e racismo, ainda era hegemônico. Artistas como Racionais MCs, Rappin' Hood, Xis, SP Funk, RZO (Rapaziada Zona Oeste) e Sabotage representam o que de melhor se produziu no rap paulistano da segunda metade dos anos 1990 e início dos 2000. Sabotage, que teria a curta carreira de dois anos interrompida por seu assassinato em janeiro de 2003, conseguiria reconhecimento artístico para além do universo do hip-hop através de aparições nos filmes *O Invasor* e *Carandiru*, além de gravar com coletivos de música como o Instituto.

Contudo, uma cena mais *underground* associada às batalhas de MCs que se disseminaram a partir dos anos 2000 começou a moldar novos rappers que traziam temáticas diversas para o universo de suas rimas. Dessa cena *underground* ou de batalhas de MCs surgiram ou alcançaram maior visibilidade artistas de uma nova escola do hip-hop, como Kamau (ex-grupo Consequência), Criolo (anteriormente "Criolo Doido"), Parteum (ex-grupo Mizouri Sana), Slim Rimografia, Emicida, Projota, Rashid, dentre outros. Parte desses novos artistas compartilhava a característica de serem hábeis improvisadores.

Entretanto, não apenas estilo, estética e temática das letras separavam a geração de Sabotage em relação à de Emicida. Sabotage teve seu primeiro e único álbum gravado pelo selo do grupo Racionais MCs, o Cosa Nostra. Emicida lançou seus diversos *singles*, *mixtapes* e álbuns pela internet ou vendendo os mesmos na rua e em shows. Mais: enquanto o disco de Sabotage foi produzido em estúdio e bancado por um selo independente de propriedade de Mano Brown, as primeiras músicas de Emicida foram produzidas em casa através de softwares instalados em um computador pessoal. Entre o "Rap é Compromisso" de Sabotage em 2001 e o "Triunfo" de Emicida em 2008 há uma série de transformações tecnológicas.

O barateamento de bens tecnológicos, como microcomputadores pessoais e softwares, levou a que o processo de produção musical deixasse de ser realizado exclusivamente em grandes estúdios. No início dos anos 1990, somente as grandes gravadoras e equipes de baile tinham recursos financeiros para produzir e gravar um disco de rap. Na segunda metade dos anos 1990, rappers como Thaíde & DJ Hum e Racionais MCs começaram a abrir selos independentes, como o Brava Gente e o Cosa Nostra. Na segunda metade dos anos 2000, a produção e, posteriormente, gravação de um disco de rap estaria totalmente alocada em microcomputadores pessoais e estúdios caseiros. *Pari passu* a isso, a rede mundial de computadores — internet — tornou--se o espaço por excelência de promoção, venda e divulgação de artistas novos e ausentes de grandes recursos financeiros ou capital social. Esse processo foi também impulsionado pelo advento da música digital e o surgimento de sites como o YouTube.

Após algum tempo, o rótulo dado ao ritmo produzido em Santos, já citado anteriormente, e em bairros periféricos de São Paulo, foi "funk ostentação". A letras falavam basicamente de um estilo de vida ostentatório e de consumo conspícuo através da exibição de carros importados, motos, joias, roupas de grife, bebidas e mulheres sensuais nos videoclipes A estética dos vídeos é totalmente influenciada por vídeos de rap norte-americano como Rick Ross, Wiz Khalifa, 50 Cent, dentre outros. Uma peculiaridade é que a maioria dos artistas de "funk ostentação" até fins dos anos 2000 era pouco conhecido da grande mídia, mas os artistas faziam bastante sucesso entre o público jovem e periférico da cidade. Boa parte deles não lançava álbuns, mas apenas videoclipes pelo YouTube, que eram e são assistidos por milhões de fãs.

Entretanto, conjuntamente à maior visibilidade que o "funk ostentação" passou a ter a partir dos anos 2010, um processo de criminalização e perseguição a MCs desse ritmo também se instaurou. Nesse ano uma série de assassinatos de MCs de funk tiveram início na Baixada Santista e em São Paulo: até 2013, dez artistas foram mortos em circunstâncias ainda não esclarecidas. Um dos crimes que mais abalou a cena funk foi o assassinato do MC Daleste, ocorrido em julho de 2013, no momento em que o artista se apresentava num show na cidade de Campinas. Suspeita-se que os crimes tenham sido cometidos em retaliação à associação de facções criminosas com MCs e produtores de funk. Ao mesmo tempo, a ocorrência de festas de funk, conhecidas como "pancadões", que ocorrem majoritariamente na periferia de São Paulo, tem levado à apresentação de projetos de lei por vereadores de orientação ideológica mais conservadora que determinam a proibição desses eventos em vias públicas.[10]

Considerações finais

A popularidade e expansão do "funk ostentação" entre a juventude pobre e periférica *pari passu* ao crescente ganho de reconhecimento social

---

[10] O projeto de lei 2/2013 dos vereadores Conte Lopes (PTB) e Coronel Camilo (PSD), que proíbe a realização de eventos de funk em vias públicas, foi aprovado na Câmara Municipal de São Paulo em 23/4/2013, mas foi vetado pelo prefeito Fernando Haddad em 8/1/2014.

do hip-hop e sua institucionalização fornecem o contexto no qual o hip-hop hoje se encontra. Se por um lado há projetos de fomento ao desenvolvimento da cultura hip-hop — como o Prêmio de Cultura Hip-Hop Preto Ghóez, lançado pela primeira vez em 2010 pelo Ministério da Cultura, ou projetos que visam regulamentar as atividades de praticantes do ponto de vista trabalhista, além de outros que visam incorporar o hip-hop no panteão da cultura brasileira —, o poder de transgressão do hip-hop perde cada mais força devido ao "engessamento" do seu discurso tanto do ponto de vista estético como político. As críticas à desigualdade, violência, racismo e segregação tinham um lugar bastante apropriado e recepção garantida num contexto de economia instável, ausência de empregos para jovens e nenhuma alteração da desigualdade econômica. Entretanto, após 12 anos de administração federal do PT, num período de estabilidade econômica e ganho de poder de consumo das classes populares e diminuição das desigualdades, o discurso de denúncia perde força e espaço para a celebração do consumo conspícuo e hedonismo sexual, visto sobretudo no "funk ostentação".

Por outro lado, dois fatores contribuem para uma transformação significa da estética do hip-hop e ascensão do "funk ostentação" e de novos MCs de hip-hop: as mudanças tecnológicas e a institucionalização crescente do movimento hip-hop. O barateamento e maior acesso por parte da população mais carente a bens eletrônicos como computadores *pari passu* a digitalização da música, a expansão da internet e o desenvolvimento de *softwares* que possibilitam a produção musical sem a necessidade de grandes estúdios reconfigurou o mercado de música em geral. Nesse processo, novos MCs como Emicida ou MC Guimê não necessitam da intermediação de gravadoras e selos para produzir, divulgar e vender sua música. A institucionalização do hip-hop, por outro lado, se deu no processo de reconhecimento social dessa manifestação e o acesso a recursos vindos tanto do Estado como de outras instituições. Entretanto, esse mesmo processo resultou em desgaste estético e perda do poder transgressor presente nas práticas do hip-hop que passam a ser vistas e utilizadas pelo Estado, ONGs, partidos políticos e movimentos sociais em geral como formas legítimas e eficientes de contato e intervenção no cotidiano de jovens pobres, urbanos e pertencentes a diferentes minorias.

Esse fenômeno ocorre justamente no momento em que elementos estéticos e práticas culturais ligadas às populações mais carentes vêm se configurando em material simbólico que serve à produção de novas mercadorias a serem consumidas pelas mais diversas classes sociais, desde programas de TV até passeios por favelas para turistas estrangeiros. Há também um interesse generalizado pela produção cultural da periferia, consubstanciada em coletivos culturais que se organizam em torno de saraus, companhias teatrais, produtores audiovisuais ou grupos musicais. Para citar dois exemplos concretos, o rap mais contemporâneo de Criolo e Emicida, a partir das letras e produção musical, está muito mais próximo de uma tradição reconhecida da música popular brasileira do que estavam os Racionais MCs nos anos 1990. Entretanto, os três artistas possuem essa aura de capital simbólico que os associa à periferia, seja ela o Capão Redondo de Mano Brown, o Grajaú de Criolo ou a Cachoeirinha de Emicida. Por outro lado, nenhum dos três faz mais sucesso — tanto em termos midiáticos como monetários — do que MC Guimê, o MC de "funk ostentação" que tem Mano Brown como ídolo.

O papel do hip-hop em São Paulo nos últimos 30 anos foi justamente de ser a "liga" que, num primeiro momento, construiu uma estética autóctone, a periférica, que possibilitou a elaboração de um discurso performático de pertencimento à periferia que se dá numa perspectiva de metonímia ou sinédoque, como aponta Gayatri Spivak (2005),[11] mas que também pode ser sumarizado em máximas repetidas nesses espaços como "É tudo nosso!", "Tamo junto e misturado!" ou ainda na forma como ideias e ações estruturadas no valor/princípio da "humildade" são "atuadas" pela população originária desses territórios. Nessas "performances" ocorre uma negociação e reconstrução constante de categorias como raça e classe.

O hip-hop também forneceu um modelo de organização, ligação e inspiração para outras manifestações culturais e organizações políticas, como literatura marginal, grupos teatrais, coletivos de produção audiovisual, saraus literários, "funk ostentação" e coletivos em torno da questão do extermínio da juventude negra. Por fim, o hip-hop, e mais especificamente o elemento rap, incorporou na sua estética elementos vindos de fenômenos importantes da sociedade brasileira a partir dos anos 1990, como a religiosidade evangélica e neopentecostal ou ainda o crime organizado. É valido destacar que, no rap, essas linhagens estéticas são contempladas por grupos vinculados a uma cena *"gangsta"* — na ausência de outro termo, mas algo bastante compartilhado como um "estilo" no meio rap (como no caso do grupo Facção Central) — e outra *"gospel"*, de tom e temática religiosa bem representada pelo grupo Apocalipse 16.

A "democracia sem dente", citada pelo escritor Toni C. ao descrever o rapper Sabotage, resume acertadamente a perspectiva inserida na estética

---

[11] "The point is to have access to the situation, the metonym, through a self-synecdoche that can be withdrawn when necessary rather than confused with identity" (Spivak, 2005: 482).

Hip-Hop SP

periférica criada pelo hip-hop: na pobreza representada num sorriso bangue-la somos todos iguais (manos, irmãos), não importa se negros ou brancos, do hip-hop ou não. Nesse sentido, pode-se dizer que hoje vivemos uma es-pécie de "cultura da pobreza", não nos moldes do que o antropólogo Oscar Lewis (1969) descreveu para determinadas populações carentes estaduniden-ses e que se referia a práticas desviantes desenvolvidas por esses grupos, que os impediam de romper o ciclo de reprodução da pobreza de uma geração para outra. No contexto de São Paulo e até mesmo do Brasil dos anos 2010 a "cultura da pobreza" está mais próxima da ideia de Gilberto Freyre (1992 [1933]), de que aquilo que era entendido como nosso maior entrave para o desenvolvimento (a herança racial negro/mestiça vista de forma negativa em fins do século XIX pela intelectualidade local) passaria a ser positivado como nossa especificidade e material simbólico e material a ser explorado pelos mais diversos grupos. Tudo isso para o horror das elites mais tradicionais. Como afirma Mano Brown, "Entrei pelo rádio, tomei, cê nem viu...".

Bibliografia

BARCELLOS, Caco (1997). *Rota 66*. São Paulo: Globo.

BUZO, Alessandro (2010). *Hip-hop: dentro do movimento*. Rio de Janeiro: Aeroplano Editora.

C., TONI (2012). *O hip-hop está morto! A história do hip-hop no Brasil*. São Paulo: Literarua.

_____ (2013). *Um bom lugar: biografia oficial de Mauro Mateus dos Santos — Sabotage*. São Paulo: Literarua.

CHANG, Jeff (2005). *Can't Stop Won't Stop: A History of the Hip-Hop Generation*. Nova York: Picador.

FÉLIX, João B. J. (2006). "Movimento hip-hop: arte e cultura". Tese de doutorado (Antropologia Social), Universidade de São Paulo.

FERRÉZ (2000). *Capão Pecado*. São Paulo: Labortexto Editorial.

FREYRE, Gilberto (1992). *Casa-grande & senzala*. Rio de Janeiro: Record.

GEORGE, Nelson (1998). *Hip-Hop America*. Nova York/Londres: Penguin Books.

KITWANA, Bakari (2002). *The Hip-Hop Generation: Young Black and the Crisis in Africa-American Culture*. Nova York: Basic Civitas Books.

LEWIS, Oscar (1969). "The Culture of Poverty". In: MOYNIHAN, Daniel Patrick (org.), *On Understanding Poverty: Perspectives from the Social Sciences*. Nova York: Basic Books.

MACEDO, Márcio (2007). "Baladas black e rodas de samba da Terra da Garoa". In: MAGNANI, José Guilherme Cantor; SOUZA, Bruna Mantese de (orgs.), *Jovens na metrópole: etnografias dos circuitos de lazer, encontro e sociabilidade*. São Paulo: Terceiro Nome.

MACEDO, Márcio; SILVA, Uvanderson V. (2014). *"Pode Crê! Música, Política e Outras Artes*: militantes negros e jovens artistas unidos na consolidação e publicização de uma 'cena hip-hop' na cidade de São Paulo nos anos 1990" (comunicação no prelo).

OSUMARE, Halifu (2007). *The Africanist Aesthetic in Global Hip-Hop: Power Moves*. Nova York: Palgrave Macmillan.

PARDUE, Derek (2008). *Ideologies of Marginality in Brazilian Hip-Hop*. Nova York: Palgrave Macmillan.

PEREIRA, Alexandre B. (2005). "De rolê pela cidade: os pixadores em São Paulo". Dissertação de mestrado (Antropologia Social), Universidade de São Paulo.

PIMENTEL, Spensy (1996). "O livro vermelho do hip-hop". Monografia de conclusão de curso (Escola de Comunicação e Artes), Universidade de São Paulo.

ROSE, Tricia (1994). *Black Noise: Rap Music and Black Culture in Contemporary America*. Middletown, Connecticut: Wesleyan University Press.

SANSONE, Livio (2004). *Negritude sem etnicidade: o local e o global nas relações raciais e na produção da cultura negra do Brasil*. Salvador/Rio de Janeiro: EdUFBa/Pallas.

SANTOS, Jaqueline L. (2011). "Negro, jovem e hip-hopper: história, narrativa e identidade em Sorocaba". Dissertação de mestrado (Ciências Sociais), Universidade Estadual Paulista, Campus de Marília.

SILVA, José C. G. (1999). "Arte e educação: a experiência do movimento hip-hop paulistano". In: ANDRADE, Elaine N. (org.), *Rap e educação, rap é educação*. São Paulo: Summus.

_____ (2011). "Sounds of Youth in the Metropolis: The Different Routes of the Hip-Hop Movement in the City of São Paulo". *Vibrant*, vol. 8, n° 1, pp. 70-94.

SILVA, Maria Aparecida da (Cidinha) (1999). "Projeto Rappers: uma iniciativa pioneira e vitoriosa de interlocução entre uma organização de mulheres negras e a juventude no Brasil". In: ANDRADE, Elaine Nunes de (org.), *Rap e educação, rap é educação*. São Paulo: Summus.

SPIVAK, Gayatri C. (2005). "Scattered Speculations on the Subaltern and the Popular". *Postcolonial Studies*, vol. 8, n° 4, pp. 475-86.

VAZ, Sérgio (2008). *Cooperifa: antropofagia periférica*. Rio de Janeiro: Aeroplano.

YOSHINAGA, Gilberto (2014). *Nelson Triunfo: do sertão ao hip-hop*. São Paulo: Shuriken Produções/Literarua.

FILMOGRAFIA

CHALFANT, Henry; SILVER, Tony (1983). *Style Wars*.

HANSON, Curtis (2002). *8 Mile*.

KONDZILLA (2013). *Funk Ostentação: O Filme*.

LATHAN, Stan (1984). *Beat Street*.

LYNE, Adrian (1983). *Flashdance*.

SILBERG, Joel (1984). *Breakdance: The Movie*.

Discografia

Break, Black Juniors, 1984, RGE.

Consciência Black Volume 1, Zimbabwe Records, 1988.

Dia a Dia da Periferia, GOG, Só Balanço, 1994.

Escolha o Seu Caminho, Racionais MCs, Zimbabwe Records, 1992.

Gabriel, o Pensador, Gabriel, o Pensador, Sony Music, 1993.

Hip Rap Hop, Região Abissal, 1988, Continental.

Hip-Hop: Cultura de Rua, Gravadora Eldorado, 1988.

Holocausto Urbano, Racionais MCs, Zimbabwe Records, 1990.

Melô do Tagarela, Miele, 1980.

O Som das Ruas, Five Star Records, 1988.

Ousadia do Rap, Kaskatas Records, 1987.

Raio X Brasil, Racionais MCs, Zimbabwe Records, 1994.

Rapper's Delight, The Sugarhill Gang, 1979.

Sebastian Boys Rap, Pepeu & Mike, 1987.

Sobrevivendo no Inferno, Racionais MCs, Zimbabwe Records, 1997.

The Culture of Rap, Pepeu, Kaskatas Records, 1989.

Jornais, revistas e outras fontes

"Amigo de Neymar, MC Guimê fala de maconha, ostentação e seu 'hino' da Copa". *Folha de S. Paulo*, 29/6/2014.

Caros Amigos, ano 1, nº 10, janeiro de 1998, pp. 30-4.

_____, "Especial Movimento Hip-Hop", ano 1, nº 3, 1998.

_____, "Especial Hip-Hop Hoje", ano 8, nº 24, junho de 2005.

LOPES, Conte; CAMILO, Coronel (2013). Projeto de Lei 01-00002/2013. "Proíbe a utilização de vias públicas, praças, parques e jardins e demais logradouros públicos para realização de bailes funks, ou de quaisquer eventos musicais não autorizados, e dá outras providências", <http://www.camara.sp.gov.br/> (acesso em 12/12/2014).

Pode Crê! Música, Política e Outras Artes, ano 1, nº 2, 1993, p. 13.

_____, "Acontece" (Skinny), ano 2, nº 3, 1994, p. 8.

_____, "Rúbia é branca, e daí?" (Ildslaine Silva), ano 2, nº 4, 1994, p. 21.

RANDS, Maurício. Projeto de Lei 3/2011. "Declara o Movimento Hip-Hop manifestação de cultura popular de alcance nacional, e dá outras providências", <http://www2.camara.leg.br/> (acesso em 12/12/2014).

ROMÁRIO. Projeto de Lei 6756/2013. "Dispõe sobre a regulamentação das profissões e atividades integrantes da cultura Hip-Hop", <http://www2.camara.leg.br/> (acesso em 12/12/2014).

"Virada Cultural se transforma em campo de batalha no Centro de SP", *Folha de S. Paulo* online, 6/5/2007, <http://www1.folha.uol.com.br/folha/cotidiano/ult95u 135031.shtml> (acesso em 12/12/2014).

2

Entre imagens e imaginários: estética e política nas intervenções visuais/audiovisuais de coletivos culturais paulistanos

Guilhermo Aderaldo

"O vilarejo é bem mais além do quarteirão"[1]

O presente texto, baseado em minha tese de doutorado,[2] reconstitui etnograficamente certas redes de relações que vêm sendo estabelecidas por uma variedade heterogênea de pessoas integradas em coletivos dedicados prioritariamente à produção e exibição audiovisual, sobretudo, em espaços marcados por processos de precarização na cidade de São Paulo.

Tais coletivos, em linhas gerais, podem ser definidos como pequenas associações — sem estrutura hierárquica e geralmente informais — constituídas pela junção de pessoas com certas afinidades, que se organizam na maior parte das vezes para realizar intervenções simultaneamente estéticas e políticas em diversos espaços urbanos, com o propósito de ressignificar simbolicamente o sentido social dos locais "ocupados".[3]

No caso da metrópole paulista, as oportunidades para o desenvolvimento desse modelo associativo têm sido incentivadas por um conjunto de políticas voltadas ao fomento de iniciativas culturais protagonizadas, sobretudo, por populações "jovens" e habitantes de regiões periféricas e/ou carentes de equipamentos culturais, cuja principal referência é o Programa de Valorização às Iniciativas Culturais (VAI), lançado em 2003, na forma de lei (nº 13.540), pela Secretaria Municipal de Cultura.[4]

---

[1] Trecho da música "O Vilarejo" (2011) do grupo de rap Ca.Ge.Be.

[2] Agradeço à FAPESP (Processo 09/50153-2) e à CAPES, pelas bolsas que financiaram a pesquisa.

[3] Outras referências sobre este assunto podem ser encontradas em Mesquita (2011), Nascimento (2011), D'Andrea (2013), De Tommasi (2013), Castells (2013) e Sotomaior (2014).

[4] A referida lei municipal destaca-se por privilegiar agrupamentos não formalizados juridicamente, o que significa que as verbas são repassadas diretamente aos coletivos

Ao longo do capítulo, buscarei lançar mão de exemplos etnográficos com o intuito de demonstrar o modo pelo qual o uso criativo de dispositivos audiovisuais, por parte dos sujeitos investigados, tem influenciado decisivamente na constituição de "pontes comunicativas" entre distintos e múltiplos territórios segregados.

Argumento, contudo, que tais "pontes comunicativas", para além de trocas artísticas entre habitantes de áreas periféricas, vêm estimulando uma verdadeira partilha de conhecimentos entre núcleos heterogêneos de pessoas a respeito da cidade e das formas de representação de suas divisões (sociais, culturais, urbanísticas); isso tem possibilitado a abertura de espaço para o surgimento de maneiras inovadoras de pensar e "fazer cidade" (Agier, 2011 [2009]).

Descrevo inicialmente o modo pelo qual estabeleci meus primeiros contatos com o contexto da investigação e formulei as questões da pesquisa. No momento seguinte — através da análise de facetas de um coletivo denominado Cinescadão —, busco caracterizar com maior densidade o processo de constituição dos vínculos responsáveis pela integração desse conjunto diverso de atores em torno de pequenos agrupamentos responsáveis pela concretização de um sistema de comunicação "alternativo" aos meios convencionais.

Por fim, aponto para o modo como tais agrupamentos, ao conectarem-se em rede, por intermédio de uma organização conhecida como Coletivo de Vídeo Popular (CVP), foram capazes de converter uma série de espaços precários em territórios responsáveis pela criação de formas renovadas de identificação e engajamento na urbe paulistana.

CONSTRUINDO QUESTÕES DE PESQUISA: O CASO DO LISA/USP

Em março de 2009, compareci ao Laboratório de Imagem e Som em Antropologia da Universidade de São Paulo (LISA/USP)[5] com a finalidade de assistir ao lançamento do filme *Videolência* (NCA, 2009, 60 min), que

---

contemplados, sem a necessidade de intermediários, através de um dos membros que se inscreve na condição de "proponente". O uso desses subsídios, que posteriormente devem constar em uma prestação de contas ao município, pode ser alocado de muitas maneiras, como na aquisição de equipamentos comprovadamente essenciais para a execução do projeto. Mais informações em: <http://programavai.blogspot.com.br> (acesso em 18/3/2015).

[5] Para mais detalhes, ver: <http://www.lisa.usp.br> (acesso em 18/3/2015).

havia sido realizado pelo coletivo Núcleo de Comunicação Alternativa (NCA), constituído por três jovens egressos de cursos de formação audiovisual oferecidos por distintas ONGs a populações habitantes de áreas periféricas localizadas na região sul de São Paulo.

Naquela ocasião, sabendo que haveria um debate com os realizadores após a exibição do vídeo, fui ao LISA com o interesse de compreender como aqueles atores, descritos sinteticamente como "jovens moradores da periferia" no cartaz que anunciava o evento, lidavam com tal caracterização. Quem eram? Que tipo de vídeos faziam? E quais processos estariam por trás da mobilidade responsável por trazê-los até aquele espaço, na universidade onde me encontrava?

Durante a apresentação do coletivo, Daniel Fagundes, um dos integrantes do NCA, sinalizou para o público presente a existência de redes mais alargadas e heterogêneas de realizadores audiovisuais direta ou indiretamente (por razões políticas) vinculados às regiões periféricas da cidade, que vinham se organizando coletivamente à parte das instituições formais às quais costumavam monopolizar a fala pública sobre esses atores e suas produções, como algumas ONGs.[6]

Em relação ao vídeo exibido, uma série de elementos chamou a atenção. A primeira questão foi perceber que *Videolência* trata a categoria "periferia" como um termo capaz de assumir diferentes sentidos e formas de acordo com os critérios estéticos e políticos atribuídos por distintos agentes, para diferentes públicos e com diferentes objetivos. Algo também afirmado por Luciana Dias, integrante do coletivo Cinebecos e Vielas[7] e uma das entrevistadas pelos realizadores do NCA, ao dizer que:

---

[6] Existem diversas instituições que nos últimos anos vêm assumindo a responsabilidade de formar, em cursos e oficinas de audiovisual, populações ligadas a regiões precárias em todo o país, sob a justificativa de oferecer a elas a oportunidade para que possam construir "suas próprias representações" a respeito dos ambientes que as circundam. Em um mapeamento recente, Cirello (2010) registrou 113 instituições dedicadas a esse trabalho no Brasil. Esse volume crescente de organizações, por sua vez, deu margem à consolidação de uma trama institucional que envolve, além de empresas "socialmente responsáveis", que financiam esses trabalhos (com base em certos tipos de incentivos fiscais), toda uma rede de festivais voltados principal ou exclusivamente a "moradores de favelas" e "periferias", como o Cinecufa (Festival da ONG Central Única de Favelas) e o Festival Visões Periféricas, no Rio de Janeiro, ou o Festival Cine Favela, em São Paulo. Para mais detalhes sobre o coletivo NCA (Núcleo de Comunicação Alternativa), ver: <http://ncanarede.blogspot.com.br> (acesso em 25/5/2014).

[7] O Cinebecos, como é conhecido, é um coletivo formado por quatro integrantes,

Entre imagens e imaginários

"Tem a periferia rotulada que eu acho que é bem diferente da periferia vivida, não é? A rotulada é essa que é construída como discurso, como bode expiatório, como senzala, como quilombo no rap. Então eu acho que é uma periferia polivalente. Dependendo da boca de quem ela está, ela vai ter um significado" (fala de Luciana Dias, integrante do coletivo Cinebecos e Vielas, em *Videolência*, 2009, NCA, 60 min).

No filme, portanto, a palavra "periferia" não é retratada como sinônimo de uma realidade autoevidente, mas como uma categoria polissêmica, capaz de questionar ou fortalecer desigualdades de acordo com o modo pelo qual é utilizada. Tal questionamento fica claro em diversos momentos. Um dos que ganha destaque refere-se a uma cena gravada na Favela do Peri, localizada no extremo norte da cidade, onde atua outro coletivo denominado Cinescadão, sobre o qual falarei detalhadamente mais adiante. Na cena mencionada, vemos a interação conflituosa entre uma equipe de reportagem da TV Record — que havia se deslocado até aquela favela para realizar uma matéria jornalística sobre a atuação desse coletivo — e a equipe formada pela junção entre este e o NCA. A razão da discórdia era o enquadramento estético e ético que os jornalistas da televisão buscaram dar ao local e o modo como os mesmos conduziram sua relação com as pessoas do lugar.

Ao longo dos quatro dias em que estiveram naquela e em outras favelas próximas, com o objetivo de coletarem imagens e depoimentos, os repórteres deixaram implícito que pretendiam abordar as atividades do Cinescadão como um contraponto às redes do tráfico. Também insistiram em registrar uma série de elementos que, segundo eles, evidenciariam a "vulnerabilidade social" da região. Tais fatores desagradaram profundamente aos integrantes do coletivo, pois, para estes, a iniciativa de construir uma contraposição rígida entre o Cinescadão e as redes do tráfico apenas fundamentaria uma divisão maniqueísta entre os "ativistas culturais" e aqueles que poderiam ser caracterizados como "traficantes". Tratava-se de uma representação polarizada que, por sua vez, negligenciaria uma série de complexidades existentes na intersecção entre esses universos.

---

todos universitários e autodeclarados negros, que, eventualmente, promovem exibições e debates de filmes centrados nas temáticas racial e urbana. Mais informações em: <http://becosevielaszs.blogspot.com.br> (acesso em 2/6/2014).

Além disso, os realizadores do Cinescadão também se sentiram incomodados pelas exigências que os repórteres faziam à população para conduzirem a matéria de acordo com seus critérios estilísticos. Um exemplo é mostrado na cena em que os mesmos pedem para que as pessoas que se encontram ao lado de Flávio — um dos integrantes do coletivo — enquanto ele dá uma entrevista, se afastem a fim de que o cenário da favela apareça "limpo" ao fundo da imagem e todos se recusam, gerando uma grande tensão.

Ao trazerem à visibilidade pública os conflitos com os profissionais da televisão, portanto, a intenção dos realizadores de *Videolência* foi interpelar o sistema de valores morais que, ao orientar previamente os modos de seleção, edição e difusão de imagens sobre os territórios marginalizados, tenderia a reforçar estereótipos. Seus efeitos teriam caráter determinante para a produção de imaginários específicos sobre essas regiões, com sérias consequências para seus habitantes.

Logo após a projeção, houve um pequeno debate com a presença dos três integrantes do NCA, que pontuaram o fato de fazerem parte de uma rede chamada Coletivo de Vídeo Popular (CVP) que, segundo eles, também era integrada pelo Cinescadão, além de outros coletivos que apareciam no filme. Eles afirmaram que o filme havia nascido de um conflito que essa rede (CVP) — em grande parte formada por egressos de cursos e oficinas de vídeo ministrados por ONGs em regiões periféricas de São Paulo — passou a ter com uma parcela das instituições e financiadores dedicados ao gênero que vinha sendo chamado de "Cinema de Periferia" ou "Cinema de Favela" em todo o país. Conforme comentaram, tal conflito havia sido motivado pelo fato de um número significativo dessas instituições estarem, segundo a visão deles, silenciando a potencialidade política e emancipatória das reivindicações populares que estimulavam a feitura de muitos vídeos, na medida em que apostavam na reprodução da imagem das favelas e periferias como universos culturais autônomos, que deveriam ter sua estética própria traduzida nos termos da indústria cultural hegemônica.

O debate possibilitou minha compreensão de que havia uma crítica bastante consistente por parte desses atores, relacionada ao fato de que certas ONGs e seus respectivos financiadores concentravam suas apostas mais na tentativa de criar comunicação através das fronteiras do que na busca por interpelar as forças que geram e administram as desigualdades que sustentam esses espaços liminares. Atitude essa que contribuiria para o desenvolvimento de um amplo mercado cultural voltado à determinada representação estética da "periferia", ao mesmo tempo em que silenciaria uma série de violências políticas que costumam acometer os habitantes dessas regiões, na

Entre imagens e imaginários

medida em que os mesmos passariam a ser vistos como portadores de uma "cultura própria".[8]

Também reclamaram do fato de que, após passarem por uma série de oficinas e cursos voltados à qualificação em diversas linguagens artísticas, os jovens entendidos como "público-alvo" das ONGs acabavam, em muitos casos, sendo subcontratados por essas mesmas instituições, tornando-se uma espécie de "mão de obra barata" na medida em que as oportunidades a eles oferecidas neste incipiente "mercado cultural periférico" costumavam ser vistas como uma "boa ação" por parte das instituições mantenedoras de projetos sociais, ao contrário de uma relação comum de trabalho.[9]

Para defender a existência de coletivos de realizadores autônomos e interligados de modo independente de vínculos institucionais com organizações do chamado "terceiro setor" em redes distribuídas pela cidade, portanto, Daniel argumentou:

> "Eu fui mandado embora ontem de uma ONG que eu acho que está começando a perceber *essa coisa do marketing*, não é? Montaram um núcleo lá dentro onde os próprios meninos [refere--se aos aprendizes, atendidos pela instituição] vão passar a fazer os vídeos institucionais da ONG. Com isso eles já cortaram uma verba de comunicação institucional e eles ainda vão ganhar um nome, tipo 'Olha só! Aqui são os próprios jovens que fazem os vídeos!'. A questão é essa. Na medida em que você tem coletivos independentes, essas instituições perdem um certo nicho de mercado" (Daniel Fagundes, durante debate no LISA/USP, 2009, grifos meus).

Outro aspecto importante foi a descoberta de que, entre os membros dos diversos coletivos que aparecem no filme realizado pelo NCA, boa parte deles estavam vinculados a programas de graduação e pós-graduação de di-

---

[8] Para uma reflexão mais detida acerca do modo pelo qual os membros dos coletivos investigados problematizam tais questões, ver o texto "Uma educação curta para vídeos curtos", escrito pelos integrantes do NCA, em: <http://ncanarede.blogspot.com.br/2013/03/uma-educacao-curta-para-videos-curtos.html> (acesso em 28/10/2014).

[9] Tal impressão foi reforçada por uma pesquisa (2010) realizada pelo Instituto Brasileiro de Geografia e Estatística (IBGE), junto a Fundações e Associações Sem Fins Lucrativos, que demonstrou que 72% das ONGs do país não possuíam empregados formalizados àquela altura. Ver detalhes em: <http://www.abong.org.br/noticias.php?id=6169> (acesso em 5/5/2014).

ferentes centros universitários, inclusive a USP. Alguns dos integrantes desses coletivos também estudavam em instituições privadas com o auxílio de bolsas voltadas à ampliação do acesso ao ensino superior, como o Prouni.[10]

Tais experiências levaram-me a três constatações que se tornaram fundamentais:

1) Era evidente a importância de uma reflexão acerca dos usos e sentidos do termo "periferia" por parte dos coletivos que eu viria a pesquisar, de acordo com as diferentes situações nas quais fossem acompanhados; tal conceito era, notadamente, uma questão para os próprios atores envolvidos nessas associações;

2) Os coletivos eram formados por um conjunto heterogêneo de pessoas que não podiam ser reduzidas a representações canônicas como "jovens moradores de periferia", e a passagem pela universidade, longe de ser uma exceção, era uma constante;[11]

3) Por último, soube que os coletivos que haviam participado de *Videolência* também faziam parte de uma rede chamada Coletivo de Vídeo Popular (CVP), o que aumentou significativamente meu interesse por esses agrupamentos e o sistema de comunicação que estavam construindo a partir das áreas marginalizadas da cidade.

Essas percepções tornaram necessária a busca pela superação de alguns preceitos normativos que vinham sendo largamente reproduzidos por certa bibliografia caracterizada pelo estudo separado de uma ampla gama de práticas e obras audiovisuais entendidas como "de periferia", pelo fato de seus autores estarem, em grande medida, debruçados sobre a seguinte questão: *que tipo de cinema esses "jovens moradores da periferia" vêm realizando?*

Minha indagação básica passou a ser a seguinte: *que relações a relativa democratização do controle de técnicas de produção audiovisuais vêm possibilitando aos citadinos direta ou indiretamente (por meio de vínculos de identificação política) ligados às regiões marcadas por processos de precarização na cidade?*

---

[10] Ver, a respeito: <http://siteprouni.mec.gov.br/> (acesso em 20/5/2014). Quanto ao impacto dessas políticas de popularização do acesso ao ensino superior sobre as camadas menos privilegiadas da população, ver Valladares (2010).

[11] Confirmada pelos próprios dados das estatísticas obtidas pela equipe do Programa VAI, que mostram que mais da metade dos proponentes do programa possui diplomas ou cursa instituições de nível superior. Para mais detalhes ver Secretaria Municipal de Cultura de São Paulo (2012: 33).

Entre imagens e imaginários

Cabe aqui ressaltar a presença da figura do "citadino" como um contraponto à ideia do "cidadão". Frise-se que enquanto a imagem do "cidadão" remete a um contexto previamente informado por ideologias políticas pautadas por certa idealização do espaço urbano, a noção de "citadino" remete, ao contrário, àqueles que efetivamente ocupam a rua e circulam por universos profundamente diversificados, independentemente de vínculos políticos (Joseph, 2005 [1998]).[12]

À vista disso, ao fazer este deslocamento, evitou-se um enfoque informado por ideologias políticas prévias (conectadas a uma visão normativa e *a priori* de termos como "periferia") na direção de outro, cuja matriz seria relacional e que, por esse motivo, não predefiniria o perfil ideal dos atores a serem (ou não) levados em consideração pelo olhar etnográfico.

Desdobramentos do campo

Com o objetivo de compreender, de forma mais detida, a dinâmica das relações estabelecidas entre coletivos conhecidos nesta primeira experiência, adotei como universo de investigação a rede do Coletivo de Vídeo Popular (CVP) que, conforme já dito, se tratava de uma rede formada por diversos atores, vinculados a múltiplas regiões urbanas e igualmente destacados por privilegiarem o uso da linguagem audiovisual como forma de intervenção na paisagem segregada da metrópole.

Para viabilizar a investigação dessa rede nos termos de uma "antropologia da cidade" (Agier, 1999, 2011 [2009]), busquei um coletivo que a integrasse e que me fornecesse o acesso a uma territorialidade, a partir da qual fosse possível assentar minha prática etnográfica de forma mais regular, dado que as reuniões do CVP ocorriam apenas uma vez ao mês e abordavam discussões demasiadamente abrangentes sobre uma diversidade de questões, vivenciadas por seus integrantes em suas atividades locais.

Pensei em privilegiar o NCA como *locus* da análise, porém, minhas primeiras tentativas de contato com seus membros não obtiveram resposta. Consultei então o blog do coletivo, onde vi que *Videolência* (filme recém-lançado àquela altura) seria exibido em diversos espaços da cidade. A lista dessas exibições, curiosamente, contava com lugares como cineclubes, ONGs, centros culturais, universidades, saraus, associações de bairro, sedes de movimentos sociais etc.

---

[12] Sobre essa questão, ver também Frúgoli Jr. (2007: 47-8).

Logo no primeiro desses encontros, realizado na sede da ONG Ação Educativa, localizada na rua General Jardim, numa área central de São Paulo,[13] além de rever os realizadores vinculados ao NCA, fui apresentado aos membros do Cinescadão, um dos coletivos que ganhou grande destaque no filme *Videolência* sobretudo por protagonizarem a situação relacionada ao já mencionado conflito com a equipe de reportagem de uma famosa emissora de televisão em sua "base", situada numa viela — que fica ao lado de uma grande escadaria (daí o nome do coletivo) — a qual conecta diferentes pontos da Favela do Peri, na Zona Norte da capital.

Após uma série de conversas ocorridas no evento com os integrantes do NCA e do Cinescadão, fui convidado pelos membros deste último a acompanhá-los em suas atividades na Favela do Peri e adjacências. Saí da ONG tendo como primeiro compromisso o encontro com esses atores em um evento que aconteceria na semana seguinte na Favela do Flamengo, que fica próxima à aludida "base" do coletivo, em um projeto numa fase inicial, cujo nome era *Imagens Peri-féricas*.

A ideia do projeto, que contava com o financiamento do edital Programa de Ação Cultural (ProAC),[14] era ocupar diferentes espaços localizados nas favelas da Zona Norte, especialmente na Favela do Peri, com exibições de vídeos, realização de grafites e apresentações musicais, sobretudo, dos grupos de rap locais. Tratava-se, portanto, de uma ótima oportunidade para iniciar a observação do modo como esses citadinos, organizados em coletivos dedicados à realização de atividades culturais em regiões periféricas, se organizavam territorialmente.

CINESCADÃO: ENTRE O MERCADO DA PERIFERIA E A PERIFERIA DO MERCADO

A participação neste primeiro evento organizado pelo Cinescadão, na Favela do Flamengo, revelou-se, de fato, uma atividade importantíssima para o avanço da investigação. Ali conheci outros integrantes do coletivo que não haviam estado no encontro anterior, na Ação Educativa, bem como pude estabelecer relações mais sólidas com os mesmos, as quais desdobra-

---

[13] Para mais detalhes sobre a ONG Ação Educativa ver: <http://www.acaoeducativa.org.br> (acesso em 10/10/2014).

[14] Para maiores detalhes ver: <http://www.cultura.sp.gov.br/portal/site/PAC> (acesso em 10/10/2014)

Entre imagens e imaginários

ram-se em um trabalho de observação etnográfica regular de suas iniciativas, coletivas e individuais, cotidianas.

O coletivo formou-se no ano de 2007, quando Flávio Galvão, então estudante do curso de Letras na Universidade de São Paulo (USP), conheceu os rappers do grupo Ca.Ge.Be (Cada Gênio do Beco) em um cineclube que ajudava a coordenar na Favela do Sapo, contígua à Favela do Peri, onde os rappers viviam. O Ca.Ge.Be era formado por Cézar, Shirley, DJ Paulinho e André 29.

Flávio, que vivia com o pai no bairro de Lauzane Paulista, também localizado na Zona Norte da cidade, não havia passado por cursos de vídeo em ONGs. Seu conhecimento das técnicas de produção audiovisual foi fruto de um curso extracurricular oferecido junto ao LISA/USP, onde, além de aprender técnicas de elaboração de vídeos e estudar autores e realizadores que se tornariam importantes referências, como o antropólogo e cineasta Jean Rouch, conheceu a socióloga Vera Batista Alves, que também fazia o curso e que o convidou para atuar juntamente com ela em um projeto de exibição de filmes na Biblioteca Municipal Monteiro Lobato, onde trabalhava, situada na rua General Jardim.

Nesse projeto ele conheceu uma série de pessoas que iam até ali para assistir às exibições. Entre essas pessoas estavam, sobretudo, jovens egressos de oficinas de vídeo ministradas em regiões periféricas da cidade por uma diversidade de ONGs, que frequentavam aquelas imediações para realizarem outros cursos ou participarem de eventos e debates organizados em instituições localizadas no entorno, como a já citada Ação Educativa e o Instituto Pólis.[15] Naquele espaço, além dos jovens citados, também costumavam circular gestores públicos, militantes de movimentos populares e culturais, além de educadores de diversos projetos sociais.

O período em que Flávio atuou na área, entre 2005 e 2006, também foi marcado por uma profunda efervescência em termos do desenvolvimento de políticas para a juventude na cidade, sobretudo às populações oriundas de regiões periféricas, que vinham despertando a atenção de uma série de organizações do chamado "terceiro setor", bem como da administração pública. E isso tanto pelo fato de serem os mais prejudicados pelas transformações recentes no mercado de trabalho, oriundas dos processos de desindustrialização,[16] quanto por estarem atraindo os holofotes de setores da mídia com

---

[15] Para mais informações sobre o Instituto Pólis, ver: <http://www.polis.org.br> (acesso em 5/5/2014).

[16] A esse respeito, ver, por exemplo, o relatório "Jovens: políticas públicas, merca-

uma produção estética e intelectual bastante relevante nos campos da literatura, música, artes plásticas e audiovisual, que começava a despontar de forma mais impactante em movimentos culturais nascidos da ação de moradores da área sul da cidade, os quais haviam decidido ocupar certos bares da região com o intuito de transformá-los em saraus culturais.[17]

Foi no vácuo desses processos que surgiram leis dedicadas, principalmente, ao apoio de movimentos artísticos e culturais não hegemônicos, como o supracitado VAI. Além disso, em 2005 havia sido inaugurada a Coordenadoria da Juventude, destinada ao apoio e à fiscalização da garantia de direitos exclusivos à população jovem e, em 2006, fora aberto o Centro Cultural da Juventude Ruth Cardoso (CCJ), na Zona Norte da capital.

Em meio a estas transformações, o Cinescadão se estruturou, adquiriu, através da conquista de alguns financiamentos públicos — já resultantes das ações desse campo institucional voltado à "juventude" —, seus primeiros equipamentos e passou a ampliar sua interlocução com outros movimentos culturais e sociais da cidade. Do universo hip-hop, os membros do Ca.Ge.Be trouxeram diversos "parceiros", que passaram a contribuir direta ou indiretamente com as atividades do coletivo, cantando ou prestigiando os eventos. Já Flávio acrescentou ao trazer, além de seus conhecimentos no campo do desenvolvimento de projetos, o apoio de pessoas que havia conhecido na universidade e nos circuitos institucionais e militantes por onde havia passado. Uma dessas pessoas foi Rica Saito, realizador audiovisual formado na Escola de Comunicações e Artes da USP (ECA/USP) e dono da produtora Temporal Filmes, que auxiliou em diversos vídeos realizados com os membros do Cinescadão. Também deu oficinas gratuitas, onde ensinou técnicas de produção audiovisual, entre outros conhecimentos, à população da Favela do Peri.[18]

A junção de pessoas com origens sociais, graus de escolaridade e trajetórias tão diversas em torno de um mesmo núcleo de comunicação audiovisual, vinculado a um conjunto de favelas da Zona Norte, com particular

---

do de trabalho", produzido pela ONG Instituto Pólis a partir das análises de Anna Luiza Salles Souto e Elmir de Almeida (Souto e Almeida, 2000). Ver também Feltran (2011) e De Tommasi (2014).

[17] Sobre as produções culturais promovidas por agentes ligados a regiões periféricas e seu impacto social, ver: Nascimento (2009, 2011), De Tommasi (2013), Silva (2013), Aderaldo (2013) e D'Andrea (2013).

[18] A educadora social Renata Saito, irmã de Rica, tornou-se namorada de Flávio e também passou a prestar importantes contribuições ao Cinescadão.

Entre imagens e imaginários

destaque à Favela do Peri, trouxe uma série de particularidades que ficaram evidentes na medida em que passei a seguir a mobilidade desses atores, em muitas situações, nos termos de uma abordagem antropológica "metodologicamente mais urbana" (Cordeiro, 2012: 22), ou seja, um tipo de abordagem dedicada à compreensão de espaços que operam a partir de um dinamismo que repõe continuamente definições como "nós" e "eles".

Foi possível reparar no modo pelo qual os mesmos lidavam de forma variada e discrepante com os sentidos por trás de noções como "Centro" e "periferia" quando iam escrever um projeto para algum edital, participar de um evento organizado por alguma ONG ou realizar alguma atividade de teor mais engajado junto com movimentos sociais vinculados a interesses políticos como, por exemplo, movimentos de luta por moradia com os quais mantinham relações.

Havia uma coexistência, sempre tensa, entre a crítica que faziam a muitas das instituições mantenedoras de projetos sociais com as quais conviviam, devido ao que consideravam uma representação "moralista" e "mercadológica" das regiões socialmente marginalizadas — na medida em que tais instituições costumavam entender essas áreas de forma apartada do restante da cidade — e a necessidade de contarem com o suporte dessas mesmas organizações, seja para conseguirem recursos financeiros para manutenção pessoal e/ou de seus projetos, seja para obterem apoios institucionais que se revelavam importantes em certos casos.

A percepção dessa posição ambivalente gerou entre os atores vinculados ao Cinescadão uma distinção entre o que entendiam como a "periferia do mercado" e aquilo que traduziam como o "mercado da periferia". Divisão essa que tinha consequências práticas no modo como estes atores lidavam com seus interlocutores, a depender de em qual dessas categorias os mesmos seriam encaixados.

Para ser mais claro, em certos projetos ou eventos institucionais dos quais os membros do Cinescadão participavam, com o objetivo de adquirirem determinados benefícios econômicos ou políticos, era comum que o termo "periferia" fosse empregado como um modo de demarcar a "identidade" de populações residentes de áreas urbanas caracterizadas por processos de precarização. Em outros momentos, quando a palavra era partilhada em espaços não determinados pelos interesses administrativos do chamado "terceiro setor" — como eventos promovidos em espaços públicos (praça, rua, viela, terreno baldio), numa "ocupação" urbana, num sarau ou na sede de algum movimento social —, o termo costumava ser empregado com a finalidade de traduzir uma "identificação" mais abrangente, entre núcleos heterogêneos de pessoas igualmente motivadas pela crítica à economia política responsável pela manutenção da desigualdade no campo do acesso aos direitos à cultura, à moradia, à justiça etc.

A essas variações de ambiente etnográfico correspondiam amiúde variações na própria forma como o coletivo se apresentava. Isso porque, em casos onde era importante demarcar a noção de "periferia" como um recurso identitário, capaz de fixar populações relacionadas a regiões precárias, aqueles que contribuíam decisivamente com o Cinescadão, mas que não se adequavam a esse perfil — como agentes com maior capital escolar, econômico, profissional ou social — tendiam a ser ocultados ou perder certo protagonismo. Já em outros momentos, onde a "periferia" ganhava uma conotação mais política, itinerante e alargada, esses agentes eram ressignificados no contexto da associação.

Para fornecer melhores condições de inteligibilidade a esse argumento, dois episódios etnográficos são relevantes. O primeiro refere-se a uma situação bastante pontual, ligada ao modo como os integrantes do Cinescadão conduziram suas relações com as técnicas de uma famosa ONG paulistana, que haviam ido até a Favela do Peri com a finalidade de avaliar as atividades promovidas por eles no quadro de um prêmio oferecido pelo Ministério da Cultura (MinC) a projetos culturais desenvolvidos em ambientes socialmente desfavorecidos, para o qual haviam se inscrito com o objetivo de comprar uma casa na favela que pudesse servir como uma espécie de "centro cultural comunitário". Já o segundo exemplo trata das atividades autônomas, denominadas de "ocupações audiovisuais", que costumavam ser realizadas pelo coletivo em suas práticas regulares, quando não estavam sob a fiscalização de agentes externos.

Com relação ao primeiro exemplo, no dia da visita das três funcionárias da ONG que havia sido nomeada pelo MinC para fazer a seleção dos projetos que deveriam receber o prêmio ao qual o Cinescadão estava concorrendo, foi curioso perceber que todo um arranjo havia sido pré-programado especialmente para a visita. Chamaram as crianças das redondezas para uma oficina de colagens na garagem de uma das casas da favela e, posteriormente, exibiram animações na parte mais alta do "morro". Também reservaram a Cézar e Shirley, que são moradores do lugar, o papel de anfitriões responsáveis por tomarem a frente do contato com elas, enquanto Flávio, que tinha formação superior em uma instituição de ensino reconhecida (graduação em Letras na USP) e não era morador daquela favela, tomou uma postura mais distanciada, segundo ele, para não prejudicar a "avaliação moral" que deveria balizar os critérios administrativos daquelas profissionais.

No tocante ao segundo caso, cabe ressaltar que, durante o período em que acompanhei as atividades do coletivo, pude presenciar diversas reuniões internas, onde buscavam esclarecer os princípios que deveriam nortear as ações mais autônomas do Cinescadão, após a obtenção dos recursos necessários para promovê-las. Uma das questões com a qual todos costumavam concordar nesses encontros era a de que deveriam aproveitar a relação entre as linguagens que privilegiavam em suas práticas, como rap, grafite e audiovisual, para deslocarem o protagonismo dos "artistas" para o espaço que estavam "ocupando", suscitando com isso questões sobre as desigualdades vivenciadas na metrópole e, consequentemente, quebrando com a lógica da indústria cultural dominante.

Desse modo, todas as atividades de teor mais "engajado" que promovessem deveriam ser realizadas em espaços socialmente marginalizados, sem a utilização de palcos ou qualquer outro meio que fosse capaz de separar aqueles que poderiam ser entendidos como "artistas" do restante das pessoas, entendidas como "público".[19] Tais razões faziam com que utilizassem a técnica do "microfone aberto", para que qualquer um pudesse se valer da palavra com o objetivo de cantar ou se pronunciar durante os eventos.

Essas práticas mais autônomas eram chamadas de "ocupações audiovisuais" pelo fato de consistirem, como vimos, na interação entre as linguagens do vídeo, do grafite e do rap. Algo que costumava gerar uma sensação de alargamento das questões sociais vividas nas regiões "ocupadas" pelo coletivo para a extensão da própria cidade ou como me disse um dos frequentadores assíduos daqueles eventos: "É como se a cidade inteira estivesse aqui para ouvir a gente, tipo uma viagem mesmo!".

Ao receberem grupos de rap, realizadores e artistas convidados de outras áreas que, em alguns casos, eram bastante distantes, geralmente em sua "base", na Favela do Peri, o Cinescadão abria a possibilidade de transformar aquela favela, bem como outros lugares onde costumavam atuar em seus projetos itinerantes, numa espécie de ponto de difusão da percepção sensível

---

[19] Um interessante contraponto a essa perspectiva nos é dado por Howard Becker, quando, ao estudar as redes de relações entre músicos de jazz norte-americanos, diz: "Em regra, o músico está espacialmente isolado do público. Trabalha sobre uma plataforma, que fornece uma barreira física e impede a interação direta. Esse isolamento é bem-vindo, porque o público, composto de quadrados, é sentido como potencialmente perigoso. O músico teme que o contato direto com o público só possa levar à interferência na execução musical. É mais seguro, portanto, estar isolado e nada ter a ver com ele" (Becker, 2008 [1963]: 105).

partilhada por populações vinculadas a uma diversidade de áreas socialmente marginalizadas a respeito da cidade e suas divisões. Tal possibilidade decorria do fato de que as músicas, grafites e vídeos escolhidos costumavam se concentrar em torno de temas caros a essas populações, como moradia, lazer, acesso a direitos básicos ou mobilidade urbana.

Passo agora a uma brevíssima análise de partes do filme *Imagens Peri-féricas* (Cinescadão/Temporal Filmes, 2010, 20 min) — produzido pelo próprio Cinescadão em parceria com o realizador audiovisual Rica Saito — e de uma das músicas que costumavam acompanhar suas exibições nos lugares utilizados pelo coletivo, para que possamos ter clareza a respeito da dinâmica e dos efeitos dessa articulação entre distintas linguagens artísticas no caso das referidas "ocupações audiovisuais".

Logo na abertura de *Imagens Peri-féricas*, deparamo-nos com um plano aberto, onde a cidade de São Paulo aparece caracterizada pelos inúmeros prédios do Centro. Chama a atenção o aspecto monocromático cinza-escuro da imagem e, conforme a câmera vai se aproximando, uma narração em *off* reflete:

> "Ei, São Paulo, onde estão as suas cores? Não há espaço? Nasceu de um imaginário vertical monocromático, cresceu pesada, esmagou raízes, tornou-se selva de pedra. Mas das bordas da pavimentação, depois do asfalto, talvez suas raízes retornem à terra, e nos becos, nas vielas onde a cidade se fabrica floresçam imagens periféricas" (*Imagens Peri-féricas*, 2010).

Na sequência dessa narração a câmera se aproxima cada vez mais dos edifícios em meio à "cidade cinza" do Centro e, após um rápido efeito de edição, passamos a ver a imagem dos tijolos de uma casa autoconstruída — também vertical — da Favela do Peri. Enquanto a câmera desce na direção da base da casa, vemos uma frase indicando o nome e os objetivos das ações do Cinescadão: "Cinescadão: núcleo audiovisual do Jardim Peri. Missão: fortalecer as condições de comunicação entre as populações dos bairros periféricos da cidade".

No processo de passagem de um plano a outro, do enorme conjunto de prédios da região central à favela, a câmera não percorre nenhum signo de fronteira capaz de dar a ideia de um simples trânsito geográfico que leva do "Centro" à "periferia", como uma ponte ou uma avenida, a exemplo do que já fizeram tantos outros documentários sobre o problema da segregação socioespacial nos centros urbanos brasileiros. A passagem se dá de forma direta pela associação entre as duas imagens, o que fortalece a ideia da relação embrionária entre os contextos revelados por ambas.

Assim, no vídeo e no discurso provocativo de abertura temos a nítida impressão de que não é a favela que está contida na representação hegemônica e normativa da cidade, como uma espécie de cartão-postal às avessas, mas justamente ao contrário, é a "cidade" que parece brotar da favela que, não por acaso, aparece no discurso de abertura do filme sob a metáfora das raízes que sustentam o peso do grosso concreto urbano.

Tal mensagem tornava-se ainda mais forte quando a projeção de vídeos como esse — e outros, em geral produzidos por coletivos vinculados à rede CVP, sobre a qual falarei adiante — era cruzada com a execução de músicas como "Manhã Seguinte", do próprio grupo Ca.Ge.Be (composição de Cézar Sotaque), cujo trecho destaco abaixo:

"Lá vem o trem, sem freio e sem direção, destruindo lares, casas em construção. Coração disparou, lágrimas não parou, é um fim trágico, não terminou! Longe, bem distante, fora do alcance. Pra um lugar que eu nunca ouvi falar. Desnecessário, tratores que nos derrubaram. Poeira, o que restou pra mim? Madeira, fogueira, fumaça na estrada, avenida interditada. Briga, polícia intimida, na rua é o rapa, se afasta, recua, viatura, prefeitura, raiva, meia-volta. Na revolta o troco me alimenta. O sustento eu garanto, meu adianto sou eu por mim, que fiz, eu entendi, me proibi. Por que me privar, trabalhar, quer se livrar. Cadeia me jogar, nem pensar. Guerrear, sair na mão, multidão. O furacão a todo vapor a nosso favor. As câmera escondida, propina, fim da linha. Brava gente denuncia, paralisa. Negócios da China, Coreia, coreano, dominando enfeza, favela quebra-quebra, escorrega, levanta, esperança nas criança caçula a fortuna, de carroça na dificuldade, que dia quente, valente, salve os camelô, força, ratatá, barracos, multiplicou. Formigueiro avassalador, periferia, na sintonia certa, Sem-Terra, Sem-Teto, treta... Lá vem o trem.... Lá vem o trem... Lá vem o trem, destruindo, indo... indo..."

Conforme vemos, a letra da canção acima recorre a uma série de figuras de linguagem de modo a compor um quadro audiovisual que busca inserir o ouvinte no movimento por trás das cenas descritas. Trata-se de uma espécie de poema concreto, em que as palavras são aglomeradas e colam-se umas nas outras sem a necessidade de uma adequação à estrutura gramatical, da mesma forma que os barracos das favelas surgem sem a necessidade de uma adequação à estrutura urbana. Na letra, dois modelos de "cidade" parecem confrontar-se. De um lado vemos a concepção conceitual hegemônica e administrativa do termo, descrita sob a metáfora de um trem, que passa por cima de outra "cidade", relacional, cuja presença é sentida na chave de uma experiência de "viração" (Gregori, 2000), da "correria" por parte daqueles que não parecem ter sido beneficiados com o "direito a ter direitos".

Assim como no caso do filme *Imagens Peri-féricas*, nessa música, a fronteira entre as regiões precárias, como favelas, ocupações e as demais áreas urbanas, revela-se não na ótica de uma divisão rígida entre mundos estanques, o que daria a impressão de que lugares como favelas e ocupações não passariam de um mero problema a ser resolvido, ou territórios a serem "pacificados", mas através de uma conexão que projeta todos na direção de um local comum de mediação. Oposto, portanto, ao modelo urbanístico dominante, que cristaliza diferenças na medida em que entende a favela como um contexto totalmente apartado da "cidade legal".

Conforme dito, é por esse universo partilhado (entre dois) que o trem passa, "destruindo" com seu movimento abrupto lares e pessoas. O urbano, então, vai aos poucos revelando sua forma e, em vez de aparecerem referências como monumentos, espaços públicos consagrados ou nomes de ruas, o que vemos são movimentos, experiências, situações. O termo "cidade" vai ao longo da música perdendo sua solidez conceitual, se desfazendo e cedendo lugar às relações que marcam uma conjuntura de experiências violentas, vivenciadas em suas fronteiras, sempre fluidas e movediças. A "periferia" deixa, assim, de ser vista apenas como um território fixo, positiva ou negativamente valorizado, na medida em que parece estar em toda parte, seguindo na mesma velocidade da mobilidade das vítimas dos processos de segregação sociopolítica apresentados na canção.

A experiência de observar os efeitos trazidos pela sobreposição de músicas e filmes como esses, na medida em que eram projetados e cantados em espaços ilustrados com grafites, como uma pequena viela na Favela do Peri, ao lado de um conjunto de pessoas oriundas de diversas áreas precárias da Zona Norte e também de outras partes de São Paulo, mostra que a ação desses atores, ao contrário de simplesmente buscar a inversão de sinais (positivo e negativo) na direção de uma valorização (positivação) das áreas socialmente segregadas, era capaz de deslocar a fronteira que dá sentido a esses sinais. Assim, interpela-se o próprio modo pelo qual o conceito de "cidade" é normalmente utilizado pelas "vozes oficiais", na medida em que estas costumam associá-lo a ideias como "ordem" e "consenso".

Entre imagens e imaginários

Pude notar, dessa maneira, que a "periferia", ritualisticamente representada nesses eventos, mais do que um espaço fixo, marcado pelo aspecto negativo da carência ou pela positividade da criatividade cultural, parecia traduzir uma potência política e expressiva decorrente de certo tipo de percepção sensível da paisagem segregada da megalópole paulista, capaz, por sua vez, de interpelar criticamente o modelo urbanístico normalmente utilizado como referência.

Em outros termos, a categoria "periferia", do modo como utilizada nessas práticas mais autônomas do Cinescadão, poderia ser entendida não como um lugar específico, responsável por demarcar o que seria uma visão "de dentro" da favela, mas como uma territorialidade flexível, passível de ser deslocada da "margem". Isto é, caracteriza-se como um conjunto de espaços hierarquicamente constituídos e conectados a processos móveis e itinerantes (Perlongher, 2008 [1987], 2005 [1991]; Haesbaert, 2010; Frúgoli Jr., 2013).

Mais do que a "periferia", portanto, era a "cidade" que esses eventos buscavam reconstituir simbolicamente. Algo que se torna ainda mais claro quando consideramos a integração deste e de outros coletivos no contexto da rede denominada Coletivo de Vídeo Popular (CVP), tratada a seguir.

COLETIVO DE VÍDEO POPULAR (CVP) E SEU CIRCUITO DE EXIBIÇÃO: AMARRANDO OS NÓS, ALARGANDO A "CIDADE"

A rede conhecida como Coletivo de Vídeo Popular (CVP), como adiantado nos tópicos anteriores, surgiu a partir da interação entre uma série de pessoas engajadas em coletivos como o Cinescadão, que passaram a buscar uma modalidade de vínculo associativo que fosse capaz de possibilitar a superação de cinco desafios comuns:

1) Construir uma rede comunicativa esquiva às formas tradicionalmente utilizadas pelas empresas jornalísticas vinculadas a grupos corporativos, bem como aos interesses administrativos das instituições do terceiro setor, e mais próxima de movimentos de luta popular;

2) Possibilitar uma leitura conjunta das causas sociais relacionadas aos problemas que atingem distintas regiões urbanas precárias, tais como especulação imobiliária, desapropriações ou desigualdade de direitos, com vistas a produzir e exibir filmes relacionados a esses temas;

3) Estimular a circulação dos realizadores e exibidores de filmes politicamente orientados por toda a cidade, tornando-os reconhecidos em uma

extensa rede de circuitos de exibição, a serem construídos por ações populares em lugares estratégicos, como favelas, bares, campos de futebol amador, ocupações culturais e habitacionais ou escolas da rede pública;

4) Ocupar e legitimar, com a exibição de filmes, espaços abandonados pelos poderes públicos;

5) Sustentar uma representação autônoma, desvinculada de interesses institucionais, dos coletivos de realizadores audiovisuais comprometidos com causas sociais junto aos poderes públicos ligados à cultura e à gestão da cidade, com a finalidade de influenciar processos de formulação de políticas públicas para os setores audiovisual e urbano.

Entre 2009 e 2011, o CVP, responsável pela integração reticular de diversos coletivos dedicados a atividades audiovisuais em áreas socialmente marginalizadas, incluindo associações vinculadas a movimentos de luta popular, como era o caso do coletivo Brigada Audiovisual da Via Campesina — núcleo audiovisual do Movimento dos Trabalhadores Rurais Sem Terra (MST) —, obteve, por duas vezes, o financiamento do Programa VAI. Por meio desse subsídio público, criou um sistema de distribuição dos filmes produzidos pelos coletivos membros a bibliotecas comunitárias, centros culturais, sedes de movimentos populares ou universidades, dentre outros espaços.

Através das discussões nas reuniões presenciais, realizadas uma vez ao mês em diferentes espaços da cidade, também consolidaram uma publicação semestral — *Revista Vídeo Popular* —, onde debatiam questões relacionadas ao uso do vídeo como ferramenta política, além de organizarem um circuito de exibição que colocava, a cada dois meses, dois filmes previamente selecionados do acervo do CVP "em cartaz" — como costumavam dizer ironicamente, numa ênfase à contraposição ao cinema comercial. Dessa forma, eram projetados e debatidos em áreas socialmente segregadas ou ocupadas por populações marginalizadas, como casas de acolhimento de populações de rua, favelas, Centros Educacionais Unificados (CEUs), escolas públicas ou terrenos baldios.

No início de 2011, acompanhei esse circuito em diversos lugares. Os filmes escolhidos foram *Qual Centro?* (Nossa Tela, 2010, 15 min), que aborda a questão da especulação imobiliária na região central de São Paulo a partir do ponto de vista dos movimentos de luta por moradia, e *Fulero Circo* (Cia. Estudo de Cena, 2010, 50 min), que, por meio da história de uma trupe de artistas formada por desempregados e trabalhadores ocasionais que viajam o país para apresentar uma peça em que retratam as condições que

Entre imagens e imaginários

geraram seu estado de pauperização, tematiza a diminuição do espaço para a política de base popular e reivindicativa no mundo contemporâneo, dominado pelo receituário neoliberal.

No Espaço Arsenal da Esperança, uma conhecida instituição dedicada ao acolhimento de populações em situação de rua na Zona Leste da cidade, participaram funcionários e usuários do lugar que utilizaram os assuntos tematizados pelos dois filmes para falar, dentre outras coisas, sobre os problemas por trás do processo de "valorização" da Mooca, onde se situa a entidade. Isso porque, segundo alguns deles, havia pressões da parte de moradores e empresas das redondezas para que os usuários atendidos pelo espaço fossem retirados dali por estarem supostamente "desvalorizando" os imóveis. Também criticaram as políticas culturais da cidade por privilegiarem o financiamento de grandes espetáculos destinados a públicos restritos, em detrimento das "artes de rua".

Já na exibição ocorrida na Favela do Peri, quando o circuito foi recebido pelo Cinescadão, o tema dos dois filmes suscitou um debate mais concentrado na dificuldade de conciliação entre as demandas políticas e profissionais. Discutiram, por exemplo, o sentido de associações informais como o Cinescadão tentarem o caminho da institucionalização, formalizando-se juridicamente com a finalidade de conseguirem acessar recursos mais expressivos por parte de financiadores externos. Levava-se em conta os custos políticos implicados nesse processo, como a assunção de uma série de compromissos técnicos e administrativos que tenderiam a limitar consideravelmente a liberdade e a autonomia para as ações reivindicativas que costumavam praticar naquela e em outras regiões, o que ampliaria, por conseguinte, o risco de que viessem a se tornar, como disse Flávio, "pequenas empresas culturais", ao invés de agentes responsáveis pela mobilização de um outro imaginário urbano e político na e da cidade.

A discussão gerou diversos impasses que, posteriormente, retornaram nas reuniões internas que o Cinescadão eventualmente fazia entre seus integrantes, com o objetivo de repensar suas atividades. Enquanto isso, o circuito de exibição do vídeo popular seguiu, assim como a trupe de artistas de *Fulero Circo*, caminhando pelos espaços mais recônditos de São Paulo, com o objetivo de manter acesa a chama da contestação política mobilizada pelas organizações populares que àquela altura integravam o CVP.

Considerações finais

No decorrer do artigo, busquei enfatizar o modo como a relativa democratização do acesso aos meios de produção e exibição audiovisuais — em um contexto de profundas transformações políticas e sociais no Brasil e, particularmente, em São Paulo — vem proporcionando oportunidades singulares para que populações historicamente marcadas por processos de marginalização possam forjar modos alternativos de imaginar e intervir estética e politicamente na topografia excludente dessa metrópole.

Esforcei-me, porém, em realçar a necessidade de uma observação etnográfica centrada na mobilidade dos agentes (Augé, 2010a, 2010b), ou seja, nos encontros e combinações que vêm sendo possibilitados pelo uso criativo dessas maquinarias e instrumentos comunicacionais, como câmeras, projetores ou computadores, em distintos cenários.

Com isso, enfatizo que o acompanhamento do modo fluido como os atores pesquisados atravessam múltiplas fronteiras e representam "situacionalmente" (Agier, 1999, 2011 [2009]; Cefaï, Veiga e Mota, 2011) o binômio Centro/periferia — a depender do ambiente interacional no qual se encontram — torna-se uma iniciativa necessária para que possamos, por um lado, 1) fugir de problemáticas essencializações dos mesmos e, por outro, 2) evidenciarmos o fato de que, por meio dos filmes que realizam e das organizações reticulares nas quais se engajam, esses citadinos têm encontrado formas de fazer circular, além de referências iconográficas, importantes debates relacionados a uma série de lutas populares aparentemente fragmentadas na cidade.

Desse modo, é possível constatar que para além de simples realizadores de filmes em busca da consolidação de uma identidade cultural "periférica", os agentes vinculados aos coletivos privilegiados por esta investigação são citadinos empenhados no desenvolvimento de complexos processos de interlocução. São também responsáveis pela elaboração de formas renovadas de debate e participação política, construídos a partir da agregação de múltiplas modalidades de engajamento e lugares no nível microssocial.

Mediante tal forma de atuação, esses atores atribuem visibilidade pública ao modo como o espaço urbano e suas fronteiras costumam ser representados pelos meios hegemônicos, ao mesmo tempo em que dão lugar para o surgimento e o amadurecimento de novas formas de perceber e representar as divisões sociais com as quais convivem diariamente nos territórios segregados por onde circulam.

Entre imagens e imaginários

As associações analisadas no decorrer deste capítulo, portanto, não apenas abordam as condições espoliativas de vida de milhões de pessoas que vivem nas fronteiras de São Paulo, como também abarcam os conteúdos simbólicos que dão significado ao termo "periferia", ou melhor, "periferias", dada a polissemia do conceito. No limite entre visões institucionais e iniciativas de cunho reivindicativo, dão substância a ações e discursos reveladores de múltiplas formas pelas quais a cidade é efetivamente praticada. Nesse sentido, o que eventos e situações como os que foram reconstituídos aqui parecem demonstrar é que, mais do que usarem a cidade para fazer cinema, os coletivos estudados têm se valido do cinema com o propósito de fazerem a "cidade".

BIBLIOGRAFIA

ADERALDO, Guilhermo (2013). "Reinventando a 'cidade': disputas simbólicas em torno da produção e exibição audiovisual de 'coletivos culturais' em São Paulo". Tese de doutorado (Antropologia), Universidade de São Paulo.

AGIER, Michel. (1999) *L'invention de la ville*. Paris: Archives Contemporaines.

_____ (2011 [2009]). *Antropologia da cidade: lugares, situações, movimentos*. São Paulo: Terceiro Nome.

AUGÉ, Marc (2010a). *Por uma antropologia da mobilidade*. Maceió: Edufal/Unesp.

_____ (2010b). *Pour une anthropologie des mondes contemporains*. Paris: Flammarion.

BECKER, Howard (2008 [1963]). *Outsiders: estudos de sociologia do desvio*. Rio de Janeiro: Zahar.

CABANES, Robert *et al.* (orgs.) (2011). *Saídas de emergência: ganhar/perder a vida na periferia de São Paulo*. São Paulo: Boitempo.

CANCLINI, Nestor García; CRUCES, Francisco; POZO, Maritza (orgs.) (2012). *Jóvenes, culturas urbanas y redes digitales*. Barcelona: Ariel.

CASTELLS, Manuel (2013). *Redes de indignação e esperança: movimentos sociais na era da internet*. Rio de Janeiro: Zahar.

CEFAÏ, Daniel; VEIGA, Felipe B.; MOTA, Fábio R. (2011). "Arenas públicas: por uma etnografia da vida associativa". In: CEFAÏ, Daniel *et al.* (orgs). *Arenas públicas: por uma etnografia da vida associativa*. Niterói: EdUFF, pp. 9-66.

CIRELLO, Moira (2010). "Educação audiovisual popular no Brasil — Panorama 1990-2009". Tese de doutorado (Comunicações), Universidade de São Paulo.

COELHO, Teixeira (org.) (2008). *A cultura pela cidade*. São Paulo: Iluminuras.

CORDEIRO, Graça I. (2012). "De minoria étnica a maioria linguística. Metamorfoses do sentido de 'português' em Massachusetts (séculos XX-XXI)". *Antropolítica* —

Revista Contemporânea de Antropologia, Programa de Pós-Graduação em Antropologia, Universidade Federal Fluminense, n° 32, pp. 19-40.

D'ANDREA, Tiarajú (2013). "A formação dos sujeitos periféricos: cultura e política na periferia de São Paulo". Tese de doutorado (Sociologia), Universidade de São Paulo.

DE CERTEAU, Michel (1994 [1980]). *A invenção do cotidiano — 1. Artes de fazer*. Petrópolis: Vozes.

DE TOMMASI, Lívia (2013). "Culturas de periferia: entre o mercado, os dispositivos de gestão e o agir político". *Política & Sociedade*, Florianópolis, vol. 12, pp. 11-34.

_____ (2014). "Tubarões e peixinhos: histórias de jovens protagonistas". *Educação e Pesquisa*, São Paulo, vol. 40, n° 2, pp. 533-47.

FELTRAN, Gabriel (2011). *Fronteiras de tensão: política e violência nas periferias de São Paulo*. São Paulo: Editora Unesp/CEM.

FOOTE-WHYTE, William (2005 [1943]). *Sociedade de esquina: a estrutura social de uma área urbana pobre e degradada*. Rio de Janeiro: Zahar.

FRÚGOLI JR., Heitor (2005). "O urbano em questão na antropologia: interfaces com a sociologia". *Revista de Antropologia*, São Paulo, vol. 48, n° 1, pp. 133-65.

_____ (2007). *Sociabilidade urbana*. Rio de Janeiro: Zahar.

_____ (2013). "Variations sur un quartier du centre de São Paulo". *Brésil(s) — Sciences Humaines et Sociales*, n° 3, Paris, CRBC, pp. 49-67.

GREGORI, Maria Filomena (2000). *Viração: experiências de meninos nas ruas*. São Paulo: Companhia das Letras.

HAESBAERT, Rogério (2010). *O mito da desterritorialização: do fim dos territórios à multiterritorialidade*. Rio de Janeiro: Bertrand Brasil.

HAMBURGER, Esther (2002)."Indústria cultural brasileira (vista daqui e de fora)". In: MICELI, Sergio (org.). *O que ler na ciência social brasileira (1970-2002)*. São Paulo/Brasília: ANPOCS/Sumaré/CAPES, pp. 53-84.

_____ (2005). "Políticas da representação: ficção e documentário em *Ônibus 174*". In: MOURÃO, Maria Dora; LABAKI, Amir (orgs.). *O cinema do real*. São Paulo: Cosac Naify, pp. 196-215.

_____ (2007). "Violência e pobreza no cinema brasileiro recente: reflexões sobre a ideia de espetáculo". *Novos Estudos*, Cebrap, São Paulo, n° 78, pp. 113-28.

JOSEPH, Isaac (2005 [1998]). "A respeito do bom uso da Escola de Chicago". In: VALLADARES, Licia P. (org.). *A Escola de Chicago: impactos de uma tradição no Brasil e na França*. Belo Horizonte/Rio de Janeiro: Ed. UFMG/IUPERJ, pp. 91-128.

MARICATO, Ermínia (2011). *O impasse da política urbana no Brasil*. Petrópolis: Vozes.

MESQUITA, André (2011). *Insurgências poéticas: arte ativista e ação coletiva*. São Paulo: Annablume.

PEREIRA, Alexandre Barbosa (2007). "Pichando a cidade: apropriações 'impróprias' do espaço urbano". In: MAGNANI, José Guilherme; SOUZA, Bruna Mantese de (orgs.). *Jovens na metrópole: etnografias de lazer, encontro e sociabilidade*. São Paulo: Terceiro Nome.

NASCIMENTO, Érica P. (2009). *Escritores marginais na literatura*. Rio de Janeiro: Tramas Urbanas.

_____ (2011). "É tudo nosso! Produção e consumo cultural na periferia paulistana". Tese de doutorado (Antropologia), Universidade de São Paulo.

PERLONGHER, Néstor (2008 [1987]). *O negócio do michê: prostituição viril em São Paulo*. São Paulo: Fundação Perseu Abramo.

_____ (2005 [1991]). "Territórios marginais". In: GREEN, James; TRINDADE, Ronaldo (orgs.). *Homossexualismo em São Paulo e outros escritos*. São Paulo: Unesp.

RIZEK, Cibele Saliba (2011). "Intervenções urbanas recentes na cidade de São Paulo: processos, agentes, resultados". In: CABANES, Robert *et al.* (orgs.). *Saídas de emergência: ganhar/perder a vida na periferia de São Paulo*. São Paulo: Boitempo, pp. 339-57.

SARAIVA, Camila; MARQUES, Eduardo (2011). "Favelas e periferias nos anos 2000". In: KOWARICK, Lúcio; MARQUES, Eduardo (orgs.). *São Paulo: novos percursos e atores — sociedade, cultura e política*. São Paulo: Editora 34/CEM, pp. 105-30.

SCOTT, Joan (1998 [1991]). "A invisibilidade da experiência". *Projeto História — Revista do Departamento de História da Pontifícia Universidade Católica de São Paulo*, nº 16, São Paulo, pp. 297-325.

SECRETARIA MUNICIPAL DE CULTURA DE SÃO PAULO (2008). *VAI 5 anos*. São Paulo: Prefeitura Municipal de São Paulo.

_____ (2012). *Via VAI: percepções e caminhos percorridos*. São Paulo: Prefeitura Municipal de São Paulo.

SERPA, Angelo (2011). *Lugar e mídia*. São Paulo: Contexto.

SHOHAT, Ella; STAM, Robert (2006 [1994]). *Crítica da imagem eurocêntrica*. São Paulo: Cosac Naify.

SILVA, Mario A. M. (2013). *A descoberta do insólito: literatura negra e literatura periférica no Brasil (1960-2000)*. Rio de Janeiro: Aeroplano.

SOTOMAIOR, Gabriel de Barcellos (2014). "Cinema militante, videoativismo e vídeo popular: a luta no campo do visível e as imagens dialéticas da história". Tese de doutorado (Multimeios), Universidade Estadual de Campinas.

SOUTO, Anna L. S.; ALMEIDA, Elmir (2000). *Jovens: políticas públicas, mercado de trabalho*. São Paulo: Pólis.

TELLES, Vera da Silva (2006). "Mutações do trabalho e experiência urbana". *Tempo Social — Revista de Sociologia da USP*, vol. 18, São Paulo, pp. 173-95.

VALLADARES, Licia P. (2005). *A invenção da favela: do mito de origem à favela.com*. Rio de Janeiro: FGV.

_____ (2010). "Educação e mobilidade social nas favelas do Rio de Janeiro: o caso dos universitários". *Dilemas — Revista de Estudos de Conflito e Controle Social*, vol. 2, nº 5-6, Rio de Janeiro, pp. 153-72.

Referências audiovisuais

Cinema de Quebrada (2008). Rose Satiko Hikiji, LISA (Laboratório de Imagem e Som em Antropologia), USP, 47 min.

Fulero Circo (2010). Cia. Estudo de Cena, São Paulo, 60 min.

Imagens Peri-féricas (2010). Coletivo Cinescadão/Temporal Filmes, São Paulo, 20 min.

Qual Centro? (2010). Coletivo Nossa Tela, São Paulo, 15 min.

Videolência (2009). Coletivo NCA (Núcleo de Comunicação Alternativa), São Paulo, 60 min.

Parte II
MORADIA E VULNERABILIDADE

3

Favelas: fatos e boatos

Suzana Pasternak

INTRODUÇÃO: CONCEITOS E ORIGEM DA FAVELA

Falar de favela é falar da grande cidade no Brasil desde a virada do século XX. Embora tenham nascido como uma marca da cidade do Rio de Janeiro, nas últimas décadas do século as favelas se fizeram presentes na maior parte das grandes cidades brasileiras e, desde 2000, também nas cidades médias.

Até meados do século passado, as favelas eram quase que exclusividade da cidade do Rio de Janeiro. Assim, só em 1948 foi realizado o primeiro levantamento sobre favelas, e apenas referente ao Rio de Janeiro, então capital federal do país. Em 1950 o IBGE (Instituto Brasileiro de Geografia e Estatística) decidiu, pela primeira vez, incluir a favela na contagem de população, tendo como estudo de caso específico o Rio de Janeiro, que em 1953 foi objeto da publicação *As favelas do Distrito Federal*. Mas os levantamentos eram ainda desiguais do ponto de vista geográfico. Nas publicações sobre São Paulo, por exemplo, apenas em 1980 apareceram dados específicos sobre favelas.

O livro coorganizado por Alba Zaluar e Marcos Alvito exprime, através do seu título, o tempo de existência dessa alternativa habitacional no Rio de Janeiro: *Um século de favela* (1998). Outra obra seminal, o livro de Licia Valladares, *A invenção da favela* (2005), discute a construção das representações sociais sobre favela e favelados, e a evolução desses conceitos na produção científica brasileira. A autora caracteriza a evolução dos textos sobre favela com uma periodização ligada às experiências de intervenção no Rio de Janeiro:

"1) Anos 1930 — início do processo de favelização do Rio de Janeiro e reconhecimento da existência da favela pelo código de obras de 1937;

2) Anos 1940 — a primeira proposta de intervenção pública correspondente à criação dos parques proletários durante o período Vargas;

3) Anos 1950 e início dos anos 1960 — expansão descontrolada das favelas sob a égide do populismo;

4) De meados dos anos 1960 até o final dos anos 1970 — eliminação das favelas e sua remoção durante o regime autoritário;

5) Anos 1980 — urbanização de favelas pelo BNH (Banco Nacional de Habitação) e pelas agências de serviço público após o retorno à democracia;

6) Anos 1990 — urbanização das favelas pela política municipal da cidade do Rio de Janeiro, com o Programa Favela-Bairro" (Valladares, 2005: 23).

A palavra favela origina-se, ao que parece, em um arbusto comum na região de Canudos, chamado favela. Valladares (2005: 29) refere-se ao "mito, referido por praticamente todos os autores que falam da favela no início do século XX — o mito de Canudos". Os soldados do exército brasileiro, voltando da luta com Antonio Conselheiro e seus adeptos, não tinham lugar onde morar no Rio de Janeiro. Vão ocupar o Morro da Providência, onde se instalam em barracos, a partir daí denominado Morro da Favela. Parte dos comentaristas destaca a analogia dos barracos surgindo no morro com o arbusto favela brotando nos morros da região de Canudos. Outros apenas dão como razão a presença, no Morro da Providência, da mesma planta favela, encontrada na Bahia. Daí o nome para este tipo de assentamento. Segundo Abreu (1994: 35), "foi apenas durante a segunda metade do século XX que a palavra favela se tornou um substantivo genérico não mais se referindo, exclusivamente, ao Morro da Favela".

Além disso, a reforma urbana de Pereira Passos, ao mudar o traçado e a estrutura urbana da avenida Central (hoje Presidente Vargas) e regulamentando a periferia como um Haussmann tropical, induziu os pobres a procurarem abrigo nos morros, onde a construção não era regulamentada. Isso lembra o acontecido em São Paulo, várias décadas depois, com a região dos mananciais: um excesso de zelo conduz, paradoxalmente, a uma total ausência de regras. Contradições urbanas, enfim.

Zaluar e Alvito (1998: 8) comentam um documento do Arquivo Nacional, de 4/11/1900: uma carta do delegado da 10ª circunscrição ao chefe de polícia, comentando que era impossível policiar o Morro da Providência, "infestado de vagabundos e criminosos que são o sobressalto das famílias no local designado, se bem que não há famílias no local designado, é impossível fazer o policiamento porquanto [...] não há ruas, os casebres são construídos de madeira e cobertos de zinco...". Diante do quadro assim reconstituído, o delegado propõe a demolição do pardieiro. Essa demolição não foi feita, mas mostra que o "morro da favela", apenas três anos depois que o Ministério da Guerra permitir que ali viessem se alojar os veteranos da guerra de Canudos, já era percebido pelas autoridades como "foco de desertores, ladrões e praças do exército" (Zaluar e Alvito, 1998: 8). Mas Pereira Passos nada fez de concreto em relação à favela, que continuou a existir e a crescer. Em 1948 pela primeira vez foi realizado um censo de favelas no Rio de Janeiro, e jornalistas, como Carlos Lacerda, publicaram artigos propugnando a "batalha das favelas".

Já em Belo Horizonte, cidade planejada e construída no fim do século XIX, o problema das favelas remonta à sua fase de construção. "Criada para ser o centro político e administrativo do estado de Minas Gerais, em 1895, dois anos antes de ser inaugurada, já contava com duas áreas de invasão" (Guimarães, 1992: 2). Tal como em Brasília, as invasões foram consequência da não previsão, na planta geral da cidade, de local para alojar os trabalhadores encarregados de construí-la. Em 1991, a proporção de favelados em BH atingiu 20% da população municipal, cerca de 400 mil favelados (Guimarães, 1992).

Em Salvador, o histórico habitacional difere do de Belo Horizonte. Salvador é uma das cidades mais antigas do Brasil, tendo sido inclusive sua capital no período colonial. Com a decadência da economia agroexportadora, já a partir de 1940 há enorme migração rural-urbana e, consequentemente, enorme demanda de moradia (em 1940, a cidade de Salvador tinha 393 mil habitantes; em 1950, passa a contar com 417 mil, segundo os Censos Demográficos das datas citadas. Até então predominava, no sistema habitacional, o aforamento de terras e o aluguel de casas, principalmente para as camadas de renda média e baixa que ocupavam os cortiços nas áreas centrais degradadas. A cidade herdara uma estrutura fundiária peculiar, com o solo nas mãos de poucos grandes proprietários e sob um sistema jurídico arcaico, a "enfiteuse", que bloqueava o mercado de terras (Gordilho, 1992). Estes fatores levaram a que houvesse, na década de 1940, ocupações coletivas organizadas de terra. Entre 1956 e 1950 grandes áreas de terra foram invadidas (26 invasões, ocupando cerca de 253 hectares). Essas invasões de terra continuam até hoje, tanto por invasões coletivas programadas como individuais e graduais. Estima-se que cerca de 30% da população da cidade ocupe áreas de invasão (Gordilho, 1992).

Favelas: fatos e boatos

Em Brasília, desde o início das obras de sua construção, a questão da moradia era um dos principais problemas da cidade. O que se tinha previsto para alojar a população que trabalhava na construção de uma cidade inteiramente nova e totalmente planejada, isolada no planalto central, foi o Núcleo Bandeirante, então chamado Cidade Livre. Esse assentamento, provisório segundo o plano original, deveria ser erradicado quando da inauguração da cidade. "Já no final de 1958, proibidas novas construções na então chamada Cidade Livre, proliferaram as invasões e as construções irregulares que, ao lado dos acampamentos de obras, se constituíram nas alternativas de habitação para os trabalhadores que afluíam à cidade" (Jaccoud, 1991: 147). Com o crescimento das pressões locais, resistindo à remoção para as cidades-satélite, decidiu-se pela fixação e urbanização da Cidade Livre em 1960. Mas tais medidas foram insuficientes para o alojamento dos trabalhadores que confluíam para Brasília em busca de oportunidades de emprego.

No município de São Paulo, pode-se resumir a produção de textos sobre favelas nos seguintes períodos, parafraseando a cronologia de Licia Valladares (2005):

1) Anos 1940 até os anos 1960 — quando aparentemente surgiram as favelas na cidade, com textos apenas estatísticos da Divisão de Documentação da Prefeitura de São Paulo. Favelas eram "doenças" da cidade, e favelados, "grupo marginal" a remover (Taschner, 1984);

2) Anos 1970 — início da expansão das favelas em São Paulo e propostas de intervenção com alojamentos provisórios, pela extinta Secretaria do Bem-Estar Social do Município de São Paulo. A forma de perceber favelas e favelados muda: favela passa a ser interpretada como um "trampolim" para a obtenção de moradia na malha urbana formal, e os favelados, como migrantes a se integrar na sociedade. Daí o projeto de alojamentos provisórios, onde esse migrante ficaria por tempo determinado e onde receberia instrução e formação profissional adequada para promover sua integração. Nota-se que em pleno período autoritário a política municipal paulistana não se resumia às remoções. Os textos produzidos na época procuravam dimensionar a população favelada e retratá-la. Em meados de 1970, o primeiro grande cadastro da população favelada paulistana verificou seu aumento e percebeu também que os favelados não eram migrantes recentes a integrar o tecido urbano e o mercado de trabalho: não raro tinham usufruído de alternativa de moradia anteriormente, eram trabalhadores do mercado formal e não estavam na favela por período curto. A favela era sua derradeira "opção" de moradia, numa estrutura social que não garantia a integração (Taschner, 1984);

3) Anos 1980 — dada a percepção de que a favela era uma marca da urbanização periférica, o Estado burguês se debate num dilema: de um lado, a defesa da propriedade privada; de outro, a obrigação de cuidar do bem-estar da população. A chamada "abertura política" força o poder público a um maior atendimento das reivindicações da população que clama por melhores condições de vida. Além disso, aumenta o nível de organização e consciência dos invasores para defender a posse da terra, uma mercadoria cada vez mais difícil para os estratos pauperizados das metrópoles brasileiras. Os textos produzidos nessa época retratam os processos de invasão e enfatizam as novas políticas de urbanização de favelas por programas estaduais (Proluz e Proágua), municipais (Profavela) e federais (Promorar). Um ponto em comum desses programas era a melhoria das condições de moradia e, através dela, indiretamente, a segurança de posse, da não remoção. Afinal, se o poder público se esforçava para a colocação de infraestrutura é porque não tinha a intenção de remover as casas a curto prazo (Pasternak Taschner, 1984);

4) Meados dos anos 1980 até 1988 — retorno das remoções e instalação de moradias populares com parcerias privadas (operações interligadas). O governo Jânio Quadros marca o início da concessão de benefícios urbanísticos mercantilizados. Naquela época, a compra desses benefícios se dava mediante a construção de moradias sociais; posteriormente, bastava o pagamento em dinheiro;

5) Anos 1990 — urbanização de favelas por políticas municipais. Os textos produzidos foram principalmente descrição e análise dessas experiências. Após a extinção do BNH em 1986, o desequilíbrio no Sistema Financeiro Habitacional e a redemocratização das instituições públicas — cujo marco principal é a Constituição de 1988 —, tem início um período que se caracteriza pela municipalização das intervenções. Nesse período muitos programas inovadores foram lançados, tanto em São Paulo como no Rio de Janeiro, e os textos produzidos enfatizam estas novas estratégias de intervenção e a qualidade urbanística e arquitetônica encontrada. Nesse momento predominam intervenções pontuais e projetos de urbanização gradual (Pasternak, em Valença, 2008);

6) Anos 2000 — surgimento de alguns marcos importantes para a gestão urbana brasileira: a introdução do direito à habitação na Constituição, obtida com a aprovação de uma proposta de Emenda à Constituição (PEC) em 2000; a promulgação do Estatuto da Cidade em 2001, que regulamentou a função social da propriedade, já presente na Constituição de 1988 mas até então não regulamentada; a criação do Ministério das Cidades em 2003; a

Favelas: fatos e boatos

formulação de uma nova política habitacional em 2004 e a aprovação do projeto de lei de iniciativa popular que criou o Fundo e o Sistema Nacional de Habitação de Interesse Social em 2005 (Bonduki, 2014). Porém, no que diz respeito à infraestrutura urbana e mesmo à intervenção em favelas, foi o Programa de Aceleração do Crescimento (PAC) o acontecimento recente de maior impacto. Vale destacar que esta é a primeira vez que o Governo Federal destina um grande volume de recursos para urbanizar favelas. Isso passa a incluir obras básicas de saneamento e infraestrutura, a execução de obras complementares em áreas que já sofreram intervenções anteriores e também intervenções em regiões de risco ou com restrições ambientais, como em zonas de mananciais. Os textos produzidos no período focam principalmente a descrição e análise das práticas recentes de intervenções contemporâneas, além de artigos sobre as dificuldades da implementação de propostas do Estatuto da Cidade (por exemplo, Denaldi, 2013; Zuquim e D'Ottaviano, 2014). Há, por fim, textos que procuram mostrar a diversidade das favelas e favelados, com maior enfoque nas favelas cariocas (Meirelles, 2014).

Conceito, definições, mensuração

Num primeiro momento a conceituação de favelas era dada por um grupo de moradias com pelo menos duas das características a seguir:

"Proporções mínimas — agrupamentos prediais ou residenciais formados com número geralmente superior a cinquenta;

Tipo de habitação — predominância de casebres ou barracões de aspecto rústico, construídos principalmente com folha de flandres, chapas zincadas ou materiais similares;

Condição jurídica da ocupação — construções sem licenciamento e sem fiscalização, em terrenos de terceiros ou de propriedade desconhecida;

Melhoramentos públicos — ausência, no todo ou em parte, de rede sanitária, luz, telefone e água encanada;

Urbanização — área não urbanizada, com falta de arruamento, numeração ou emplacamento" (Guimarães, 2000: 3).

Entre os critérios utilizados, quatro se referem aos espaços físicos: tipo de habitação, tamanho do assentamento, melhoramentos públicos e urbanização. Um aspecto — o critério em comum com as definições de outros trabalhos paulistanos — refere-se ao estatuto jurídico: ocupação ilegal da terra. O IBGE, desde então, continua basicamente utilizando a mesma definição para o que denomina "aglomerado subnormal", ou seja, a favela.

Assim, a variável mais adequada à definição de favela é o estatuto jurídico da terra. Tanto as definições das pesquisas da Prefeitura Municipal de São Paulo (1973, 1975 e 1987) como a de 1980 do IPT-FUPAM consideram favela "todo o conjunto de unidades domiciliares construídas em madeira, zinco, lata, papelão ou alvenaria, em geral distribuídas desorganizadamente em terrenos cuja propriedade individual do lote não é legalizada para aqueles que os ocupam" (PMSP, Secretaria Municipal da Habitação e Desenvolvimento Urbano, 1987: 5). O IBGE também enfatiza os mesmos aspectos, agregando à variável terreno invadido o tamanho do aglomerado. Para o IBGE, desde 1950, e isso foi enfatizado nos Censos de 1980, 1991, 2000 e 2010, favela é um setor especial do aglomerado urbano formado por pelo menos 50 domicílios, na sua maioria carentes de infraestrutura e localizados em terrenos não pertencentes aos moradores. O critério de computar apenas aglomerados com 50 unidades ou mais explica parcialmente a subestimativa da população favelada paulistana pelos Censos. Tanto as pesquisas de 1987 como a da FIPE em 1993 mostram que cerca de 21% da população favelada morava em assentamentos de menos de 50 unidades de moradia.

O tamanho dos aglomerados depende diretamente da topografia da cidade e do tipo de terreno disponível para invasão. Em São Paulo, as favelas ocupam geralmente terras de uso comum de loteamentos, glebas pequenas, quando comparadas com as do Rio de Janeiro, onde as favelas galgam os morros, ou Salvador, onde invadem o mar. Dessa forma, a subestimação em São Paulo tende a ser maior que no Rio, onde, já em 1969, 62,7% das favelas tinham mais de 100 domicílios, sendo que 6,4% com mais de 1.500 (Parisse, 1969).

A questão das favelas assume hoje uma dimensão sem precedentes na história do Brasil. Dados do Censo de 2010 mostram que o número de brasileiros vivendo nessas condições passou de 6,5 milhões (em 2000) para 11,4 milhões (em 2010), distribuídos em 6.329 aglomerados subnormais situados em 323 municípios; 88% dos domicílios desse tipo estão concentrados em 20 grandes cidades.

Por outro lado, a realidade nas favelas brasileiras tem mudado muito nos últimos 20 anos. Além de programas de melhorias urbanísticas e benfeitorias, com grandes obras de saneamento, de reurbanização ou de construção de novas unidades habitacionais, alguns programas de regularização fundiária, sobretudo após a vigência do Estatuto da Cidade, em 2001, tem mudado a forma de acesso à moradia numa favela.

População favelada na Região Metropolitana de São Paulo

A Região Metropolitana de São Paulo apresenta a maior concentração de domicílios favelados do Brasil: quase 600 mil, 18,50% dos domicílios favelados brasileiros e 37,11% dos domicílios favelados da região Sudeste em 2010. Apenas as cidades de São Paulo, Guarulhos, Osasco e Diadema apresentavam 1.348 aglomerados em 2010, 2% do total brasileiro.

A proporção de favelados na metrópole vem aumentando desde 1991, tanto na capital como nos outros municípios da Região Metropolitana: se em 1991 a proporção de população em favelas na metrópole não alcançava 6%, no ano de 2010 aproximou-se de 10%, tanto no município central como nos periféricos.

Nos últimos anos do século passado, a taxa de crescimento da população favelada nos municípios periféricos ultrapassava a taxa de incremento dos favelados na capital. Não apenas os municípios periféricos cresciam mais que a capital, mas também sua população favelada aumentava a um ritmo ainda maior que o do município central. Essa situação, pelo menos em relação aos favelados, se inverte nos anos 2000: na primeira década do século XXI a capital se favelizou mais intensamente, com taxa de crescimento da população favelada de 4,68% ao ano, quase 3 vezes maior que a taxa de incremento da população do município como um todo. Nas outras cidades da metrópole a taxa de crescimento dos favelados foi de 2,49% na década 2000-2010, bem menor que a taxa da década anterior, superior a 8% anuais.

Se na década de 2000 o maior incremento representava uma tendência de expansão da pobreza, demonstrada pela expansão territorial da moradia precária, o atual maior crescimento na capital pode estar associado a um problema do tráfego crescente, do maior tempo demandado à circulação urbana. As favelas na capital estão se adensando e se verticalizando, dado que não há tanto terreno para ocupações. A densidade demográfica das favelas na capital atinge 297,4 pessoas por hectare, reflexo inclusive da verticalização das moradias no município central, onde 69,52% das casas faveladas têm mais de um pavimento. Mas pelo menos estão mais próximas à maioria dos postos de trabalho, concentrados no município central. Talvez os problemas ligados à mobilidade urbana e intramunicipal ajudem a explicar esta reconcentração da favela na capital.

Nos outros municípios metropolitanos a densidade é menor, com 95 habitantes por hectare e 51,61% com mais de um pavimento. Percebe-se também que a proporção de domicílios favelados alcança percentual superior a 10% nos municípios industriais, como em Guarulhos, São Bernardo, Santo André, Mauá, Diadema e Osasco.

FAVELAS NO MUNICÍPIO DE SÃO PAULO

O número de favelas, domicílios e população favelada no município de São Paulo varia enormemente conforme a fonte de dados utilizada. A Tabela 1 mostra alguns resultados e estimativas da população favelada da capital, segundo diversas fontes.

Tabela 1
MUNICÍPIO DE SÃO PAULO: ESTIMATIVAS DE FAVELAS

Ano	1973	1975	1980	1987	1991a	1991b
Favelas	542	919	188	1.749		629
Domicílios	4.650	23.926	71.258	42.674	196.389	146.891
População	71.840	17.237	335.334	779.000	891.673	711.032
% favelados na população total	1,06	1,60	4,07	7,53	9,24	7,46

Ano	1993	1996	2000a	2000b	2007	2010
Favelas		574		612		1.020
Domicílios	378.683	176.905	286.954	225.133	370.956	355.756
População	1.901.892	749.318	1.160.590	932.628	1.483.824	1.280.400
% favelados na população total	19,80	7,60	11,12	8,92	13,48	11,38

Fontes: Cadastro de Favelas, PMSP (1973, 1975); Censos Demográficos (1980, 1991b, 2000b, 2010); Censo de Favelas, PMSP (1987); Estimativa do Centro de Estudos da Metrópole (CEM-Cebrap) (1991a, 2000a, 2007); Estimativa da Fundação Instituto de Pesquisas Econômicas (FIPE) (1993); Contagem de População (1996).

A Tabela 1 mostra a discrepância entre as diversas fontes. Os dados de 1973, 1975 e 1987 são de pesquisas efetuadas pela Prefeitura Municipal de São Paulo. Em 1973 as informações sobre a existência e localização dos assentamentos basearam-se em dados coletados pelas administrações regionais. Para o perfil dos domicílios e da população foi feito um *survey*, com amostra probabilística (Prefeitura Municipal de São Paulo, SEBES, 1973, vol. 1). Em 1975, o crescimento das favelas foi atestado por voo de helicóptero (Pasternak Taschner, em Blay, 1979). Os dados de 1980 resultam do Cadastro de Eletrificação Social da Eletropaulo (Pasternak Taschner, 1983).

Em 1993, a Prefeitura Municipal de São Paulo contratou a FIPE (Fundação Instituto de Pesquisas Econômicas da Universidade de São Paulo). A estimativa resultante desse trabalho foi de 1,9 milhão de pessoas, o que representaria 20% da população municipal! Percebe-se que essa estimativa ultrapassa, em muito, o resultado do Censo de 1991. Acredita-se atualmente que está superestimada, dado que a amostragem para a investigação se apoiou no cadastro de 1987, que apresentava alguns problemas técnicos em relação à presença de favelas pequenas. Os resultados do *survey* dessa pesquisa, entretanto, podem ser utilizados até hoje com fidedignidade.

Trabalho do CEM (Centro de Estudos da Metrópole) procurou rever as estimativas de população favelada em São Paulo. Segundo os autores, "ao comparar as informações de 1987 e 1993 aos dados dos Censos Demográficos (IBGE) [...], desenvolvemos uma nova metodologia de baixo custo, potencialmente aplicável em outros contextos urbanos. O método se baseia em sistema de informações geográficas e permite estimar a população ao comparar os desenhos das favelas (da prefeitura) com os setores censitários (IBGE). Com essa metodologia pretendemos tirar proveito das melhores características dos dados administrativos municipais (e sua definição de favela) e, ainda, do trabalho de campo do IBGE nos Censos Demográficos" (Marques *et al.*, 2003: 15). Esse trabalho utiliza a cartografia de favelas produzida e atualizada periodicamente por Habi/Sehab em São Paulo e os mapas digitais dos setores censitários de 1996. As estimativas de população foram então produzidas por meio do uso de sistemas de informações geográficas (SIG), onde o desenho da favela (da prefeitura) foi comparado ao desenho dos setores censitários (do IBGE), por meio do recurso de *overlay*, ou sobreposição de cartografias.

Observou-se que o desenho de favelas da prefeitura e o desenho dos setores subnormais apresentavam diferenças significativas. Embora existissem favelas totalmente sobrepostas a setores subnormais, existiam também favelas sobrepostas a setores normais e setores subnormais não registrados como favelas na prefeitura. Resolveu-se utilizar, para geração de estimativa da população favelada, a utilização das densidades dos setores com alta sobreposição cartográfica entre favela e setor subnormal. Como resultado, chegam a uma estimativa de 196.389 domicílios e 891.673 pessoas nas favelas de São Paulo, número bem superior ao do Censo de 1991, que apontava quase 147 mil domicílios compreendendo uma população de 711.032

pessoas, mas bastante inferior à estimativa da FIPE, de quase 2 milhões de favelados.

Os dados dos Censos Demográficos, escolhidos neste capitulo pela sua confiabilidade, série histórica e possibilidade de comparação com outros municípios brasileiros, mostram o assombroso crescimento da população favelada. Os Censos apresentam uma subestimação, já que computam apenas habitantes morando em assentamentos "subnormais" com 50 ou mais domicílios. Mas sua definição se mantém constante, sua forma de coleta é rigorosa e têm abrangência nacional. O último censo brasileiro, de 2010, avançou na identificação dos aglomerados subnormais, a partir de uma pesquisa morfológica específica, com a identificação georreferenciada e visita de campo preparatória nos aglomerados. Em função da antiga subenumeração e do avanço da forma de localização dos assentamentos, a quantificação das favelas pelo Censo 2010 acabou sendo muito mais confiável, gerando um grande crescimento numérico de favelas, em especial na região Norte do país. No município de São Paulo, desde 1980 as informações sobre setores censitários classificados como subnormais têm sido aceitáveis e têm se aproximado das informações de outras pesquisas.

As taxas de crescimento da população favelada na capital paulista têm sido bem maiores que as taxas de crescimento populacional. Entre 1980 e 1991, a taxa de incremento demográfico da população municipal como um todo alcançou 1,13% ao ano, enquanto a da população favelada foi de 6,26% anuais, mais que 6 vezes maior. Na década seguinte, entre 1991 e 2000, a população total cresceu à taxa de 0,92% ao ano e a favelada 3 vezes mais, a 3,05% anuais. Na primeira década do século XXI, a população da capital paulista cresceu à taxa de 0,76% anual, enquanto a favelada apresentou um incremento 4 vezes maior, de 3,22% ao ano.

A área total ocupada por "aglomerados subnormais" no tecido urbano municipal em 2010 foi de 4.304,6 hectares, menos de 3% da área municipal, mas abrigando mais de 11% da sua população. A densidade demográfica das favelas paulistanas é alta, fornecendo uma média de 297,4 habitantes por hectare. A densidade média do município é de cerca de 80 habitantes por hectare. Esta densidade mais alta nas favelas, aliada à ocupação horizontal, faz com que uma série de problemas se agrave: a proximidade entre as unidades habitacionais dificulta insolação e ventilação das casas, diminui a privacidade e deixa alguns serviços públicos comprometidos, como a coleta de lixo e a mobilidade.

A dificuldade de acesso à terra comercializada, associada à pauperização dos moradores no fim da década de 2000, tem apontado a favela como al-

Favelas: fatos e boatos

ternativa ainda possível de moradia na cidade; liga-se a isso a falta de provisão de unidades habitacionais para população de renda baixa e a relativa melhora das condições de moradia nas favelas paulistanas, que fazem com que o morar em favela seja menos penoso que há décadas atrás.

A favelização paulistana sempre se destacou da carioca pela sua localização periférica. Se, no Rio de Janeiro, favelas ocupam morros não raro perto de zonas da cidade mais afluentes, na capital de São Paulo existem também assentamentos centrais, mas a maioria aloca-se distante do centro histórico. Uma espacialização através da utilização dos anéis (Pasternak Taschner, 1990; Pasternak Taschner e Bógus, em Queiroz Ribeiro, 2000) mostra que o crescimento populacional, tanto quanto o das favelas, se dava preferencialmente no anel periférico. Em 2010 constatam-se mudanças na dinâmica intraurbana do município central, onde o centro histórico retoma em parte o ritmo de crescimento, embora o chamado anel periférico ainda responda por 48% do total populacional em 2010. O crescimento da população favelada também mudou sua dinâmica neste início de século, com as taxas de incremento de favelados no anel exterior ultrapassando a do anel periférico.

Mapa 1
MUNICÍPIO DE SÃO PAULO: DIVISÃO EM ANÉIS

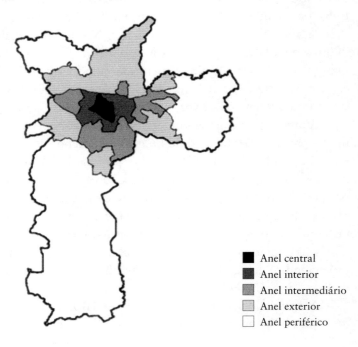

Existem distritos do município de São Paulo onde quase metade da população é favelada, como Vila Andrade, na Zona Sul. Neste distrito, com 52% da população morando em favelas, está Paraisópolis, a maior favela paulistana. Outros distritos periféricos na Zona Sul da cidade também apresentavam em 2010 proporções elevadas de favelados, como Pedreira (36%), Jardim Ângela, Jardim São Luís e Grajaú (23%), Capão Redondo (24%), Vila Sônia e Cidade Dutra (22%); a oeste, Jaguaré (29%), ao norte, Brasilândia (21%), e a leste, Sacomã, com 22% da população distrital em favelas, e onde se localiza Heliópolis, outra grande favela do município.

Tabela 2
MUNICÍPIO DE SÃO PAULO:
POPULAÇÃO TOTAL E FAVELADA, POR ANEL

Anel	População favelada			População total		
	1991	2000	2010	1991	2000	2010
Central	211			384.048	318.599	360.266
Interior	6.156	4.557	621	686.010	583.956	648.269
Intermediário	74.053	94.610	80.247	1.413.723	316.367	1.426.682
Exterior	230.416	220.365	343.520	3.265.900	3.304.779	3.414.917
Periférico	398.223	611.096	850.422	3.830.378	4.911.845	5.403.336
Total	711.050	932.628	1.280.400	9.610.659	10.435.546	11.253.470

Fonte: Censos Demográficos de 1991, 2000 e 2010.

Nota-se também que o crescimento da população favelada de São Paulo se dá preferencialmente nos distritos que integram zonas de preservação ambiental, como distritos ao sul, em zonas de mananciais, e ao norte, devastando a Serra da Cantareira.

Sumarizando o crescimento e a espacialização das favelas paulistanas, pode-se notar:

1) Tanto a população municipal como a favelada cresciam mais intensamente na periferia da cidade. Entre 2000 e 2010, a população nos anéis centrais volta a crescer com taxas significativas, embora estas taxas resultem em números absolutos irrisórios: um total de 216.295 habitantes, 26% do incremento populacional da década. Já a população favelada perdeu em números absolutos nos anéis centrais e ganhou nos anéis exterior (123 mil pessoas) e periférico (239 mil favelados);

2) Alguns distritos apresentam grande proporção de favelados. Entre os 96 distritos que compõem o município, há 10 com mais de 20% de população em favelas;

3) Há uma concentração de população favelada ao sul do tecido municipal e um crescimento de invasões de terra no segmento norte, subindo a Serra da Cantareira. Dados do Censo Demográfico de 2010 (Leitura Territorial) mostram que, entre as 355.756 unidades habitacionais em favela no município de São Paulo, 24,70% alocam-se às margens de cursos d'água, quase 2% são palafitas e 2,5% estão em unidades de conservação. Isto soma cerca de 102 mil domicílios, estimando-se em mais de 377 mil pessoas sujeitas a constantes riscos de alagamento ou solapamento;

4) Cerca de 1.170 domicílios alocam-se sobre aterros sanitários e áreas contaminadas, mais de 4 mil em faixas de domínio de alta-tensão, e 6 mil em faixas de domínio de ferrovias e rodovias. Estes dados retratam a necessidade de remoção de inúmeras famílias.

BOATOS SOBRE FAVELAS E FAVELADOS

Mitos são simplificações. Não são verdadeiros, nem pretendem sê-lo. Mas tamanha é a força da narrativa fantasiosa que ela se incorpora ao pensamento, substituindo mesmo o real. Alguns desses "mitos" têm permeado a reflexão intelectual sobre a favela e os favelados, e constituem parte do senso comum sobre o assunto (Valladares, 2005; Pasternak Taschner, 2001). Como a palavra "mito" é forte, preferi usar o termo "boato". Para o senso comum, e mesmo para alguns intelectuais, a favela encarna uma alteridade nefasta, grupo de malfeitores, tecido urbano mal construído e contaminador, como também um segmento urbano iluminado, redentor, sede de pobres que irão consagrar período de igualdade e justiça.

> "Em síntese, para as elites e as camadas médias brancas, e não raro para os governantes, favela foi e tem sido, em um século de história, o lugar do 'Outro' [...] Por isso, a narrativa sobre as favelas não pode omitir o movimento pendular, continuamente acalentado no imaginário carioca, se não brasileiro, sincopado pela oscilação entre dois polos, representativos de duas idealizações simétricas e inversas. A favela ora simboliza o espectro noturno a assombrar a cidade, vampirizando a riqueza e aniquilando a paz e o sono dos justos, ora a alvorada romantizada, a promessa do amanhecer, pois, afinal, como dizia a canção, 'quando derem vez ao morro, toda a cidade vai cantar'" (Soares, em Meirelles, 2014: 9-10).

Uma das afirmações liga-se à especificidade do espaço favelado. Sua apropriação do espaço distingue-se das outras formas de apropriação, já que acontece por invasão, gradual ou repentina, pacífica ou violenta, organizada ou individual. Suas ruas teriam traçado específico, irregular e dimensões menores. Um dos espectros que rondam os urbanistas encarregados de projetos de urbanização é a alta densidade demográfica, aliada à inexistência de vias públicas, características das favelas, e que induzem à necessidade de grandes realocações, assim como a existência de unidade habitacional em áreas de risco. "A visão homogeneizante, que considera 'iguais' todas as favelas, ainda está presente no senso comum" (Leitão, 2009: 59). Na realidade, elas apresentam uma complexa dinâmica socioespacial: tanto se localizam em terrenos distintos, como apresentam casas e equipamentos diversos.

Dados recentes, de 2010, mostram o espaço favelado paulistano como bastante heterogêneo no que diz respeito ao relevo: se, no Rio de Janeiro, as favelas estão primordialmente nos morros, em São Paulo as áreas de ocupação têm outra característica: 23% das casas estão em terrenos planos e 22%, em colinas suaves. Apenas 67 mil, 20% do total de domicílios, estão em encostas. Em São Paulo, diferentemente do Rio, as áreas altas foram ocupadas por camadas de alta renda, fugindo das constantes inundações. A estruturação espacial de São Paulo associa-se à sua conformação social: formaram-se bairros operários, assim como bairros da burguesia. Os chamados bairros operários ocupavam principalmente as zonas de várzea, inundáveis e insalubres. A área residencial das camadas superiores estendeu-se para lugares mais elevados, por conta tanto da vista como do ar mais seco. As favelas, utilizando a terra que ninguém mais quis, ocupam áreas margeando córregos, áreas de risco em geral ou áreas com declividade acentuada onde a implantação de edificações torna-se problemática.

Muitos pesquisadores enfatizam a forma com que a favela ocupa seu espaço, fora das normas urbanísticas, sem ruas traçadas claramente e sem equipamentos coletivos. Sua apropriação se dá por invasão, gradual ou repentina, pacífica ou violenta, organizada ou individual. Assim, suas ruas, quando existentes, teriam traçado específico, irregular e com dimensões menores. E realmente acesso e acessibilidade são problemáticos nas favelas de São Paulo. Apenas 26% dos domicílios favelados são lindeiros a ruas. A grande maioria, quase 230 mil, abrem suas portas para becos ou travessas. Isso faz com que mais de 60% das unidades de moradia faveladas só sejam acessíveis a pé ou por bicicleta. Apenas 8% das moradias são acessíveis por caminhão e 18,5% por automóvel (dados da Leitura Territorial do Censo Demográfico de 2010).

Favelas: fatos e boatos

O espaço favelado é mais mal arruado e bem mais denso que o espaço urbano formal. A densidade média do espaço favelado paulistano alcança 297,45 habitantes por hectare, mas no anel interior alcança a cifra de 913,18 habitantes por hectare. São — tanto o arruamento deficiente como a densidade alta — complicadores fortes para serviços urbanos importantes, como o acesso de polícia, bombeiros, ambulâncias e caminhões para coleta de lixo. Aliás, um dos fenômenos mais marcantes do espaço favelado é a presença de montes de lixo e entulho, atraindo artrópodes, mosquitos e ratos.

A arquitetura e as técnicas construtivas utilizadas na favela também seriam dotadas de certa especificidade, desde a montagem do projeto — que não obedece a código de obras e normas de uso do solo — até o uso de materiais de construção e técnicas construtivas distintas.

Em relação à morfologia, a casa favelada do ano de 2010 era predominantemente de alvenaria (96,31%), com uma média de 4,10 cômodos por domicílio e 2,24 pessoas por dormitório (recomenda-se um máximo de 3 pessoas por dormitório no Brasil, embora índices internacionais reduzam este número para 2 pessoas por dormitório).

É claro que persiste o barraco de madeira, sobretudo em favelas não estruturadas, mas já não é forma predominante, com acontecia até 1987. Mas o barraco já não domina a paisagem favelada, agora cinzenta com o uso de bloco de concreto nos pisos inferiores e vermelha do tijolo baiano nos pisos superiores. Apenas 9.416 casas eram de madeira reaproveitada em 2010, e 2.973 de madeira aparelhada, o que indica uma provável persistência das chamadas "fábricas de barracos" (descritas em Pasternak Taschner e Mautner, 1982). Essas "fábricas" eram montadoras de painéis de madeira de 2,50 x 1,50 m, ou 2,50 x 1 m, vendidos prontos para montagem rápida no terreno invadido. A madeira desses painéis não raro era oriunda de formas de concreto, comercializadas por operários da construção civil. O dono da "fábrica", um lenheiro, cuja atividade envolvia não apenas a montagem de painéis, como também a usinagem de casas de bonecas e casinhas de cachorro. Em serrarias próximas a favelas também existia o "kit favela", madeira serrada, já calculada para a construção de certa metragem, juntamente com cimento amianto para cobertura.

Entre as unidades construídas com alvenaria, 26% estão sem revestimento. A aparência de um eterno canteiro de obras domina a cara da favela. Pela Tabela 3 percebe-se que as paredes externas em alvenaria eram raridade há 40 anos. E começaram a ficar mais frequentes a partir de 1987. Na década de 1980, em São Paulo, o aumento do número de favelas e favelados fez com que mesmo governos autoritários acabassem por se conformar que seria difícil a remoção, e iniciassem a instalação de infraestrutura nas favelas paulistanas (Proágua, Proluz, entre outros programas). A certeza da permanência incentivou os favelados a investir na sua moradia, fazendo com que materiais permanentes fossem cada vez mais utilizados. Em 1980 as paredes externas de 93% dos barracos eram confeccionadas de madeira usada, 46% apresentavam piso sem revestimento e 26% das coberturas eram feitas de materiais inadequados.

Tabela 3
MUNICÍPIO DE SÃO PAULO: EVOLUÇÃO DAS CONDIÇÕES
MATERIAIS DOS DOMICÍLIOS FAVELADOS

Indicador	1973	1980	1987	1991	1993	2000	2010
Paredes externas de alvenaria %	1,30	2,40	50,50	66,40	74,20		96,31
Sem sanitário individual %	35,80	25,08		12,60	7,50	0,30	0,12
Cômodos por domicílio				3,84		3,91	4,10
Pessoas por domicílio	4,90	5,46	5,42	4,84	5,02	4,02	3,62
Pessoas por cômodo	3,12	3,06		1,43	1,75	1,16	0,88
Pessoas por dormitório						2,91	2,24
Cômodo único %	52,20	30,90	24,40	5,10	3,60	1,10	0,65

Fontes: Pasternak Taschner, 2006; Censo Demográfico de 2010.

Em relação às condições de ocupação, observa-se contínua melhoria no tempo: se em 1973 predominavam as casas com cômodo único, em 2010 essa proporção é inferior a 1%. Os indicadores de congestionamento se mostram cada vez melhores, com o número de pessoas por cômodo diminuindo 3,5 vezes desde 1973 até 2010 e a média de pessoas por dormitório também se reduzindo em 25%. O percentual de casas sem sanitário individual também praticamente desapareceu.

A precariedade do esgotamento sanitário, entretanto, ainda persiste: pelo Censo de 2000, 51% das unidades domiciliares faveladas estavam ligadas à rede pública de esgotos, proporção esta que aumenta para 67,4% em 2010, mostrando os resultados da política de urbanização das favelas, tanto municipal como federal. Ou seja, 30% dos domicílios ainda não apresentam destino de dejetos adequado (67,38% ligados à rede pública e 2,64% servidos com fossa séptica). Vale a pena notar que a proporção de domicílios ligados à rede de esgotamento sanitário nas favelas de São Paulo é maior que

Favelas: fatos e boatos

entre os domicílios brasileiros em cidades de porte médio — entre 100 mil e 500 mil habitantes — em 2010, 63,57%. Cerca de 8 mil casas apresentam fossa rudimentar, e 98 mil domicílios têm como destino dos dejetos vala ou curso d'água. Quase a totalidade das casas usufruíam de rede pública de água, e 94% delas tinham algum ponto de água em pelo menos um cômodo. A energia elétrica foi o primeiro item de infraestrutura que beneficiou os favelados, e em 2010 era praticamente universal. A presença de medidor individual de energia se dá em 67,15% dos domicílios, sendo que 10,96% apresentam medidor coletivo e 15,74% não tinham medidor.

Tabela 4
MUNICÍPIO DE SÃO PAULO: EVOLUÇÃO DA INFRAESTRUTURA
NOS DOMICÍLIOS FAVELADOS (%)

Indicador	1973	1980	1987	1991	1993	2000	2010
Água encanada		33,0	92,4	89,6			95,6
Rede pública de água	0,7	22,6	19,3	85,2	78,1	98,1	97,8
Rede pública de esgoto		0,6	19,3	26,0	12,1	51,0	67,4
Energia elétrica		65,4	98,0	99,6	90,0	99,8	99,9
Coleta de lixo	15,1	42,8	72,3	63,8	88,4	80,2	98,9

Fontes: Pasternak Taschner, 2006; Censo Demográfico de 2010.

A favela do século XXI não é mais, como se imaginava, um local de barracos de madeira, sem infraestrutura. Apresenta ainda um tecido urbano desorganizado e denso, com difícil acessibilidade. Nessas comunidades faveladas o acesso à moradia se dá, cada vez mais, através de um crescente mercado imobiliário, onde unidades são compradas e vendidas, num simulacro do mercado formal, e mesmo a terra invadida é frequentemente objeto de comercialização. Baltrusis (2000), analisando as favelas de Nova Conquista (em Diadema) e Paraisópolis (Zona Sul do município de São Paulo), notou que nesta última existiam 110 ofertas para a venda de imóveis, o que representava, em 1998, 1,2% dos domicílios da favela.

"Na década de 1990 surge a primeira imobiliária na favela, a imobiliária de D. Helena. Atualmente encontramos na favela três imobiliárias, que são responsáveis por boa parte das transações imobiliárias que lá ocorrem" (Baltrusis, 2000: 46).

Em relação ao preço, percebe-se certa homogeneidade nos preços das unidades nas diversas favelas, com o preço modal da casa de quatro cômodos entre 12 e 15 mil reais, com preço de venda próximo a 250 reais por metro quadrado útil. Dados da Embraesp (Empresa Brasileira de Estudos de Patrimônio de São Paulo) apontavam como preço médio da área útil de um domicílio, em bairros populares da capital, cerca de 967 reais (8 salários mínimos em 1998). Assim, o preço da favela representava 25% do preço de lançamentos em bairros populares.

Mesmo a terra é muitas vezes vendida: lotes são "reservados" nas invasões e, posteriormente, comercializados. A raridade da mercadoria e a demanda crescente introduziram um preço onde antes nada havia: em 1987, 4% dos entrevistados declararam ter desembolsado dinheiro pelo lote; em 1993, 14% o fizeram, sugerindo que o fenômeno da compra da terra favelada é crescente.

O mercado de terra e de casas na favela, embora específico, possui agentes que se assemelham àqueles do mercado formal. Baltrusis afirma:

> "O mercado imobiliário informal, nas favelas, funciona como uma extensão do mercado formal, um submercado com características próprias. O depoimento de D. Helena expressa bem essa imagem: para ela, a sua imobiliária funciona como uma imobiliária normal, com corretores, estrutura de divulgação, administração de imóveis, além da compra, venda e locação de diversos tipos de imóveis" (Baltrusis, 2000: 226).

A aparência de eterno canteiro de obras, tal como a periferia pobre da cidade, se mantém nas favelas. Ruas estreitas e desordenadas lembram uma cidade medieval, tortuosa e confusa, dotada de desenho que não obedeça aos imperativos do automóvel. Assim, o senso comum, que enxerga a favela como tecido urbano confuso, com pouca infraestrutura e casas de madeira sem sanitário, é parcialmente verdadeiro.

> "Observa-se uma abordagem reducionista quando se trata de caracterizar a produção da moradia nesses assentamentos informais: ainda são frequentes as visões que apontam os sistemas de autoajuda e de ajuda mútua como as formas hegemônicas de construção. Desse modo, de acordo com essa perspectiva homogeneizante, a moradia em uma favela seria construída, quase sempre, pela própria família ou com apoio de parentes e vizinhos, sem

Favelas: fatos e boatos

qualquer remuneração da mão de obra envolvida nessa empreitada. Ignora-se, assim, o papel desempenhado pelo mercado imobiliário informal existente na favela, no qual moradias podem ser construídas também para locação e venda" (Leitão, 2009: 71-2).

Há relatos de pesquisadores que, na favela de Nova Jaguaré, sobretudo após obras de urbanização, a quantidade de construções para aluguel aumentou bastante.

Enfim, o espaço favelado apresenta uma identidade específica. A favela não é mais o conjunto de barracos de material não permanente, madeira, papelão, palha ou pau a pique, horizontal e sem serviços. Quase 70% das unidades de moradia têm dois ou mais andares, são de alvenaria, com sanitário individual. A verticalização das favelas paulistanas surpreende: no anel intermediário, 91% das casas apresentam dois ou mais andares. Mesmo no anel periférico, onde teoricamente há mais espaço, 66% das moradias têm dois andares ou mais. O "barracão de zinco lá no morro" faz parte de um imaginário que não mais se sustenta. Mas o espaço favelado é distinto do espaço formal, mesmo após urbanização: as ruas são mais estreitas, o tecido é mais denso, as casas não têm espaçamento, e as condições de ventilação e insolação não raro continuam precárias. A favela, mesmo urbanizada, dificilmente será um bairro. Assemelha-se, entretanto, no que diz respeito à presença de um mercado imobiliário: embora não exista escritura, existe um comércio de terras e de casas nas favelas. Torna-se cada vez mais difícil a ocupação pura e simples de um terreno.

Outra afirmação corresponde à ideia de que a favela é o lugar da pobreza, território urbano por excelência dos pobres, tradução espacial da exclusão social, parcela equivalente à "cidade abandonada" de Marcuse (1996). A população favelada seria específica. No imaginário popular o favelado seria negro, nordestino, desocupado e marginal.

Os dados indicam que a população favelada tem menor proporção de brancos que a população do município como um todo: para a população paulistana, o percentual de negros e pardos atingia 29% em 1991; nas favelas, no mesmo ano, ele era de 53%; em 2010, 60,64% dos favelados paulistanos eram pretos ou pardos, enquanto para o total do município este percentual era de 37,05%. Embora os favelados sejam majoritariamente migrantes nordestinos (70% dos favelados migrantes vieram do Nordeste), eles não são migrantes recentes. Em 2010, 33,70% eram naturais de outros estados brasileiros, mas 62,16% eram naturais do próprio município de São Paulo. É claro que pesa nesta estatística o grande percentual de crianças aqui nascidas. Mas nota-se que, entre os 433.389 migrantes interestaduais (33,70% do total de favelados), 75% estavam no estado de São Paulo há 10 anos ou mais, de forma ininterrupta.

Assim, o percurso dos favelados distancia-se daquele pensado pelo imaginário popular, que era um percurso direto da zona rural nordestina para a favela paulistana. Não raro, o favelado experimentou situação habitacional distinta da favela em São Paulo, geralmente casa alugada. A impossibilidade do pagamento do aluguel ou de permanência em casa de parentes condicionam a ida para a favela. O favelado tende a ser negro ou pardo, mas não é migrante recente.

Faz parte também do imaginário a ideia de que os favelados são um segmento populacional bem mais jovem, com grande proporção de população com menos de 15 anos. A análise das pirâmides etárias, comparando a do município de São Paulo como um todo e a da população favelada, atesta realmente a juventude relativa desta última. Para a população total, o percentual de jovens com menos de 15 anos foi de 20,80% da população total, enquanto para os favelados esta proporção alcançou 29,36%. De outro lado, entre a população idosa, com 60 anos ou mais, a proporção para o total municipal foi de 1,85%, enquanto para a população favelada foi de 4,54%.

A proporção de trabalhadores com emprego formal e carteira assinada é semelhante nas favelas e na população da capital como um todo. Isso desmistifica a ideia do favelado como desocupado. O favelado é, antes de tudo, um trabalhador pobre: em 1980, os chefes eram prioritariamente operários industriais; já em 1993, predominam, na favela e fora dela, os empregos terciários. Em 2010 o total de ocupados maiores de 10 anos de idade somava 546.525, 42,50% do total populacional. Entre estes ocupados, 85,53% eram empregados, sendo que 64,46% empregados com carteira de trabalho assinada e 0,54% estatutários ou militares. Assim, 65% dos ocupados o eram no mercado formal. Sem vínculo formal, havia 20,52% dos empregados. Empregadores somavam 0,26%, e 13,17% trabalhavam por conta própria. Em relação ao tipo de ocupação, 22,96% eram trabalhadores de serviços, comércio e mercados, ou seja, trabalhadores do terciário. E 29,60% foram classificados como trabalhadores de ocupações elementares. Vale a pena ressaltar que cerca de 14 mil ocupados moradores em favela em 2010 foram classificados como profissionais da ciência e intelectuais e quase 7 mil como diretores e gerentes, enquanto 25 mil se declararam técnicos de nível médio e de apoio administrativo. Assim, ter-se-ia 46 mil ocupados com ocupações médias e/ou superiores, 8,5% do total de ocupados. Em São Paulo, tal como

Favelas: fatos e boatos

no Rio de Janeiro, os moradores das favelas concentram-se na chamada classe C, mas existe uma parcela na classe B (Leitão, 2009).

"No Brasil, em 2003, a renda média da mão de obra produtiva era de 1.172 reais. Saltou para 1.616 reais em 2013, um avanço de 37,9%. No caso das favelas, em 2003, os ganhos chegavam a 690 reais. Em 10 anos, esse quinhão subiu para 1.068 reais, um acréscimo de 54,7%, conforme projeção do Instituto Data Popular, com base na projeção do PNAD/IBGE 2003 e 2012" (Meirelles, 2014: 60).

A renda média da população favelada acima de 10 anos de idade com rendimentos foi, em 1991, de 2,31 salários mínimos, enquanto para a população total ela era de 4,50 salários mínimos. Assim, percebe-se que o segmento populacional morador em favela é mais pobre que a média do município. De outro lado, a renda média dos residentes no anel periférico foi de 3,34 salários mínimos (Pasternak Taschner, 2001). Em 2010, pelos dados do Censo Demográfico, o rendimento nominal médio mensal da população acima de 10 anos de idade com rendimento foi de 1,60 salário mínimo, sendo 1,81 para homens e 1,36 para mulheres. A classe modal de renda é entre 1 e 2 salários mínimos, onde se localizam 30,45% dos maiores de 10 anos. Para a renda domiciliar per capita, tem-se que em 34% dos domicílios se auferia uma renda per capita entre 0,5 e 1 salário mínimo. O valor mais alto do salário mínimo nos últimos anos explica a diferença entre 1991 e 2010.

A uma renda menor corresponde menor escolaridade. Realmente, a população favelada apresenta um nível de instrução bem mais baixo, com quase 60% dos maiores de 10 anos sem instrução ou com fundamental incompleto e apenas 1,28% com curso superior completo, contra 16% para a população total.

Os favelados em geral trabalham fora do domicílio: 73,5% o fazem, mas 24% usam o próprio domicílio como local de trabalho. E a maioria (36%) leva entre 30 e 60 minutos para chegar ao local do trabalho, 29% entre 1 e 2 horas e 23% entre 6 e 30 minutos.

Atualmente a favela não abriga apenas os miseráveis, mas muitas famílias que antes usufruíam outro tipo de domicílio, sobretudo a casa alugada. A pauperização, assim como o "downgrading process" de setores da baixa classe média trouxeram novos grupos sociais para a favela. A longo termo, isso pode mudar o perfil tradicional do residente favelado: o que parecia ser a simples expressão da segregação socioespacial torna-se uma realidade complexa e intrincada.

A comparação da posse de bens de consumo entre favelados e não favelados no município de São Paulo é surpreendente. A moradia favelada foi invadida por bens industrializados. Além dos básicos fogão, rádio e geladeira, a presença maciça da televisão em cores marca tanto a casa, como a paisagem da favela: o aparelho domina a sala e as antenas fornecem um visual característico do assentamento. Há proporcionalmente mais televisões nas favelas de São Paulo que no Brasil como um todo. Aparelhos de som, máquinas de lavar e micro-ondas aparecem com frequência nos domicílios favelados.

A Tabela 5 mostra que as famílias faveladas refazem o paradigma de consumo. Meirelles (2014) cita que em Paraisópolis vivia ML, que se declarava cuidadora de idosos. Ao mesmo tempo, comercializava uma série de produtos, especialmente lingerie sensual: "Elas procuram novidade, mas são exigentes e não abrem mão da qualidade" (Meirelles, 2014: 92).

Tabela 5
MUNICÍPIO DE SÃO PAULO: BENS DE CONSUMO
NOS DOMICÍLIOS FAVELADOS (%)

Utensílio doméstico	1991	2000	2010
Rádio	85,52	91,43	81,27
Televisão	87,47	94,56	97,48
Máquina de lavar roupa	8,56	33,38	59,73
Geladeira	77,14	93,84	97,07
Microcomputador		3,43	33,81
Microcomputador com acesso à internet			26,37
Automóvel para uso particular		17,92	23,48
Telefone fixo ou celular		28,50	90,89
Telefone fixo			5,92
Telefone celular			46,05
Telefone fixo e celular			38,91

Fonte: Censos Demográficos de 1991, 2000 e 2010.

Percebe-se a oportunidade para o comércio de muitos itens no espaço favelado. Nas favelas mais estruturadas, já há diversos pontos comerciais em funcionamento. Não é incomum encontrar nas favelas domicílios com televisão de tela fina, geladeiras de aço inox de última geração, smartphones, computadores. As pessoas se integram cada vez mais ao mundo das novas tecnologias da informação: em 2010, 26,37% dos domicílios tinham microcomputador com acesso à internet. As *lan houses* vão se extinguindo aos poucos. Uma pesquisa no Rio de Janeiro mostrou que 13% dos domicílios tinham motocicleta e 20%, automóvel. Em São Paulo, em 2010, 23,48% possuíam automóvel, porcentagem superior à de 2000, de 17,92%. O telefone celular é quase universal, com 85% dos domicílios em 2010. Aliás, a disponibilidade de algum tipo de telefone mudou drasticamente entre 2000 e 2010. Meirelles (2014) cita também, referindo-se primordialmente às favelas cariocas, que, em 2013, 6% dos moradores favelados já tinham viajado de avião.

Os favelados não são um enclave separado. Incorporaram-se ao mundo econômico. São consumidores de produtos industriais — novos e usados — e consumidores de serviços. Para a construção de seu domicílio, compram cimento, tijolos, conduítes, madeira e outros materiais. Suas casas são decoradas com móveis comprados prontos, talvez o de linhas mais populares, mas vendidos pelo comércio varejista da cidade. Trata-se de uma população com poder aquisitivo reduzido, mas completamente integrada na vida urbana.

A favela do século XXI não é mais, como se imaginava no passado, um "trampolim para a cidade", lugar temporário dos que chegam em busca de um futuro melhor. Tampouco é lugar de barracos de madeira, sem infraestrutura. O favelado fica no assentamento muito tempo e a favela é parte integrante e mesmo estruturante das metrópoles brasileiras. As favelas de maior porte apresentam internamente uma diferenciação socioespacial, mostrando setores diferentes, que abrigam distintas camadas sociais. "A favela de verdade apresenta-se na diversidade, plena de defeitos e virtudes. [...] o receituário da estigmatização a vê como o conjunto dos pês: pretos, pobres e proletários, privados da propriedade" (Meirelles, 2014: 134).

Mas não dá para negar também a presença crescente do narcotráfico, constituindo-se em poder paralelo ao do Estado, no qual os narcotraficantes compram o silêncio da população trabalhadora com benesses e com o medo, substituindo assim a lei, as regras e a convivência social, impondo sua lei e suas normas.

As favelas não são um mundo social à parte. A proximidade espacial com distintos segmentos urbanos vai fazer com que espaços favelados apresentem diversos perfis socioeconômicos:

> "As favelas são, em média, zonas pobres, mas elas não o são uniformemente, e não são as únicas na aglomeração do Rio de Janeiro que apresentam tais características sociais. Elas não reú-

nem nem a maioria dos pobres, nem os espaços mais desprovidos e, enfim, não reúnem apenas os pobres. Lá se encontram categorias sociais modestas, mas não miseráveis, e mesmo categorias médias, o que revela uma estrutura social diversificada e, sem dúvida, processos de mobilidade social não negligenciáveis" (Valladares, 2005: 15).

Para São Paulo, os "boatos" do senso comum correspondem parcialmente à realidade empírica. Há especificidades tanto no espaço, como na população favelada. Mas há também muitas comunalidades. Enfim, as favelas integram-se ao espaço urbano e tem diversidade dentro e entre si. Seus habitantes são trabalhadores que produzem e consomem, como outros que moram em distintos segmentos do tecido urbano. As favelas paulistanas são densas, verticalizadas, de alvenaria, com água da rede pública. Mas as ruas tortuosas, a péssima acessibilidade, a localização em margens de córrego, problemas ligados à falta de saneamento básico e à coleta de lixo (existente, mas insuficiente) caracterizam o seu espaço. Os processos de apropriação da terra e da casa se mercantilizam cada vez mais. As formas de produção da moradia utilizam crescentemente mão de obra paga. A população é realmente mais jovem e menos branca, mas não é migrante recente. Nem a favela paulistana é local de passagem: há gerações morando nessas ocupações de terra. E nas favelas já surgem elementos de camadas menos pobres. O preço da terra e dos imóveis, aliado à melhoria de condições de vida em grande parte das favelas paulistanas, e as políticas de intervenção flexíveis, que evitam remoção, tornam a favela uma opção menos traumática.

BIBLIOGRAFIA

ABREU, Maurício (1994). "Reconstruindo uma história esquecida: origem e expansão inicial das favelas do Rio de Janeiro". *Espaço & Debates*, São Paulo, nº 37, pp. 34-46.

BALTRUSIS, Nelson (2000). "A dinâmica no mercado imobiliário informal na Região Metropolitana de São Paulo: um estudo de caso nas favelas de Paraisópolis e Nova Conquista". Dissertação de mestrado, Faculdade de Arquitetura e Urbanismo da Pontifícia Universidade Católica de Campinas.

BONDUKI, Nabil (2014). *Os pioneiros da habitação social no Brasil — Vol. 1*. São Paulo: Editora Unesp/SESC.

DENALDI, Rosana (org.) (2013). *Planejamento habitacional: notas sobre a precariedade e terra nos Planos Locais de Habitação*. São Paulo: Annablume.

GORDILHO, Angela (1992). "Novas formas de habitar, velhas estruturas". Trabalho apresentado no XVI Encontro Anual da ANPOCS (Associação Nacional de Pós--Graduação em Ciências Sociais). Caxambu, 20 a 23 de outubro.

GUIMARÃES, Berenice (1992). "Favelas em Belo Horizonte: tendências e desafios". Trabalho apresentado no XVI Encontro Anual da ANPOCS (Associação Nacional de Pós-Graduação em Ciências Sociais). Caxambu, 20 a 23 de outubro.

_____ (2000). "As vilas favelas em Belo Horizonte: o desafio dos números". In: QUEIROZ RIBEIRO, Luiz C. (org.). *O futuro das metrópoles: desigualdade e governabilidade*. Rio de Janeiro: Revan/FASE, pp. 351-74.

INSTITUTO BRASILEIRO DE GEOGRAFIA E ESTATÍSTICA (IBGE) (1953). *As favelas do Distrito Federal e o Censo Demográfico de 1950*. Rio de Janeiro: IBGE.

JACCOUD, Luciana (1991). "Lutas sociais e democracia: 1960-1964". In: PAVIANI, Aldo (org.). *Movimentos populares em Brasília*. Brasília: Ed. UnB, pp. 145-68.

LEITÃO, Gerônimo (2009). *Dos barracos de madeira aos prédios de quitinetes: uma análise do processo de produção da moradia na favela da Rocinha ao longo de cinquenta anos*. Niterói: EdUFF.

MARCUSE, Peter (1996). "Space and Race in the Post-Fordist City: The Outcast Ghetto and Advanced Homelessness in the United States Today". In: MINGIONE, Enzo (org.). *Urban Poverty and the Underclass*. Oxford: Blackwell, pp. 176-216.

MARQUES, Eduardo; TORRES, Haroldo G.; SARAIVA, Camila (2003). "Favelas no município de São Paulo: estimativas de população para os anos 1991, 1996 e 2000". *Revista Brasileira de Estudos Urbanos e Regionais*, vol. 5, nº 1, pp. 15-30.

MEIRELLES, Renato (2014). *Um país chamado favela: a maior pesquisa já feita sobre a favela brasileira*. São Paulo: Gente.

PARISSE, Lucien (1969). "Favelas do Rio de Janeiro: evolução, sentido". *Cadernos do CENPHA*, nº 5, Rio de Janeiro, Centro Nacional de Pesquisas Habitacionais.

PASTERNAK TASCHNER, Suzana (1979). "Favelas do município de São Paulo". In: BLAY, Eva (org.). *A luta pelo espaço*. Petrópolis: Vozes.

_____ (1983). "Moradia da pobreza: habitação sem saúde". Tese de doutorado (Saúde Pública), Universidade de São Paulo.

_____ (1984). "A cidade que virou favela". *Espaço & Debates*, São Paulo, vol. 14, nº 37, pp. 34-46.

_____ (1990). "Habitação e demografia intraurbana em São Paulo". *Revista Brasileira de Estudos da População*, vol. 7, nº 1, pp. 3-34.

_____ (2001). "Desenhando os espaços da pobreza". *Cadernos LAP*, nº 39, FAU--USP.

_____ (2006). "São Paulo e suas favelas". *Revista Pós — Revista do Programa de Pós-Graduação em Arquitetura e Urbanismo da USP*, vol. 27, nº 19, junho, pp. 184-205.

_____ (2008). "A cidade que virou favela". In: VALENÇA, Márcio Moraes (org.). *Cidade (i)legal*. Rio de Janeiro: Mauad X, pp. 109-34.

PASTERNAK TASCHNER, Suzana; BÓGUS, Lúcia (2000). "A cidade dos anéis". In: QUEIROZ RIBEIRO, Luiz C. (org.). *O futuro das metrópoles: desigualdade e governabilidade*. Rio de Janeiro: Revan, pp. 247-84.

PASTERNAK TASCHNER, Suzana; MAUTNER, Yvonne (1982). "Habitação da pobreza: alternativas de moradia popular em São Paulo". *Cadernos de Estudos e Pesquisas*, nº 5, Programa de Estudos em Demografia e Urbanização da FAU-USP.

PREFEITURA DO MUNICÍPIO DE SÃO PAULO (1973). *Projeto de Cadastro de Favelas*. São Paulo: SEBES, mimeo.

_____ (1975). *Projeto de atualização do Cadastro de Favelas*. São Paulo: SEBES, mimeo.

_____ (1987). *Censo de Favelas*. São Paulo: Secretaria Municipal da Habitação e Desenvolvimento Urbano, mimeo.

SOARES, Luiz Eduardo (2014). "Prefácio". In: MEIRELLES, Renato. *Um país chamado favela: a maior pesquisa já feita sobre a favela brasileira*. São Paulo: Gente.

VALLADARES, Licia P. (2005). *A invenção da favela: do mito de origem à favela.com*. Rio de Janeiro: Editora da FGV.

ZALUAR, Alba; ALVITO, Marcos (1998). "Introdução". In: ZALUAR, Alba; ALVITO, Marcos (org.). *Um século de favela*. Rio de Janeiro: Editora da FGV.

ZALUAR, Alba; ALVITO, Marcos (orgs.) (1998). *Um século de favela*. Rio de Janeiro: Editora da FGV.

ZUQUIM, Maria de Lourdes; D'OTTAVIANO, Camila (orgs.) (2014). *Práticas recentes de intervenções contemporâneas em cidades da América Latina*. São Paulo: FAU-USP.

4

Segregação e alteridade na metrópole: novas e velhas questões sobre cortiços em São Paulo

Maura Pardini Bicudo Véras

"As casas, mesmo, começavam do lado esquerdo das ruas Rocha, Manoel Dutra, Almirante Marquês de Leão, Santo Antônio e São Vicente. Neste lado baixo do bairro é onde se concentrava o maior número de cortiços, com escadarias sempre afundando para baixo. Em cada patamar, ladeavam portas que abriam para outras portas. Atrás de cada porta uma família de oito a dez pessoas... Na linha esquerda do bonde, a começar pelos cortiços da Marquês de Leão, viviam na maioria italianos e seus descendentes, seguidos de mulatos, negros, espanhóis, fazendo a mescla brasileira do Bexiga [...]. Chamar de cortiço, no bairro, já era rebaixar o povo, porque nas discussões, em metade italiano e metade brasileiro, todas as mulheres diziam: 'O que é que você pensa, eu não sou mulher de cortiço, não'" (Grünspun, 1979: 21).

"Devido a seus cortiços famosos, a rua Caetano Pinto, no Brás, afastava de suas calçadas moradores de outras ruas. Mal-afamada pelas brigas e bafafás diários, tornara-se tabu, habitada sobretudo por italianos do Sul da Itália [...] Polícia não circulava na Caetano Pinto, os habitantes faziam as próprias leis. [...] [a população] comprava barulho por um dá cá aquela palha mas, ao mesmo tempo, era terna e alegre" (Gattai, 1980: 110).

Introdução

As epígrafes acima, extraídas da literatura, trazem descrições da situação dos cortiços nos distritos centrais da cidade ainda nos finais do século XIX e inícios do século XX. O bairro atual da Bela Vista, Bexiga no relato de Grünspun (1979), surge na memória dos anos 1930 em sua anatomia social; o texto de Gattai (1980) denota as atitudes preconceituosas para com tais imigrados residentes na precária situação dos cortiços.

Trata-se de desvendar as desigualdades sociais presentes na constituição histórica da metrópole do ângulo da moradia para seus trabalhadores, uma vez que o cortiço marca sua presença desde os primórdios da industrialização e permanece até a atualidade.

A palavra "cortiço" ganhou o significado de casa de abelhas, caracterizada por aglomeração de células, alvéolos iguais, caixa cilíndrica de cortiça onde as abelhas se criam e fabricam mel e cera (Aurélio Ferreira, 1975). Também identificado como habitação coletiva precária de aluguel, recebeu diversos apelidos como "cabeça de porco", casa de cômodos, quintalão, pensão, "maloca", "mocó", "caloji", estância, "quadro", "zungu", vila, avenida, "casa de malta", a depender das situações regionais e da acentuação de traços presentes em sua configuração; em São Paulo, representou de várias formas uma alternativa de moradia para amplos segmentos da classe trabalhadora pauperizada.

Sua mais forte marca é o *inquilinato*, muitas vezes chamado de "inquilinato selvagem", dada a ausência de formalização de contratos e consequente falta de amparo legal a seus moradores. Do ângulo de seus habitantes, a ausência de condições para integrar o mercado formal de locação — como documentação, emprego e renda estáveis, além de fiador, fichas cadastrais e bom crédito — os induzem a aceitar uma situação de informalidade, ainda que rigorosamente mercantil e espoliativa, pois em geral os valores dos aluguéis são altos, pesam em seus respectivos orçamentos familiares, apesar da péssima qualidade habitacional.

O traço seguinte e distintivo a ser destacado é o *caráter coletivo* de utilização de um endereço, de um lote, de uma edificação, a indicar que tais moradores não dispõem de renda suficiente para o usufruto de uma unidade habitacional completa, cabendo-lhes a subdivisão de uma casa, de um lote, da ocupação em subunidades dentro de um domicílio, sendo que cada subunidade é ocupada por uma família, muitas vezes bastante numerosa. Esta característica é a *coabitação involuntária*.

Existem *distintas configurações físicas* dos imóveis encortiçados: são de fato "habitação coletiva para classes pobres ou casas de cômodos", pois há cortiços que foram construídos para esse uso compartilhado, presentes ainda no século XIX, edifícios já comportando essa subdivisão interna, fileira de cômodos, meias-águas em um quintalão ou o casarão burguês deixado pelos antigos moradores e subdividido e ofertado à locação, de modo que se ocupam vãos de escada, porões, quartos seccionados, sem sanitários e com escassez de pontos de água, aeração, iluminação e ventilação.

A depender da *localização urbana*, tipos construtivos podem se combinar ou contrastar com os respectivos entornos. Nos bairros centrais históricos oriundos do século XIX como o Brás, que já nasceu popular e tinha cortiços ocupados pelos segmentos pauperizados de sua força de trabalho, são ilustrativas as casas de cômodos concebidas para tal uso. Em Campos Elíseos, arruamento voltado às elites cafeeiras da transição para o século XX, a partir dos anos 1950 alguns palacetes se deterioraram e ganharam novos ocupantes, migrantes empobrecidos. Nas áreas periféricas da cidade, a habitação precária de aluguel pode apresentar-se atualmente em diversificadas manifestações, de casinhas situadas no fundo de quintal originadas de autoconstrução, casas de aluguel unifamiliares que se subdividem e ganham acréscimos de edícula e outras construções.

Por outro lado, na capital de hoje, podem ser achadas zonas de verticalização acentuada com prédios de apartamentos e/ou quitinetes encortiçados, subdivididos e ocupados por diversos grupos familiares na mesma unidade. De maneira geral, localizam-se nas porções mais bem servidas de transporte coletivo, mesmo nas regiões longe do Centro, pois essa é a estratégia predominante que prende seus moradores a esse tipo de precariedade, a acessibilidade ao mercado de trabalho que se viabiliza pelo transporte coletivo (Kowarick, 2011).

De qualquer maneira, a precariedade é flagrante. Cada família desempenha todas as funções dentro de um cômodo: dormir, procriar, trabalhar, educar e conviver entre adultos, crianças, idosos, de ambos os sexos, em exíguos espaços, sem ventilação, unidades sanitárias, água e cozinha. As dimensões são restritas, há congestionamento, não há privacidade, os ruídos são compartilhados em rotinas insalubres, como o é também o compartilhamento de bacias sanitárias, chuveiros, tanques. E cozinhas por vezes em espaços comuns.

O cortiço pode ser *administrado/explorado* diretamente por seu proprietário ou prepostos, havendo até mesmo imobiliárias para isso. Como se trata de imóveis em geral deteriorados, mesmo situados em áreas valorizadas, seus donos parecem constituir parcelas do capital rentista, nem sempre logrando possibilidades de incorporação do local para outros empreendimentos mais lucrativos. Convencionou-se resumir essa situação na fórmula "construção barata em terreno caro"; entretanto muitas vezes as dimensões desse terreno não permitem avançar em soluções de caráter comercial. Muitos passam a tolerar como cortiço e se apropriam do rendimento dos cômodos alugados, encarregando funcionários para cobrar, cuidar e manter a "ordem" em alguns deles (Véras, 1999).

Apesar dessa aguda situação, há *ausência de políticas públicas adequadas* à magnitude desse problema. Foram poucas iniciativas em algumas gestões com diferentes abordagens e em distintas conjunturas, como experiências-piloto, seminários nacionais e internacionais sobre como viabilizar empreendimentos à semelhança do Inquilinato Social, sobretudo nos moldes franceses (Véras, 1999).

Em 1991, na cidade de São Paulo,[1] apesar de insuficiente, para viabilizar a intervenção em cortiços e possibilitar a diversos órgãos governamentais regularizar e oferecer infraestrutura mínima a esse tipo de moradia, tentou-se não expulsar os moradores para outras soluções mais precárias caso a melhoria no imóvel acarretasse aumento de aluguéis. Dentre outras, a Lei Municipal nº 10.928, a chamada Lei Moura, assim define cortiço:

> "Art. 1 — Define-se cortiço como unidade usada como moradia coletiva multifamiliar, apresentando, total ou parcialmente, as seguintes características:
> a) constituída por uma ou mais edificações construídas em lote urbano;
> b) subdividida em vários cômodos alugados, subalugados ou cedidos a qualquer título;
> c) várias funções exercidas no mesmo cômodo;
> d) acesso e uso comum dos espaços não edificados e instalações sanitárias;
> e) circulação e infraestrutura no geral precárias;
> f) superlotação de pessoas."

Como já afirmei em escritos anteriores: "As abordagens sobre o cortiço, dos processos de encortiçamento na cidade e das estratégias desenvolvidas por seus habitantes, devem integrar-se ao exame conjunto dos temas da habitação, da vizinhança, segregação urbana, exclusão social e da alteridade" (Véras, 1999: 3). Conceituando habitação de forma ampla, no contexto da sociedade capitalista, em especial nas especificidades da sociedade brasileira, temos que ela pode ser um índice do desenvolvimento econômico e das oportunidades descortinadas à maioria da população. A habitação deve ser entendida não apenas como abrigo, mas como inserção na cidade, ou seja, como ocupação do espaço urbano com seus complementos de infraestrutura, serviços, transporte, equipamentos e paisagem. Desse ângulo, são complexas as funções ligadas ao habitar, incluindo desde a posse da terra, acesso à urbanização, características construtivas, qualidade da edificação, condições de ocupação e outros atributos componentes de seu valor de uso.

---

[1] Durante a gestão de Luiza Erundina (1989-1992).

Em sociedades marcadas por extrema desigualdade, grandes parcelas da população veem-se alijadas do mercado formal de habitação, que faz exigências de estabilidade de emprego e de renda, além de documentação pessoal.

O círculo perverso se completa no mercado imobiliário, resultando nas opções possíveis da precariedade habitacional, como favelas, cortiços, moradias originadas da autoconstrução, em periferias desequipadas como cinturão de abordagem dos mais pobres, no contraste com os citados condomínios fechados das elites que se autossegregam, num cenário de fragmentação, uma certa topografia social da desigualdade (Véras, 1980, 1987, 2004). Dependendo dos salários para arcar com os custos de sua reprodução, os trabalhadores disputam o acesso à moradia, além dos outros itens necessários à sobrevivência. Vista como mercadoria, seu acesso se torna difícil dado o custo de seus componentes: terra urbana, material de construção, mão de obra, tecnologia empregada.

Políticas de habitação costumam segmentar o mercado por faixas de poder aquisitivo, e para o chamado mercado popular, visando "baratear" essa mercadoria, acabam por oferecer soluções em locais afastados, também levando "conjuntos habitacionais" à periferização, o que já é bem conhecido e debatido no Brasil. Visando à aquisição de moradia, vastos segmentos têm dificuldade de fazer frente aos altos custos, necessitando de financiamento, destacando-se o peso que a propriedade privada da terra representa nesse conjunto de fatores. Surge a questão do "déficit", que deve ser visto mais como carestia a impedir o acesso da maioria a esse bem de consumo. Dessa maneira, conformada como demanda solvável, a enorme busca da casa própria continua sendo encarada como problema de mercado, tendência a que muitas políticas oficiais da chamada "habitação popular" têm se adequado, sem alterar a diretriz de tratar a habitação não como direito do cidadão e sim como mercadoria (Véras, 1980, 1987, 2004; Véras e Bonduki, 1986; Bonduki, 1983).

CIDADE DESIGUAL, SEGREGAÇÃO E ALTERIDADE

Conceituadas como decorrência da inserção das pessoas no processo produtivo, da pauperização crescente, da falta de qualificação para o trabalho, as dificuldades de moradia também devem ser vistas como dependentes de fatores urbanos propriamente ditos, ou seja, dos efeitos que o mercado e o Estado impõem na configuração das cidades. Nossas cidades foram e são marcadas pela segregação social, que corresponde à participação desigual dos grupos e classes sociais no ambiente construído.

Assim como o capitalismo divide o tempo do trabalhador em "tempo de trabalho" e "tempo de viver", assim também divide a cidade no espaço do trabalho e espaço de viver, destinado à habitação e ao atendimento das necessidades básicas do homem. São poucos e relegados os espaços dedicados à moradia do trabalhador diante da demanda que não se apresenta em condições de competir diante de usos mais atrativos à acumulação.

De maneira geral, as políticas públicas no Brasil diminuíram sua tarefa de produzir cidades, deixando esse papel ao capital privado, resultando que a ocupação do solo urbano se faça ao livre jogo do mercado. Pressões imobiliárias crescem em ritmo exponencial, em face da globalização que se revela nos empreendimentos tanto centrais como nos bairros que abrigam sedes de bancos e de empresas nacionais e multinacionais, nos edifícios de luxo, nos pontos turísticos que "vendem" a boa imagem da cidade para torná-la internacionalmente competitiva. Os chamados bairros malditos, presentes em várias épocas e denunciados desde o clássico *A situação da classe trabalhadora na Inglaterra* (Engels, 1966), se sucedem ao longo do tempo em diferentes formas de segregação e foram retratados por inúmeros estudos de nossa história urbana. Atualmente, a dualidade típica da acumulação fordista entre centro e periferia tem de ser relativizada, pois há fragmentação, várias polaridades, diversas formas de precariedade. A cidade toda se transforma em valor de troca e, quanto mais avança esse modo de produção, mais a cidade é moldada a seus interesses. Produzida coletivamente, pois o Estado joga papel primordial ao instalar os meios de consumo coletivo (equipamentos e serviços de infraestrutura como água, esgoto, energia elétrica, limpeza e outros), o faz para o consumo de quem pode pagá-los. O sistema viário e o transporte coletivo são oferecidos pelo Estado ou por ele gerenciados em conjunto com a iniciativa privada. Dessa forma, políticas urbanas são regulatórias e indutoras de urbanização "excludente" para a maioria. Em síntese, a cidade capitalista dificulta seu consumo para os pobres, pois é vista como capital constante (componente da composição orgânica do capital investido em meios de produção) pelos proprietários que usam o ambiente construído assim como usaram a máquina na produção fabril (Singer, 1976; Kowarick, 1982).

Há uma intensa relação entre mercado financeiro e mercado imobiliário, que acaba por multiplicar as coordenadas capitalistas, embora de forma inversa: enquanto os aspectos financeiros atualmente se apresentam progressivamente "desincorporados", especulativos ou virtuais, circulando por todo o planeta, o solo urbano é sempre mais valorizado, disputado para funções sofisticadas de controle e subsidiárias a esse capital, serviços ligados à circulação, sedes de empresas multi ou transnacionais, indústrias tradicionais ou inovadoras, restando forte disputa para áreas habitacionais distinguindo diferentes segmentos desse mercado. O mundo todo assiste tal movimento contraditório em que as atividades econômicas, sociais e culturais se dispersam geograficamente, se "desterritorializam", e as metrópoles se tornam centros de controle, em busca de obter rentabilidade máxima do solo urbano, como ambientes comerciais e de serviços complexos, que revelam paisagens expressivas de diversas "filosofias e partidos de desenho urbano", mas diferentes fórmulas desse mercado tais como arranha-céus, centros de convenções e lazer, edifícios "inteligentes", *shopping centers*, que se voltam ao mundo globalizado e às elites, enquanto os "espaços da pobreza" permanecem despojados dos benefícios urbanos (Castells, 1990; Sassen, 1998; Véras, 1987, 2002, 2004).

A abordagem das cidades globais realça a questão, apontando que algumas cidades do mundo desempenham funções ligadas aos fluxos econômicos mais importantes do planeta, como sedes do capital financeiro ou polos de tecnologia avançada nas indústrias. Tal processo consolida a conectividade potencializada pelos meios de comunicação tecnológicos e avança na reestruturação produtiva, na sociedade em redes, como verdadeiras sínteses das contradições capitalistas. Concentram muitas polaridades, reunindo tanto o lado perverso e atrasado quanto o avançado do primeiro e terceiro mundos, ou seja, elites dirigentes de empresas nacionais, multi ou transnacionais, seus executivos e técnicos especializados, sedes de bancos internacionais, camadas sociais emergentes ligadas à gestão do capital, e, também, trabalhadores informais, massa de desempregados, migrantes e imigrantes desterritorializados, produzindo conflitos em torno do acesso à cidade e ao trabalho, também embates étnicos, toda a sorte de processos ligados à razão instrumental prevalecente, desigualdade social (Sassen, 1998; Preteceille, 1994; Hall, 2003; Véras, 1997, 2004). Mesmo sem entrar nas virtudes polêmicas defendidas por alguns autores sobre a competitividade global, em construções típico-ideais, é indiscutível que constituem polos de penetração do capitalismo central, de controle da rede territorial, quase "novos pontos cardeais" no planeta (Ianni, 1994). Com muitas das características apontadas, serviços de telecomunicações avançados, sedes de bancos e empresas transnacionais, declínio das funções industriais (ou suas transformações por novas tecnologias), aumento dos serviços; funções gerenciais e do terciário sofisticado, levando à polarização social — metrópoles duais —, sendo receptoras de imigração com segregação, com a presença de guetos, conflitos étnicos e violência, como os casos exemplares dos Estados Unidos (Véras, 1997, 2004). Prenunciando em muitos casos uma sociedade pós-industrial, nossas metrópoles têm-se caracterizado por apresentarem o predomínio dos serviços (São Paulo, por exemplo), amplo setor que inclui desde aqueles mais sofisticados e especializados com técnicos de escolaridade superior, até outros sem nenhuma qualificação, com a precariedade e informalidade, que via de regra absorvem vastos segmentos empobrecidos.

É ilustrativo que a metrópole paulista exerça papéis competitivos no que se refere à gestão do capital financeiro; vê alterarem-se suas funções de polo industrial, de estruturação urbana e hierarquia social e tem figurado nas listas de especialistas como cidade mundial de país semiperiférico (Levy, 1995). Muitas características presentes na capital, suas singularidades, são heranças do passado colonial, da sociedade escravista, da recepção de imigrantes e migrantes e reflexos espaciais de processos excludentes, as citadas formas das periferias, bairros de elite e regiões deterioradas, crise de moradias, favelas, cortiços, loteamentos irregulares e clandestinos, moradores de rua, condomínios fechados e murados, *shopping centers* de luxo, centros de convenção, terciário sofisticado, pontos de renovação urbana. As marcas da concentração de renda e desigualdade social revelam-se, ainda, na distribuição diferencial de chacinas, risco à violência, discriminação, vulnerabilidade socioambiental e devastação ecológica (Véras, 1995, 2010).

> "Há quem afirme que a globalização da economia torna cada vez mais visível o terceiromundismo dos centros urbanos, revelando uma massa de excluídos, a polarização de classes, gênero e raça, com crescente número de sem-terra, sem habitação, carentes de serviços urbanos básicos" (Ianni *apud* Véras, 1995: 12-3).

Em uma metrópole em que vastos e diversos contingentes vivem, trabalham e deixam suas marcas significativas no espaço, nas redes de sociabilidade, nos estilos de vida, constituem temas do território e da alteridade que são de fundamental importância para a plena participação na gestão e fruição da cidade. Mergulhando no universo simbólico, as noções de alteridade e representação se complementam. Fala-se de alteridade em diferentes gradações e matizes com seus componentes étnicos, políticos e culturais, bem como o recorte das identidades exigidos para sua análise (Véras, 2012).

Se as representações operam psiquicamente no conhecimento pelo qual os homens tornam o mundo inteligível e estão ligadas aos grupos sociais de que eles participam, são conhecimento estruturado social e culturalmente aceito e podem modelar o que é dado para reconstruir o mundo externo, mais que reprodução do existente. Podem naturalizar conceitos, classificar, selecionar. De outro ângulo, há um sistema de valores que emoldura as relações entre as pessoas. Como cada pessoa toma conhecimento de si mesmo a partir das formas pelas quais seus semelhantes o tratam — o espelhamento de que trata Marx ao estudar a mercadoria (1946) — igualmente a Psicologia Social aborda a formação do *self*, a projeção do "eu" no "outro", que é por vezes uma gradação do outro para diferente, do próximo ao distante e do distante para o *alter*. A alteridade é, pois, construção do outro como distante, diferente, "não nós", estranho, culminando com atitudes discriminatórias, preconceitos, racismos (Moscovici, 1978; Jodelet, 1998).

> "O problema é saber como e por que os indivíduos se percebem uns aos outros como pertencentes a um mesmo grupo e se incluem mutuamente dentro das fronteiras grupais que estabelecem ao se dizer 'nós', enquanto ao mesmo tempo excluem outros seres humanos a quem percebem como pertencentes a outro grupo e a quem se referem coletivamente como 'eles'" (Elias e Scotson, 2000: 37-8).

Construções culturais, o "nós" e o "eles" condicionam-se reciprocamente, pois em grande parte a identificação individual depende da imagem grupal e esse é o paradoxo da alteridade: o outro próximo é constitutivo do mesmo, mas expulso do espaço subjetivo para constituir-se em ameaça, "aquilo que não quero ser". No caso examinado por Elias e Scotson (2000), os "estabelecidos" dependiam do maior tempo de residência e da localização no espaço da cidade analisada, e os "*outsiders*" eram vistos como intrusos, novatos, "outros" (Véras, 2012).

Portanto, a cidade contemporânea nos desafia a dar conta das múltiplas relações vividas, dos mecanismos socioeconômicos e políticos que afastam as pessoas no ambiente construído, mas também das variáveis da diversidade étnica, simbólica, que afastam as pessoas e colocam muitas na condição de "estrangeiras" e de "subalternas". A relação com a pobreza, de maneira geral, é a de procurar afastá-la para não ocorrer a identificação, para não desvalorizarem os imóveis, para exibirem sua diferença (Véras, 2012). A análise da luta pelo espaço urbano se mostra capaz de evidenciar aspectos históricos como os conflitos de terra, perseguições étnico-políticas, exclusão do mercado de trabalho, pobreza e precariedade, ineficácia das políticas públicas, segregação, mas também marcas profundas e subjetivas como a língua pátria, afetos, valores, hábitos, diferentes matizes culturais, afinal.

O objetivo do presente estudo reside em resgatar a produção do "outro" em uma das diversas situações de vivência na cidade. Nessa direção, a moradia na precariedade representada pelos cortiços, já que desde sua configuração histórica como capital do capital (Rolnik, 1983) visualizam-se acentuadas dificuldades de acesso e fruição, desigualdade, discriminação e segregação socioespacial. É preciso desvendar as atitudes dirigidas à pobreza, à precariedade. A cidade concentra, pois, questões emblemáticas no estudo das cartografias sociais, em uma topografia da alteridade, identificando problemas do reconhecimento da diferença e da cidadania territorial, pois esta deve ser vista como direito ao lugar de escolha e não como destino inevitável.

MORADIAS DA POBREZA EM BAIRROS CENTRAIS: UMA HISTÓRIA DE ALTERIDADE

As aglomerações urbanas passam por grandes transformações contemporâneas, mas reeditam suas graves questões sociais. Assiste-se a um massivo deslocamento de população pelo mundo, acelerando os percursos migratórios, fluxos de indivíduos buscando melhoria das condições de vida. De outro lado, vê-se um fechamento de fronteiras nos destinos mais procurados. Esse fato ocasiona a tendência já observada de que há uma extensa periferização na maioria dos núcleos urbanos, que crescem expressivamente por meio da ampliação de seus limites nos arredores, abrigando pessoas empobrecidas, os recém-chegados, localizados em um cinturão de precariedade.

Por outro lado, a voracidade do capital imobiliário se revela por um dinâmico movimento de construção/demolição/destruição/reconstrução de áreas já ocupadas, bem como expulsão dos moradores mais antigos, substituindo-os por habitantes cuja renda seja compatível às exigências do novo ambiente: as zonas centrais dos núcleos urbanos acabam por ser remodeladas na voragem de uma elitização dos espaços, reiterando o afastamento de moradores desvalidos.

Esse quadro deve ser completado com aspectos provocados pela aglomeração humana e que caracterizam a vida metropolitana como os processos de enfrentamento do "outro", discriminação, banimento, preconceito, da convivência entre os iguais e os diferentes, pois essa classificação se escora em muitos fatores: etnia, raça, nacionalidade, origem migrante, sexo, idade, cor, endereço, opção política, diferenciação social, cultural, no tipo de moradia, pelo lugar em que estão, em síntese.

A história do município revela a presença dos cortiços, desde o final do século XIX, como a mais frequente habitação; abrigavam trabalhadores não qualificados, imigrantes, negros alforriados, empregados na indústria e nos serviços, em seus domicílios compartilhados em edificações subdivididas em cômodos, ou construídas em quartos em série para esse fim, que correspondiam a períodos em que não havia estoque de moradia suficiente para acolher a classe trabalhadora na cidade. Ocupavam-se quartos, vãos de escada, porões, em certa hierarquia pelos estratos sociais de renda, pela origem étnica, migrante ou imigrante, primeiro os do Norte, depois os do Sul, em levas sucessivas que dos cafezais dirigiam-se à capital paulista (Véras, 1991).

Quando a industrialização era considerada marginal e a economia era orientada para a exportação cafeeira, na transição do século XIX ao XX e até por volta de 1920, os imigrantes constituíam a principal fonte de mão de obra, por já estarem adaptados a esse tipo de atividade, por não terem preconceito contra a labuta manual, e repelirem a relação paternalista vigente. De outro lado, ampliavam o consumo, alargando o mercado interno.

O ramo dos cotonifícios parece ter sido mais importante, com pequena presença de maquinaria nas tecelagens, mesmo com o transbordamento do capital cafeeiro (Dean, 1971; Cano, 1977). Havia poucas têxteis grandes a concentrar grande número de operários. Eram seus proprietários, em 1920, os Matarazzo, com a fábrica Mariângela; os Crespi, os Penteado. Uma tecelagem de juta pertencia a Jorge Street, com sua famosa Vila Operária Maria Zélia, onde os operários andavam com chapéu na mão e eram obrigados a ir à missa aos domingos; proibia-se o consumo de bebidas alcoólicas bem como se exigia casamento legal e religioso dos trabalhadores acolhidos nas casas unifamiliares. A disciplina era rígida e com qualquer desvio o morador era punido.

Em contraste, a moradia em cortiço destoava da citada vila operária. Em 1917, depois da morte do operário Martinez em frente ao cotonifício Crespi, a greve geral transforma-se em revolta popular, unindo o local de trabalho aos espaços de moradia (Véras, 1991). Por outro lado, havia várias indústrias têxteis de lã. Destacava-se o Lanifício Frederico Kowarick, de 1890, situado em grande gleba em frente à Estação de Santo André. Todas as indústrias citadas no percurso destas linhas desapareceram.

Dos 580 mil habitantes da cidade, à época, dois terços constituíam a massa de estrangeiros ou descendentes, predominando em quase todas as ocupações da força de trabalho. Alguns desses imigrados, oriundos da pe-

Segregação e alteridade na metrópole

quena burguesia, eram importadores e/ou ocupavam-se do comércio (Fausto, 1979; Kowarick, 1987). Embora a indústria estivesse em expansão, havia um excesso de mão de obra disponível na capital, o que barateava os custos dos empresários no rebaixamento dos salários, tanto no campo como depois da migração dos colonos do café para os centros urbanos. Tratava-se de fabriquetas, pequenas empresas, com capital fixo mínimo, pequena escala de produção e baixa rentabilidade. A classe trabalhadora abrigava os imigrantes e pequena parcela dos nacionais; não havia salário mínimo à época, a carestia aumentava, bem como o desemprego, chegando à crise de moradias em 1912. Parte dos trabalhadores dedicava-se também ao elástico setor do terciário, comércio e serviços, sujeito a flutuações cíclicas; eram pequenos assalariados como guardas de quarteirão, coletores de lixo, praças policiais, acendedores de lampião, motorneiros de bonde, ensacadores de café, serviços domésticos, autônomos e artesãos em geral. Na metrópole paulista imperavam os italianos, menor a presença dos negros e mulatos, em contraste com o Rio de Janeiro, em que havia procura das citadas etnias (Kowarick, 1987).

A estratégia de acumulação no período era a absorção de menor número de operários especializados, também suprindo as engrenagens produtivas com mulheres e crianças, estas com salários mais baixos e fáceis de serem dominadas em períodos de conflitos sociopolíticos; havia base técnica artesanal, usando o prolongamento da jornada de trabalho de doze a catorze horas diárias. Para economizar tempo, os trabalhadores alojavam-se próximos às fábricas, em cortiços, onde eram frequentes as epidemias de malária, febre amarela, tuberculose, entre outras.

> "Moradores de vilas operárias, de cortiços, de pequenas casas alugadas, de moradias construídas por eles mesmos, os italianos particularizavam a vida do Brás e configuraram o espaço de acordo com seu modo de vida" (Véras, 1991).

A habitação operária marcou profundamente o feitio de alguns bairros, como o Brás, Mooca, Bexiga e Bom Retiro, assim como as residências das classes dominantes moldaram outras áreas (Higienópolis — cidade da higiene —, Campos Elíseos, avenida Paulista, Vila Buarque, posteriormente Aclimação — onde se situava o palacete dos Kowarick). Em expansão, a cidade apresentava zonas especializadas e segregadas (Villaça, 1978).

Os bairros industriais e de operários caracterizavam-se pelo padrão habitacional da casa alugada. Havia interesse em tal investimento, considerado rentável para pequenos poupadores com origem no café e ainda sem condições de aplicar na indústria. A vila operária, estilo *cottage* inglês, construída ao lado das fábricas para atrair operários especializados, teve pouca representatividade entre nós, pois exigia maior capital inicial e porque os operários especializados eram a minoria diante do excesso de mão de obra disponível, sem qualificação (Bonduki, 1983).

Com o crescimento da cidade, o estoque existente de casas foi sofrendo adensamento, e construídas moradias coletivas, cuja precariedade só viria a ser contestada quando o interesse público vislumbrasse os riscos para a saúde pública ou então à paz social, devido aos embriões da luta operária que grassavam nesses locais. Os cortiços, espaços com vários tipos de epidemias, eram associados pelos potentados urbanos com o vírus do anarquismo, principal força política de 1880 a 1920, período de auge e decadência, substituído pelo Partido Comunista a partir de 1925.[2]

Várias foram as tentativas da municipalidade em orientar o crescimento da cidade, controlando as edificações com o Código de Posturas em que constava "limpeza e ventilação nas moradias coletivas de classe baixa e segregação de fábricas contaminantes" (Morse, 1970: 252). Os relatórios frequentes descreviam cinco tipos de cortiços, dos quais o mais comum era o cortiço-pátio, mas constavam ainda o cortiço-casinha, o hotel-cortiço com refeições e geralmente para pessoas sós, a casa de cômodos, com cômodos de uso comum e em prédios adaptados, e os cortiços improvisados. Mais tarde, surge ainda o cortiço verticalizado, de três andares, comum no Bexiga.

Portanto, a moradia alugada era compatível com o grau de acumulação do período. Os cortiços, vilas e quintalões eram variações do padrão de habitação coletiva. Geralmente lotes retangulares, apresentavam dimensão variável, oscilando a frente entre cinco e quinze metros e, o fundo, de vinte a cinquenta metros.

Aqueles de frente menor comportavam uma entrada lateral, ao longo da qual se alinhavam quartos geminados, perpendiculares à entrada e com a presença de tanques e banheiros comuns. Os de frente mais larga apresentavam entrada central e duas filas de cômodos que a ladeavam, em formas diferentes como a de ferradura, alguns deles assobradados. Mesmo quando acontecia alguma organização para funções comuns, como limpar banheiros, varrer corredores de circulação, quase um embrião de sentimento comunitário, os problemas de salubridade eram vários, como má insolação e venti-

---

[2] Nessa década, o "cavaleiro da esperança", Luís Carlos Prestes, inicia a longa marcha pelos interiores do Brasil, tornando-se o grande líder do partido.

Segregação e alteridade na metrópole

lação, congestionamento por superlotação: eram abrigadas muitas famílias nos quartos e cozinhas. Lavagem e secagem de roupas eram feitas em comum, chuveiros e privadas disputados, o que tornava insuportável o cotidiano (Martin, 1984).

O jornal *La Battaglia* publicou um manifesto em 1912:

> "Cidadãos! Um grupo de exploradores, parasitas e sangues-sugas do povo, sob o pretexto de embelezar a cidade de São Paulo, demolindo uma imensidade de casas velhas, deu um valor artificial aos terrenos e às casas velhas... elevaram fabulosamente os preços dos aluguéis" (Beiguelman, 1981).

O Brás, local de moradias promíscuas e espoliativas, é quase sinônimo de ralé, com seus cortiços e casas coletivas, vítima de segregação social. A moradia-padrão era o cortiço; já em 1893 o relatório do intendente municipal Cesário Ramalho da Silva fazia uma eloquente descrição das condições habitacionais da moradia da pobreza em São Paulo (Morse, 1970), em longa citação:

> "Um cortiço típico, tal como foi revelado pela pesquisa municipal de 1893, ocupava o interior de um quarteirão, onde o terreno era geralmente baixo e úmido. Era formado por uma série de pequenas moradias em torno de um pátio ao longo do qual vinha ter, da rua, um corredor longo e estreito. A moradia média abrigava de quatro a seis pessoas, embora suas dimensões raramente excedessem três metros por cinco ou seis, com uma altura de três a três metros e meio. Os móveis existentes ocupavam um terço do espaço. O cubículo de dormir não tinha luz nem ventilação, superlotado, à noite, era 'hermeticamente fechado'. Exceto nos cômodos de pessoas do Norte da Europa, o soalho ficava tão incrustado de lama, que não se viam as tábuas; a umidade do solo [...] os tetos eram pretos de sujeira [...] as paredes com pregos e roupas penduradas [...] o pátio principal fornecia às moradias que o rodeavam uma torneira recalcitrante, um lugar para lavar roupa e uma privada mal instalada. Ladrilhos e calhas [...] não existiam" (Morse, 1970: 264).

Ainda em 1913, o jornal *Fanfulla*, comentando a vida nos cortiços no Brás, afirma que regurgitavam habitantes, pois a cidade não tinha casas suficientes para abrigar a população pobre, e relatava a heterogeneidade dos moradores:

"[...] sem a mais leve noção de respeito [...] operários de diversos ofícios, muitos sem profissão definida, chefes de família, alguns sem nenhum emprego, sempre gente pobre e miserável que nos cortiços vive [...] constantemente em sobressalto [...] uma multidão de crianças brancas, pretas e mulatas [...] mais de duzentas [pessoas]" (Pinheiro e Hall, 1979: 96-9).

Assim, as autoridades se preocupavam tanto com a insalubridade dos cortiços quanto também com a invasão das ideias sindicais; muito da legislação prescrevia exigência de área construtiva e outras, mas as epidemias grassavam, com mortalidade elevada. Em 1918 a "gripe espanhola" dizimou quase 2% da população urbana, sendo mais atingidos os bairros operários, entre eles o Brás. Também doenças como a tuberculose e outras anteriormente assinaladas aumentavam (Kowarick, 1982). Funcionários sanitários agiam com autoridade e violência, por vezes. Surgia a atitude higienista de "afastar e desinfetar" a pobreza, primeiras tentativas de um urbanismo saneador. Impunham-se regras de construção para a habitação popular, adotando-se como modelo a casa isolada, com recuos laterais e definição de áreas mínimas para as diferentes funções do habitar (Bonduki, 1983).

Entretanto, essas iniciativas não conseguiram diminuir os problemas, mas proibia-se a moradia operária em zonas de comércio e da classe dominante. O município ainda era compacto, mas segregado. Até o bonde, estruturador do espaço urbano, segregava seus usuários, pois aqueles que serviam aos bairros operários eram proibidos de circular pelos bairros burgueses. Era assim também no bairro da Luz (Véras, 1991).

Por várias razões, evidencia-se dessa maneira o quanto era necessário para as elites o afastamento da pobreza para longe. A capital foi se espraiando e os cortiços e moradias alugadas também se esparramaram para outras regiões populares (Véras, 1991).

Muitos bairros chegavam a preocupar as autoridades pelas características de seus sítios, várzeas, partes baixas alagadiças e pela proximidade com áreas saudáveis, os bairros burgueses como Campos Elíseos, Higienópolis e avenida Paulista.

Ao lado dos cortiços das áreas centrais, construídos para abrigar os trabalhadores próximos às fábricas, como o caso do Brás, houve cortiços improvisados em glebas ainda desvalorizadas como de chácaras afastadas,

Segregação e alteridade na metrópole

por pequenos empreendedores que queriam aumentar seus rendimentos. Alguns eram pequenos criadores de cabras, plantadores de hortaliças ou pescadores e construíam em suas terras, fora das divisas, correntes de cômodos enfileirados sem qualquer conforto, quase rurais. É o caso do Pari, cujo nome se originou da língua indígena e quer dizer "cerco de apanhar peixe" (Lemos, 1985).

Entre os meandros do rio Tietê que alagava seus arredores, havia uma pequena elevação onde residiam pescadores vivendo à custa do produto de suas armadilhas e vendendo-o na cidade. Construíram cortiços, como o situado às margens da rua São Biagio, o famoso Ferrucio Marchetti, composto de trinta habitações e um só quarto de banho e latrina. A água era fornecida por duas cisternas e a roupa, lavada no rio. Nesse bairro, o maior de todos era o "da Graziela", situado na rua das Olarias, cuja proprietária, além de alugar cômodos, também os administrava e zelava pelos costumes, exercendo um verdadeiro papel de polícia (Lemos, 1985).

Ao contrário da maioria dos imigrantes italianos que se dirigiram às fazendas de café — imigração essa subsidiada — e que eram na sua maioria vênetos, os italianos que rumaram para o bairro do Bexiga, tendo São Paulo como destino preferencial, eram originários do Sul da Itália: Calábria, Basilicata e Campania (Alvim, 1986; Lanna, 2011). As fontes atribuem um caráter heterogêneo ao grupo, mas a maioria era de jovens do sexo masculino e viajavam sozinhos.

O bairro era área de caça e recebia escravos fugidos na cidade, e teve seu nome originado do fato de ter sido também abrigo de pessoas com varíola (designada por bexiga). Desde os inícios do século XIX era importante pouso de tropeiros no caminho que ligava a capital a Santos. Em 1878 a região foi loteada e receberia os imigrantes italianos a partir de 1890. O loteador fez a divisão em lotes estreitos de frente (em média de até dez metros) e de fundos extensos (em geral de cerca de trinta metros ou mais, alguns chegando até de sessenta a oitenta metros), em um padrão que perduraria na região e instaurou-se aí promissor mercado de terras (Lanna, 2011).

Muitos proprietários construíram suas residências e adquiriram áreas contíguas para erigirem casas de aluguel. Os italianos que chegaram ao bairro dispunham de melhores condições de adquirir patrimônio, pois em pequeno intervalo de tempo após a chegada compraram terrenos e construíram suas casas.

"A sua presença pode ser entendida como elemento agregador
e referencial na constituição de redes de acolhimento para os mi-

lhares de imigrantes que chegaram em São Paulo no início do século XX, e que fariam do Bexiga um bairro italiano, um bairro calabrês" (Lanna, 2011: 122).

Em particular, as características e as dimensões dos lotes acabaram favorecendo a construção de habitações coletivas e/ou de usos múltiplos, embora nem todas em precariedade. Havia igualmente sobrados burgueses e até luxuosos nesse padrão fundiário. A partir de 1905, os italianos, sobretudo calabreses, eram predominantes como proprietários, com referências culturais e redes de pertencimento que marcaram o bairro. Alguns deles com muitas e diversificadas propriedades, inclusive industriais e de uso misto. Esse caráter da diversificação de usos, residencial/comercial/industrial passou a representar o padrão da região: habitação, trabalho e lazer, em uma pluralidade de arranjos que mesclavam a pobreza a vizinhas edificações assobradadas, casas isoladas ou com armazéns, porões habitados (Lanna, 2011). Outra observação dos autores da mesma fonte refere-se aos cortiços propriamente ditos, nem sempre precários, como se apontou: casinhas em série ocupando os fundos dos lotes, algumas abrigando dezenas de pessoas a dividir pequenos cômodos ou porões, com bacias sanitárias insuficientes e precárias e que mereceram a preocupação das autoridades sanitárias do município. Mas, de certa forma, o que concluem essas fontes é que era raro na região o padrão de residência isolada unifamiliar no lote. Sempre havia alguma forma de uso misto e também o compartilhamento de familiares que habitavam outras edificações no mesmo lote, ou ainda subdividiam a moradia principal com seus pais, irmãos, em parentela coesa.

Alguns autores parecem discordar da interpretação de que o Bexiga tenha nascido com a marca de conter cortiços como padrão habitacional predominante em suas origens, e da associação com a presença dos imigrantes italianos, como se segue:

> "A precariedade e provisoriedade associada à imigração para o trabalho, o esforço coletivo para a construção de um patrimônio imobiliário e as redes e vínculos de comunidade que reinventavam aqui vínculos de além-mar parecem ser caminhos mais instigantes de compreensão das formas de morar e viver neste espaço da cidade de São Paulo. A noção de cortiço [...] recorrentemente associada à pobreza [...] não contempla a complexidade destes arranjos" (Lanna, 2011: 127).

Contudo, é inegável que havia cortiços associados à pobreza e à precariedade no Bexiga de seus primeiros tempos, mesmo que não compusessem o padrão exclusivo na região. Importa saber, igualmente, como o tempo histórico e social se apropriou desse estoque edificado e qual é a situação atual do bairro. Este um dos objetivos também pretendidos neste capítulo.

PROCESSOS DE ENCORTIÇAMENTO AO LONGO DO SÉCULO XX

Como já dito, um longo processo fez a cidade de São Paulo modificar-se durante o século XX, mas os cortiços permaneceram como alternativa habitacional. Até 1930, a cidade se manteve ainda compacta, tendo certa concentração da mão de obra por força do café e da industrialização do período, e utilizando como transporte coletivo os bondes, que eram de difícil e cara expansão. Tanto o capital privado ligado às atividades urbanas quanto o poder público relacionavam-se às elites cafeeiras. As ações sobre o cortiço revestiam-se de interesse sanitário, para higienizar os "focos de sujeira" e de "desorganização moral", ou, ainda, para embelezar a cidade, especialmente as porções centrais e na direção oeste e sudoeste.

Quase como única saída para os trabalhadores de baixa renda, o cortiço proliferava pela cidade, tendo grande rentabilidade, reproduzindo-se a baixo custo próximo ao parque fabril e ao Centro: Sé, Santa Ifigênia, Bexiga, Consolação e nos bairros operários como Brás e Mooca. Como se tornou a moradia popular dominante ainda nos inícios do século XX, acaba por reverter de forma perversa a segregação social, atingindo o aristocrático Campos Elíseos e, na direção da avenida Paulista, até a alameda Santos. Começam a assumir diferentes formas, desde as casas de cômodos e quintais de periferia, como agora prédios encortiçados e o casarão burguês subdividido. Mesmo tendo o poder público tentado o programa de habitações higiênicas e estimulado a compra de lotes na periferia, não obteve sucesso. Já nos anos 1920 haviam surgido outros incentivos para a ocupação de áreas suburbanas (Bonduki, 1983).

Em 1930, outro padrão de urbanização se intensifica, pois a indústria ganha proeminência, dá-se a expansão horizontal para mais longe e altera-se o transporte coletivo, que passa a ser rodoviário. Políticas públicas para o sistema viário, entre elas o Plano de Avenidas de Prestes Maia, acabam por conduzir a classe trabalhadora em direção às periferias na busca do lote próprio e da autoconstrução de sua moradia. Essa primeira expansão atingiu áreas hoje de urbanização consolidada e que compõem porções circundantes ao Centro no chamado anel intermediário, pois nossa periferia atual chegou aos limites do perímetro exterior das divisas do município. Por outro lado, a habitação de aluguel passava a ser considerada negócio não tão lucrativo como antes. A Lei do Inquilinato de 1942, ao visar conter aumentos sucessivos nos valores de locação, congelou por dois anos os aluguéis. Perversamente, ocasionou muitos despejos (cerca de 15% da população foi despejada) e desestimulou investidores no ramo e proprietários. As opções para o inquilino na cidade permaneciam ou continuar no aluguel em oferta disponível — os cortiços continuavam uma saída — ou a compra de lote na periferia com casas que seriam autoconstruídas; em consequência, segmentos mais empobrecidos não achavam prestações acessíveis (Bonduki, 1983, 1988).

Havia uma suburbanização da metrópole em direção às áreas mais longínquas, bem como certa recusa de parte dos trabalhadores da alternativa por esse padrão periférico, resultando no adensamento das áreas centrais consolidadas, dotadas de infraestrutura, serviços, equipamentos e transporte coletivo.

Já na metade do século XX, com a industrialização atingindo áreas mais amplas na Região Metropolitana, outra alternativa se desenhou aos estratos empobrecidos, que foi a ocupação de áreas, uma das origens das favelas paulistanas (Bonduki, 1983; Véras e Bonduki, 1986; Véras e Taschner, 1990). Nos anos 1960 e 1970 era brutal o empobrecimento da população. Constituem indicadores disso as proporções dos favelados na cidade: em 1968 eram cerca de 0,7% dos moradores de São Paulo; em 1973 já representavam 1,0%; em 1980, mais de 5,0%, e em 1987 seriam 7,7%. Crises de emprego e na economia, migrações sucessivas para São Paulo, além de crescente especulação com a terra urbana fazem inacessível o lote urbano, mesmo daquele longínquo dos centros absorvedores de mão de obra. Em 1991 os favelados chegaram a 9,2% da população paulistana, e em 2000 essa proporção chega a 11,2% (Marques e Torres, 2005).

Foi na década de 1970 que se configurou extenso espraiamento da cidade, que recebeu muitos migrantes nacionais, trabalhadores pauperizados e muitos despejados de cortiços de áreas centrais. São também favelados e adquirentes de loteamentos irregulares, autoconstrutores de suas moradias em processo conhecido. As políticas oficiais de habitação popular, incluindo a do BNH (Banco Nacional da Habitação), pouco amenizaram a situação, pois utilizavam de mecanismos bancários que atendiam a parcelas da chamada demanda solvável, não incluindo as faixas constituídas pelos encortiçados (Véras, 1980). Parece ter sido a ocupação de vazios existentes na mancha urbanizada — favelas e invasão de terrenos públicos — a modalidade dominante da habitação popular em São Paulo, nas décadas de 1980 e 1990. Na região dos mananciais sul, por exemplo, inúmeras ocupações acontecem desde os anos 1970, configurando um "mar de pobreza". Entretanto, os cortiços permanecem como "solução" para os que não desejam ir à periferia, pois um dos mais fortes argumentos é "morar perto de tudo, do transporte, dos recursos comunitários, do comércio, do emprego". Assim, pesquisa de 1975 (SEBES-HABI) apontou a expansão dos cortiços nos anéis intermediário e exterior da cidade.

Essa problemática, indicando como características essenciais habitação coletiva precária de aluguel e englobando a multiplicidade de manifestações físicas dessa modalidade no município, ainda não tem estimativas seguras de seu dimensionamento; em 1960, uma pesquisa sobre o tema calculara que 18% da população paulistana morava em cortiços (Lagenest, 1962). Em 1975, estimavam-se que cerca de 9,3% da população do município habitava essa modalidade de aluguel coletivo precário (SEBES-HABI, 1975).

Nos anos 1980, o poder público e outros pesquisadores apontaram e atualizaram as regiões onde estariam concentradas as habitações coletivas precárias de aluguel, nos bairros que também se adensaram nesse período, ou seja, com 155 ou mais cortiços por km² estariam Bela Vista (o popular Bexiga) e a Liberdade; com densidade de 75 a 155 cortiços por km² estavam Cambuci, Pari, Brás, Belenzinho, Bom Retiro, Vila Maria Alta e Santa Ifigênia. Menores densidades eram atribuídas aos distritos de Vila Maria Baixa, Mooca, Sé, Consolação, Barra Funda e outros (FIBGE, 1991; SEMPLA, 1985; Kowarick *et al.*, 1991; Simões Jr., 1991).

Em 1993, tal proporção foi de 6% dos moradores de São Paulo (FIPE-SEHAB, 1993), e as últimas pesquisas amostrais reiteram os 6,0% (Kowarick, 2011).

Entre as super ou subestimativas, tentando aproximarmo-nos das reais presenças do aluguel precário compartilhado e fugindo de conceitos restritivos e excludentes como os relativos ao tipo de imóvel e uso comum de sanitários, estimamos tal precariedade em 15% da população da cidade de São Paulo que moraria nessa modalidade nesse período (Véras, 1999). Assim, oscila-se a estimativa de 600 mil a 1,5 milhão de pessoas encortiçadas. Lideranças dos movimentos sociais por moradia consideram que há, no mínimo, 1 milhão de encortiçados na cidade (Kowarick, 2011).

O eixo explicativo está no processo histórico da urbanização, ou seja, nas formas de apropriação do espaço urbano pelas classes sociais que configuram a produção e o consumo das habitações. A formação dos bairros e a transformação de áreas — e seu reflexo, as edificações, seus tipos e usos — podem gerar deterioração urbana, substituição de usos e desvalorização. Tal contexto é ao mesmo tempo causa e efeito do encortiçamento.

VELHAS QUESTÕES NA ATUALIDADE: ALTERIDADE NOS BAIRROS CENTRAIS

A dinâmica urbana de São Paulo trouxe alterações quanto aos conceitos de centralidade e seu deslocamento das regiões históricas para outras direções. Segundo diversos autores, porém, o deslocamento da centralidade dominante para o setor sudoeste da cidade, o que é inquestionável, não determinou o esvaziamento do centro histórico, mas mudança do perfil de usos e de usuários, mantendo seu protagonismo no terciário de São Paulo (Nakano *et al.*, 2004; Kowarick, 2011).

No século XXI, a capital de mais de 11 milhões de pessoas, conectada aos fluxos globais, apresenta ainda a perversa estabilidade da desigualdade social. O perfil demográfico trazido pelos últimos Censos (IBGE) tem revelado que a população da capital cresceu menos que os demais municípios de sua região metropolitana, especialmente nos distritos centrais. Como vimos, os cortiços distribuem-se por toda a cidade, muito frequentes em porções antigas e deterioradas de bairros centrais, no anel intermediário e atingem a periferia, sobretudo nos pontos em que há transporte público. Suas características de edificação, porte e as de seus moradores variam de acordo com essa localização (Véras, 1992, 1999).

Do ângulo de seus proprietários podem constituir-se em fonte de renda, originada da exploração desses imóveis, geralmente deteriorados, mas situados nas regiões urbanas equipadas, favorecendo as estratégias dos moradores para o deslocamento pendular ao emprego. Seus proprietários parecem constituir-se de frações do capital rentista, apesar da grande diversificação (Véras, 1999).

Do ponto de vista dos moradores, a opção pelo cortiço explica-se por um conjunto de causas: perfil socioeconômico, escolaridade, ocupação e participação no mercado de trabalho, o que lhes faculta uma renda incapaz de garantir melhores níveis de consumo, decorrendo daí a procura por aluguel acessível. Além disso, exigências do mercado imobiliário para locação são excludentes de grandes parcelas de locatários que não dispõem de fiador, estabilidade da renda e documentação pessoal. Alia-se a isso o fato de seus moradores buscarem economizar os custos de transporte e procurarem residir próximos à oferta de emprego. A recíproca também acontece: procuram se adequar ao mercado de trabalho próximo de onde moram, geralmente se ocupam no terciário, setor que é difundido por toda a cidade: "Assim, muitas vezes, o cortiço pode ser mais estável que o emprego; outras vezes, é a estabilidade no emprego (zonas industriais) que exerce atração para o surgimento do cortiço" (Véras, 2004: 361).

Importa, sobretudo, apontar o caráter de preconceito e da produção da alteridade no que se refere aos encortiçados nesses espaços segregados, mesmo quando não contrastam com suas vizinhanças (Piccini, 1999). A esse respeito, sabe-se que os tipos arquitetônicos dos imóveis combinam-se com uso e localização urbana; diferentes formas do encortiçamento são ilustrativas de sua história.

Em São Paulo, esquematiza-se o processo segundo localizações; nas áreas centrais, podem ser apontados três tipos de cortiços: 1) com a formação e consolidação de bairros populares, onde os cortiços não contrastam com seu entorno, pois predominam casas populares voltadas à população de baixa renda. Os imóveis encortiçados são, assim, construídos para tal fim, em várzeas e terrenos baixos, geralmente mistos de residências operárias e indústrias, como o caso do Brás, Pari e Mooca; 2) com a deterioração de bairros em que se tornam desinteressantes para as camadas de rendas médias ou altas, resultando na transformação de uso da área e alguns imóveis se adaptam para abrigar o cortiço. Muitos fatores podem contribuir para essa alteração do uso do bairro, como a presença de áreas inundáveis, a diminuição da população (estagnação) e a presença de comércio atacadista e estações ferroviárias/rodoviárias (isso ocorreu, em parte, em Campos Elíseos); 3) com a desvalorização de imóveis antigos em áreas sem deterioração. Nesse caso, os cortiços contrastam fortemente com seu entorno, tratando-se de adaptações que levam à precariedade habitacional (Véras, 2004).

No caso das porções intermediárias da cidade de São Paulo, com bairros geralmente bem servidos de infraestrutura urbana e que são ocupados por residências de diversas classes de renda, os cortiços surgem como alternativa habitacional, geralmente do tipo construídos para tal uso, consolidando o padrão popular da área. Quando ali houver valorização do solo urbano, o cortiço será eliminado. São exemplares Santana, Vila Mariana, Vila Matilde e Vila Prudente.

Na periferia paulistana, geralmente de residências das camadas de baixa renda, há carência de infraestrutura, sistema viário e transporte deficientes, ocupação menos densa, e os cortiços surgem nas porções mais consolidadas dessas áreas, onde há maior oferta de transporte. Assim, a presença dos cortiços reforça o padrão popular da periferia e sua precariedade (Véras, 2002, 2004).

De qualquer forma, a precariedade é reconhecida pelos indicadores encontrados em pesquisas amostrais mais recentes,[3] os quais podem somar--se àqueles encontrados em 1975 e 1985 pela municipalidade: a média da área dos cômodos é de 11,9 m^2, sabendo-se da superlotação e congestionamento em muitos deles; 34% dos domicílios não têm janela externa e 6,2 moradores disputam uma instalação sanitária. Ademais, o perfil socioeconômico é de 17% de desempregados, 23% estão no mercado informal de trabalho, além de 18% que são autônomos. A principal justificativa para seus moradores é a localização, onde "estão perto de tudo" e não querem mudar, o que é válido para as regiões centrais, sobretudo (Kowarick, 2011).

Em investigação sobre encortiçados no Bexiga em 2007 (Álvares, 2011), formulou-se a questão sobre o desejo de mudar do bairro e se tinham orgulho de morar ali: a maioria quase absoluta não desejava sair do bairro e moradia. Todos sentiam orgulho por morar no bairro. Apontam como motivos para considerar a vida no Bexiga como positiva, a sociabilidade, a localização do bairro, a segurança, a cultura e o lazer, a oferta de serviços de saúde e educação, a empregabilidade. O que os incomoda são a criminalidade, a má conservação das ruas, calçadas sujas, poluição do ar, lixo e o preconceito que sentem contra si. Muitos declararam viver com medo, do desemprego e do despejo, explicitando a situação de vulnerabilidade.

Sobre a discriminação que sentem por morar em cortiços, o trecho a seguir fala da situação do Bexiga:

> "O Shopping mesmo. O Shopping Frei Caneca foi preconceituoso com a gente. A gente falou para eles que morava em pensão. Quando foi no dia da entrevista, ela mandou falar que não tinha mais vaga, sendo que tinha vaga ainda. Um rapaz tinha falado para mim: 'Tem vaga, mas ela não quis pegar vocês porque moram em pensão'" (Álvares, 2011: 130).

Ainda podem ser acrescentadas as seguintes declarações de moradores de bairros que nasceram populares, mas que hoje comportam habitantes de perfil socioeconômico ascendente e que discriminam os encortiçados, explicitando a alteridade. É o caso do Brás, que continua a ser um bairro popular, mas que recebeu novos ocupantes em suas moradias coletivas: migrantes

---

[3] Ver, a respeito, Kowarick (2011).

nacionais, notadamente nordestinos durante os anos 1960 e 1970 (Véras, 1991, 2003).

Permitam-nos esta longa citação:

"[...] é este o triste panorama que se vê no velho bairro do Brás: um império que fora construído com lágrimas, suor e sacrifícios por milhares de imigrantes italianos, portugueses e espanhóis e seus descendentes, hoje infelizmente entregue às mãos dos nordestinos, que, afinal, não são culpados; eles gozam dos mesmos direitos que nós, porquanto são brasileiros [...] é claro que procuram melhores dias em outro lugar [...] e São Paulo teve de se desdobrar para atender às levas de forasteiros que a cada dia aumentavam mais a ponto de somente a Zona Leste ter de comportar, atualmente, cerca de dois milhões e meio de nordestinos! [...] hoje o Brás se tornou uma espécie de consulado da Bahia, onde os nordestinos são absolutos. Devemos dizer que 'eles mandam e desmandam', como foi atribuído outrora aos italianos! [...] desgraçadamente, o bairro do Brás vai perdendo a fisionomia" (Sesso Jr., 1986: 167, 169).

Enquanto pesquisava sobre o voto conservador na capital, Pierucci (1999) deparou com atitudes e falas "naturalizadas" de preconceito contra moradores da pobreza, como se São Paulo tivesse sido "invadida" pelos nordestinos:

"Iguais? Que que há? Está me estranhando? Fazer o quê? A vida é assim, azar! Tratar como nosso irmão! Eu trabalhei quarenta anos, não posso ser irmã de vagabundo! O que é isso? [...] Porque negro é isso [...]. Todo mundo sabe que há racismo, sempre houve e sempre vai haver até o fim da morte, amém. Negro é negro, branco é branco, azul é azul [...]. E preto é preto [...] não vem que não tem" (Pierucci, 1999: 62).

Mais recentemente, os bolivianos, agora o segundo grupo de estrangeiros mais frequente em São Paulo pelo Censo Demográfico de 2010, são residentes no Brás, Bom Retiro e Pari. Estão inseridos na indústria de confecções instaladas nesses bairros centrais, trabalham e moram em condições extremamente deficientes, muitos utilizando trabalho infantil. Sua produção acaba avolumando-se em lojas de consumo de elite nos *shopping centers*, na rua Oscar Freire e em muitas grifes de luxo. Em pesquisa sobre relações de alteridade para com esses imigrantes, entrevistaram-se vizinhos dos cortiços no Brás. Novamente a discriminação reaparece nos discursos dos vizinhos e demais pessoas que convivem com esses moradores, relacionada também com sua origem étnica, em uma perversa associação entre o preconceito contra imigrantes e a precariedade habitacional. Os fragmentos aqui falam por si, pois reeditam a produção da alteridade desvendada quanto aos italianos, passado um século de nossa história social, na associação da condição do imigrante subalterno com a precariedade da moradia (Pucci, 2011).

Como nos diz Sayad, a esse respeito:

"Residente provisório por definição, o imigrante só deve ser alojado provisoriamente; trabalhador pobre, só deve ser alojado pobremente. Entretanto, posto que o caráter provisório do imigrante e de sua imigração não passa de uma ilusão coletivamente mantida, ele permite a todos que se sintam contentes com a habitação precária degradada e degradante, que se atribui ao imigrante. Isso mostra a que ponto a dissimulação (i.e., a ilusão do provisório) que se encontra no próprio princípio da perpetuação da imigração é, aqui, necessária. E quando a imigração deixa, de fato, de ser provisória enquanto a habitação continua sendo esta, é ainda a ilusão do provisório que permite mascarar o paradoxo de uma habitação para sempre provisória" (Sayad, 1998: 78).

E as seguintes citações encerram este capítulo e são autoexplicativas:

"Com frequência são casas antigas, em péssimo estado de conservação, onde há muita umidade e falta de ventilação, o que contribui para tornar esses ambientes totalmente insalubres. Às vezes os espaços de trabalho onde estão as máquinas se transformam em dormitórios à noite. Outros dormem em pequenos dormitórios improvisados, onde são colocados os beliches, contribuindo assim para que aconteçam casos de promiscuidade entre eles" (Silva, 1997: 126).

"De modo geral eles moram mal. Os que moram por aqui moram mal. Cortiços, pensões. E essas pensões... Não é uma pensão, um quarto de hotel com banheiro. De modo geral são casas ou fábricas que foram subdivididas em quartinhos com paredinhas... Com banheiro coletivo, dois banheiros ou... tanques... Até seria bom você visitar um lugar desses" (S., diretora de escola) (Pucci, 2011: 108).

"Ah, eu não gosto deles não. Porque... fazem muito barulho. Eles não respeitam brasileiro, eles não respeitam, querem fazer o que eles querem, sabe? No prédio que eu moro mesmo: não pode fazer barulho, eles ficam até tarde. Se você vai falar alguma coisa, eles não respeitam. Quase ninguém gosta deles. Só isso. Sei lá, só quem convive com eles que sabe, gente que trabalha. Trabalhadores. [...] Ué, [são chamados] de bolivianos. De índio também" (D., comerciária e vizinha dos bolivianos, que trabalha e mora há 10 anos no Brás) (Pucci, 2011: 116).

"Deveria botar tudinho de volta para a Bolívia. [...] Não, acho que não estão ocupando o trabalho dos brasileiros... porque eles costuram, né? Eu acho que eles estão ajudando o país, de alguma forma eles estão ajudando. [...] Regularizar, né, todos eles, se eles querem ficar" (Comerciária no Brás) (Pucci, 2011: 134).

Bibliografia

ÁLVARES, Flávio A. C. (2011). "Cortiços e a segregação no espaço urbano: repercussões na atividade profissional dos indivíduos". Dissertação de mestrado (Administração), Pontifícia Universidade Católica de São Paulo.

ALVIM, Zuleika (1986). *Brava gente*. São Paulo: Brasiliense.

ARRUDA, Angela (org.) (1988). *Representando a alteridade*. Petrópolis: Vozes.

BAUMAN, Zygmunt (2003). *Comunidade: a busca por segurança no mundo atual*. Rio de Janeiro: Zahar.

BEIGUELMAN, Paula (1981). *Os companheiros de São Paulo*. São Paulo: Global.

BONDUKI, Nabil (1983). "Habitação popular: contribuição para o estudo da evolução urbana de São Paulo". In: VALLADARES, Licia P. (org.). *Repensando a habitação no Brasil*. Rio de Janeiro: Zahar.

_____ (1988). "Crise na habitação e a luta pela moradia no pós-guerra". In: KOWARICK, Lúcio (org.). *As lutas sociais e a cidade*. São Paulo: Paz e Terra.

CANO, Wilson (1977). *Raízes da concentração industrial em São Paulo*. São Paulo: Difel.

CASTELLS, Manuel *et al.* (1990). *Las grandes ciudades en la década de los noventa*. Madri: Sistema.

COMISSÃO ECONÔMICA PARA A AMÉRICA LATINA (CEPAL) (2006). *Migración internacional, derechos humanos y desarrollo en América Latina y Caribe.* Uruguai: Nações Unidas, Conferência Internacional.

COMIN, Álvaro A.; SOMEKH, Nadia (orgs.) (2004). *Caminhos para o Centro.* São Paulo: Emurb/CEM.

DEAN, Warren (1971). *A industrialização em São Paulo.* São Paulo: Difel.

ELIAS, Norbert; SCOTSON, John L. (2000). *Os estabelecidos e os outsiders.* São Paulo: Zahar.

ENGELS, Friedrich (1966). *A situação da classe trabalhadora na Inglaterra.* Lisboa: Presença.

FAUSTO, Boris (1979). *Trabalho urbano e conflito social.* São Paulo: Difusão Europeia do Livro.

FERREIRA, Aurélio Buarque de Holanda (1975). *Novo dicionário da língua portuguesa*, 1ª ed., 14ª reimpr. Rio de Janeiro: Nova Fronteira.

FIBGE (1991). *Censo Demográfico.* Rio de Janeiro: Fundação IBGE.

FIPE-SEHAB (1993). *Pesquisa sobre cortiços em São Paulo.* São Paulo: Fundação Instituto de Pesquisas Econômicas da USP, Secretaria Municipal de Habitação e Desenvolvimento Urbano.

FUNDAÇÃO INSTITUTO DE PESQUISAS ECONÔMICAS (FIPE) (1991). *Cortiços em São Paulo.* São Paulo: FIPE.

_____ (1993). *Cortiços em São Paulo.* São Paulo.

GATTAI, Zélia (1980). *Anarquistas, graças a Deus.* Rio de Janeiro: Record.

GRÜNSPUN, Haim (1979). *Bexiga: anatomia de um bairro.* São Paulo: Cultura.

HALL, Stuart (2003). "A questão multicultural". In: SOVIK, Liv (org.). *Da diáspora, identidades e mediações culturais.* Belo Horizonte: UFMG.

IANNI, Octavio (1994). "A cidade global". *Cultura Vozes*, vol. 88, nº 2, Petrópolis, mar.-abr., Vozes, pp. 25-39.

JODELET, Denise (1998). "A alteridade como produto e processo psicossocial". In: ARRUDA, Angela (org.). *Representando a alteridade.* Petrópolis: Vozes.

KOWARICK, Lúcio (1982). *A espoliação urbana.* Rio de Janeiro: Paz e Terra.

_____ (1987). *Trabalho e vadiagem.* São Paulo: Brasiliense.

_____ (org.) (1988). *As lutas sociais e a cidade.* São Paulo: Paz e Terra.

_____ (2009). *Viver em risco: sobre a vulnerabilidade socioeconômica e civil.* São Paulo: Editora 34.

_____ (2011). "O Centro e seus cortiços: dinâmicas socioeconômicas, pobreza e política". In: KOWARICK, Lúcio; MARQUES, Eduardo (orgs.) (2011). *São Paulo: novos percursos e atores — sociedade, cultura e política.* São Paulo: Editora 34/ CEM.

KOWARICK, Lúcio; ROLNIK, Raquel; SOMEKH, Nadia (1991). *São Paulo, crise e mudança.* São Paulo: SEMPLA.

Segregação e alteridade na metrópole

LAGENEST, Barruel de (1962). "Os cortiços em São Paulo". *Revista Anhembi*, nº 139, jun.

LANNA, Ana Lúcia Duarte (2011). "O Bexiga e os italianos em São Paulo, 1890-1920". In: LANNA, Ana Lúcia Duarte *et al*. (orgs.). *São Paulo: os estrangeiros e a construção das cidades*. São Paulo: Alameda.

LEMOS, Carlos (1985). *Alvenaria burguesa*. São Paulo: Nobel.

LEVY, Evelyn (1995). "Descentralização, democracia e eficiência na gestão da cidade mundial". Tese de doutorado (Administração de Empresas), Fundação Getúlio Vargas, São Paulo.

MARQUES, Eduardo; TORRES, Haroldo (orgs.) (2005). *São Paulo: segregação, pobreza e desigualdades sociais*. São Paulo: Senac SP.

MARTIN, André (1984). "O bairro do Brás e a deterioração urbana". Dissertação de mestrado (Geografia), Universidade de São Paulo.

MARX, Karl (1946). *El Capital*. México: Fondo de Cultura Económica.

MORSE, Richard (1970). *Formação histórica de São Paulo*. São Paulo: Difel.

MOSCOVICI, Serge (1978). *Representação social da psicanálise*. Rio de Janeiro: Zahar.

NAKANO, Kazuo; ROLNIK, Raquel; CAMPOS, Candido Malta (2004). "Dinâmicas dos subespaços da área central de São Paulo". In: COMIN, Álvaro A.; SOMEKH, Nadia (orgs.) (2004). *Caminhos para o Centro*. São Paulo: Emurb/CEM.

PICCINI, Andrea (1999). *Cortiços na cidade: conceito e preconceito na reestruturação urbana de São Paulo*. São Paulo: Annablume.

PIERUCCI, Antônio Flávio (1999). *Ciladas da diferença*. São Paulo: Editora 34/Edusp.

PINHEIRO, Paulo Sérgio; HALL, Michael (1979). *A classe operária no Brasil*. São Paulo: Alfa-Ômega.

PRETECEILLE, Edmond (1994). "Cidades globais e segmentação social". In: QUEIROZ RIBEIRO, Luiz C.; SANTOS JR., Orlando (orgs.). *Globalização, fragmentação e reforma urbana: o futuro das cidades brasileiras na crise*. Rio de Janeiro: Civilização Brasileira.

PUCCI, Fábio M. S. (2011). "A inserção dos bolivianos nos bairros do Brás, Bom Retiro e Pari e a produção da alteridade". Relatório de Iniciação Científica, CNPq, Pontifícia Universidade Católica de São Paulo.

ROLNIK, Raquel (1983). "De como São Paulo virou a capital do capital". In: VALLADARES, Licia P. (org.). *Repensando a habitação no Brasil*. Rio de Janeiro: Zahar.

SASSEN, Saskia (1998). *As cidades na economia mundial*. São Paulo: Nobel.

SAYAD, Abdelmalek (1998). *A imigração ou os paradoxos da alteridade*. São Paulo: Edusp.

SECRETARIA DO BEM-ESTAR SOCIAL (SEBES), DEPARTAMENTO DE HABITAÇÃO E TRABALHO (HABI), PREFEITURA DO MUNICÍPIO DE SÃO PAULO (1975). *Diagnóstico sobre o fenômeno cortiço em São Paulo*. São Paulo.

SECRETARIA MUNICIPAL DE PLANEJAMENTO (SEMPLA), PREFEITURA DO MUNICÍPIO DE SÃO PAULO (1985). *Cortiços em São Paulo, frente e verso*. São Paulo.

SESSO JR., Geraldo (1986). *Retalhos da velha São Paulo*. São Paulo: Maltese.

SILVA, Sidney Antonio da (1997). *Costurando sonhos: trajetória de um grupo de imigrantes bolivianos em São Paulo*. São Paulo: Paulinas.

SINGER, Paul (1976). *Economia política da urbanização*. São Paulo: Brasiliense.

SIMÕES JR., José Geraldo (1991): *Cortiços em São Paulo: o problema e suas alternativas*. São Paulo: Pólis.

VÉRAS, Maura P. B. (1980). "A vida em conjunto, um estudo da política de habitação popular em São Paulo". Dissertação de mestrado (Ciências Sociais), Pontifícia Universidade Católica de São Paulo.

_____ (1987). "Os impasses da crise habitacional em São Paulo ou os nômades urbanos no limiar do século XXI". *São Paulo em Perspectiva*, São Paulo, Fundação SEADE, vol. 1, nº 1, pp. 40-58.

_____ (1991). "O bairro do Brás em São Paulo, um século de transformações do espaço urbano ou diferentes versões da segregação social". Tese de doutorado (Ciências Sociais), Pontifícia Universidade Católica de São Paulo.

_____ (1992). "Cortiços em São Paulo: velhas e novas formas da pobreza urbana e da segregação social". In: BÓGUS, Lúcia; WANDERLEY, Luiz E. (orgs.). *A luta pela cidade em São Paulo*. São Paulo: Cortez.

_____ (1995). "A nov(a) (c)idade do gelo: notas perplexas sobre os novos nômades urbanos". *São Paulo em Perspectiva*, São Paulo, Fundação SEADE, vol. 9, nº 2, pp. 10-9.

_____ (1997). "Novos olhares sobre São Paulo: notas introdutórias sobre territórios, espaços e sujeitos da cidade mundial". *Revista Margem*, nº 6, Faculdade de Ciências Sociais, PUC-SP, pp. 129-54.

_____ (1999). "Cortiços como territórios de alteridade e exclusão em São Paulo". Tese apresentada ao concurso para professor titular (Ciências Sociais), Pontifícia Universidade Católica de São Paulo.

_____ (2002). "Estrangeiros na metrópole, territorialidade e cidadania em São Paulo". In: CARIGNATO, Taeco; ROSA, Miriam Debieux; PACHECO FILHO, Raul Albino (orgs.). *Psicanálise, cultura e migração*. São Paulo: YM Editora e Gráfica.

_____ (2002). "Topographie urbaine des inegalités: pauvreté et segregation à São Paulo". In: PARIZOT, Isabelle; CHAUVIN, Pierre; FIRDION, Jean-Marie; PAUGAM, Serge (orgs.). *Les mégalopoles face au défi des nouvelles inégalités*. Paris: Flammarion.

_____ (2003) "Desigualdades brasileiras, pobreza, inclusão e exclusão sociais em São Paulo". *Cidades, Comunidades e Territórios*, vol. 6, Lisboa, FCT, Centro de Estudos Territoriais, ISCTE, jun., pp. 73-92.

_____ (2003). *DiverCidade: territórios estrangeiros como topografia da alteridade em São Paulo*. São Paulo: EDUC.

_____ (2004). "Novos nômades urbanos na cidade contemporânea: desigualdade e exclusão sociais em São Paulo". In: SILVA, Ana A.; CHAIA, Miguel (orgs.). *Sociedade, cultura e política: ensaios críticos*. São Paulo: EDUC.

_____ (2010). "Alteridade e segregação em São Paulo: habitações da pobreza e a produção do 'outro'". Projeto de Pesquisa, Bolsa Produtividade, CNPq.

_____ (2012). "A produção da alteridade na metrópole: desigualdade, segregação e diferença em São Paulo". In: DANTAS, Sylvia Duarte (org.). *Diálogos interculturais: reflexões interdisciplinares e intervenções psicossociais*. São Paulo: Instituto de Estudos Avançados da Universidade de São Paulo.

VÉRAS, Maura P. B.; BONDUKI, Nabil (1986). "Política habitacional e as lutas pelo direito à habitação". In: COVRE, Maria de Lourdes M. (org.). *A cidadania que não temos*. São Paulo: Brasiliense.

VÉRAS, Maura P. B.; TASCHNER, Suzana (1990). "Evolução e mudanças das favelas paulistanas". *Espaço & Debates*, São Paulo, vol. 10, n° 31, pp. 52-71.

VILLAÇA, Flávio (1978). "A estrutura territorial da metrópole sul brasileira: áreas residenciais e comerciais". Tese de doutorado (Geografia), Universidade de São Paulo.

5

A exploração nos cortiços do Centro e a luta pelo direito de morar dignamente

Luiz Kohara

Introdução

Este texto traz reflexões sobre a realidade dos cortiços — que se mantêm, há mais de um século, como alternativa habitacional para trabalhadores de baixa renda —, bem como analisa os movimentos de moradia do centro da cidade de São Paulo que surgiram a partir da organização dos habitantes encortiçados.

Vale dizer que as análises aqui referenciadas fazem parte de diversas pesquisas realizadas nos últimos anos a respeito da problemática dos cortiços da área central da cidade, das repercussões da precariedade dessas moradias na vida escolar das crianças, da dinâmica imobiliária desse mercado habitacional e da exploração na locação e sublocação dessa modalidade de moradia.

Os estudos acerca da organização popular dos moradores de cortiços e, em decorrência, dos movimentos de moradia que atuam no Centro (aqui incluídos os distritos de Bela Vista, Belém, Bom Retiro, Brás, Cambuci, Campos Elíseos, Consolação, Ipiranga, Liberdade, Mooca, Pari, República e Sé) tiveram o objetivo principal de dar voz às lideranças desses movimentos. É bom destacar que esses movimentos de moradia têm mantido um firme percurso, de duas décadas, de luta pelo direito de morar dignamente no Centro, ao lado de embates políticos, tendo em vista explicitações das contradições urbanas, enfrentamentos e conquistas.

O prejuízo das condições precárias dos cortiços ao desempenho escolar das crianças

As inúmeras pesquisas realizadas por órgãos públicos e privados nas últimas décadas, incluídas as acadêmicas, têm demonstrado que, além da lucratividade na exploração do mercado de moradia, a precariedade nos cortiços se mantém, conforme aponta a tabela a seguir.

Tabela 1
CARACTERÍSTICAS DAS MORADIAS EM CORTIÇOS

	1975	1983	1986	1999	2002	2012
Área média das moradias (m²)	10,85	11,49	12,10	11,90		12,30
Pessoas por cômodo	3,60	3,71	2,60	2,90		3,10
Área por pessoas (m²/hab.)	3,10	3,10	4,65	4,10		4,00
Domicílios por imóvel	10,40	18,20	14,30	9,80		9,90
Pessoas por sanitário		22,74	12,30	8,30		14,00
Moradia em único cômodo (%)		91,80		78,00	76,20	71,00
Cômodos sem janelas (%)		10,20	43,70	33,90	18,70	21,00

Fontes: Prefeitura do Município de São Paulo, SEBES/HABI (1975); Prefeitura do Município de São Paulo, FABES (1983); Prefeitura do Município de São Paulo, SEMPLA (1986); Kohara (1999, 2012); Governo do Estado de São Paulo, CDHU (2002).

As reflexões sobre a relação entre as condições habitacionais e o desempenho escolar das crianças resultaram da pesquisa por mim realizada, entre 2007 e 2009, com alunos da 4ª série da Escola Municipal de Ensino Fundamental (EMEF) Duque de Caxias, localizada no bairro do Glicério, região onde há grande concentração de cortiços. As primeiras ocorreram entre setembro e dezembro de 2007, quando foram pesquisados alunos das salas B e D da 4ª série regular com, respectivamente, 32 e 33 alunos; posteriormente, com alunos da 4ª série do Projeto Intensivo de Ciclo I (PIC),[1] dos anos de 2007 e 2008, além de estudantes provenientes de cortiços que residiam em empreendimentos habitacionais públicos.

Verificou-se que todos os alunos residiam no Centro, nas proximidades da escola e que, dentre os 65 alunos matriculados, havia 27 residentes em cortiços, sendo 15 meninas e 12 meninos. Todos da 4ª série pesquisados eram provenientes de famílias pobres, mas diferenciavam-se pelo fato de parte residir em moradias unifamiliares, quitinetes e em cortiços.

---

[1] Projeto da Secretaria Municipal de Educação de São Paulo que se refere à turma especial de 4ª série, formada por alunos retidos no ano anterior, cuja sala de aula tem menor número de alunos e o método de ensino é intensivo para aprimoramento da leitura e da escrita. Para mais detalhes, ver <http://portalsme.prefeitura.sp.gov.br/Documentos/BibliPed/EnsFundMedio/CicloI/Pic/Pic_CicloI_4Ano_Material_Professor_v3.pdf> (acesso em 8/4/2015).

Nas visitas às moradias, pôde-se verificar que 59% das famílias encortiçadas moravam no mesmo endereço até um ano, sendo que, dessas famílias, 63% residiam até seis meses. Existiam crianças que, no período de seis meses, já tinham residido em três endereços. Esse altíssimo índice de rotatividade, já identificado em muitas pesquisas sobre cortiços, foi verificado novamente em setembro de 2008, quando 48% dos alunos investigados, no ano anterior, já tinham mudado de endereço. As mudanças de moradia, em quase todos os casos, tinham sido motivadas pelo aumento do valor dos aluguéis ou por despejos, e estão relacionadas a famílias que sobrevivem da economia informal (Kohara, 2009).

Essa rotatividade de moradia que incidia na vida escolar das crianças era percebida pelos professores pela perda dos materiais, desmotivação e pelas faltas excessivas.

COMPARAÇÃO ENTRE ALUNOS RESIDENTES E NÃO RESIDENTES EM CORTIÇOS

Na avaliação pré-final de 2007, ocorrida no mês de outubro, verificou-se que 45% dos alunos residentes em cortiços estavam avaliados como não satisfatórios;[2] já entre os não residentes, esse percentual era de 16%. Os alunos avaliados como não satisfatórios possuíam baixo desempenho, excesso de faltas e perfil para retenção. Nessa avaliação, 41% dos alunos moradores em cortiços apresentavam número de faltas superior ao permitido para a aprovação.

Já na avaliação final, dos 65 alunos das salas B e D, 13 ficaram retidos e 52 foram promovidos para a 5ª série. Comparando os tipos de moradia dos alunos, verificou-se que dos 27 alunos residentes em cortiços, 9 foram retidos e dos 38 alunos não residentes em cortiços, 4 apenas.

Na avaliação pré-final, o percentual de "não satisfatório" dos alunos residentes nos cortiços era três vezes superior ao dos que residiam em outras habitações, e essa relação passou para quatro vezes quando comparada à avaliação final. Tais avaliações demonstraram, de forma contundente, que a moradia em cortiços traz graves prejuízos psicointelectuais às crianças.

---

[2] Nas avaliações pré-finais, a Secretaria Municipal da Educação de São Paulo adota os seguintes critérios de avaliação: plenamente satisfatório (P), satisfatório (S) e não satisfatório (NS).

Comparação entre alunos residentes de cortiços conforme a habitabilidade

Apesar de tais moradias apresentarem problemas de habitabilidade, foram analisados como os aspectos diferentes de precariedade atingiam o desempenho escolar dos alunos. Na análise cruzada entre condições de habitabilidade e promoção ou retenção dos estudantes, verifica-se que entre os alunos encortiçados, os retidos eram aqueles que tinham moradia mais precária: em 67%, a moradia era de um único cômodo e nenhum possuía espaço, a não ser o da circulação; para mais da metade, a porta de entrada estava sempre aberta;[3] 89% utilizavam banheiros coletivos e 45% não possuíam janelas nas moradias.

O gráfico a seguir compara, na avaliação final, as condições de habitabilidade dos cortiços entre os alunos promovidos e retidos.

Gráfico 1
HABITABILIDADE

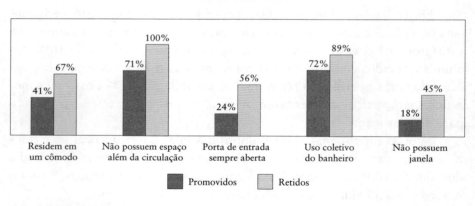

Fonte: Kohara (2009).

Com relação ao mobiliário, verificou-se que todos os retidos não possuíam lugares adequados para dormir, 56% não possuíam mesas e cadeiras e 45% não tinham guarda-roupas.

Vale ressaltar que todos os alunos faltosos e os retidos não possuíam

---

[3] Os cortiços que mantêm a porta de entrada aberta dia e noite são aqueles nos quais os moradores não possuem controle do trânsito interno e, em geral, são locais mais degradados, onde é comum a presença de policiais ou de atividades ilícitas.

lugar para dormir, nem mesmo o suficiente para todos os membros, o que significa que não tinham condições adequadas para o repouso.

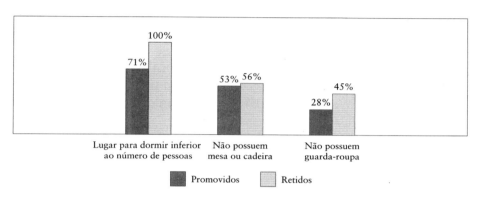

Gráfico 2
MOBILIÁRIO

Fonte: Kohara (2009).

A pesquisa revelou condições precárias comuns nos domicílios localizados nos cortiços: falta de espaço para brincadeiras infantis; uso coletivo dos banheiros; grande concentração de pessoas; utilização de único cômodo de pequenas dimensões como moradia; falta de mobiliário; falta de janelas. Esses fatores, somados à rotatividade habitacional usual entre seus moradores, indicaram prejuízos sociais incalculáveis para as crianças, destacadamente o desenvolvimento escolar, sem falar de outras dimensões psicossociais.

Conforme a somatória de situações precárias, menores são as chances de as crianças terem um bom desempenho escolar. As primeiras repercussões na vida escolar de tais crianças são cansaço excessivo nas aulas, grande quantidade de faltas, perda de materiais escolares e não realização das tarefas de casa. Essas dificuldades vão se acentuando, progressivamente, e o aprendizado torna-se penoso, levando-as à evasão escolar.

Avaliação dos alunos do Projeto Intensivo de Ciclo (PIC) em 2007 e 2008

Na sala do Projeto Intensivo de Ciclo (PIC), em 2007, havia 14 alunos, sendo que nove residiam em cortiços, quatro em apartamentos e um em abrigo, isto é, 64% dos retidos no ano anterior, que frequentavam o PIC, residiam em cortiços. Na avaliação final do PIC, todos os alunos que viviam em cortiços foram retidos e apenas um dos que não residiam em cortiços.

A constatação de que cerca de dois terços dos alunos do PIC 2007 e 2008 eram provenientes dos cortiços foi um indicador importante da relação entre as condições de moradia e o desempenho escolar. Além disso, a reprovação no PIC 2007 de todos que residiam em cortiços reforça esse argumento. A reprovação no PIC é um passo para a evasão escolar e para nascentes dificuldades psicossociais.

Ainda que se trate de pesquisa específica e localizada, ficou visível que as crianças encortiçadas, com raras exceções, não tinham as condições necessárias para aproveitar os ensinamentos recebidos na escola, conforme depoimentos que ilustram essa questão:

> "Muitas vezes elas vêm com dores, cansadas, com sono e muito agitadas. Por exemplo: nós temos um aluno que não tem uma cama e não tem um colchão apropriado. Observamos que ele é extremamente agitado e irritado" (coordenadora pedagógica).

> "Um dos fatores, que faz as crianças faltarem muito, é porque perdem a hora. Provavelmente, não têm horários e uma rotina definida. Devem dormir tarde, o que acaba interferindo. Tenho, por exemplo, hoje, um aluno que está cochilando na sala de aula" (professora).

O fato de as crianças residirem no Centro e estarem próximas de espaços culturais não significa que elas tenham acesso aos mesmos. São esclarecedores os depoimentos de professoras:

> "Elas têm do Centro o que é pior, não têm o lado bom do Centro, têm os bastidores, têm a agressão, a violência, têm o lado obscuro do Centro, vivem em um gueto."

Esse processo desigual é ainda mais perverso pela forma preconceituosa como é propagado por setores da sociedade. Em princípio, a criança teve oportunidade de estudar e sua incapacidade estaria comprovada pelo resultado das avaliações oficiais feitas de forma igualitária. Se as oportunidades foram as mesmas, a culpa pelo fracasso escolar seria da criança que foi incapaz, e isso exime a responsabilidade da escola, do sistema educacional e do Estado. As crianças que residem em cortiços e nas condições em que vivem já têm rebaixado o seu sentimento de dignidade e, na medida em que não apresentam bom desempenho escolar, deixam de ser tratadas como cidadãs portadoras de capacidades; isso reforça o sentimento de culpabilidade e de que são pessoas sem perspectiva de futuro.

A alfabetização, por exemplo, numa área de miséria só ganha sentido na dimensão humana se, com ela, se realiza uma espécie de psico-análise histórico-político-social de que vá resultando a extrojeção da culpa indevida. A isto corresponde a "expulsão" do opressor de "dentro" do oprimido, enquanto sombra invasora. Sombra que, expulsa pelo oprimido, precisa ser substituída por sua autonomia e sua responsabilidade (Freire, 2000: 85).

O depoimento de uma estudante de 14 anos, que havia deixado um cortiço bastante precário e residia em apartamento, reforçou a conclusão de que a precariedade habitacional e a segregação social atingem as crianças em várias dimensões da vida:

> "Antes, quando eu morava no cortiço, pensava que era burrinha, que nunca ia melhorar nos estudos. Agora, que eu moro no apartamento, sinto que posso fazer uma faculdade."

Há muitos estudos na área da Psicologia, em particular, de Jean Piaget (1959), que mostram que o processo cognitivo da criança depende basicamente da percepção, para depois gradativamente conquistar a capacidade de elaborar estruturas mentais que permitam pensar a respeito de aspectos complexos.

Para as crianças, o espaço está relacionado ao brincar. Por meio de brincadeiras, elas obtêm liberdade e exercitam criatividade, experimentam coordenação motora, desenvolvem sensibilidade e, consequentemente, a mente se apropria de novos conhecimentos: "A criação de uma situação imaginária não é algo fortuito na vida da criança; pelo contrário, é a primeira manifestação da emancipação da criança em relação às restrições situacionais" (Vygotsky, 2000: 130).

Várias crianças veem tais moradias como lugar de risco e medo porque já vivenciaram situações de incêndio, despejo, aprisionamento no quarto, medo das chuvas que infiltravam nas paredes, ameaças do tráfico e da polícia, falta de privacidade e violência. Ficou bastante evidente que tais crianças ressentiam-se de espaços adequados para interação e desenvolvimento pleno, bem como que a precariedade da moradia impunha limites significativos ao desenvolvimento de potencialidades e capacidades infantis e, consequentemente, ao desempenho escolar.

A exploração nos cortiços do Centro

Cortiços: um mercado habitacional dinâmico de exploração da pobreza

O estudo de Kohara (1999) sobre o rendimento obtido nas locações e sublocações de cortiços localizados no bairro da Luz (delimitado pela avenida Tiradentes, rua Mauá e avenida do Estado) apontou a grande exploração que se dá em tal mercado de locação, confirmando informações de outras pesquisas. Nesse perímetro, foram encontrados 92 imóveis utilizados como cortiços, onde residiam 765 famílias, sendo cada família em área média de 11,9 m², com o valor médio de locação de R$ 13,20 por m², que representava mais do que o dobro quando comparada a moradias unifamiliares do Centro com boas condições de habitabilidade. Enquanto o aluguel de casas, na área da pesquisa, estava em torno de R$ 7,40 por m², o de escritórios no centro da cidade atingia, no máximo, R$ 12 por m²; havia escritórios, na avenida Faria Lima, alugados a R$ 14,20 por m².

Apesar da extrema precariedade dessas habitações, sua locação era a mais cara na cidade quando comparada por metro quadrado. O mais grave é que o percentual do rendimento crescia quanto maior fosse a precariedade do cortiço. É compreensível que os encortiçados, pelo baixo poder aquisitivo e impossibilidade de cumprir as exigências do mercado formal, acabem se submetendo às explorações que ferem a dignidade da pessoa e a cidadania. Tal moradia expressa a lógica perversa do mercado habitacional que sobrevive com alta rentabilidade por meio da exploração da pobreza.[4]

Passados 13 anos, a pesquisa de pós-doutorado realizada na mesma área apontou em 2011 um total de 104 cortiços,[5] sendo que 44 imóveis (48%) deixaram de ser utilizados como cortiços e 48 imóveis (52%) mantiveram esse uso (Kohara, 2012); além disso, mais 56 imóveis passaram a ser utilizados como cortiços. Esse resultado atesta o dinamismo desse mercado de locação de domicílios e as transformações de uso dos imóveis.

Esses moradores revelaram que optavam por morar no Centro devido às inúmeras vantagens, como proximidade do trabalho, segurança, disponibilidade de serviços públicos, comércio e transporte de qualidade.

Os aluguéis, por sua vez, variavam de R$ 170 a R$ 850, com valor médio de R$ 367, e por metro quadrado de R$ 12,17 a R$ 87,99, com mé-

---

[4] Não só para brasileiros, mas também para bolivianos de todas as idades.

[5] O total de 92 cortiços havia sido pesquisado em 1998.

dia de R$ 31,70. É interessante observar que, provavelmente pela situação irregular dos documentos, algumas famílias estrangeiras pagavam até R$ 700 por pequenos cubículos, sendo que o valor da locação era maior para os bolivianos e, ainda mais, para os paraguaios.

De acordo com o Informativo da Pesquisa do Conselho Regional de Corretores de Imóveis de São Paulo (CRECISP n° 30), do mês de junho de 2011, o valor médio de locação de casas de um dormitório no bairro da Luz (distrito do Bom Retiro) estava em R$ 9,94 por m², e apartamentos de um quarto, em R$ 14 por m². Nos bairros mais valorizados da cidade, o custo da locação de casas com um dormitório era de R$ 16,67 por m². Não obstante as péssimas condições de precariedade, o valor da locação de tal moradia chegava a custar por metro quadrado três vezes mais que uma moradia adequada no mesmo bairro. Quando comparada aos valores de aluguéis nos cortiços pagos pelos estrangeiros, essa relação supera cinco vezes.

O fundamental é apontar a vitalidade do mercado de exploração das famílias de baixa renda na locação desses domicílios propiciada pela valorização imobiliária que impede o acesso dos pobres à moradia digna e reproduz sua pobreza em múltiplos planos.

Dos cortiços à organização dos movimentos de moradia pelo direito de morar dignamente no Centro

Não apenas em São Paulo, mas em outras cidades brasileiras, os cortiços sempre foram indesejados e combatidos com políticas higienistas e discriminatórias. Chalhoub analisa as políticas higienistas do final do século XIX na cidade do Rio de Janeiro, e relata que estava presente a ideia de que existia um "caminho da civilização" (1996: 35). Isso significava o "aperfeiçoamento moral e material", e que um dos requisitos para que uma nação atingisse a "grandeza" e a "prosperidade" dos "países mais cultos" seria buscar a solução dos problemas de higiene pública.

Na verdade, essa perspectiva isenta as questões socioeconômicas geradoras dos problemas, buscando construir uma ideologia preconceituosa que criminaliza a pobreza e estigmatiza os encortiçados como culpados pelos problemas de saúde pública na cidade. O preconceito contra tais moradores existe desde sua origem e continua bastante arraigado. A culpabilização é como uma mordaça que impede aos implicados qualquer resistência ou forma de organização por direitos. Diferentemente dos loteamentos populares e favelas, os cortiços são habitações locadas, quase sempre provisórias, cujos moradores não possuem vínculos com o solo no qual estão assentados. São pouco visíveis na metrópole por serem moradias unifamiliares adaptadas internamente para essa modalidade habitacional. Por trás de um pequeno portão discreto de acesso à rua, há corredores que levam a grandes cortiços que abrigam dezenas de domicílios. Os vínculos com o lugar e a visibilidade na cidade são fatores que, em muitas lutas de moradia, favorecem as mobilizações. Como se pode constatar em outros capítulos desta coletânea, as condições socioespaciais desses locais apresentam várias características que dificultam a organização entre os moradores, dentre elas: a relação particular de locação; o controle interno dos exploradores; a falta de espaço e privacidade para o diálogo; a grande rotatividade de moradores; os sentimentos de provisoriedade na moradia.

É importante destacar o papel desempenhado por setores da Igreja Católica ligados à Teologia da Libertação, bastante identificados com mobilizações contra a ditadura militar, movimentos contra carestia, oposição sindical, luta contra os loteamentos clandestinos e início da mobilização dos favelados desde a década de 1970. Nessa mesma década, a Arquidiocese de São Paulo,[6] por meio das Comunidades Eclesiais de Base (CEBs), atuava nos bairros do Belém, Brás, Campos Elíseos, Ipiranga, Mooca, Santa Cecília e Sé, com atividades de evangelização nas paróquias e de apoio às famílias que residiam em cortiços.

A assistente social Solange Cervera Faria, que participava da Pastoral da Moradia da região do Ipiranga desde meados da década de 1980, lembra esse período:

> "No início, fazíamos visitas nas moradias para conversar com as famílias sobre os problemas que sofriam nos cortiços. No entanto, fazer reunião nos cortiços era muito complicado devido à perseguição dos intermediários que os exploravam. Depois, passamos a realizar reuniões com as famílias nos espaços da Igreja, não só para discutir os problemas que viviam no cotidiano, mas para que eles se organizassem com objetivo de lutar por política habitacional."[7]

---

[6] Tendo à frente o cardeal Dom Paulo Evaristo Arns, que na época encomendou um livro, realizado pelo Cebrap (Camargo *et al.*, 1976).

[7] Conforme depoimento de 10/9/2012.

Vale mencionar que a Associação dos Trabalhadores da Região da Mooca (ATRM), fundada em 1979 com o objetivo de formação de lideranças e de fortalecimento das oposições sindicais, trouxe contribuições importantes para a mobilização dos encortiçados no início da década de 1980. A crise do desemprego e o achatamento salarial de trabalhadores com residência em cortiços impulsionaram a entidade a agir diretamente nessa realidade. Para Manoel Del Rio, um dos fundadores da ATRM:

> "Com o alto índice de desemprego, estava difícil mobilizar os trabalhadores, então vimos que era preciso ir até o local das moradias deles. Daí iniciou-se a atuação da Associação dos Trabalhadores da Região da Mooca com a questão dos cortiços."[8]

Da atuação da ATRM nasce o Movimento dos Quintais da Mooca que, em abril de 1984, indicou terrenos vazios localizados na Mooca e no Brás ao prefeito Mário Covas (1982-1986) para a construção de moradia popular. Sem atendimento às reivindicações, em maio de 1985 esse movimento ocupou durante cinco dias a Secretaria do Bem-Estar Social (FABES Mooca), como forma de pressão à Prefeitura, resultando na conquista de moradias na periferia leste da cidade. Esses atendimentos deixaram muitas famílias insatisfeitas pelo fato de os empreendimentos estarem localizados em áreas distantes e sem infraestrutura.

> "Nossa proposta básica é que deve haver uma política específica de intervenção em cortiços. Essa política deve garantir o direito dos moradores em permanecer morando — em condições decentes — nas regiões onde já residem atualmente. Isto porque nós, trabalhadores, temos o direito de morar nos bairros melhor servidos e mais próximos dos locais do trabalho. Por isso, não podemos continuar aceitando ser empurrados para bairros cada vez mais distantes, como se esta fosse a única alternativa possível de moradia popular" (ATRM, 1990: 14).

Em 1984, militantes na área social e dos direitos humanos e agentes de pastorais do setor Sé da Arquidiocese de São Paulo criaram o Centro Gaspar Garcia de Direitos Humanos (CGGDH), na perspectiva de fortalecer a luta pelo direito de morar e trabalhar dignamente na região central da cidade,

---

[8] Conforme depoimento de 11/9/2012.

com o objetivo de atuar nas violações dos direitos humanos que ocorriam na região. As ações se dirigiram principalmente aos cortiços pela precariedade da moradia, cujos moradores sofriam despejos ilegais. A entidade passou a atuar: na defesa jurídica contra os despejos que ocorriam, muitas vezes sem ações judiciais e de forma violenta; na formação de lideranças; na organização dos moradores de cortiços; na articulação dos grupos que atuavam nessa problemática.

Em 1984, dezenas de famílias encortiçadas de Campos Elíseos, despejadas de suas moradias, ocuparam de forma organizada o casarão localizado na esquina das alamedas Nothmann e Cleveland, onde resistiram contra o despejo até 1997. Ainda em meados da década de 1980 ocorreram outras ocupações no Centro, realizadas por famílias despejadas dos cortiços, o que já sinalizava ações de enfrentamento coletivo. No início de 1989 criou-se o Movimento de Moradia dos Encortiçados e Catadores de Materiais Recicláveis, também conhecido como Movimento do Centro, a partir de oito grupos que se reuniam regularmente nos bairros da Bela Vista, Bom Retiro, Campos Elíseos, Liberdade, Luz, Pari, Ponte Pequena e Sé. A partir da articulação de lideranças que faziam parte dos coletivos de luta dos moradores de cortiços por moradia — Movimento Quintais da Mooca, Movimento de Moradia dos Encortiçados e Catadores de Materiais Recicláveis e grupos organizados no Ipiranga, Brás, Belém, Santa Cecília, Mooca —, iniciou-se a construção de um espaço coletivo que articulava sua organização e os representava nas negociações, principalmente com a Prefeitura. Este processo contava com apoio da Pastoral da Moradia, da Associação dos Trabalhadores da Mooca (ATRM), do Centro Gaspar Garcia de Direitos Humanos e de outras entidades.

Nos debates, havia proposta de que fosse formada uma secretaria de cortiços na União dos Movimentos de Moradia de São Paulo (UMMSP) ou uma articulação semelhante ao Movimento Unificado de Favelas (MUF), que aglutinasse diversas lutas de favelados. À época, já se falava na formação do Movimento Unificado dos Cortiços (MUC), mas foi um longo processo, que culminou na criação da Unificação das Lutas de Cortiços (ULC),[9] somente formalizada em 1991.

Ainda que a ULC tenha sido concebida para ser uma "rede", porque agregava diferentes movimentos e grupos, desde sua formação se estruturou como movimento específico. A despeito de muitos esforços para a construção

---

[9] O mais radical dentre os movimentos que atuavam no centro da capital. Em 2013, passou a se chamar Unificação das Lutas de Cortiços e Moradia (ULCM).

de uma unidade, houve divergências quanto às prioridades, à forma da direção e à representação. Posteriormente, já com maior visibilidade social e política, verificaram-se rompimentos e, consequentemente, multiplicação de movimentos com atuação no Centro.

Em seguida, surgiram novos movimentos de moradia que lutavam por moradia na região, como o Fórum de Cortiços e Sem-Teto; o Movimento de Moradia do Centro (MMC);[10] o Movimento dos Sem-Teto do Centro (MSTC); Movimento de Moradia da Região Centro (MMRC); o Grupo de Articulação por Moradia dos Idosos da Capital (GARMIC);[11] o Movimento dos Trabalhadores Sem-Teto da Região Central (MTSTRC); a Associação Conde de São Joaquim; Associação dos Sem-Teto do Centro (ASTC); o Movimento de Moradia para Todos (MMPT) e a Frente Comunitária (FC). A União dos Movimentos de Moradia (UMMSP) e a Frente de Luta por Moradia (FLM) são articulações que agregaram partes desses movimentos.

A forma comum de atuação dos movimentos sociais de moradia do Centro é essencialmente pela organização de grupos de base, formados em encontros de pessoas que necessitam de moradias ou em locais onde se concentram pessoas residindo precariamente. Os grupos de base, em termos organizacionais, dão sustentação aos movimentos para as mobilizações e são coordenados por lideranças que, em geral, compõem a coordenação dos movimentos. A força de uma liderança dentro do movimento é, muitas vezes, reconhecida pelo tamanho do grupo de base que coordena. Todos esses movimentos possuem como bandeira de luta o direito de morar dignamente no Centro, na perspectiva do direito à cidade (Lefebvre, 1969).

MOVIMENTOS DE MORADIA DO CENTRO COMO SUJEITOS POLÍTICOS

Vale fazer um rápido percurso histórico. Para a formalização da ULC, em 1991, ocorreu um longo processo de diálogo sobre a denominação, pois, desde o início, entendia-se a importância do termo "unificação".

Tal como favela, cortiço é um termo que, de modo geral, e para os próprios moradores, possui significados preconceituosos, que estigmatizam as pessoas que neles residem. Como a luta também se constituía em enfrentar os preconceitos, denunciar as condições de precariedade e afirmar que os

---

[10] A partir do final de 2012, o MMC substituiu "Centro" por "Cidade".

[11] Antes, Grupo de Articulação por Moradia dos Idosos do Centro.

moradores de cortiços são portadores de direito a uma moradia digna, entendia-se a importância da identificação do termo "cortiço" no nome do movimento e a palavra "luta" expressava as mobilizações que os moradores de cortiços vinham realizando. Assim, a denominação Unificação das Lutas de Cortiços (ULC) dizia respeito ao processo e ao momento de sua formação.

O Fórum de Cortiços e Sem-Teto de São Paulo, que em 1994 iniciou a articulação para sua formação, além de manter a ideia de rede com o termo "fórum" e a identificação dos cortiços, incluiu a expressão "sem-teto". A exemplo da luta empreendida no campo pelo Movimento dos Trabalhadores Rurais Sem Terra e por inúmeros movimentos urbanos dos sem-terra, esse termo ganhava força com o sentido da exclusão do direito à moradia.

Na década de 1990, inúmeros movimentos de moradia passaram a utilizar o termo "sem-teto", com o propósito de explicitar que são pessoas sem direito a teto ou moradia. Pela precariedade e custo do aluguel das habitações, os moradores de cortiços vivem de forma inadequada, e, portanto, são sem-teto. Após 1997, os movimentos iniciaram as ocupações de prédios vazios com a perspectiva de que a luta por moradia se faz em um território determinado, o Centro, onde se concentra um número significativo de edifícios abandonados. Assim, os novos grupos formados passaram a incluir o termo "movimento", no sentido de luta, e "Centro", o território de atuação.

Essas considerações mostram que as várias denominações vão marcando o processo de representação dos movimentos de moradia e expressando as diferentes visões de seus militantes.

Para compreender os diferentes processos de construção da luta e de seus conteúdos, foram realizadas entrevistas com sete lideranças que, ao longo dos últimos anos, participaram da defesa de moradia digna no Centro: Sidnei Eusébio Pita, da Unificação das Lutas de Cortiços (ULC); Luiz Gonzaga da Silva (Gegê), do Movimento de Moradia do Centro (MMC); Ivaneti Araujo, do Movimento dos Sem-Teto do Centro (MSTC); Nelson Cruz, do Movimento de Moradia da Região Centro (MMRC); Olga Quiroga, do Grupo de Articulação por Moradia dos Idosos na Capital (GARMIC); Benedito Barbosa (Dito), da União dos Movimentos de Moradia de São Paulo (UMMSP), e Osmar Borges, da Frente de Luta por Moradia (FLM).[12] Dessas lideranças, cinco residiam em cortiços quando iniciaram a participação nos movimentos e duas em outro tipo de moradia popular:

---

[12] As entrevistas ocorreram entre junho e outubro de 2012. Somaram-se a essas entrevistas minha experiência no acompanhamento de diversas atividades desses movimentos, além de pesquisa bibliográfica.

"Sou oriundo de uma luta pela necessidade, sempre morei em cortiço, fui à primeira reunião da minha vida de movimento de moradia em 1994, na Igreja de São João, no bairro do Brás. Não tinha experiência nenhuma na luta por moradia" (Sidnei).

"Eu era do Sindicato dos Trabalhadores da Indústria do Curtimento dos Couros e Peles de São Paulo [...] e já tinha participado de um início de luta, que era com relação à questão das favelas" (Gegê).

"Não tinha conhecimento da questão da moradia, passei a fazer luta na minha cidade, mesmo sem saber que eu estava fazendo luta, que foi a greve de Guariba, a minha primeira ação, pelo impulso da necessidade, que foi saquear um mercado; essa greve que teve foi dos boias-frias" (Ivaneti).

"Não tinha experiência de luta porque vim da Bahia, fui morar em pensão na rua João Teodoro, que é o mesmo que um cortiço, eu queria trabalhar, viver minha vida e não tinha a expectativa de hoje estar à frente de um movimento que luta pela dignidade e pela cidadania do ser humano" (Nelson).

"No Chile, nascemos lutando. Nas escolas, é incentivada essa luta por direitos e também por justiça social. Iniciei essa caminhada de defesa dos direitos dentro da Igreja Católica, ajudando as pessoas a montarem cooperativas para conseguir moradias" (Olga).

"No final de 1982, fui para a Pastoral de Favelas do Ipiranga [...]. Naquele momento, o movimento de favelas e a Pastoral tinham um trabalho muito junto para construir esse movimento na cidade de São Paulo" (Dito).

"Tinha experiência na luta do movimento sindical, minha militância começou no movimento sindical e na Associação dos Trabalhadores da Mooca" (Osmar).

Experiências de vida em moradias precárias, diferentes acúmulos trazidos pelas lideranças e processos coletivos do cotidiano da luta pelo direito à cidade com inúmeras outras lideranças de cada um dos movimentos constituíram-se em força orientadora da luta por moradia no Centro. Os aprendizados adquiridos foram apropriados no processo, como eles costumam dizer: "Aprendemos a luta na 'porrada', aprendemos fazendo, errando e acertando juntos". E como nos ensina Paulo Freire, "Ninguém educa ninguém, como tampouco ninguém se educa a si mesmo: os homens se educam em comunhão, mediatizados pelo mundo" (1983: 79).

Formação política

Apesar do reconhecimento de que a luta se aprende lutando, há unanimidade entre as lideranças de que é necessário formação e consciência política de todos os filiados para que compreendam que a luta por justiça social abrange compromissos amplos, além da conquista de moradias. O processo de luta exige unidade na luta, defesa dos direitos humanos, persistência e solidariedade a todos que necessitam de moradia:

> "Tem várias formas de capacitar lideranças, pensamos muito na questão da ética. Acho que é fundamental a capacitação de liderança para aprender que a luta não se faz sozinho e para entender que o movimento é o coletivo" (Sidnei).

> "Tem que ter formação em Direito para entender o que é que está escrito nos artigos da Constituição brasileira, discutir o papel da mulher na sociedade, do adolescente, a questão política também é muito importante" (Ivaneti).

> "É importante a formação para a liderança e ela precisa saber direcionar as coisas, saber para onde vai seguir, e fazer com que o povo enxergue a realidade" (Nelson).

> "Para nós, a formação de liderança é muito importante. [...] No meu entender, a formação e a participação social é que nos dá o conhecimento sobre os direitos" (Olga).

> "Na virada da década de 1990 para os anos 2000, começamos a travar uma luta mais pelo direito. Então, a gente passou a

discutir muito mais a questão da propriedade, do direito constitucional à moradia e à cidade" (Osmar).

"A realidade da política de uma forma geral é extremamente complexa. [...] a compreensão da realidade é fundamental para o movimento social, que pode cometer erro na sua estratégia de ação, nas suas alianças, sejam alianças estratégicas para conquistar o seu direito à moradia e avançar na luta da reforma urbana, sejam alianças mais de curto prazo, alianças táticas do movimento" (Dito).

Os depoimentos ressaltam que a formação para a análise sempre atualizada da conjuntura sociopolítica e da dinâmica dos interesses sobre o espaço urbano é fundamental porque ela é complexa, dinâmica e capciosa; qualquer análise equivocada pode levar a estratégias igualmente incorretas que comprometem a coerência, os resultados e o avanço político da luta:

"Ao analista do espaço urbano cabe mostrar a inter-relação existente entre, de um lado, os aspectos geográfico-territoriais das cidades e, de outro, as características sociais e econômicas da respectiva sociedade. No tocante a essas características e no caso da metrópole brasileira, destaca-se a desigualdade econômica, de poder político e da capacidade de produção ideológica. Essa inter-relação se manifesta na espacialização das classes sociais, na produção e apropriação do espaço urbano por essas classes, na força de polarização dos centros urbanos e nas direções e formas de crescimentos destes e da cidade" (Villaça, 2012: 133).

A formação política das lideranças possibilita compreender que o problema da habitação reflete o modelo de desenvolvimento econômico, social, político e cultural de exploração extrema dos detentores do poder sobre os trabalhadores. Com a urbanização acelerada no Brasil, esse modelo ficou evidenciado na reprodução e periferização da pobreza. Verifica-se, portanto, que somente foi possível o enfrentamento dessa lógica quando os integrantes dos movimentos de moradia e os moradores dos cortiços reconheceram suas capacidades e se organizaram como sujeitos portadores de direitos.

Participação nos espaços institucionais: importância, limites e contradições

Desde o início da formação dos movimentos do Centro, as lideranças enfatizaram a importância da representação nos espaços institucionais para que no diálogo com os órgãos públicos pudessem apresentar propostas de programas, estudos de viabilidade e demandas, bem como intervir nos orçamentos participativos. Todos os entrevistados acima mencionados participam ou participaram de diversos conselhos de habitação, como o Conselho Nacional das Cidades, o Conselho do Fundo Nacional de Habitação de Interesse Social, o Conselho Estadual de Habitação e o Conselho Municipal de Habitação, bem como de outros conselhos com temáticas distintas, como o Orçamento Participativo.

No plano municipal, as gestões ligadas ao Partido dos Trabalhadores, nos períodos de Luiza Erundina de Souza (1989-1992) e de Marta Suplicy (2001-2004), são vistas pelos entrevistados como administrações que possibilitaram diálogo, participação popular e investimentos para a moradia no Centro. Inversamente, os prefeitos Paulo Maluf (1993-1996), Celso Pitta (1997-2000), José Serra (2005-2006) e Gilberto Kassab (2006-2012) são aqueles que não estabeleceram diálogo com os segmentos organizados e pouco investiram em habitação popular no Centro.

> "Avaliamos que essa briga pelos conselhos é importante. [...] temos que participar do parlamento, não como um fim, e sim como um meio. Se nós participamos das instituições legais, também, que não seja como um fim, mas como um meio. [...] estando lá nos conselhos, fazendo a disputa, defendendo nossos projetos, somos significativamente o equilíbrio de forças. Porém, os governos criam mil artimanhas malignas contra o povo, aí a nossa participação nesses conselhos é homologar a sacanagem contra o povo, porque eles dizem: 'vocês estavam lá na aprovação', e realmente estávamos. Nesses casos, serve para homologarmos as indignidades propostas por eles" (Gegê).

Ainda que participem e reconheçam a importância dos conselhos, as lideranças avaliam que, na prática, são bastante limitados e insuficientes para fazer avançar as políticas urbanas. No caso dos conselhos de habitação há diferentes grupos, com interesses muitas vezes antagônicos, como aqueles defendidos, de um lado, pelo setor imobiliário e, de outro, pelos movimentos de moradia. Geralmente, alguns gestores públicos participantes dos conselhos tendem a apoiar posições dos setores com as quais se identificam. No entanto, em sua maioria, quando encontram representação forte dos movimentos de moradia com proposições das quais divergem, esses representantes públicos investem no esvaziamento, na fragmentação e/ou no enfraquecimento dos conselhos, impedindo a efetiva participação.

Os movimentos de moradia do Centro também realizaram experiências como gestores da produção habitacional — Programa de Mutirão Municipal, Programa de Arrendamento Residencial (PAR) da Caixa Econômica Federal e Minha Casa Minha Vida Entidade —, que permitiram autogestão, barateamento na construção da moradia, autonomia na seleção da demanda e participação mais efetiva dos membros em todas as etapas da construção da moradia.

A participação dos movimentos na implementação de programas habitacionais tem sido valiosa e importante do ponto de vista de sua organização interna, exigindo competência, especialização e eficiência para acessar os recursos urbanos, tornando, assim, mais complexo o papel das lideranças. De toda forma, essa tarefa é um desafio cotidiano aos movimentos, pelo comprometimento de diversas lideranças nas funções burocráticas, as quais podem limitar a disponibilidade para o trabalho político, ainda que também possam ensejar conhecimentos dos entraves institucionais e poder nas decisões. Todavia, é unânime a consideração de que a participação é bastante limitada nos espaços institucionais, porque mesmo com a aprovação nos conselhos, as conquistas somente são efetivadas com a pressão social das ruas.

Disputas de classe pelo território do Centro

Todas as lideranças entrevistadas explicitaram que o Centro efetivamente possibilita mais oportunidades de trabalho, transporte, creche, escola, tratamento de saúde e menor gasto de tempo nas locomoções entre moradia e trabalho e, em contrapartida, mais tempo de convívio familiar. Enfatizaram que a ampliação de moradias no Centro, com investimentos públicos de infraestrutura e serviços, ofereceria oportunidades para diminuir a ocupação de áreas de mananciais e de risco e, por consequência, minimizaria a questão da mobilidade urbana.

"Por que temos que morar na periferia, na periferia da periferia? [...] Estamos disputando uma cidade constituída, que não é para todos, é para uns e outros. Queremos que essa cidade seja para todos" (Gegê).

"Quando a gente fala de território, a gente fala de um território em que se trava uma luta de classes, entre os pobres sem acesso à terra e moradia, e os ricos, que sempre tiveram poder sobre a terra. [...] A terra ainda é o meio mais lucrativo do modelo capitalista em que vivemos, ela é protegida pela lei" (Osmar).

"Nossa luta é uma luta de classes, até porque na concepção das pessoas que detêm o poder na cidade, pobre não pode morar em área consolidada e urbanizada, tem que morar nos locais mais distantes onde a terra é mais barata" (Sidnei).

O centro da cidade de São Paulo, em toda a sua história, viveu em disputa entre os pobres que buscavam localização próxima do trabalho e os ricos pela valorização imobiliária e enobrecimento da região, como ocorreu em diversas metrópoles europeias. A presença dos pobres no Centro sempre foi bastante conflituosa, e entendida por gestores públicos e setores conservadores como fator de desvalorização imobiliária e desqualificação ambiental. O Centro, contraditoriamente, é um território que atrai e expulsa os pobres por meio de projetos higienistas:

"[...] há os pobres — com toda a diversidade já exposta — cuja proximidade desvaloriza imóveis novos ou reformados, coerentemente com os valores de uma sociedade que além de patrimonialista (e por isso mesmo) está entre as mais desiguais do mundo. Aceita-se que os pobres ocupem até áreas de proteção ambiental: as Áreas de Proteção dos Mananciais (são quase 2 milhões de habitantes apenas no sul da metrópole), as encostas do Parque Estadual da Serra do Mar, as favelas em áreas de risco, mas não se aceita que ocupem áreas valorizadas pelo mercado, como revela a atual disputa pelo Centro" (Maricato, 2012).

Ainda com tantas barreiras, a luta por moradia no Centro vai ganhando, cada vez mais, novos conteúdos, no sentido de que além de agregar o direito dos benefícios propiciados pela cidade, tangencia a questão da concentração da terra, a função social da propriedade, a desigualdade socioeconômica, a segregação territorial e as gestões do Estado descomprometidas com as necessidades sociais. Quando a luta da moradia avança para espaços geográficos de interesse do setor imobiliário, os conflitos são explicitados entre as classes sociais de forma mediada pelo Estado:

> "O espaço geográfico possui uma forma, isto é, uma organização que se pretende adequada ao funcionamento da sociedade. As decisões para isso são econômicas na base, mas sempre serão opções políticas. Essa forma é definida ideologicamente, em um determinado bloco histórico, que corresponde à hegemonia de determinada classe social. É no âmbito do Estado que se estabelecem os relacionamentos entre interesses divergentes que darão conteúdo para as formas espaciais. Elas poderão ser mais ou menos excludentes, ou segregacionistas, dependendo das características do bloco histórico. O Estado capitalista atua no sentido de garantir as condições gerais para a acumulação do capital e a reprodução da força de trabalho. Procura atenuar a contradição para a acumulação de capital, atendendo parcialmente às necessidades de reprodução da força de trabalho" (Santos, 2008: 49-50).

Os movimentos de moradia do Centro têm empreendido lutas que se desdobram na conquista de territórios. As mobilizações empreendidas pelos movimentos sociais contra o Programa Nova Luz de renovação urbana (2005-2012), ao lado da Associação dos Moradores Amoaluz e comerciantes da região de Santa Ifigênia, mostraram que essa luta vai além do direito à moradia. O que está em questão é a construção de uma nova concepção de cidade, socialmente inclusiva, compatibilizando interesses dos diversos grupos sociais presentes na sociedade. Nesse processo, é simbólico o fato de que várias articulações entre os diferentes atores políticos dessa região ocorram na ocupação da rua Mauá.[13]

As lideranças reconheceram que tanto elas como seus respectivos coletivos são atores políticos, mas enfatizaram que, mesmo que tenham opção partidária, como o Partido dos Trabalhadores (PT), é fundamental diferenciar o papel do partido, dos governos e dos movimentos sociais, de forma que possam atuar com autonomia e incidir nos espaços de decisões. Esse exercício não é fácil, pelas relações históricas que as lideranças mantêm com o partido, pelo pragmatismo de alguns em obter resultados e pelo cuidado

---

[13] Ver, a respeito dessa ocupação, o artigo de Stella Paterniani que integra a presente coletânea.

A exploração nos cortiços do Centro

de não serem manipulados por interesses conservadores. Evidentemente, há situações conflituosas nesse processo de aproximações e tensionamentos, mas são balizadas pelo entendimento de que a máquina pública, independentemente de quem esteja no governo, funciona somente com pressão social. Os movimentos de moradia do Centro, com a luta contínua, têm ocupado um espaço relevante no campo da luta por direitos e justiça social, em parte abandonado pelos partidos e sindicatos: nesse processo, agregaram as agendas da reforma urbana e do direito à cidade.

> "[...] só pelo fato de você questionar a concentração da terra, desvendar a injustiça, denunciar situações de mazelas do Estado, do modelo econômico concentrador de renda, por si só, isso já é importante. A política pública pode, no máximo, melhorar as condições de vida dentro do modelo capitalista, mas não significa que o acúmulo de boas políticas públicas leve a um processo de transformação social, porque o que vai fazer uma revolução social é a fratura do processo que gera as desigualdades sociais e a concentração da terra, sustentada na propriedade privada e do capital relacionado à questão do trabalho" (Dito).

Ressalte-se que a luta pelo direito à cidade é uma luta pela cidadania, que se efetiva, de imediato, pelo acesso aos serviços públicos.[14] No entanto, isso não é suficiente, porque nesse horizonte está o processo de transformação social mais amplo, ou da luta de classes, que pressupõe mudanças na estrutura que dá base ao sistema capitalista vigente no país.

Ocupação de prédios vazios e abandonados, uma estratégia de luta

Muito embora a Constituição Federal e o Estatuto da Cidade tenham estabelecido a função social da propriedade e da cidade, e muitos donos de edifícios abandonados possuírem dívidas acumuladas de Imposto Predial e Territorial Urbano (IPTU), há muitos anos, não há penalização aos implicados. A Prefeitura também não tem conseguido implementar os instrumentos do Estatuto da Cidade, como a construção compulsória em terrenos vazios ou aplicação do IPTU progressivo no tempo para imóveis sem função social.

---

[14] Ver a discussão a respeito em Lefebvre (1969).

Conforme o Censo IBGE 2000, havia cerca de 40 mil domicílios vazios somente no Centro, além de centenas de edifícios de uso comercial abandonados, enquanto trabalhadores de baixa renda continuam vivendo nas periferias longínquas, sem infraestrutura adequada, ou estão submetidos à exploração dos aluguéis de cortiços sem a mínima habitabilidade.

Os empreendimentos de habitação de interesse social produzidos na gestão da prefeita Luiza Erundina (1989-1992), como o Casarão Celso Garcia (Brás/182 unidades) e Madre de Deus (Mooca/45 unidades), demonstraram que é possível produzir habitação de interesse social (HIS) em áreas centrais da cidade. Além disso, os estudos realizados pelas assessorias técnicas em edifícios ociosos apontam a viabilidade técnica e econômica de reformas dentro de valores estabelecidos nos programas habitacionais existentes; outro elemento a favor é que, nas áreas centrais, pelo fato de já existir infraestrutura urbana, seriam dispensados investimentos de recursos públicos.

Não obstante toda a evidência de que seria possível produzir HIS e as articulações institucionais, tanto a Prefeitura como a CDHU[15] — que já havia elaborado a proposta do Programa de Atuação em Cortiços — não viabilizaram a produção das habitações no Centro, mesmo com a existência de grande número de famílias despejadas. A falta de atenção pública ante a realidade habitacional provocou forte indignação nos movimentos, que os levou à avaliação de que era necessário o confronto direto. Negociações e atos públicos não estavam produzindo visibilidade e era preciso denunciar o fato de que enquanto tanta gente vivia em condições indignas, milhares de edificações estavam vazias em vista da especulação imobiliária.

Em 1997, sem respostas efetivas da Secretaria Municipal de Habitação (SEHAB) e da CDHU aos inúmeros encaminhamentos de estudos de viabilidade técnica de um grande número de edifícios abandonados para serem reformados, e de áreas de cortiços nas quais poderia ser produzida HIS, os movimentos avaliaram que, se não pressionassem os gestores públicos, a moradia no Centro não seria então efetivada. Esse mesmo ano de 1997 foi o marco do início da estratégia das ocupações de forma organizada em prédios abandonados no Centro pelos movimentos de moradia como forma de pressionar os órgãos públicos. Essas ocupações transformaram-se, muitas vezes, em moradias para famílias durante longos períodos. Nesse ano, ocorreram ocupações dos casarões da alameda Nothmann e da rua do Carmo, bem como dos edifícios da rua do Ouvidor e da avenida Nove de Julho.

---

[15] CDHU: Companhia de Desenvolvimento Habitacional e Urbano do Estado de São Paulo.

"Tenho certeza que quando o trabalhador faz greve, é porque ela é o último argumento que ele tem para dialogar com o seu patrão. Da mesma forma, quando ocupamos um prédio é porque não tem mais argumento, não tem mais diálogo, o diálogo se encerrou com aquele governo. É uma estratégia, mas não é a única" (Gegê).

"A ocupação tem uma função de denúncia da falta de moradia e da grande quantidade de prédios abandonados no Centro. Além da denúncia, ela pode se consolidar como uma forma de tirar a família da exploração do aluguel. [...] Aquilo que você dava na mão do especulador do aluguel fica para a família investir, nas crianças, na saúde, no vestuário, e poupar para sua moradia" (Osmar).

"Fazer as ocupações tem algumas vantagens: primeiro você visibiliza para a cidade aquilo que está invisível à pobreza [...] a segunda coisa é que a gente explicita essa contradição da concentração da terra. [...] a terceira questão é que em uma ocupação você eleva o grau de consciência da luta [...] as pessoas crescem nesse processo e saem dessa invisibilidade" (Dito).

Tais ocupações estabeleceram duas estratégias: uma com a intenção de fixação dos ocupantes nos edifícios até que o imóvel se tornasse um projeto habitacional, e outra apenas como pressão social para abrir canais de negociação, denominada ocupação política.

Os movimentos de moradia já realizaram, desde 1997, cerca de trezentas ocupações de edifícios públicos e privados sem função social no Centro, sendo que algumas iniciativas ocorreram de forma bastante ampla, com trinta edificações ocupadas em uma mesma noite. Em maio de 2014 foram identificados mais de trinta edifícios ocupados na região central, sendo que alguns estão sendo negociados para empreendimentos habitacionais, como os da rua Mauá, rua Maria Domitila, rua Martins Fontes e avenida Ipiranga, além de outros que possuem ações judiciais de reintegração de posse. Em razão das ocupações, vários edifícios foram incluídos em programas habitacionais da Prefeitura, do governo do Estado e da Caixa Econômica Federal, para atendimento das demandas dos movimentos.

De toda forma, a ocupação de edifícios abandonados é uma atividade bastante exigente, difícil e com muitos riscos. Manter uma ocupação é muito desgastante para as lideranças, porque exige organização e controle internos de um local precário — sem água, sem iluminação e com ambientes danificados —, e transformá-lo em espaço funcional e de boa convivência entre as pessoas é muito difícil. Nesses locais, os trabalhos desenvolvidos visam, prioritariamente, construir o espírito coletivo entre pessoas de diferentes proveniências, proibir o uso de bebidas alcoólicas, regulamentar as entradas e saídas das edificações, impedir a entrada de grupos comprometidos com crimes, preparar a população para negociação no sentido de que não aceite acertos particulares com o poder público e dar conta das constantes ameaças de despejo. Dadas às características de luta e por estarem no Centro, as ocupações têm sido utilizadas como espaços de formação, de encontros culturais e de articulações de diversos grupos sociais, transformando-se em espaços de expressão política.

> "Você tem que empenhar muita energia para manter uma ocupação. [...] Na medida em que você tem 260 famílias numa ocupação, você tem que estabelecer as regras, fazer assembleias, escalas nas portarias, nas entradas e saídas" (Osmar).

> "Nas reintegrações de posse, é superdesgastante o conflito" (Ivaneti).

As dificuldades ligadas às ocupações de edifícios abandonados são indiscutíveis quanto aos aspectos de organização dos filiados dos movimentos, às tensões e violências que sofrem, como as agressões da Polícia Militar, da Guarda Civil Metropolitana e de seguranças particulares dos imóveis; os enfrentamentos nos momentos de reintegração de posse; o tratamento pouco eficaz dispensado por agentes das instituições públicas, bem como a criminalização da luta feita pela grande mídia, para ficar em exemplos assinaláveis.

Vale ressaltar, a partir do acompanhamento do Centro Gaspar Garcia de Direitos Humanos de centenas de ações de despejos, que, de modo geral, o sistema judiciário é bastante conservador em relação às ações das ocupações. As decisões são quase sempre embasadas no Código Civil e em artigos da Constituição Federal de defesa do direito à propriedade, com raras decisões tomadas com base no Estatuto da Cidade ou nos artigos referentes aos direitos sociais. Para enfrentar as ocupações e a luta pelo direito ao território do Centro, os órgãos públicos utilizam diferentes estratégias, como repressão, desmoralização, cooptação e criminalização dos movimentos. É comum que gestões públicas atendam às lideranças dos movimentos em separado, de forma a provocar desunião entre eles e, consequentemente, fragmentação da luta.

Com a prática da ocupação, os movimentos sociais do Centro e as lideranças passaram a ser criminalizados pela grande imprensa. Na realidade, a mídia considera um privilégio viver no Centro, porque o lugar de habitação popular deve ser a periferia, e que a presença das ocupações provoca a desvalorização imobiliária da região.

"A mídia é suja, ela aumenta o seu ibope derrubando e desqualificando o movimento, ela criminaliza o movimento" (Ivaneti).

Na verdade, o conflito explicita que na cidade há lugar determinado para cada classe social e que as transgressões são criminalizadas.

"Essas tensões entre distintas racionalidades da política estão atingindo efetivamente setores sociais diversos e amplos, e já aparecem tentativas de diferenciá-las. Mas o que é importante ressaltar é que a disputa recente me parece estar nas tensões entre as sistemáticas tentativas de anulação da política, em especial produzidas pela ênfase neoliberal recente na gestão técnica e pragmática, inumana, supressora de conflitos, e as inúmeras iniciativas que buscam resistir, desobedecer, inserir novas questões em pauta, propor a refundação de campos políticos" (Feltran, 2005: 103).

Os movimentos têm se aprimorado na estratégia de ocupação dos prédios abandonados para que realmente sejam efetivos no seu objetivo. Cada vez mais, procuram se preparar para todos esses enfrentamentos, mesmo sabendo não ser possível prever o que pode ocorrer no momento da ocupação ou após adentrarem os imóveis. Todos avaliam as estratégias possíveis para minimizar as dificuldades, como advogados disponíveis para as emergências, *release* para a imprensa, presença de fotógrafos, parlamentares e de pessoas que informam as redes virtuais sobre os acontecimentos; tudo isso pode colaborar para que a ocupação cumpra seu objetivo sem desgastes excessivos e resultados negativos aos filiados.

A permanência dos ocupantes nos edifícios varia bastante, sendo algumas com reintegrações imediatas, outras com período de alguns dias ou meses, conforme os procedimentos jurídicos. Em várias ocupações, as famílias permaneceram durante alguns anos, como foram os casos da rua do

Ouvidor, avenida Nove de Julho, rua Conde São Joaquim, alameda Nothmann e rua da Abolição. Há também edifícios que foram ocupados e reintegrados diversas vezes. Nos últimos 20 anos, os movimentos de moradia do Centro tiveram papel relevante ao indicar o grande número de imóveis abandonados sem função social, a importância da localização da moradia como parte do direito à cidade e a necessidade de revisão do modelo de desenvolvimento urbano.

Considerações finais

Sublinhe-se que as diversas expressões da precariedade das moradias em cortiços interferem de forma determinante no rebaixamento do desempenho escolar das crianças e na evasão escolar. Trata-se de situação de perversidade social, considerando que a baixa escolarização é um dos fatores que contribui para a reprodução da pobreza, realidade que se mantém, no mesmo padrão, desde o início do século XX. Além disso, verifica-se que no campo das políticas de habitação, pouquíssimas intervenções foram realizadas para enfrentar efetivamente essa questão primordial. Por outro lado, não é parte das políticas públicas, educacionais e pedagógicas realizar um exame criterioso das condições das moradias das crianças, porque não atuam de forma articulada com outras políticas sociais que poderiam complementar a fragilidade trazida às mesmas. Dessa forma, além de o cortiço ser danoso às crianças, a escola não é percebida como um lugar que a elas pertença.

Levando-se em conta as dificuldades de acessar habitação adequada e as vantagens da moradia no Centro, os encortiçados têm sido penalizados com o alto valor das locações que, como já visto, supera até três vezes os valores de locação por metro quadrado de habitações unifamiliares localizadas em bairros de classe média alta. O mercado imobiliário de locações de cortiços vem se mantendo, portanto, como um mercado rentável e dinâmico de exploração da pobreza.

Se, de um lado, os moradores de cortiços têm sido vítimas dessa exploração, de outro, é notável o processo vivenciado por uma parcela desse grupo social que, a partir de meados da década de 1980, iniciou a organização para enfrentar coletivamente essa questão, tendo conseguido ampliar a dimensão de suas lutas para o direito à cidade.

A necessidade de moradia é a motivação primeira para a organização dos movimentos sociais do Centro, e o processo de luta vai se fortalecendo na medida em que seus integrantes compreendem as bases do caos urbano e as desigualdades sociais no acesso à terra. A luta pelo direito de morar dignamente no Centro vai se diferenciando de outras lutas por moradia, porque coloca como pauta que as áreas com infraestrutura consolidada e valorizada devem ser locais de moradia também dos pobres, entendimento até então jamais viabilizado pelos programas públicos, assim como a reforma de edificações — muitas delas já utilizadas pelas próprias camadas mais abastadas — para transformá-las em habitação de interesse social.

A pauta do direito de morar no Centro também enfrenta os programas de reabilitação ou renovação urbana na qual o Estado tem cumprido o papel de estruturador da valorização imobiliária em detrimento das necessidades habitacionais dos que residem em cortiços. Nos últimos 20 anos, mesmo com a pressão dos movimentos por moradias no Centro, a Prefeitura, o Governo do Estado de São Paulo e a Caixa Econômica Federal produziram apenas cerca de 3.500 unidades de habitações de interesse social, número muito aquém das necessidades. É preciso ressaltar que esses movimentos têm mantido dinamismo e avanços políticos, enfrentando políticas clientelistas, despejos das ocupações, conflitos internos, momentos de fragilidade, pressão da mídia e criminalização dos movimentos sociais urbanos. Mesmo assim, tem sido possível avançar com os investimentos na formação política das lideranças feita pelos próprios movimentos ou entidades parceiras, por meio de leituras críticas da realidade social e urbana e definição de estratégias políticas para pressionar as instituições públicas. Ainda que as conquistas sejam insuficientes, deve-se reconhecer que a luta empreendida por esses movimentos em São Paulo tem contribuído para a organização de novos movimentos de luta por moradia digna, com avanços na democratização do território dos centros urbanos de várias cidades brasileiras, como Santos, Rio de Janeiro, Salvador, Recife, Porto Alegre e Fortaleza.

A ocupação de edifícios vazios representou uma estratégia para confrontar a visão conservadora que prevalece na sociedade e no Estado, como se o direito à propriedade fosse um direito intocável, através da exposição de um grande número de imóveis abandonados no aguardo de valorização imobiliária na região. Apesar da criminalização da prática das ocupações, os movimentos de moradia do Centro conseguiram consolidar a ideia de que ocupar imóveis sem função social constitui uma atitude de afirmação dos direitos da cidadania, da justiça social e da democracia urbana.

Finalmente, vale destacar que muitos edifícios ocupados se transformaram em espaços de encontro de diversos coletivos de cultura, mídias e juventude, como o Movimento Passe Livre, o Comitê Popular da Copa de São Paulo e outros que surgiram nos últimos anos. Essa identificação de interesses entre novos coletivos e movimentos de moradia que atuam no Centro deve-se à prática comum da pressão social. Em síntese, os movimentos de moradia do Centro constituíram-se em importantes sujeitos políticos da luta por uma cidade igualitária e mais humana.

BIBLIOGRAFIA

ASSOCIAÇÃO DOS TRABALHADORES DA MOOCA (ATRM) (1990). *Salário e moradia: a luta é uma só*. São Paulo: ATRM (cartilha).

CHALHOUB, Sidney (1996). *Cidade febril: cortiços e epidemias na corte imperial*. São Paulo: Companhia das Letras.

CAMARGO, Candido P. F. *et al*. (1976). *São Paulo, 1975: crescimento e pobreza*. São Paulo: Loyola.

COMPANHIA DE DESENVOLVIMENTO HABITACIONAL E URBANO (CDHU), GOVERNO DO ESTADO DE SÃO PAULO (2002). *Programa de Atuação em Cortiços: levantamento cadastral e pesquisa socioeconômica*. São Paulo: CDHU.

FELTRAN, Gabriel (2005). *Desvelar a política na periferia: histórias de movimentos sociais em São Paulo*. São Paulo: Humanitas/FAPESP.

FREIRE, Paulo (1983). *Pedagogia do oprimido*, 16ª ed. Rio de Janeiro: Paz e Terra.

_____ (2000). *Pedagogia da indignação: cartas pedagógicas e outros escritos*. São Paulo: Editora Unesp.

FUNDAÇÃO INSTITUTO DE PESQUISAS ECONÔMICAS (FIPE) (1994). *Estudo das favelas e cortiços da cidade de São Paulo: relatório final*, vols. 1 e 2. São Paulo: FIPE-USP.

_____ (1997). *Diagnóstico e plano de ações fase: versão final*, vols. 1, 2 e 3. São Paulo: FIPE-USP.

INSTITUTO BRASILEIRO DE GEOGRAFIA E ESTATÍSTICA (IBGE) (2012). *Censos de 1980, 1991, 2000, 2010*, <www.ibge.gov.br> (acesso em 22/4/2012).

KOHARA, Luiz T. (1999). "Rendimentos obtidos na locação e sublocação de cortiços: estudo de casos na região central da cidade de São Paulo". Dissertação de mestrado (Engenharia Urbana), Universidade de São Paulo.

_____ (2009). "Relação entre as condições de moradia e o desempenho escolar de crianças que residem em cortiços". Tese de doutorado (Arquitetura e Urbanismo), Universidade de São Paulo.

_____ (2012). "As contribuições dos movimentos de moradia do Centro para as políticas habitacionais e para o desenvolvimento urbano do centro da cidade de São Paulo". Relatório científico final do projeto de pós-doutorado (Sociologia Urbana), Faculdade de Arquitetura e Urbanismo, Universidade de São Paulo.

KOWARICK, Lúcio (2009). *Viver em risco: sobre a vulnerabilidade socioeconômica e civil*. São Paulo: Editora 34.

LEFEBVRE, Henri (1969). *O direito à cidade*. São Paulo: Documentos.

MARICATO, Ermínia (2012). "O terror imobiliário ou a expulsão dos pobres do centro de São Paulo". *Carta Maior*, 26/01/2012, <http://www.cartamaior.com.br/templates/colunaMostrar.cfm?coluna_id=5427> (acesso em 21/2/2012).

PIAGET, Jean (1959). *A linguagem e o pensamento da criança*. Rio de Janeiro: Fundo de Cultura.

SANTOS, Regina B. (2008). *Movimentos sociais urbanos*. São Paulo: Editora Unesp.

SECRETARIA DA FAMÍLIA E BEM-ESTAR SOCIAL DE SÃO PAULO (FABES), PREFEITURA DO MUNICÍPIO DE SÃO PAULO (1983). *Estudo sobre a população da área regional da Sé*. São Paulo: SEBES.

SECRETARIA DO BEM-ESTAR SOCIAL DE SÃO PAULO (SEBES), DEPARTAMENTO DE HABITAÇÃO E TRABALHO (HABI), PREFEITURA DO MUNICÍPIO DE SÃO PAULO (1975). *Diagnóstico sobre o fenômeno do cortiço no município de São Paulo*. São Paulo: SEBES/HABI, Caderno Especial, n° 5.

SECRETARIA MUNICIPAL DO PLANEJAMENTO (SEMPLA), PREFEITURA DO MUNICÍPIO DE SÃO PAULO (1986). *Cortiços em São Paulo, frente e verso*. São Paulo: SEMPLA.

VILLAÇA, Flávio (2012). *Reflexões sobre as cidades brasileiras*. São Paulo: Studio Nobel.

VYGOTSKY, Lev S. (2000). *A formação social da mente*, 6ª ed. Organização de Michael Cole, Vera John-Steiner, Sylvia Scribner e Ellen Souberman. São Paulo: Martins Fontes.

6

Cortiços: reflexões sobre humilhação, subalternidade e movimentos sociais[1]

Lúcio Kowarick

Cortiços: um olhar sobre a história recente

> "Vivendo na maioria das vezes em imóveis sem as mínimas condições de habitação, com grandes rachaduras, forro podre, encanamentos entupidos, em cômodos exíguos, úmidos, muitos sem janelas, cheios de ratos, à mercê de proprietários inescrupulosos, esta significativa parcela da população [...] jamais foi assistida pelo poder público [...]. A incidência de tuberculose, de anemia, os problemas psicológicos estão presentes nesses lugares insalubres e promíscuos [...]. Além disso, como os imóveis nunca foram reformados, encontram-se deteriorados" (*Folha de S. Paulo*, 24/11/1980).

Casarões antigos com frequência transformam-se em moradias com maior número de cubículos, acarretando lucro derivado da exploração do imóvel, bastante superior que o obtido em um apartamento unifamiliar: "mais de 80% das antigas residências térreas e dos velhos casarões do [...] Centro foram transformados em cortiços [onde vivem] em média 9 a 22 famílias na proporção de 5 por cômodo" (*Folha de S. Paulo*, 24/11/1980).

Existe também o "cortiço de periferia", que, após a construção de cubículos em alinhamento, ergue-se no fundo do lote um único banheiro, com chuveiro, lavagem e secagem de roupa coletivos: é a chamada "linguiça", forma mais espoliativa de moradia, pois, além da cobrança de aluguel, impera a promiscuidade e está-se longe do local de trabalho. Por outro lado, nos cortiços das áreas centrais a proximidade constitui sua principal vantagem: "A vantagem aqui é que dá para trabalhar a pé. Desde que mudei [...]

---

[1] Este texto é uma versão resumida do artigo "Cortiços: humilhação e subalternidade", publicado em *Tempo Social — Revista de Sociologia da USP*, vol. 25, n° 2, novembro de 2013, pp. 49-77.

não tenho problemas de ser cortado no trabalho nem de chegar muito cansado em casa" (*Folha de S. Paulo*, 5/1981). Em 1961, 18% dos habitantes de São Paulo viviam em cortiços (Lagenest, 1962). Quinze anos depois, essa cifra baixou a 9%, com uma impressionante média de 3,6 pessoas por cômodo, 25% deles sem janelas externas (Secretaria Municipal do Bem-Estar Social, 1975).

Há dinamismo socioeconômico e político nas zonas centrais do município, pois não só predomina miséria, pobreza e marginalização. Nesse sentido, basta mencionar os 700 mil empregos formais e informais, os 3,8 milhões de pedestres diários nos distritos da Sé e República ou os 2 milhões de passageiros que são canalizados diariamente para esses locais através de 294 linhas de ônibus e dezessete estações metroferroviárias. Cumpre assinalar que nesses dois distritos históricos de ocupação mais antiga, "o poder público investiu 25 bilhões de dólares para a instalação de redes de água, luz, esgoto" (Piccini, 1999: 66). Há inúmeros restaurantes e bares de padrão popular, o comércio atacadista na região do Mercado Municipal, a indústria de confecções no Bom Retiro, com 2 mil unidades produtivas e 50 mil empregos diretos — antes um bairro judeu, hoje com predominância de coreanos, japoneses na Liberdade, paraguaios e bolivianos na região do Pari, revelando entrelaçamentos de diversidade étnica que envolvem espanhóis, árabes, alemães e sobretudo italianos vindos depois de 1890.

A Estação da Luz é o principal entroncamento metroferroviário, por onde transitam 400 mil pessoas por dia. Nos trezes distritos do Centro efetuam-se 10,6 milhões de viagens diariamente, das quais 6,2 milhões a pé, o que denota as principais vantagens de lá morar. Reúne transeuntes, um terço das bibliotecas, museus e cinemas da cidade, e metade dos teatros encontra-se no Centro, bem como 97 mil alunos matriculados nas instituições privadas do ensino superior, 102 mil estudantes em 171 escolas públicas e privadas do ensino infantil (Botelho e Freire, 2004: 180, 192-230).

A partir da gestão da Luiza Erundina, do PT (1989-1993), quinze das 21 secretarias municipais situaram-se na área central, além das próprias sedes da Prefeitura e da Câmara, que geram 8,5 mil empregos diretos. Tal iniciativa foi seguida pelo Governo do Estado, que em anos recentes deslocou para lá três secretarias e cinco empresas, adquirindo oito prédios na região da Sé, onde trabalham 3 mil funcionários. Estes dados, que revelam acentuado dinamismo social e econômico, poderiam ser repetidos *ad nauseam*. Em síntese, "O inquestionável deslocamento da centralidade dominante [...] para a região Sudeste da cidade não determinou o esvaziamento do centro histórico" (Nakano, Malta Campos e Rolnik, 2004: 154).

Os contrastes entre riqueza e pobreza sempre existiram em São Paulo, polo industrial do país que passou a ser o centro das atividades terciárias e de tomada de decisões — pois cada vez mais grandes empresas concentram-se no município. Por outro dado, ele tem sido local de muitas lutas, tal como a greve de 1917, o quebra-quebra de 1942, a missa ecumênica na Catedral da Sé pelo assassinato de Vladimir Herzog em 1975, os inúmeros comícios populistas na Praça Roosevelt, com Jânio Quadros ou Ademar de Barros, ou o estratégico comício das "Diretas Já", que reuniu na Sé 1 milhão de pessoas contra a ditadura militar, para não mencionar as massivas manifestações de 2013 e 2015.

Constituem espaços valorizados não só do ponto de vista econômico e social, mas também pelo significado urbanístico de seus patrimônios culturais e pela simbologia política que relaciona o centro da cidade com os acontecimentos que envolvem o sistema de poder: a luta pela democratização do país tem alicerces nas fábricas e periferias, mas seu ápice político toma pleno significado na Catedral da Sé, marco zero da cidade.

Assim, para muitos — trabalhadores, moradores e transeuntes — os territórios centrais consubstanciam muito mais do que o valor de troca que surge da lógica do lucro. São também locais de trabalho e moradia, espaços de luta pela apropriação de benefícios, fulcro reivindicativo para acesso a bens e serviços e "habitação digna" — necessários à vida nas cidades.

Estimativas oficiais de 1993 apontam para 600 mil moradores em cortiços, cerca de 6% da população do município, concentrados na Sé (19%), na Mooca (11%), na Vila Prudente (9%), na Freguesia do Ó (7%) e em Santo Amaro (9%). Por sua vez, lideranças dos movimentos sociais estimam que a população moradora em cortiços esteja atualmente em torno de 1 milhão de pessoas, contingente concentrado na zona central da cidade. É lá que lutam pela ampliação de políticas públicas voltadas à moradia das camadas de baixa renda, habitantes ou não das regiões centrais, e pela reforma que inclua essas camadas nos benefícios socioeconômicos dos dinamismos da cidade.[2]

Os dados do início da década de 1990 indicam que 46% das edificações foram confeccionadas com a finalidade de tornarem-se cortiços, cujas condições, como podemos ver na tabela a seguir, falam por si.

---

[2] A atuação dos movimentos sociais é desenvolvida, através da análise de suas lideranças, no capítulo 5 da presente coletânea.

Tabela 1
CONDIÇÕES DE MORADIA NOS CORTIÇOS DE SÃO PAULO

Metros quadrados por pessoa	4,1
Média de pessoas por cômodo	2,5
Média de pessoas por sanitário	5,9
Média de pessoas por chuveiro	6,7
Porcentagem de cômodos sem janela externa	34,0

Fonte: Kohara (1999: 89-91).

As vantagens e desvantagens de morar em cortiços sempre são comparadas por seus moradores com as favelas ou as autoconstruções situadas em periferias de São Paulo: a vantagem fundamental centra-se nas oportunidades de trabalho, formal ou informal, e o tempo despendido para chegar a ele. É uma enorme diferença em relação ao lamaçal das fronteiras da capital, onde a ida e volta entre residência e trabalho chega frequentemente a quatro horas ou mais. Mas há também outras distâncias, como a solidão das periferias, onde à noite as pessoas têm medo, real ou imaginário, de sair de casa devido à violência dos bandidos e à truculência da polícia.[3]

Enfim: melhor a promiscuidade, a fila nos banheiros e a falta de privacidade do que o "barro amassado" nos dias de chuva para chegar, depois de horas, ao trabalho nas áreas centrais. "O que mata não é o trabalho, o que mata é o transporte" constitui frase comum dos habitantes que moram nas fronteiras da cidade; "As vantagens estão sempre no Centro" é frase comum de quem habita nele.

Por outro lado, depoimentos negativos expressam a opinião geral dos moradores dos cortiços pesquisados:

"Em cortiços a gente aprende a não gostar de ninguém, porque não tem privacidade. É humilhante ter que partilhar a vida íntima: acho que tem pouca gente que imagina o que é ter que usar um local de intimidade com todo mundo; é duro você trazer uma mina para este barraco [...]. Nunca tive em São Paulo um banheiro próprio [...]. Aqui só moramos em lugar lixo mesmo. Eu chorei mesmo, porque é muito triste você não ter um lugar seu, sem gen-

---

[3] Não foi analisada a presença dos jovens na periferia, caso contrário verificar-se-ia intensa atividade e produção cultural.

te na sua orelha, sem ouvir bater em criança, sem sofrer com as brigas o tempo todo."

Placa na porta de um banheiro que serve a vários moradores do cortiço: "5 minutos".

Os dois cortiços da rua João Teodoro, no Pari, são contíguos, ambos do início do século XX, de difícil manutenção e reforma. O situado no número 638 possui três banheiros e um tanque. Nele habitam dezenove pessoas, 2,1 pessoas por cômodo. O encarregado Mendes cobra os aluguéis e mantém a ordem, aceita de preferência inquilinos mais novos e procura evitar casais, especialmente com filhos pequenos. Dá preferência a paraguaios que, devido à clandestinidade, pagam em dia e não reclamam das condições de moradia. Trabalham perto, em todo tipo de serviço, num mercadinho próximo, saindo de madrugada e voltando à tarde.

O encarregado é agressivo, tem medo de que fechem o cortiço, pois perderia o emprego. Acha normal que três pessoas por cômodo paguem trezentos reais: "Não gastam com transporte e até podem mandar dinheiro para a família [...] não adianta dar 2 mil reais para a pessoa ir embora, ela vai para outro cortiço ou compra tudo em cachaça". Pela dificuldade de comunicação com os paraguaios, optamos por estudar a condição feminina das moradoras dos cubículos, as que ocupavam tanto o porão quanto o térreo — com melhores condições de habitabilidade. Os porões, como se verá, são imundos, mal iluminados, sem ventilação e janela externa: constata-se abafamento e sufocação.

Já o cortiço de número 640 reúne 24 habitantes, a maioria morando ali há mais de seis meses, média de 1,7 pessoa por cômodo. Nesse cortiço, 43% dos cômodos não têm ventilação, são doze pessoas por chuveiro e um contingente de 24 por sanitário. Sua entrada é extremamente exígua, dificultando a passagem de idosos e de pessoas grandes.

Os dados demonstram que além da falta de privacidade advinda da presença dos vizinhos, normalmente bastante barulhentos, a família também tem problemas com os espaços reduzidos, o que certamente afeta a estruturação de suas vidas.

Antes de entrar no cotidiano dos moradores de ambos os cortiços, o do Pari e o do Brás, convém apontar alguns dados básicos para abordar esta forma espoliativa de moradia.

Os dados relativos aos dois cortiços situados na rua João Teodoro, no Pari, encontram-se na Tabela 2; os da rua Marajó, no Brás, na Tabela 3.

Cortiços: reflexões sobre humilhação

Tabela 2
QUADRO SINTÉTICO DOS MORADORES
DOS CORTIÇOS DA RUA JOÃO TEODORO

	nº 638, direita	nº 640, esquerda	nº 640, direita
Localização	nº 638, direita	nº 640, esquerda	nº 640, direita
Nome	Josita	Edileusa	Valéria
Local de nascimento	Gravatá (PE)	Quipapá (PE)	Remígio (PB)
Idade	43	46	31
Escolaridade	4ª série EF	2ª série EF	2ª série EF
Mora com	2 pessoas	2 pessoas	1 pessoa
Renda mensal	R$ 600 + renda variável do marido entre R$ 300 e 500	R$ 545 + salários do esposo e cunhado	R$ 420
Moradias anteriores	1 casa, 1 quitinete e 1 cortiço	1 casa, 2 barracos, 1 casa de patroa e 2 cortiços	4 cortiços
Aluguel	R$ 300	R$ 400	R$ 250
Local no cortiço	Porão	Parte superior da pensão	Porão

Tabela 3
QUADRO SINTÉTICO DOS MORADORES
DO CORTIÇO DA RUA MARAJÓ

	Maria Luiza	Cris
Nome	Maria Luiza	Cris
Local de nascimento	Monte Azul Paulista (SP)	(MG)
Idade	69	30
Escolaridade	Analfabeta	EF completo
Mora com	1 pessoa	3 pessoas
Renda mensal	R$ 1.090	R$ 1.000
Moradias anteriores	1 casa, 1 ocupação e outros lugares não especificados	1 casa, 1 casa de patroa e 2 ocupações
Aluguel	R$ 300	Nada

Os dados de 2015, propostos pelos movimentos sociais, têm o valor de quem observa *in loco*, e avaliam a (des)ocupação dos domicílios. Contudo, suas estimativas tendem a superestimar os dados, fator básico para pressionar as instâncias governamentais, pois os movimentos das áreas centrais da cidade têm por objetivo lutar pela conquista de melhorias urbanas e habitacionais para as camadas pobres.

Convém frisar que os cortiços não são uma reminiscência do passado, apesar de seu número ter diminuído: muitas edificações — como já abordado — continuam sendo construídas com a finalidade de se formarem cortiços (Kohara, 1999). Mas, além disso, também são reformados, transformando cômodos em minúsculos cubículos a fim de intensificar a exploração através dos escorchantes aluguéis: escorchantes porque, em comparação com apartamentos unifamiliares, os cubículos rendem muito mais por metro quadrado (Kowarick, 2009).

Tabela 4

CRESCIMENTO POPULACIONAL DOS MORADORES DE CORTIÇOS
NO MUNICÍPIO DE SÃO PAULO

Ano	População	Moradores em cortiços	Moradores em cortiços (%)
1906	370.000	123.000	33
1960	3.800.000	684.000	18
1970	5.900.000	470.000	8
1980	8.600.000	770.000	8
1991	9.600.000	600.000	6
2015	11.500.000	1.000.000	9

Fontes: Anos aproximados, estimativas feitas pelo autor. 1906: Estimativas de *Fanfulla* (1906). 1960: Estimativa de Lagenest (1962). 1970: Estimativa do Plano Urbanístico Básico, PMSP (1968). 1980: Estimativa da Prefeitura do Município de São Paulo (1995). 1991: Estimativa da Prefeitura do Município de São Paulo (1995). 2015: Estimativa dos movimentos sociais.

Não obstante as variações, não deixa de ser significativo que em torno de 25% das edificações da área central estavam desocupadas, em distritos com grande possibilidade de empregos formais e informais: este é o núcleo das ações dos movimentos sociais, dirigindo suas mobilizações para a ocupação de casas e prédios públicos ou privados: daí decorre toda a argumentação da "cidade injusta ou excludente", devendo incluir a população pobre. As ações das organizações apresentam táticas e estratégias diversas: uns, mais radicais, ocupam para nele permanecer tanto quanto possível, como é o caso da Frente de Luta por Moradia. Outras visam, através das ocupações, alterar as políticas públicas, destacando-se, neste caso, a União de Lutas por Moradia. Como diz uma militante desse movimento: "ocupar, para morar, nunca mais".

Cortiços: reflexões sobre humilhação

Tabela 5
POPULAÇÃO E DOMICÍLIOS VAGOS NOS DISTRITOS CENTRAIS DO MUNICÍPIO DE SÃO PAULO[4]

| Distritos | População | | | Domicílios | | |
	1991 (A)	2000 (B)	B/A %	Total (A)	Vagos (B)	B/A %
Barra Funda	15.977	12.955	-18,9			
Bela Vista	71.825	63.190	-12,0	33.848	8.846	26,1
Belém	49.697	39.622	-20,3			
Bom Retiro	36.163	26.598	-26,4	10.807	2.488	21,4
Brás	33.536	25.158	-25,0	11.622	3.270	28,1
Consolação	66.590	54.301	-18,5			
Cambuci	37.069	28.717	-22,5			
Mooca	71.999	63.280	-12,1			
Pari	21.299	14.824	-30,4	5.817	1.414	24,3
República	57.797	47.459	-17,9			
Santa Cecilia	85.829	71.179	-17,1	36.171	9.611	26,6
Sé	27.186	20.115	-26,0	11.410	3.689	32,3
Total	651.212	529.273	-18,7	139.067	36.495	26,2

Fontes: IBGE (1991, 2000); *Revista Urbs* (2000).

OS PERSONAGENS DA PESQUISA

"Não tenho mais cabeça para estudar." Josita, 43, casada com Erasmo, tem uma filha que mora com o primeiro marido e outra mais jovem. Trabalhadora braçal, auxiliar de limpeza, chegou a São Paulo no início da década de 1980. Ganha R$ 600. Estudou até a 5º série do ensino fundamental, mas, na realidade, é analfabeta: "escrever eu não sei, para ler eu consigo, devagar, mas consigo". Estudou um pouco na cidade de Gravatá, Pernambuco: "Saí de lá, não sabia nada, aqui estudava nas horas do almoço no serviço. Saí da firma, parei de estudar. Se eu tivesse estudado não estava trabalhando no serviço que eu estou, talvez tivesse outro melhor".

A história de vida de Josita é uma sequência interminável de perda de autoestima. Morou em casa de taipa até os 17 anos, três quartos, sala, cozi-

---

[4] Segundo o Censo de 2010, 13% das casas e dos apartamentos do Centro estavam vazios, o que equivale a 22.087 unidades (*O Estado de S. Paulo*, 8/11/2011). A estimativa de domicílios vagos varia: a Prefeitura aponta um total de 45.464, 17,5% nos treze distritos centrais da cidade (Secretaria Municipal da Habitação, 2004a: 7). Para o ano de 2015, os movimentos sociais apontam um montante de 30 mil unidades públicas e privadas de uso comercial ou residencial vazias.

nha. Qual foi a sua lembrança desse período, da casa dos familiares? A resposta denota falta de memória para construir uma trajetória de vida: "Não tenho nenhuma lembrança, nada de quando eu era criança, não lembro de nada, a situação lá era difícil, nós éramos pobres". Antes morava numa quitinete com a irmã, depois se casou e foi morar em Guarulhos: "Dificuldades de transporte, difícil chegar ao trabalho. A casa era boa, mas tem a condução e não dá para trabalhar".

Separada do marido, morou em um cortiço na avenida Tiradentes: "É a mesma coisa, aqui tem mais ventilação, dá para cozinhar, lá tinha que sair para fora, não aguentava o calor. Aqui tem dois banheiros, um em cima, outro embaixo, você sabe como é, tem sempre que esperar o outro. Trabalho de madrugada, todo mundo dorme cedo, quando termina a novela não ligo mais a televisão para não incomodar os outros. Aqui é calmo, sem briga, cada um no seu lugar, ninguém enche o saco de ninguém. Às vezes tem uns tipos que são mais folgados. Mas todo mundo respeita".

O que costuma fazer nos fins de semana? "Nada, ir à igreja, o único lugar que vou é na igreja, a Igreja Evangélica. Não saio de casa, não gosto." E assim, os atrativos da cidade não existem para Josita. Destaca-se novamente um processo de autonegação que talvez tenha alguma ligação com a ausência de lembrança da infância e da juventude. E qual foi o seu momento de mais orgulho? Mais uma vez a negatividade: "Não sei, não me lembro de nenhum momento que tenha tido orgulho: o momento muito ruim foi quando perdi meu pai, humilhada eu fiquei quando fui traída, não sei se tem outras coisas piores".

O filho mora com o ex-marido, e seu relato denota a submissão aos acontecimentos: "Ele me deixou porque eu não tinha conforto". Gostaria de trabalhar "em outra coisa que não fosse limpeza, não aguento mais limpar banheiro dos outros; falo isso o tempo todo para minha filha, para ela estudar. Tem que fazer tudo de novo e ninguém dá valor ao trabalho. Não procuro outro trabalho porque não tenho leitura. Quero que minha filha tenha uma profissão que não seja a minha".

Edileusa, 46, 2ª série do primeiro ciclo do ensino fundamental, é, como Josita, praticamente analfabeta, o que a atrapalha muito na busca de melhores empregos e remuneração.[5] Trabalha como doméstica sem carteira assinada e recebe R$ 545. Casada, chegou a São Paulo com 17 anos de idade.

---

[5] Morar em cortiços, como aponta o capítulo 5 desta coletânea, afeta em muito o desempenho escolar de crianças e jovens.

A falta de escolaridade causou-lhe humilhações, e o pior é que as considera justificáveis:

> "A gente fica meio perdida, de repente a gente até fala: é, eu acho que ela tem razão, porque sou pobre mesmo, não tenho condição, então acho que tenho que ser tratada assim. A moça falou: aqui no Brasil, preto e pobre tem que se ferrar. Aí neste dia me senti muito humilhada."

O ideal de "pagar um plano de saúde e morar num lugar mais decente" permanece um projeto que não encontra respaldo na realidade. "Parei de estudar porque fui abandonada grávida, então tinha que trabalhar muito, era pai e mãe." O filho de 28 anos não mora com ela. A história do analfabetismo se repete: "Fui chamada para uma entrevista, fiz o teste, tudo bonitinho, sabia tudo, aí me deram uma ficha para preencher e eu disse que não sabia preencher, daí perdi o emprego, me senti muito humilhada". Sobre a adolescência, "era uma casinha pequena e não tenho nenhuma lembrança boa; muita necessidade, muita fome lá junto com meus irmãos. A relação com minha mãe era muito conturbada, ela tinha problema com álcool, às vezes exagerava no álcool e espancava os filhos".

Chegou a São Paulo em 1984, indo morar primeiro em uma favela com o irmão, perto do Aeroporto de Congonhas: "Era um barraquinho bem simples, em cima do esgoto". Depois mudou-se para a avenida Cupecê: "tinha banheiro para todos, não tinha janela". Casou-se e mudou com o marido para um "barraquinho" em São Bernardo do Campo, junto à Represa Billings. Depois foi para o cortiço atual. É pertinente incorporar a longa citação que segue:

> "Mudei porque aqui é maior, lá era muito pequenininho. Não tenho condições de morar em um lugar melhor, se tivesse condições não estaria aqui, dois banheiros para um montão de gente, treze famílias, tem fila para tomar banho. Tem muito barulho, já teve até polícia. Só moram uns quatro ou cinco brasileiros, o resto é tudo paraguaio; eles não respeitam os direitos dos outros, fazem festa de noite e a gente não consegue dormir com o barulho deles, bebendo, fazendo churrasco, brigando. E tem mais, quando chove a parte de baixo enche de água, e isso atrapalha o uso do banheiro, que fica cheio de água. O telhado esquenta, é muito quente e eu tenho bronquite, quando está muito calor eu fico mais no hos-

pital. Tem também roubo de roupa no varal, tem inseto, rato, barata, quando chove vem muito inseto. É complicado."

Quais as vantagens de se morar no Centro?

"Só para emprego, o resto é pior, aluguel é muito caro, tem vantagens porque tem criança na escola. Não saio muito de casa. Tenho muita depressão, não tenho vontade de sair. Estou seriamente pensando em arrumar um emprego que registre. Mas tem o problema da leitura. A minha vida não tinha muito sentido até eu ganhar minha neta: quando a que tem 10 anos nasceu, eu nasci junto com ela, foi muita felicidade, trouxe minha vida de volta."

Valéria, 31 anos, é faxineira sem carteira assinada, natural de Remígio, Paraíba, e faz 15 anos que está em São Paulo. Solteira, tem um filho de três anos, ganha R$ 420, o que é muito pouco para pagar o aluguel e alguém que cuide de seu filho enquanto trabalha. Como Edileusa e Josita, o círculo de humilhação e subalternidade tem sua origem na baixa escolaridade, 2ª série do primeiro grau do ensino fundamental, o que a torna praticamente analfabeta. Novamente uma longa e pertinente citação:

"Eu ia na escola um dia, no outro não ia, eu tinha de ajudar meu pai e a minha mãe e ia ajudar eles na roça. Em São Paulo isso atrapalha, tenho medo de andar de ônibus e me perder, eu não sei ler as palavras, tenho medo de passar direto do ponto. Vejo as pessoas lendo o que está escrito e fico assim com uma inveja. Agora não dá para voltar porque tenho que manter a casa e o filho. Lá nós trabalhávamos na roça, todos nós, na roça, no mato cortando lenha. Era uma coisa muito pesada, trabalho no sol quente, tinha que suar muito, todo dia tinha que trabalhar senão morria de fome. A gente sofreu demais. Lá é muito difícil, todas as pessoas de lá estão vindo para cá."

Mora há quatro anos no cortiço.

"Aqui os quartos são mais bagunçados, janela não tem. Aqui é um entra e sai, tem gente que reclama muito por causa desse barulho. Não consigo sair porque ganho pouco. Quando o banheiro está ocupado o de cá, uso o de lá, não é tranquilo. Esses para-

Cortiços: reflexões sobre humilhação

guaios bebem bastante, ainda hoje estavam fazendo um churras-
quinho. O local é muito abafado e muitas vezes meu filho adoece
por causa do calor. Além disso, a criança não tem espaço para
brincar, brinca no corredor. Não vai a creche não, quem não precisa eles chamam e quem precisa eles não chamam. No Centro tem
a proximidade de mudar de emprego, e também porque é mais
perto para mim para ver minha família. De ruim é que ganho
pouco para pagar o aluguel e para cuidar da criança. No fim de
semana vou para lá, para a casa de minha irmã. Vou no parque
quando faz sol."

Valéria, à diferença das demais, usa a cidade, tem orgulho de seus poucos anos de estudo, que não lhe servem para nada a não ser para projetar
uma forte aspiração não realizada. Tanto é que a resposta vem pronta: "Humilhada já fui muito, quando as pessoas perguntavam se eu sabia ler, ficavam
tirando sarro da minha cara quando eu dizia que não sabia ler". Almeja uma
moradia e um trabalho melhor com remuneração maior. Sabe que não vai
consegui-lo, e a projeção está na sorte, na vontade de Deus:

"Queria que ele trabalhasse num banco. No dia em que Deus
me ajudar, que eu ganhar mais, eu quero sair daqui e ir para um
lugar melhor para ter maior espaço para o meu filho. Num apartamento, numa casa, no dia que Deus me dê, se for para outro lugar assim, melhor do que aqui, um quarto que tenha janela, banheiro, que não seja bagunçado. Agora, se for para eu sair daqui e ir para outro lugar pior, prefiro ficar aqui, já apareceu várias pensões, mas o preço não dá, R$ 400, R$ 500, não dá. Só se
Deus..."

Ao contrário dos cortiços do Pari, ambos com porões, o cortiço do Brás,
situado na rua Marajó, é uma fileira dupla de cubículos, todos com janelas
externas, mas há também o fato de todos ouvirem o que os vizinhos falam,
por estarem situados fisicamente muito próximos. Assim, ventilação melhor
tem como contraponto a perda do isolamento necessário ao descanso e à
manutenção da privacidade.

Maria Luiza, 69 anos, aposentada, paulista de Monte Azul, mora com
o filho de 52 anos. Não estudou: "Não tenho nenhuma lembrança dos tempos de criança, trabalhava, não tive aquela infância bonita". Antes da rua

Marajó, morou em um cortiço na avenida Celso Garcia: "Lá era como aqui, com muita gente nunca é bom. Os moradores continuam na mesma, acostumou naquela vida de fazer bagunça, de fazer arruaça". Na rua Marajó está há 11 anos:

> "Estou aqui porque não tem outro jeito e lá era muita gente, muito mais bagunçado, um povo briguento, bagunceiro, você paga água, luz e o outro não pagava, por fim ficava sem água e sem luz. Em qualquer lugar você encontra bagunça, não tem aquele que é melhor, aquele que é pior. Você limpa uma coisa e vem outro, suja e não limpa, aí a gente se aborrece, aí dá vontade de morar num lugar sozinho, usar o que é seu, a bagunça é porque os espaços são pequenos. Todo mundo vai fazer uma coisa num horário só, aí fica difícil. Há outras desvantagens, além do uso do banheiro: o aluguel."

Apesar de seu rendimento relativamente alto, fica em casa nos fins de semana para "fazer comida, comer, lavar a louça e depois esticar as pernas". Não vai a parques, nem à igreja, mas tem parentes para visitar: "Vou só ao médico". Qual o melhor momento de sua vida? "Não! Não tem melhor momento da minha vida". Como os demais, momentos e lembranças são sempre acompanhados pelo sofrimento. Vida sofrida significa ter passado por um processo opressivo que começa com a infância de trabalho pesado e ausência de estudo:

> "De todos nem dá para escolher o pior momento. Eu sei que sempre você morando nesses cortiços, sempre é mais ruim que bom. Tem ainda os próprios donos da pensão que exploram os próprios inquilinos; isso é uma injustiça, porque eles não fazem nada e só chegam no dia de receber aquele aluguel, e o aluguel é tanto e acabou, se você não pagar vai pro meio da rua; também tenho medo de sair à noite, essa parte é cheia de maloqueiros, de cheirador, não saio à noite para canto nenhum."

Maria Luiza e o filho, cujos rendimentos somam R$ 1.090, tentaram obter um imóvel pela COHAB, mas não conseguiram:

> "O que tinha nas nossas carteiras não dava para cobrir; foi muita gente que fez a inscrição e não pegou a carta: uma porque

era solteira, outra porque era viúva, outra não sei por quê, nós porque a renda não dava; aí desisti, estou aqui porque não tem outro jeito, mas se um dia as coisas melhorassem e eu pudesse sair daqui, eu vou sair, tem dia em que mal dá para viver aqui. COHAB fechada, outros programas também inacessíveis, outros cortiços com melhores condições têm aluguéis caros. E daí?"

Cris, 30 anos e casada com Nilton, tem duas filhas de 12 e 14 anos, e seu rendimento total é de aproximadamente R$ 1.000. Nasceu em Minas Gerais, chegou a São Paulo em 1982 e vive no cortiço há quase 20 anos. Trabalha como intermediária no cortiço — faz os serviços de cobrança, tem a função de manter a ordem, a escolha dos moradores —, pelo qual é responsável perante a proprietária do imóvel, que tem uma atuação rigorosa sobre ela e os demais inquilinos. Parou de estudar na 5ª série do ensino fundamental quando seu pai faleceu, "pois tive mesmo que trabalhar para manter os irmãos; ou trabalhava ou passava fome. Não volto para trabalhar lá, é muito difícil". Antes da rua Marajó, morou em um apartamento e em dois cortiços, sempre no centro de São Paulo:

"Bom não era, mas não tinha boa solução. Aqui é muito pequeno para morar em quatro, falta privacidade; se fosse maior dava para a gente viver. Faço comida, daí suja tudo. Felizmente de dia elas ficam na escola. Mas de noite, privacidade é fogo. Além do espaço, o maior problema é tomar banho e querer ficar sossegado: não pode! No final de semana tem uns que tomam um 'gorózinho' e a gente tem que se levantar para mandar parar o barulho. Quando a pessoa está bêbada, aí não falo, falo de manhã, dá para a gente conversar. Quando ligam o som alto de noite aí tenho que falar. A vantagem do Centro está no emprego: no domingo é só trabalhar, fazer faxina."

Como as outras entrevistadas, também ressalta o lado negativo da vida, como se ela fosse inexorável. "Aqui tem muito assalto, mas quem sofre mais são os bolivianos. A maioria não faz queixa porque está de ilegal. Tenho medo de sair à noite."

Cris usufrui a cidade:

"A gente gosta de ir no Ibirapuera, no Tatuapé a gente vai muito. Na igreja a gente vai de vez em quando. Aqui é muito chato, muito cricri, ontem mesmo tive uma briga com a proprietária, o pessoal paga e a gente dá para ela e ela não dá recibo e depois fala que a pessoa não pagou. Com os inquilinos não tenho problemas, o negócio é com ela. Não pago aluguel, mas tenho gasto de limpeza, vassoura, lâmpada que queima, tudo. Depois tem um banheiro só para esse monte de gente, 32 quartos, tem que tomar banho tarde, porque depois do serviço é aquela fila. Eu já pensei muito em sair daqui, ir para outro lugar que seja maior. Mas como você vai trabalhar de madrugada? Não tem ônibus de madrugada. É por isso que nunca saio daqui. A gente está procurando um lugar por aqui perto, assim que a gente achar, a gente muda."

CONSIDERAÇÕES FINAIS: HUMILHAÇÃO, SUBALTERNIDADE, AUTONOMIA MORAL E MOVIMENTOS SOCIAIS

"É humilhante ter que partilhar a vida íntima." De várias formas, esta frase constitui uma expressão generalizada entre os moradores. À diferença das favelas e dos loteamentos das periferias, onde ocorrem muitas situações de violência, advinda principalmente da truculência da ação policial e da atuação dos bandidos, nos cortiços, no mais das vezes, as condições de moradia acarretam uma forte sensação de humilhação, algo já constatado em pesquisas anteriores (Kowarick, 2009).

Viver em cortiço significa falta de privacidade, fila nos banheiros, espaço diminuto, brigas, bebedeiras, algazarras. Tudo se condensa na palavra "confusão". No caso, confusão significa promiscuidade, falta de respeito, processos que levam ao desarranjo na vida cotidiana:

> "Quando a coisa é toda junta, nem todo mundo tem educação, tem respeito, tem limpeza igual. Moro em cortiço porque não dá para morar em outro lugar. A gente tem até vergonha de morar em lugar muito pobre, tem gente que tem até vergonha de chamar alguém para vir na sua casa: não tem banheiros."

Não poder morar no lugar desejado e ter vergonha do local em que se habita constitui uma fonte de tensão, de perda de autoestima. Em uma palayra: humilhação. Humilhação é o contraponto da dignidade, do ato de se valorizar, de se querer bem, processos que estão na raiz de uma condição de autonomia moral no sentido de saber escolher entre o certo e o errado, ter independência — sem ajuda de Deus — e projetar um sentido e significado para sua própria vida. Quando isto não ocorre, as pessoas se consideram vítimas de processos inexoráveis que

> "[...] derivam mais de causas materiais. Como a distribuição desigual de riqueza e de poder [...]. Para a pessoa que cresce num ambiente assim, a autonomia moral é uma perspectiva altamente improvável [...]. Diferenças na educação podem ter poderosos efeitos na liberação ou inibição desse potencial de sedimentação do processo de autonomia moral" (Moore Jr., 1987: 151, 155, 162).

É preciso reafirmar que os processos que levam a uma condição de humilhação constituem a quebra da dignidade na acepção de autoestima e formação de identidade com autonomia de pensar e agir, elementos básicos na constituição de uma personalidade que sabe o que quer, tem desejos e procura realizá-los. Na medida em que ela se informa — a informação em uma sociedade de massas está sempre disponível —, é capaz de filtrá-la e dar-lhe um sentido social, no qual se encontra o leque de direitos e, em última instância, a concepção de justiça. Sem isso, sobressai a naturalização dos acontecimentos, no sentido de que "É assim porque assim sempre foi e assim sempre será". A maioria dos entrevistados encara a vida como uma sina a ser vivida, uma inexorabilidade a ser aceita: raramente as causas que levam à pobreza, o baixo nível de escolaridade, o trabalho precário e os salários aviltantes são considerados injustiças (Moore Jr., 1987).

Em suma: trata-se de pessoas pobres desprovidas de capital cultural, destituídas também de qualquer capital econômico, além de sua força de trabalho bruta sem nenhum aprendizado para as atividades com maior nível de qualificação e, em consequência, com maior grau de remuneração. Enfim, sem precondições socioculturais que lhes permitam se apropriar dos benefícios inerentes ao desenvolvimento de uma sociedade. Vale a longa citação:

> "Como se constituiu [...] uma gigantesca 'ralé' sem nenhum valor? Por que essas pessoas não reagem politicamente à sua humilhação cotidiana? Trata-se da 'ralé' estrutural que não tem condições psicossociais para reagir ao seu desvalor e humilhação. [...] A típica família da 'ralé' é muito diferente da família de classe média. Em grande medida a família da 'ralé' apresenta traços marcantes de desestruturação familiar. [...] As classes baixas no Bra-

sil, ou mais precisamente seu patamar socialmente inferior, ao qual estamos dando provocativamente o nome de 'ralé', não possuem, muitas vezes, nem um (estruturação familiar) nem outro (escolarização para saber ler, contar e escrever) tipo de aprendizado" (Souza, 2009: 21, 46, 402).

E mais adiante "É esse mesmo 'esquecimento' [...] que permite atribuir 'culpa' individual àqueles azarados que nasceram em famílias erradas, as quais reproduzem, em sua imensa maioria, a própria precariedade [...]. É isso que permite que se possam culpar os pobres pelo próprio fracasso" (Souza, 2009: 43). E que não raramente — adiciono eu — se autoculparam pela miserabilidade de suas vidas.

Outro elemento que tem ligação com os escritos acima é o peso da lembrança da infância e juventude, sempre sofrida, sempre no fio da navalha entre a obrigação de trabalhar ou passar fome. Estão quase sempre no limite do desalento, entre ajudar a família ou estudar. Isso quando há lembranças, pois em caso de privação da memória, ocorre uma obstrução à construção da identidade: "Não lembro de nada [...], não quero lembrar de nada, só aconteceu coisa ruim, é muita lembrança ruim, pois a vida foi sempre sofrida, sempre martelada".

A metáfora da "martelada" carrega uma simbologia marcante: as pessoas são moldadas a ferro e fogo por um destino implacável. O martelo é o déficit sociocultural, com todas as consequências para a vida adulta: "Não tenho leitura". E, novamente na esteira desta metáfora, chega-se a uma condição de humilhação: "Perdi o emprego e me senti muito humilhada, começaram a me olhar diferente". E daí a subalternidade: "Não estudei, tenho que aceitar esse emprego, tenho que ser tratada assim". O "assim" constitui a percepção de um ser de segunda categoria, prestável só para trabalhos aviltantes, repetitivos, indesejáveis e sem direitos, ou seja, a aceitação da condição de inferioridade.[6]

Das entrevistas, sobressai um ponto importante para a vida das pessoas: saber ler e escrever possibilita não só melhores oportunidades de em-

---

[6] As colocações deste tópico baseiam-se em pesquisas em profundidade. Penso que elas não só se restringem à condição de moradia, no caso os cortiços. Ela se aproxima das análises de Jessé de Souza, que constrói o conceito de "ralé" (Souza, 2009). Ele é decorrente em boa medida das análises desenvolvidas a partir de Pierre Bourdieu presentes em *La distinction* (1979). A construção da noção de "ralé" estrutura-se a partir de pesquisas qualitativas como as minhas.

Cortiços: reflexões sobre humilhação

prego e, portanto, de remuneração, mas também processos de autoafirmação inerentes à constituição da autonomia. O fato de ser analfabeto representa uma fonte de perda de autoestima: quem humilha, segundo o humilhado, tem plena razão para humilhar.

Essas colocações abrem campos para se especular acerca dos valores e do comportamento político consubstanciados na subserviência das camadas pobres intituladas por Jessé de Souza de "ralé estrutural" da sociedade brasileira. O assim chamado conformismo de raiz, que redunda em conservar as regras de dominação imperantes e pelas quais o modo e a condição de vida da população pauperizada reforçam a posição dos que detêm as decisões estratégicas, acaba por forjar um arcabouço sociocultural que dificulta o avanço social, na distribuição dos benefícios inerentes ao crescimento econômico.

Em outra ocasião alertei para os mecanismos de controle social que desabam sobre o imaginário das populações subalternas: trata-se do que denominei de naturalização das relações sociais, pela qual tudo é assim e continuará assim por uma espécie de sina, destino inelutável, do qual não se pode escapar, a não ser que se tenha muita sorte, decorrente de uma vontade divina por se estar no lugar certo na hora certa — o que de fato não acontece para a maioria que, no mais das vezes, está no lugar errado na hora errada (Kowarick, 2009). Trata-se de mecanismos às vezes sutis — as entradas sociais e de serviço dos prédios das classes médias e altas, abertamente excludentes, ou a impossibilidade de estudar, com todos os malefícios reais e simbólicos decorrentes, que acabam por fazer as pessoas interiorizarem e também aceitarem sua condição de inferioridade e marginalização: percebem-se como subalternos, e a subalternidade passa a ser um elemento estruturador do cotidiano de suas vidas.

É preciso necessariamente ser assim? Quando os caminhos levam ao estuário de reivindicações, minando essa passividade cívico-social, constante nos valores e comportamentos da imensa maioria? A literatura a respeito é complexa e contraditória. A resposta, no contexto deste ensaio, só pode ser preliminar. Creio que se deve partir de uma concepção de "privação", na acepção de que algo necessário está em "falta" ou em "falência". Ela é percebida como produção social que envolve um benefício que requer mudança nas políticas públicas: trata-se de uma questão necessariamente relacionada com o Estado nos seus diversos níveis de governo (Honneth, 2003).

É preciso enfatizar que contestações, aglutinações ou reivindicações em torno de objetivos comuns não necessariamente despertam as coletividades em torno de lutas contra o que é percebido como injustiça. Elas constituem matérias-primas com as quais se elaboram projetos de mudança, mas que, em muitos casos, levam à anomia ou simplesmente à desmobilização que reproduz a condição de subalternidade pela ausência de uma ação concreta que angarie benefícios reais ou simbólicos: o corolário da contestação é o dinamismo da ação social e não a apatia (Kowarick, 2000).

Em termos simples, trata-se do sentimento segundo o qual a realidade constitui uma injustiça que precisa ser enfrentada e sanada, não só envolvendo este ou aquele indivíduo isoladamente, mas um grupo significativo de pessoas (Moore Jr., 1987): é necessário que haja uma ação social, para que a mobilização ganhe concretude e se expresse em uma mobilização, quer trate de demonstrações, ocupações de praças, de imóveis ou outro ato que confronte um adversário. Em termos concretos, é necessário que haja oponentes e contra eles se desenvolvam conflitos e confrontos (McAdam, Tarrow e Tilly, 2008).

Nesse sentido, a anterioridade da ação requer a construção de uma *subjetividade coletiva* que interiorize e elabore uma percepção generalizada de que algo percebido como coletivamente necessário está sendo sonegado, o que corresponde à ideia de extorsão: é a percepção de que algo socialmente necessário — o acesso à terra urbanizada, a habitação digna, a precariedade dos transportes, dos serviços de saúde ou de segurança pública — não está sendo fornecido pelos órgãos públicos.

Essa concepção de *espoliação urbana* que desenvolvi em vários textos ganha aqui mais um componente. Não se trata apenas de extorquir o que é percebido como socialmente necessário, pois este patamar só forja a matéria-prima sobre a qual se constroem percepções generalizadas de injustiça. Quando a percepção de injustiça deixa de ser estática, produz o arcabouço dos processos de reivindicação: a ideia, portanto, não se reduz ao modo e à condição da extorsão, mas à entrada em movimento de grupos significativos para lutar pela obtenção de um bem percebido como socialmente necessário, cuja negação é sentida como uma *injustiça*.

Outro aspecto essencial para um possível êxito dos movimentos sociais não reside apenas nas suas lideranças, ou no número de pessoas que consegue aglutinar, mas, sobretudo, na capacidade da ação desenvolvida de ganhar adeptos que confiram legitimidade às propostas em pauta: trata-se de conquistar uma parcela da opinião pública. Nesse sentido, os meios de comunicação de massa constituem um ponto estratégico em relação ao desenlace dos objetivos pelos quais se luta: a contestação não pode se reduzir ao grupo que contesta, por mais organizado que ele seja, mas deve extrapolar esse âmbito restrito e angariar as formas mais variadas de apoio. É indispensável que o movimento se transcenda, sob pena de desenvolver discursos e mensagens que tenham pouca penetração social e política.

Não se trata aqui de uma concepção "etapista", pois os movimentos sociais fluem e refluem em função das conjunturas. O ponto básico e anteriormente necessário é a existência de um sentimento coletivo de que algo está errado, que esse erro pode e deve ser corrigido e que o causador da iniquidade deve ser localizado e denunciado. É a "experiência cotidiana da indignidade", na acepção de E. P. Thompson, que fomenta as mobilizações, contestações ou confrontos de maior envergadura. Mas também a clássica colocação de Alain Touraine: para que ocorram ações coletivas, em primeiro lugar é imprescindível um princípio de identidade entre os grupos que reivindicam uma mudança sociopolítica, e em segundo lugar, a existência de um opositor, e que a ação se desenrole em torno de uma causa coletiva, que o autor denomina de totalidade (Touraine, 1984).

Assim, todo movimento social, para transcender modalidades restritas de luta, deve colocar em xeque as fontes da autoridade, modificando as regras do jogo que sustentam a legitimidade dos processos decisórios. Mas há que se insistir num ponto: toda ação visa modificar as prioridades governamentais ou as estruturas em que se apoiam os processos decisórios, o que pode causar reações violentas. Nesse ponto, a concepção de conflito ganha um estatuto teórico de primeira grandeza. E é nesse sentido que a expressão "politização do Estado" se torna presente.

Está claro que a condição de "privação" não dá conta das razões que fazem as pessoas se moverem e tampouco para que consigam alcançar resultados em suas contestações. De acordo com parte da literatura dos movimentos sociais, é preciso enfatizar que o conflito opõe grupos que se digladiam na arena social e política, procurando conquistar os benefícios que uma sociedade oferece em uma determinada conjuntura histórica, a qual não necessariamente produziu "ciclos de protestos" nem confrontos radicais (Tarrow, 2009). Ao contrário, os movimentos sociais que atuam no centro de São Paulo podem situar-se em esferas estreitas, referentes a reivindicações setorialmente localizadas: é o que caracteriza as lutas que se desenrolam nos cenários das áreas centrais de São Paulo.

O que sempre desaponta é a ideia de reforma urbana que visa a uma "cidade destituída de desigualdades ou exclusões sociais". Porém, na realidade, transparece para além desse discurso ao mesmo tempo utópico e ideológico a conquista de objetivos precisos que redundam em ocupações de prédios com a finalidade de alterar as políticas públicas em favor dos mais pobres que vivem ou trabalham na cidade.

Além disso, é preciso levar em consideração seu *"frame"*, isto é, o enquadramento de ideias que fazem os grupos se moverem em busca de suas reivindicações, bem como — como já mencionado — seu grau de organização e capacidade de atrair setores que não sejam beneficiários diretos dos objetivos pelos quais os grupos afetados se mobilizam (Snow e Benford, 1992; Tilly, 2006).

Longe de ser completa, essa literatura construiu os paradigmas teóricos sobre os quais minhas ideias têm se baseado para analisar as lutas sociais urbanas que se desenrolam no centro de São Paulo. Contudo, minha hipótese de trabalho é que sem um poderoso e articulado *"frame"* não se produzem lideranças nem organização, ao mesmo tempo em que as oportunidades políticas perdem muito de seu vigor no desenrolar dos acontecimentos, desvanecendo como espuma na praia.

No âmbito deste capítulo, que não tem suporte estatístico, mas serve como inferência para tratar da construção dos processos de humilhação e subalternidade, é importante realçar que estes processos estão presentes no cotidiano de inúmeras pessoas e grupos pauperizados. Sem dúvida eles constituem mecanismos para legitimar uma pirâmide social aguda, hierarquizada e excludente. Os de baixo aceitam com naturalidade o superior, numa aprovação dos fatos que reproduzem as raízes de uma sociedade extremamente desigual.

Em seus escritos, Lukács defende a proposição segundo a qual as reformas das consciências constituem o próprio processo revolucionário, afirmação que se aproxima fortemente do conceito de hegemonia proposto por Gramsci. Na ausência de reformas de consciências, o conglomerado de indivíduos em uma situação estrutural similar só poderia se assemelhar a um "saco de batatas", seguindo a célebre frase de Marx desenvolvida no *Dezoito Brumário*.

BIBLIOGRAFIA

BOTELHO, Isaura; FREIRE, Carlos T. (2004). "Equipamentos culturais na região central de São Paulo". In: COMIN, Álvaro A.; SOMEKH, Nadia (orgs.), *Caminhos para o Centro*. São Paulo: Emurb/CEM, pp. 159-97.

BOURDIEU, Pierre (1979). *La distinction*. Paris: Minuit.

COORDENADORIA GERAL DO PLANEJAMENTO DO MUNICÍPIO DE SÃO PAULO (COGEP) (1980). São Paulo: PMSP.

DIÁRIO OFICIAL DO MUNICÍPIO DE SÃO PAULO (1995). Edição especial, maio.

FOLHA DE S. PAULO (1980). São Paulo, 24/11.

_____ (1981). São Paulo, maio.

GAMSON, William A.; MEYER, David S. (2008). "Framing Political Opportunity". In: McADAM, D.; McCARTHY, J. D.; ZALD, M. N. (orgs.). *Comparative Perspectives on Social Movements* (1ª ed., 1996). Cambridge: Cambridge University Press, pp. 275-90.

HONNETH, Axel (2003). *Luta por reconhecimento*. São Paulo: Editora 34.

INSTITUTO BRASILEIRO DE GEOGRAFIA E ESTATÍSTICA (IBGE) (1991). *Censo Demográfico 1991*. Brasília: IBGE.

_____ (2000). *Censo Demográfico 2000*. Brasília: IBGE.

KOHARA, Luiz T. (1999). "Rendimentos obtidos na locação e sublocação de cortiços: estudo de casos da área central de São Paulo". Dissertação de mestrado, Escola Politécnica da USP.

KOWARICK, Lúcio (2000). *Escritos urbanos*. São Paulo: Editora 34.

_____ (2009). *Viver em risco: sobre a vulnerabilidade socioeconômica e civil*. São Paulo: Editora 34.

LAGENEST, Jean Pierre Barruel de (1962). "O cortiço em São Paulo". *Revista Anhembi*, São Paulo, vol. 47, nº 139.

McADAM, Doug; TARROW, Sidney; TILLY, Charles (2008). *Dynamics of Contention*. Cambridge: Cambridge University Press.

MOORE JR., Barrington (1987). *A injustiça: as bases sociais da obediência e da revolta*. São Paulo: Brasiliense.

NAKANO, Kazuo; MALTA CAMPOS, Candido; ROLNIK, Raquel (2004). "Dinâmica dos subespaços na área central de São Paulo". In: COMIN, Álvaro A.; SOMEKH, Nadia (orgs.). *Caminhos para o Centro*. São Paulo: Emurb/CEM, pp. 123-58.

O ESTADO DE S. PAULO (1980). São Paulo, 24/11/1980.

PICCINI, Andrea (1999). *Cortiços na cidade: conceito e preconceito na reestruturação do centro urbano de São Paulo*. São Paulo: Annablume.

PREFEITURA DO MUNICÍPIO DE SÃO PAULO (1968). *Plano Urbanístico Básico (PUB)*. São Paulo: Asplan.

_____ (1995). *Cortiços do município de São Paulo*. São Paulo: PMSP.

REVISTA URBS (2000). São Paulo.

RUDOLFER, Bruno (1942). "O problema social da habitação". *Revista do Arquivo Municipal*, São Paulo, nº 82, pp. 29-59.

SECRETARIA MUNICIPAL DA HABITAÇÃO (2004a). *Programa Morar no Centro*. São Paulo: PMSP.

_____ (2004b). *Plano Municipal de Habitação*. São Paulo: PMSP.

SECRETARIA MUNICIPAL DO BEM-ESTAR SOCIAL (1975). São Paulo: PMSP.

SNOW, David E.; BENFORD, Robert D. (1992). "Master Frames and Cycles of Protest". In: MORRIS, A. D.; MUELLER, C. M. (orgs). *Frontiers in Social Movements Theory*. New Haven: Yale University Press, pp. 133-55.

SOUZA, Jessé (2009). *A ralé brasileira: quem é e como vive*. Belo Horizonte: Editora da UFMG.

TARROW, Sidney (2009). *O poder em movimento: movimentos sociais e confronto político*. Petrópolis: Vozes.

TILLY, Charles (1999). "From Interactions to Outcomes in Social Movements". In: GIUNU, M.; McADAM, D.; TILLY, C. (orgs). *How Social Movements Matter*. Minneapolis: University of Minnesota Press, pp. 253-70.

_____ (2006). *Regimes and Repertoires*. Chicago: University of Chicago Press.

TOURAINE, Alain (1984). *O retorno do actor: ensaio sobre sociologia*. Lisboa: Instituto Piaget.

Parte III
ÁREA CENTRAL E MARGINALIDADE

7

A rua no Brasil em questão (etnográfica)[1]

Fraya Frehse

À *memória de Meire de Oliveira*

Quando, após anos perscrutando antropológica e sociologicamente corpos humanos em deslocamento físico e em interação social nas ruas e largos do centro histórico da São Paulo oitocentista e do início do século XX (Frehse, 2005, 2011), o olhar etnográfico se volta para o presente ali, é inevitável estranhar tempo e espaço sociais. Se a materialidade física das vias e praças é quase totalmente outra, e isso vale ainda mais para a materialidade humana — os corpos dos pedestres, seus modos de agir, pensar, imaginar e se relacionar socialmente —, não há como não se questionar sobre a atualidade espacial e temporal dessa humanidade.

Ainda mais quando, como no meu caso, interessam as regras de interação social que impregnam a presença física regular, em tais ruas e praças no horário comercial dos chamados dias úteis, de pedestres mais ou menos intensamente envolvidos em trabalho braçal e/ou no ócio que o acompanha: vendedores ambulantes, engraxates, sapateiros, os chamados plaqueiros, pregadores, além de gente popularmente conhecida como maloqueira, desocupada; pedestres que moram ou não na rua. Por compartilharem ali, sem saber, ao menos uma técnica corporal em um ritmo peculiar — a permanência física regular nesse espaço —, venho denominando tais pedestres analiticamente *não-transeuntes* (Frehse, 2013). Com efeito, do ponto de vista analítico o não-trânsito é um *comportamento corporal* definido (Frehse, 2011: 46). Ele persiste vigoroso ali em meio às intensas pressões físicas e sociais da passagem física regular de outros pedestres — *transeuntes* (Frehse, 2011: 45); sem falar de veículos e mercadorias.

Ora, é evidente que os não-transeuntes não se confundem com os muitos pedestres que permaneciam fisicamente com regularidade nas vias e lo-

---

[1] Versão revista, ampliada e, para os fins desta coletânea, desprovida de fotografias, de um artigo publicado originalmente em *Anuário Antropológico 2012*, vol. 38, n° 2, Brasília, UnB, pp. 99-129.

gradouros centrais da São Paulo oitocentista: quitandeiras, tropeiros, roceiros etc. — cativos, libertos ou forros. Ali e então, o trânsito não era regra minimamente consensual, e o transeunte, uma novidade histórica, de modo que nem faz sentido falar em não-transeuntes. Nem por isso a etnografia das ruas e praças do centro paulistano do presente deixa de revelar padrões de conduta que nutrem intrigantes afinidades com aqueles da cidade escravista.

É o que convida à pergunta: que rua é essa, da perspectiva de uma etnografia dos padrões de interação social de tais não-transeuntes no centro paulistano?

Falo em "rua" sabendo que, no senso comum analiticamente apreensível no Brasil, o termo recobre um campo semântico bastante abrangente. Remete, de um lado, à existência física de ruas e logradouros de acesso legal irrestrito, em povoamentos humanos socialmente concebidos como "cidades": respectivamente vias e suas variações (os chamados becos, ladeiras, avenidas) localizadas entre edificações, e alargamentos dessas mesmas vias (os chamados largos e praças). De outro lado, "rua" alude a modos socialmente precisos de conceber a vida social, como enfatizaram de modo pioneiro as interpretações de Freyre (2000) e de DaMatta (1997a, 1997b).

Como tais concepções perpassam criativamente também conceituações sociológicas e antropológicas que vêm se acumulando desde a década de 1930, os primórdios da sociologia universitária entre nós, ganha sentido questionar o que a realidade sociocultural de ruas e praças públicas empiricamente localizáveis no país — espaços socialmente significados como virtualmente "de todos", lugares públicos — pode revelar acerca de traços socioculturais da rua no Brasil. De fato, as ciências sociais acadêmicas deixam entrever um debate conceitual mesmo que tácito sobre o assunto: discussões de natureza teórica que, partindo de objetos empíricos diversos em ruas e praças brasileiras, associam o espaço da rua (teórica) a regras específicas de relacionamento social.

Sendo as ruas e praças no Brasil "boas para pensar" a rua no país, cabe aqui avaliar em particular os rendimentos teóricos e metodológicos que, para "essa" rua do debate conceitual, oferece um segundo espaço. Refiro-me à rua que emerge de uma etnografia das regras de interação social dos não-transeuntes de um lugar público definido do centro histórico paulistano dos dias de hoje: a Praça da Sé.

Para tanto, são três as etapas a percorrer. Primeiramente, caracterizarei social e culturalmente a rua das ciências sociais, por referência ao Brasil. Seus autores se ligam a instituições de pesquisa e ensino superior do país, e publicizaram tais estudos como "sociológicos" e/ou "antropológicos", fazendo-os integrarem o que sintetizo como *ciências sociais brasileiras*. A análise trará à tona quatro espaços, do ponto de vista dos padrões de convivência social dos pedestres: a rua como espaço de *desigualdade social*, de *criatividade*, de *oscilação entre a casa e a rua*, de *resistência*.

Num segundo momento, cabe confrontar tais ruas com aquela que emergiu etnograficamente de meu contato fenomênico regular com os não--transeuntes notadamente da maior praça central paulistana, no intervalo entre 14h e 19h das segundas e sextas-feiras "úteis", entre fevereiro e julho de 2013. Recorrerei a anotações de meu caderno de campo, elaboradas *in loco* ou logo após o campo, acerca das interações sociais que travaram comigo pedestres que se autoclassificaram oralmente de modos específicos: "desempregado", "aposentado", "artista de rua", "engraxate", "sapateiro", "camelô", "morador de rua", "pregador" e gente que "debate" religião. Como o emprego recorrente destes termos veio acompanhado de técnicas corporais relativas ao comportamento corporal da permanência física regular na praça, reforçou-se em mim a impressão de estar diante de pedestres que compartilham, mesmo sem saber, a condição fenomênica de não-transeuntes da praça. Essa se tornou a base comum de comparação em prol da apreensão de regras de interação social deles comigo.

Para tanto, não ignorei que cada classificação é prenhe de pré-conceitos politicamente mobilizados.[2] Mas foi analiticamente mais produtivo relembrar, com Erving Goffman (1967: 2), que interação social envolve a comunicação simbólica entre os atos recíprocos dos seres humanos em copresença física. Ela transcorre em "situações" definidas, "ambientes espaciais" com "possibilidades de monitoramento" que alçam qualquer ingressante a participante de um "ajuntamento" de duas ou mais pessoas (Goffman, 1963: 18, 243).[3] Não importa que nas "ruas públicas" prevaleçam "interações desfocadas", nas quais indivíduos "meramente administram a sua presença uns perante os outros", sem "um único foco de atenção conjunta": de fato, "as pessoas presentes em diferentes pontos da rua conseguem observar e ser observadas por um conjunto levemente diferente de outras" (Goffman, 1963: 17, 24, 17).

Analisar as interações sociais referenciadas nos relatos de campo sob a inspiração metodológica da "autoetnografia" (Ellis e Bochner, 2000: 739) permitiu discernir três situações dos não-transeuntes comigo: nosso primeiro

---

[2] Sobre os "moradores de rua", cf. Schuch (2012: 16 ss.).

[3] São de minha autoria todas as traduções para o português de textos cujos tradutores não aparecem indicados na Bibliografia.

A rua no Brasil em questão (etnográfica)

contato fenomênico, sua apresentação a mim e nossa convivência social posterior. Recorrências simbólicas ali implícitas permitiram reconhecer a *viração* e a *autointegração pessoal* como regras na rua que a Praça da Sé dos não-transeuntes revela.

Tais padrões evidenciarão, por fim, duas contribuições teóricas e uma metodológica da rua dos não-transeuntes da praça para as ciências sociais sobre a rua no Brasil. Em termos conceituais, virá a lume um *espaço público de pessoalidade moral*. Já metodologicamente, ficará explícito que qualquer espaço resultante de nossas etnografias deve muito à dimensão interacional de nosso contato fenomênico com aqueles que, em campo, exotizamos antropologicamente como "nativos". Assim, a contribuição transcende a discussão sobre a rua no Brasil, embora os dilemas interpretativos da problemática se evidenciem com mais clareza ali, dada a natureza desse espaço nas grandes cidades ocidentais contemporâneas — e, à luz disso, dadas as suas especificidades em praças como a Sé, no primeiro semestre de 2013.

As ciências sociais brasileiras e a rua no Brasil

Já se vão décadas desde que a rua no Brasil foi cenário essencialmente empírico de investigação das ciências sociais: um espaço a ser, quando muito, descrito. Até os anos 1970, foram excepcionais empenhos conceituais como o de Gilberto Freyre (2000: 16), que, recorrendo à pesquisa documental, associou fragmentariamente a "rua", nas grandes urbes brasileiras oitocentistas, a uma "força" com "dignidade social" crescente, embora a "casa" continuasse, como nenhuma outra "força", a influir na "formação social do brasileiro de cidade". O costume investigativo era mesmo tematizar descritivamente ruas e praças para conceituar fenômenos outros (cf., por exemplo, Lowrie, 1938; Fernandes, 2004; Perlman, 1977).

Na década de 1970 há novas tendências. É verdade que nos estudos sobre marginalidade urbana, comuns na América Latina de então (cf., a respeito, Kowarick, 1975: 13-22), continuam prevalecendo descrições da rua (cf., por exemplo, Perlman, 1977: 70-2; Moisés, 1981; Ferreira, 1979). É raro conceituá-la, por exemplo, como "território" que os mendigos dotariam de uma "constituição socioecológica própria" — em diálogo tácito com a sociologia de Chicago (Stoffels, 1977: 118-9, 144). Em 1979, porém, vem a lume uma abordagem teórica que contempla a rua ensaisticamente a partir de suas relações com a casa (DaMatta, 1997a, 1997b). Inspirado em Freyre, mas em interlocução conceitual sobretudo com a antropologia estrutural francesa e suas releituras britânicas, Roberto DaMatta (1997a: 94) concebe, com base em textos literários, provérbios e ditos populares, afora relatos de viagem oitocentistas, a rua como "domínio social" que sintetiza o "aspecto público, não controlado" do "mundo urbano".

Essa preocupação com a dimensão representacional da rua, seu caráter de "categoria sociológica" que, ao lado da casa, poderia revelar "mecanismos socio-lógicos explícitos ou implícitos" da sociedade brasileira como "sistema" sincrônico (DaMatta, 1997a: 26), tem influído significativamente nas ciências sociais brasileiras. Às vezes, a concepção constitui parâmetro interpretativo — em etnografias de tipos urbanos como moradores de bairro, usuários de equipamentos urbanos (Magnani, 1998: 2, 1998: 61 ss., 2004: 3; Santos e Vogel, 1985: 50 ss.), meninos nas ruas (Gregori, em Moreira, 2000: 62, 233, nota 6). Mais recentemente, é também contraponto — em etnografias dos usos da rua por pedestres do presente (Leite, 2004; Frangella, 2009) e do passado (Frehse, 2005, 2011).

Essas últimas interpretações são indissociáveis do uso de concepções teóricas de espaço que se distanciam do caráter representacional próprio das categorias de DaMatta. Comum tem sido mobilizar sobretudo noções dialéticas. E aí penso, de um lado, na acepção mais dialógica que subjaz às perspectivas de Michel de Certeau sobre espaço e lugar (Leite, 2004: 214 ss.; Frangella, 2009: 101; Schuch, 2012: 17); de outro lado, na imanência da dialética marxiana retrabalhada por Henri Lefebvre em relação ao espaço (Martins, 1992: 165, 2008: 88 ss.; Arantes, 2000: 84; Frehse, 2005: 30, 2011: 32 ss., 2013).

De fato, também as respectivas noções teóricas de espaço permitem caracterizar o debate sobre a rua no Brasil. Sob esse prisma, uma terceira vertente se insinua em trabalhos de natureza etnográfica que definem "rua" sem conceituá-la. Esta é *onde* a vida social transcorre: o "espaço" de trabalho e/ou moradia de crianças e adolescentes (Rizzini e Rizzini, 1991: 71); onde a "população de rua" sobrevive e mora (Vieira *et al.*, 1994: 47); onde atividades sociais não institucionalizadas convivem mais ou menos conflituosamente (Frúgoli Jr., 1995: 70); enfim, "local" dos "excluídos" (Silva e Milito, 1995; Bursztyn, 2000). Se muito, a rua é "territorialidade" no sentido de "espaço urbano ocupado" (Escorel, 2000: 147), mas sem que as bases teóricas fiquem explícitas. Tais acepções vão ao encontro de uma noção de espaço antiga no pensamento ocidental, e que Albert Einstein (1988: 92) criticou através da associação entre espaço e "caixa".

Já para os fins deste estudo, as respectivas teorias de espaço interessam menos do que o tipo de interpretação sobre a rua no Brasil que, do ponto de vista dos padrões de convivência social entre pedestres, resulta do confronto investigativo dos autores com a empiria. Refiro-me às formas de relacionamento respectivamente referenciadas, mesmo que — significativamente — nem sempre na chave analítica da interação social. Com efeito, a possibilidade de interlocução conceitual e metodológica da rua dos não-transeuntes da Praça da Sé com aquela das ciências sociais brasileiras reside no fato de estas enfocarem objetos empíricos como a "prática da mendicância" (Stoffels, 1977: 237); modos de vida e de sobrevivência na "exclusão" (Ferreira, 1979; Rizzini e Rizzini, 1991; Bursztyn, 2000); "fatos de consciência" do senso comum (DaMatta, 1997a: 19); "atividades" dos moradores de bairros (Santos e Vogel, 1985: 51); "modo[s] de vida" ou "cultura(s) de rua" de grupos sociais variados que privilegiam a rua para suas relações (Frúgoli Jr., 1995: 37); "tarefas" dos usuários das ruas, "suas referências culturais, seus horários e formas de ocupação" (Magnani, 2004: 3); "experiências" de meninos nas ruas (Gregori, 2000); "contra-usos" da rua por seus usuários "vernaculares" (Leite, 2004: 215 ss.); acontecimentos da vida cotidiana do homem comum (Martins, 2008); a "corporalidade de moradores de rua" (Frangella, 2009); enfim, as regras de comportamento corporal e, justamente, de interação social por parte de pedestres (Frehse, 2011).

Assumidos como contrapontos analíticos, esses trabalhos se deixam agrupar em torno de quatro associações interpretativas, quanto ao vínculo entre regras de convivência social entre pedestres e rua, no Brasil. A ênfase comum em situações de marginalidade e/ou exclusão — dependendo da perspectiva teórica (Ferreira, 1979; Rizzini e Rizzini, 1991; Bursztyn, 2000) — traz para o primeiro plano a rua como *espaço de desigualdade social*. Percebo, em segundo lugar, o destaque para a rua como *espaço de criatividade*, nas relações de protagonistas definidos entre si e com terceiros: "mendigos", "malandros", camelôs, engraxates, prostitutas, gente que mora nas ruas (Stoffels, 1977; DaMatta, 1997a; Frúgoli Jr., 1995; Gregori, 2000; Frangella, 2009).

Uma terceira associação é aquela entre rua e uma hesitação entre padrões de convivência social próprios da casa (ou, dependendo do autor, da vida privada) e aqueles ligados justamente à rua — e à vida pública (DaMatta, 1997a, 1997b; Santos e Vogel, 1985; Martins, 1992, 2008; Frúgoli Jr., 1995; Magnani, 1998, 2004; Frehse, 2011). Resumindo, a rua é *espaço de oscilação entre a casa e a rua*. E isso para "indivíduos" ou "pessoas" associados a "brasileiro", a "morador", a "homem comum".

Por fim, uma última regra possível de relacionamento social na rua no Brasil se insinua em abordagens da sociabilidade conflituosa ali: tensões com o poder público, pautado, por sua vez, em mecanismos de "institucionalização" (Frúgoli Jr., 1995) e, mais recentemente, em políticas de "gentrificação" (Leite, 2004); e conflitos mais ou menos tácitos com "movimentações urbanas" supostamente excludentes (Frangella, 2009). Tais resultados interpretativos remetem à resistência como mediação simbólica da convivência social na rua. Esta é, pois, *espaço de vínculos sociais de resistência.*

À luz dessas quatro ênfases argumentativas, a questão específica anteriormente anunciada se deixa formular de maneira mais precisa: o que uma etnografia como a que aqui proponho pode revelar sobre as ruas resultantes de tais enfoques?

Sua especificidade é metodológica. Não tanto pelos sujeitos enfocados etnograficamente: centrada em não-transeuntes, privilegio categorias sociais *diversas* na rua, o que outros pesquisadores também têm feito (Frúgoli Jr., 1995; Leite, 2004), mesmo que com recortes analíticos outros — atividades sociais definidas (venda ambulante, usos etc.), e não modos de estar fisicamente e interagir socialmente na rua pela mediação fenomênica do próprio corpo. Penso na natureza *fenomênica* do enfoque etnográfico, isto é, na importância cognitiva daquilo que é aparente aos sentidos e à sensibilidade do etnógrafo, na imediaticidade das interações sociais com terceiros que marca o trabalho de campo. Conhecer etnograficamente a realidade empírica não se faz sem estranhar o fenômeno peculiar que são as interações sociais fugazes do próprio etnógrafo com os sujeitos que estuda, em campo. No meu caso, o estranhamento se dirige à mecânica das interações que os não-transeuntes da Praça da Sé travaram comigo como etnógrafa ali durante o primeiro semestre de 2013.

É comum que as pesquisas de cunho etnográfico sobre a rua no Brasil contemporâneo se nutram analiticamente das impressões dos pesquisadores acerca do campo (Stoffels, 1977; Santos e Vogel, 1985; Frúgoli Jr., 1995; Gregori, 2000; Bursztyn, 2000; Arantes, 2000; Magnani, 2004; Leite, 2004; Frangella, 2009). O que não surpreende, se a etnografia depende de "uma atitude de estranhamento e/ou exterioridade por parte do pesquisador em relação ao objeto" — e, assim, em relação às "impressões etnográficas" no/ do campo (Magnani, 2009: 134, 148 ss.). Entretanto, como será que as interações que os nativos travam conosco em campo impactam nossas interpretações? Interessa-me a *dimensão interacional* do "diálogo para valer" que particulariza a etnografia como modo de conhecer a vida social (Viveiros de Castro, 2002: 486). Eis um aspecto cuja relevância interpretativa se evidencia notadamente quando o espaço empírico de investigação é a rua no Brasil, em praças como a dos não-transeuntes da Sé paulistana.

A rua no Brasil em questão (etnográfica)

A hipótese de trabalho que cabe perseguir a partir de agora é que *interpretações etnográficas sobre as regras de convivência social dos pedestres na rua dependem fundamentalmente das regras de interação social que medeiam o contato fenomênico do etnógrafo com eles ali*. Em suma, nossas "impressões etnográficas" são indissociáveis das impressões que os "nativos" têm de nós em campo.

Enfrentar analiticamente tal possibilidade, com vistas à rua que os não-transeuntes da Praça da Sé revelam, requer uma perspectiva metodológica que sensibilize o meu olhar etnográfico justamente para as interações de tais pedestres *comigo* em campo. Por que não se inspirar na autoetnografia?

Autoetnografando situações de interação na Praça da Sé

Trata-se de um gênero de escrita e pesquisa definido, "autobiográfico", que "expõe múltiplas camadas de consciência, conectando o pessoal ao cultural" (Ellis e Bochner, 2000: 739). Se o trabalho de campo é uma experiência pessoal, também ele pode ser objeto do olhar autoetnográfico. Este prevê mirar "primeiro, com lentes etnográficas grande-angulares, para fora, por sobre aspectos sociais e culturais da sua experiência pessoal"; e, num segundo momento, "para dentro, expondo um *self* vulnerável, que, movido por interpretações culturais, pode também se mover através delas, refratá-las ou resistir-lhes" (Ellis e Bochner, 2000: 739).

Como perspectiva epistemológica, a autoetnografia não se restringe a um modo de conceituar o conhecimento do etnógrafo sobre o mundo pela mediação de sua experiência pessoal ali. Traduz-se em formas narrativas, inclusive literárias, além da "prosa própria das ciências sociais" (Ellis e Bochner, 2000: 739). Já aqui, o seu uso será bem mais singelo: metodologicamente inspirador. Afinal, também eu fui engolfada, sem saber, pela dinâmica cognitiva da autoetnografia, à medida que o semestre de trabalho de campo na Sé transcorria.

Primeiramente, o olhar se dirigiu "para fora", quando ali passei a permanecer com regularidade, em fevereiro de 2013 — portanto, sem recorrer às "caminhadas 'sem destino fixo'" da "etnografia de rua" (Eckert e Rocha, 2003: 4). Norteada pela sintética sugestão metodológica de José Guilherme Magnani (1996: 37) de rastrear em campo "cenários/atores/script ou regras", não faltou observação direta e participante. E um caderno de campo, no qual, além de anotações, desenhei os pontos a meu ver mais frequentados pelos tipos mais assíduos de não-transeuntes (Figura 1).

Figura 1
LOCALIZAÇÕES MAIS RECORRENTES DE EQUIPAMENTOS URBANOS E TIPOS DE PEDESTRES NA PRAÇA DA SÉ (FEV.-JUL. 2013)
(© Fraya Frehse e Jenny Perez)

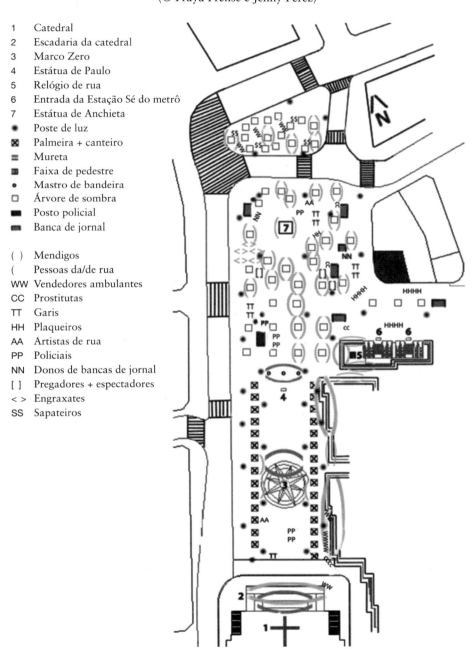

De fato, privilegiei fisicamente, nos mais de 30 mil metros quadrados da atual Praça da Sé, três setores. Enfoquei o tablado retangular pontilhado de palmeiras imperiais que se estende para nordeste a partir da escadaria da catedral. Ademais, etnografei outro retângulo cimentado mais a nordeste ainda, com árvores de sombra. Enfim, centrei-me num triângulo também cimentado e sombreado, no extremo norte da praça.

Afora croquis, observações e anotações, muitas conversas informais com pedestres variados. Foram, de um lado, tipos que ali permaneciam com regularidade nas tardes em questão com fins explícitos de ganho monetário — pelo que pude ver ou me disseram: mendigos, prostitutas, vendedores ambulantes, plaqueiros, pregadores, engraxates, sapateiros, artistas. De outro lado, interagi com não-transeuntes cuja presença na praça era mediada sobretudo pelo intuito de sociabilidade mais ou menos descontraída — pelo que pude discernir conversando com eles: "aposentados", "desocupados", mas também os espectadores mais ou menos críticos dos pregadores, depreciados por estes como "fariseus" — e que denominarei, para fins analíticos, *debatedores de religião*. Dado esse propósito primordial de convivência social, tais não-transeuntes se deixam diferenciar analiticamente entre *pessoas da* e *de rua*. O primeiro termo remete a pedestres que, envolvidos em bate-papos mais ou menos sóbrios na praça, no final do dia se despediam me dizendo pretender passar a noite em algum lugar fechado ("quartinho", "casa", "albergue"). Já *pessoas de rua* alude a pedestres que me explicitaram passar a noite ao relento, em "ruas" ou "praças" (Frehse, 2013: 143-4).[4]

Assim, fui sendo "afetada" pelas alegrias e tristezas dos não-transeuntes da praça. Em particular a consternação pela morte, ali, de uma "moradora de rua" com a qual tivera contato frequente, me conscientizou do quanto o meu "lugar" nas interações com tais pedestres "mobiliza[va] ou modifica[va] meu próprio estoque de imagens, sem contudo instruir-me sobre aquele dos meus parceiros" (Favret-Saada, 2005: 159).

Já à luz do contato com a "autoetnografia", a tristeza em questão tornou-se expressão de um olhar "para dentro" profundamente mobilizado por aquele "para fora". Foi desse (des)encontro de olhares que nasceu este estudo, fruto do estranhamento intuitivo das diferenças da "rua brasileira" das

---

[4] Evito a noção atualmente corrente de "situação de rua" (Schuch, 2012: 17), que, a meu ver, embute o risco de induzir à associação interpretativa da rua a um mero cenário espacial empírico onde as relações e simbolizações se dão. O que é pouco, quando interessa explorar conceitualmente o papel mediador do espaço na vida social.

ciências sociais em relação àquela que as interações dos não-transeuntes comigo na Praça da Sé me revelaram.

Esclarecidos tais aspectos, há enfim como aprofundar-se autoetnograficamente nas três situações interacionais que vivi com os não-transeuntes, do ponto de vista da fenomenologia temporal implícita em qualquer encontro social.

Penso no primeiro contato, ambiente engendrado quando ainda éramos reciprocamente estranhos: não nos conhecíamos nem biográfica nem culturalmente, algo comum nas ruas e praças das cidades ocidentais com a modernidade (Lofland, 1998: 7).

Fugazes, as interações desse momento inicial de qualquer encontro social são logo substituídas por outras, próprias de uma segunda situação: no caso, a apresentação fenomênica dos não-transeuntes a mim, como eles se deram a conhecer à minha pessoa através de palavras e/ou gestos. Em geral, essas situações viabilizam uma mudança definitiva no *status* fenomênico de quem interage: desaparece o estranho absoluto.

Segue, em terceiro lugar, o amplo conjunto de situações temporalmente posteriores à introdução do estranho. No caso, penso nos ambientes espaciais de convivência verbal ou não verbal dos não-transeuntes comigo justamente após o nosso primeiro contato e a apresentação recíproca.

Às vezes, as situações transcorreram no dia mesmo do primeiro encontro; outras, posteriormente. Salientarei em particular os comentários que tais pedestres fizeram na minha frente sobre o meu próprio "idioma corporal" e aquele de terceiros, não-transeuntes como eles — recorrendo, aqui, à concepção goffmaniana acerca da dimensão comunicativa de gestos, posturas, trajes e expressões faciais que integram a linguagem através da qual os corpos humanos transmitem mensagens recíprocas, quando em copresença física (Goffman, 1963: 32).

De fato, a palavra é mediação simbólica importante nos três momentos aqui discernidos. Mas ela é indissociável do que "falam" os corpos.

Entrando em contato comigo

Nos três setores da Praça da Sé não faltam pedestres, afora carrinhos de mão, mochilas, cadeiras de engraxate e demais equipamentos e acessórios pessoais — sem falar de uma ou outra viatura da Guarda Civil Municipal que, por vezes, cruza o tablado em performance vigilante, diante de uma feira clandestina diária de produtos diversos conhecida como "do rolo". Aos demais automóveis, ônibus, bicicletas e caminhões restam os leitos das ruas que emolduram o conjunto, tomado por edificações que sediam, além da Catedral Metropolitana de São Paulo e do Tribunal de Justiça, bancos, uma farmácia, uma livraria, além de vendinhas e lanchonetes frequentadas por (não-)transeuntes. Já do subsolo da praça brotam ininterruptamente passageiros do entroncamento crucial que é, desde o início dos anos 1970, a Estação Sé do metrô.

Essa movimentação humana permite imaginar que reine ali a impessoalidade absoluta, própria das interações dos "indivíduos" que adentraram as cidades grandes da sociologia pela pena de Georg Simmel. A Praça da Sé seria um "mundo de estranhos", como as ruas e praças das cidades norte-americanas e europeias (Lofland, 1973, 1998).

Entretanto, não é nada disso. Nunca permaneci mais de 15 minutos na praça sem ser abordada por pedestres que, com o tempo, discerni como não-transeuntes de lá. Em especial tipos que mais tarde se revelaram a mim como pregadores pentecostais, debatedores de religião e "moradores de rua", que se aproximavam interpelando: "O que está fazendo aqui?", "É jornalista?", "É assistente social?", "É pesquisadora?".

Dever-se-iam tais perguntas ao meu fenótipo (tez muito branca, cabelos loiros), trajes (calças *jeans* azul e camiseta preta sem rótulos aparentes) e acessórios (afora bolsa a tiracolo de lona preta e óculos de grau com aros pretos, e também sem rótulos aparentes, um caderno de capa monocromática em tamanho A4)? Não há uma resposta cabal. Uma orientanda de Iniciação Científica viveu experiência análoga ao estudar as técnicas corporais dos não-transeuntes ali. Com efeito, meus trajes e acessórios foram escolhidos propositadamente, como veículos de expressão de uma imagem de mim como alguém "que estuda" (daí o caderno), considerando que na interação social os outros são invariavelmente impressionados pelo que o indivíduo expressa de si (Goffman, 1959: 2).

Do ponto de vista fenomenológico, as razões para esse tipo de estranhamento importam menos do que sua mera possibilidade factual. Ele insinua que na Praça da Sé há pouco lugar para a impessoalidade. Ao menos comigo. Buscando situar-me no espaço social através de minha atividade profissional, as perguntas dos pedestres sinalizam para a possibilidade de uma regra de interação social vigorosa nas ruas e largos do centro histórico paulistano oitocentista e da virada do século XX: a *pessoalidade*, vinculação simbólica que o pedestre, pela mediação do idioma corporal na rua, nutre voluntária ou involuntariamente com o todo social em que se situa (Frehse, 2011: 254). Daí a intrigante sensação de afinidade em relação ao passado aludida no início deste estudo... Mas pessoalidade em que termos? Certamente não se trata do centro histórico da São Paulo daquele passado. Em busca de respostas, nada como as situações em que os não-transeuntes deram-se a conhecer a mim, em campo.

Apresentando-se a mim

As conversas sempre transcenderam as questões iniciais sobre a minha identidade profissional. Até porque sempre as respondi indicando ser "professora" (e quando perguntavam "de onde", eu dizia ser "da Universidade de São Paulo"), que "estuda o dia a dia na Praça da Sé de quem ali trabalha, frequenta e vive". Quando sucedia um "para quê?", eu indicava estar "escrevendo um livro". Tais respostas os incentivavam a contar de si, relembrando "professoras" de seu passado.

Transcendida a interlocução verbal do primeiro contato, apresentaram-se a mim *pessoas* (*personas*, "máscaras") definidas, modos de ser membro da sociedade (Mauss, 1997). E isso nem sempre conscientemente, reiterando que expressar-se para terceiros e impressionar-se com isso não são sempre atos intencionais (Goffman, 1959: 2).

Dois itens desse "equipamento expressivo" (Goffman, 1959: 22) próprio de qualquer interação social são reveladores de regras de interação comigo. Refiro-me, primeiramente, às evocações orais dos pedestres acerca de suas próprias atividades em prol de ganho monetário, ou àquelas de outros não-transeuntes, na Praça da Sé. Eram assuntos que eles invariavelmente abordavam, ao saber do objetivo de meu estudo. Em segundo lugar, penso em documentos que eles me mostraram na ocasião.

Os comentários sobre as atividades econômicas próprias ou alheias sinalizaram para uma pletora de ocupações informais, muitas delas clandestinas, aludidas apenas gestualmente, em silêncio. Recebi, por exemplo, na palma da mão, duas "balas de gengibre com própolis", que seriam vendidas por uma aparente "aposentada", Janaína* (25/02).[5] E isso, embora a mulher tenha se apresentado como alguém que viria à praça todos os dias apenas por "gostar", para "ver gente". Já alguns dias antes (08/02), o acordeonista do "Trio Agrestino" me flagrou escrevendo no tablado da praça e, contando vir de Alagoas, me ofereceu oralmente seu CD, que ele venderia "na surdina, por R$ 10,00", porque "os homem não podem ver", mirando os guardas

---

[5] O asterisco indica o caráter fictício do nome, para fins de anonimato; já a data entre parênteses aponta para o dia e o mês da situação respectivamente etnografada.

municipais. Naquele momento, a Prefeitura ainda proibia artistas de venderem discos na rua (Deiro, 2013).

Outro tipo de não-transeunte, mas é semelhante a ocupação econômica apresentada indiretamente no primeiro encontro. Relembro, de um lado, o jovem caolho que, puxando um carrinho de supermercado repleto de roupas velhas, certo dia (25/02) se aproximou da "caixa" do sapateiro Méier*, com quem eu conversava — e que se tornou, aliás, um informante privilegiado, no apelido a alusão ao bairro que ele teria adotado para o time de futebol que capitaneou na Zona Leste paulistana. Depois de cumprimentá-lo, o jovem ofereceu-lhe duas camisas por "R$ 2,00 cada", que Méier* não aceitou por lhe parecerem apertadas. A ocupação em questão só se evidencia gestualmente: venda de roupas velhas — clandestinamente, proibido que está o comércio nas ruas paulistanas. Outro dia (22/04), foi um aparente sexagenário que se aproximou da "caixa", nas mãos um saco grande de lixo do qual despontaram duas lanternas enormes. "Para pescaria", esclareceu Méier*, "iluminar carro etc., mas não quero não, agora"; embora o vendedor oferecesse uma por R$ 50,00: "na loja custa R$ 129,00".

Também outros tipos de não-transeuntes se revelaram envolvidos com vendas ambulantes insuspeitadas, no primeiro encontro: Claudio*, filho de Méier*, apresentou-se a mim (04/03) como sapateiro e "há pouco tempo com cigarros" — clandestinos "paraguaios" quando lhe perguntei a marca, que se insinuava dentro da sacola grande de plástico carregada às costas pela praça toda, o olhar aparentemente ao léu. Já um conhecido de Méier*, Petrone*, à primeira vista apenas um visitante eventual do sapateiro para "bater papo", cumprimentou-me (18/03) se dizendo "camelô" envolvido com "documentos para RG, carteira de motorista etc.", e cigarros. Por sua vez, Teresa*, jovem "moradora de rua", grávida, contou-me (25/03) que, passando o dia na praça, também vendia roupa na "feira do rolo" quando não "faço algum corre". Enfim, o engraxate Josué*, com o qual só conversei quando ele sinalizou gestualmente para eu me aproximar de sua "cadeira" (24/05), explicitou que na praça também jogaria cartas por dinheiro: era, aliás, o que acontecia ali então, ele e dois companheiros de pé em volta do assento da cadeira de engraxar, sua mesa de jogo.

Tais referências remetem à estratégia comunicacional reconhecida por Maria Filomena Gregori (2000: 31) nos "meninos de rua" paulistanos. É a "viração", noção relativa à "tentativa de manipular recursos simbólicos e 'identificatórios'" diversos e não reciprocamente excludentes, a fim de "dialogar, comunicar e se posicionar" em relação à "cidade e seus vários personagens".

Mas, do ponto de vista das interações sociais dos não-transeuntes da Praça da Sé comigo, parece haver mais em jogo. "Viração" sintetiza menos um conjunto de regras vigentes em categorias sociais específicas do que uma lógica conceitual da rua, ao menos daquela que os não-transeuntes da Praça da Sé insinuam ao se apresentar a uma "escrevente" como eu — conforme certa vez (08/07) me caracterizou Méier*. Passar o dia na Praça da Sé parece vir de mãos dadas com a exploração de oportunidades econômicas — clandestinas ou não — de ganhos monetários que se apoiam justamente na importância social da pessoalidade ali: camelôs ou não, ao menos alguns não-transeuntes asseguram, ao interagir com seus pares, ganhos monetários pela mediação da vinculação instantânea de tais pedestres a lugares definidos do espaço social, na perspectiva, com efeito, de suas possibilidades de viração. Parecem importar pouco, por exemplo, os nomes dos interlocutores, chamados indiscriminadamente de "Bahia" (cf., por exemplo, 29/04 e 27/05).

É o que me leva a chamar de *viração pessoal* uma primeira regra que reconheço como mediação das interações sociais dos não-transeuntes entre si diante de mim. Já uma segunda regra vai na contramão da flexibilidade comunicacional implícita na noção de viração. A *autointegração pessoal* entra em cena quando consideram os símbolos materiais mobilizados pelos pedestres ao se apresentarem a mim. São documentos que simbolizam a integração supostamente evidente deles no espaço social paulistano.

Enquanto tematizávamos as respectivas ocupações econômicas, entrava em pauta, sem eu perguntar, o *status* social de meus interlocutores. Afinal, carteiras e cartões comprobatórios de trajetórias de vínculos profissionais e civis definidas saíam de mochilas e bolsos das calças e me eram mostrados sem que eu pedisse.

Significativamente, a carteira de trabalho só me foi mostrada por Douglas*, "morador de rua" de mais de 30 anos viciado em cocaína. Seus poucos erros orais de português me sugeriram uma condição social relativamente privilegiada (05/04). Mas a carteira evidenciou atividades profissionais apenas pregressas, em meio a um discurso que me fez anotar: "Mostra-me a carteira como que para atestar um passado digno". Não podemos esquecer que o documento constitui, nas ruas brasileiras, um símbolo de *status* historicamente poderoso. Desde que instituída no país por Getúlio Vargas em 1932, a carteira ganhou os lugares públicos urbanos, por seu poder de livrar o detentor de eventuais suspeitas policiais de "vadiagem". Esta, por sua vez, se tornou um motivo de perseguição comum no Brasil, sobretudo após a abolição da escravidão africana (Frehse, 2011: 126, 311): repressão, de um lado, à "vagabundagem" (pressuposta em quem não tivesse ocupação fixa e andasse pelas ruas vagando à procura do que fazer) e, de outro, à "vadiagem" (pressuposta, por sua vez, em quem, afora ausência de vínculo empregatício, não tivesse domicílio). A perseguição ganhou novo impulso com o artigo 59 da Lei de Contravenções Penais de 1941, deixando "vadiagem" de se referir à falta de domicílio, mas não de ocupação. Considerando que o artigo foi revogado apenas em agosto de 2012 (Rachid, 2013: 5, 10), compreende-se a simultânea atualidade e densidade histórica do gesto de Douglas*.

Já outros pedestres recorreram, sem que eu perguntasse, a documentos alternativos. Talvez por falta de vínculos formais de emprego, foi mais comum apresentar-me o "RG" — quando se era "aposentado por invalidez" e se passava tardes inteiras "batendo papo" com Méier* (26/04), ou se era o "morador de rua" que, evidenciando tal documento, me pediu, com forte hálito de cachaça, "para sentar" ao seu lado no chão, sem "precisar ter medo" (04/02). Neste caso, apareceu também a "carteira do Bom Prato", serviço estadual de restaurantes a R$ 1,00. Já "desempregados", morando ou não em albergues, recorreram ao "cartão do meu benefício" creditado na Caixa Econômica Federal (12/04 e 10/05).

Quando, por sua vez, se tinha emprego, mesmo que só recente, aí valia o logotipo da empresa na camisa do uniforme, ressaltado com orgulho (20/05), ou o cartão de visitas da loja de comércio popular da qual se era "puxador de clientes" (24/05). Se a atividade era mais informal, os símbolos eram outros: o cartão de visitas — quando se era pregador pentecostal na praça (18/03) —, fotocópias em tamanho A4 de propagandas do "curso intensivo do inglês" — do qual se era o proprietário e único professor, quando não se estava pregando pelas ruas da cidade (13/05) —, ou a "carteira da Ordem dos Músicos do Brasil", com "foto e assinatura" de "artista" (25/02).

O uso potencialmente recorrente de tais mediações documentais sinaliza para a relevância de apresentar à professora-escritora a *persona* de alguém socialmente integrado em São Paulo. A presença constante na rua não impediria esse *status*. Se apenas raramente se tem emprego, que fique evidente ao menos que já se o teve; ou que se tem, na sociedade civil brasileira, um lugar simbolicamente assegurado pelo "Registro Geral". Este é raro sobretudo entre os "moradores de rua" da Praça da Sé, que com frequência me contaram que o documento lhes teria sido roubado.

Evidenciando-se nas situações de apresentação fenomênica a mim, ambas as regras de interação social — a viração pessoal nas relações econômicas e a autointegração pessoal nas relações sociais — de fato se inserem na lógica simbólica da pessoalidade própria do espaço da praça. É porque se é pessoa, que é possível "virar-se" ali; é a reafirmação de pessoas definidas que cartões, carteiras e carteirinhas viabilizam.

Pode-se argumentar que viração e autointegração pessoais são regras absolutamente fragmentárias e parciais, já que tributárias essencialmente de minha presença física diante desses pedestres. Estes só seriam pessoas viradoras e autointegradoras na minha frente, o que reduziria o rendimento teórico da interpretação.

Justamente porque a presença mediadora do etnógrafo em campo é dimensão metodológica crucial da hipótese aqui em jogo, cabe agora enfrentar a questão do alcance empírico de ambas as regras na Sé, por referência às interações sociais dos não-transeuntes estudados. Para tanto, nada como os padrões que mediaram a convivência social dos não-transeuntes comigo após nossa apresentação recíproca.

Convivendo comigo

Fórmulas verbais e não verbais de contato e apresentação logo cederam espaço a outras, próprias de comentários dos pedestres em questão sobre mim e terceiros, na minha frente. Interessam aqui em particular observações deles a respeito tanto do meu idioma corporal quanto daquele de não-transeuntes específicos, a poucos metros de nós.

Como veremos, também tais evocações remetem à viração e à autointegração pessoais. Mas as regras são tematizadas através de atributos classificatórios de densidade moral variável: conteúdo valorativo — positivo ou negativo — mais ou menos marcado. É este critério moral que sugere estarmos em face de padrões socialmente mais abrangentes no logradouro. Por sua mediação, a Praça da Sé dos não-transeuntes revela às ciências sociais brasileiras uma rua insuspeitada.

Chamou a minha atenção a comoção que emanava da voz e das expressões faciais em especial dos "moradores de rua" quando eu me dirigia a eles nominalmente, a cada reencontro. "Você se lembra do meu nome...", surpreendeu-se Cesar*, ao me rever (08/02) uma semana após o nosso primeiro contato: "O seu é... Como você disse?". Mais do que surpresa, foi incredulidade que irradiou, por sua vez, do rosto de Dirceu* quando cheguei no horário previamente combinado para entrevistá-lo (10/05): "Você lembra do meu nome e veio pontualmente? Quero lhe dar um presente". E retirou de baixo da jaqueta estendida no tablado da praça uma bolsa vermelha surrada que teria comprado na "feira do rolo" para me dar, por eu ser tão "legal" com "nóis".

Descontadas as estratégias de sedução afetiva implícitas nesses tipos de abordagem, os exemplos revelam certo padrão de reação corporal — verbal mas não só — a qualquer gesto, postura ou fala que expresse que o nome, as histórias, as prioridades afetivas do pedestre em questão foram levadas em consideração. De fato, insinua-se uma sensibilidade ímpar para quaisquer manifestações do idioma corporal alheio que sinalizem respeito pela *pessoa* que se é, moldada socialmente em meio à tez e às unhas escuras de fuligem, ao odor de roupas e corpos que há dias não veem sabão ou sabonete.

Embora explícitas notadamente nas minhas interações com os homens que moravam nas ruas ou em albergues, expressões emocionais semelhantes transpareceram também na convivência com outros não-transeuntes. Só que nesses casos a receptividade se manifestou, por exemplo, em recomendações verbais a terceiros — também não-transeuntes da praça —, para que se dispusessem a conversar comigo: eu seria "muito legal", "de confiança" e "gente boa" (segundo, respectivamente, a "moradora de rua" Renata*, Méier* e o pregador Jivaldo*, em situações diversas de 06/05 e 28/06). Isso para não falar da disposição de me "ajudar" com o meu estudo: seja porque, como o "sanfoneiro" Goiás*, se assumia que eu seria "pessoa maravilhosa" após ter lhe oferecido certo dia (17/05) uma cópia da legislação municipal, então ainda recente, autorizando atividades artísticas nas ruas; seja por eu ter conversado bastante com Carlos*, que, ativo carteador na praça, comentou: "A senhora é uma moça de respeito, de família" (24/05). Mas no mesmo dia houve também quem se dispusesse, como o engraxate Marco*, a me "ajudar" ao constatar que Méier* estaria me "ajudando". Já o debatedor de religião Assad* quis "ajudar" ao ouvir que eu teria estudado "antropologia" e que trabalho "na USP" (07/06).

Imbuídos voluntária ou involuntariamente de tais ênfases, os comentários sobre o meu idioma corporal diante dos não-transeuntes acabam por ir ao encontro da mesma regra de autointegração pessoal anteriormente mencionada. Porém, há duas cruciais novidades aqui. As reações ratificam a validade do padrão de modo contrapontístico: é a surpresa pelo tratamento supostamente respeitoso que evidencia o quanto o não-transeunte preza ser respeitado como pessoa que é — e com quão pouca frequência ele parece ser tratado assim... Ademais, a autointegração pessoal, que suscita a surpresa e a comoção de quem dela lança mão, parece ser menos de cunho amplamente social do que especificamente moral. Tanto que é tentador demais etnografar as reações em questão recorrendo a termos como "consideração" e "respeito".

Com efeito, é sobretudo nos comentários verbais a respeito do idioma corporal de outros não-transeuntes que a dimensão moral das duas regras anteriormente discernidas se deixa entrever com vigor. Em relação à viração pessoal, são reveladoras sobretudo classificações linguísticas que, dirigidas focadamente a mim ou referenciadas desfocadamente na minha frente, tematizam o trabalho.

Ao comentar comigo diante de Méier* sobre o "sucesso" deste na praça, um de seus visitantes habituais, o aposentado Galdino*, taxista no logradouro por décadas, foi sintético: ele seria "trabalhador e malandro" (04/02), condições *sine qua non* para conseguir permanecer na Praça da Sé em meio a "muita coisa ruim, muita coisa boa" que ali haveria, e de que Galdino* me falou posteriormente (25/02). A referência à valorização do mundo do trabalho retorna, mas ligada a atividades de natureza definida ali: precisamente aquelas marcadas pela "malandragem". E eis que voltamos à viração, capacidade de não perder as oportunidades que a rua oferece a quem é versátil.

É um tipo de acepção que se modula de modo *sui generis* quando é o próprio Méier* que comenta a respeito das atividades econômicas do filho Claudio* na praça: ele "está vendendo droga — cigarro" (25/02), embora, para desespero do pai, demonstre, em outro momento (19/04), "preguiça: falta nele o que chamo de disciplina". Mais de um mês depois (21/06), falta "jeito": subempregado de outro sapateiro da praça que teria ido viajar, Claudio* seria "malandro", sumindo com os materiais do homem.

Marcada positiva ou negativamente, a associação trabalho-malandragem atravessa, assim, ao menos duas observações de não-transeuntes sobre seus pares. Elas sugerem que permanecer fisicamente na Praça da Sé com regularidade inevitavelmente torna a pessoa do pedestre objeto de avaliações morais quanto à sua suposta relação com o trabalho — mesmo informal. Quando quem fala da venda frequente de "celulares roubados na caradura, afora assaltos e roubos na Praça da Sé", é o sanfoneiro Goiás*, o próprio ganha-pão é contemplado como "trabalho limpo, honesto" (26/04). Não importa que então artistas de rua ainda estivessem proibidos em São Paulo.

As apreciações reiteram, agora em meio a interações verbais próprias da convivência social após a apresentação recíproca, a viração como padrão de intercâmbio econômico entre os não-transeuntes. Mas há mais. Como são pessoas que "se viram", a viração é moralmente marcada: a de Méier* e de Goiás* é positiva, oposta à de Claudio*, embora em todos esses casos se trate de atividades econômicas informais.

A rua no Brasil em questão (etnográfica)

Nos outros comentários proferidos na minha frente sobre o idioma corporal de terceiros, é a dimensão moral da autointegração que, por sua vez, se insinua.

Embora de aparência completamente transitória, o mundo social dos "moradores de rua" da praça é bastante rigoroso em termos morais. Foi o que me sugeriu a dinâmica social que testemunhei na "maloca da cachaça" da praça, "espaço de maloqueiro" — como me esclareceu um de seus membros, Jô* (01/02): isto é, de "cara que vive na vida, trecheiro; não está na rua de graça: alguma coisa ele fez. É vagabundo e quer ser livre para usar droga". Era um perímetro específico no canteiro em torno do tablado da Praça da Sé nos momentos do dia em que ali permanecia, segundo outro membro, Dirceu*, um conjunto de no mínimo "cinco caras" que dividiriam entre si tarefas ligadas à busca de dinheiro, de cachaça, de comida e de cigarro para o conjunto, em meio às pressões da polícia e de outros "maloqueiros" (08/07).[6]

Aqui, importa que os "maloqueiros" usavam entre si, na minha frente, classificações linguísticas próprias de estruturas familiares nucleares consolidadas. Com seus 53 anos, Dirceu*, por exemplo, revelou-se "pai de rua" de Flávia*, 24 anos, enquanto sua "mulher" seria a "mãe" dela. Já Cadu*, de 27 anos, teria como "pai de rua", pelo que me contou sua "mulher" Sabrina* certo dia (17/05), um "maloqueiro" bastante arredio comigo, aparentemente de uns 35 anos de idade. Mas Cadu* seria também "irmão de rua" de outro jovem de idade aparentemente próxima, e que só me foi apresentado muito fugazmente (27/05). Em todos esses casos, a classificação assegurava a "pai" e "mãe" um tratamento profundamente respeitoso e protetor.

A importância da "reprodução de estruturas familiares" na rua já foi ressaltada por referência a "meninos nas ruas" (Gregori, 2000: 130 ss.). Do ponto de vista das interações sociais entre não-transeuntes diante de mim, por sua vez, as classificações sinalizam que a integração moral do pedestre no espaço social da maloca parece se dar pela atribuição, à pessoa, de um lugar simbólico definido numa suposta estrutura familiar nuclear estabelecida — com pai, mãe e irmãos.

Tais classificações são inconfundíveis com outras que têm sido mobilizadas para pensar as relações sociais fugazes no Brasil. Penso, por um lado, na categoria de "chegado" — destrinchada por Magnani (2004: 115) em relação ao "pedaço", na periferia paulistana dos anos 1980: "o conhecido de fulano que nutre com este vínculos apenas superficiais", na "rede de re-

---

[6] Sobre a noção de "maloca" em outro contexto etnográfico no centro de São Paulo dos anos 2000, cf. Frangella (2009: 153).

lações que combina laços de parentesco, vizinhança, procedência". Impressionou-me não apenas que os integrantes da maloca desconhecessem os nomes uns dos outros, mas que Méier* frequentemente demonstrasse na minha frente ignorar o nome de seus visitantes. Também ele recorria ao vocativo "Bahia" — que certa vez (29/04) me explicou usar "porque é mais fácil". Entretanto, isso não significa que se trata, por outro lado, de "estranhos" nos termos da noção discernida por José de Souza Martins (1997: 19) na fronteira amazônica dos anos 1970 e 1980: o estranho como "não-membro do grupo".

Se nos atributos referentes aos mundos do trabalho e da família a dimensão moral aparece nuançada, a parcialidade valorativa é explícita quando as categorias provêm dos mundos da religião, da saúde mental, da drogadição e da sexualidade.

Parece crucial a fidelidade à Bíblia, não importa a religião. Assim, Méier*, devoto de Nossa Senhora Aparecida, fazia questão de receber às segundas-feiras a oração bíblica do angolano sexagenário "Pastor" Darrell*, sendo sexta-feira dia de retribuir: ele polia "de graça" os sapatos do pregador (04/02). Com efeito, não só quem é pregador conta com a Bíblia. O sanfoneiro Goiás* justificou certo dia (26/04) as dificuldades que enfrentaria para tocar na praça aludindo indiretamente ao livro sagrado: "faz parte; nem de Jesus todo mundo gostava".

Por outro lado, não basta ser pregador para ser positivamente associado à Bíblia. Sentada no banquinho de um engraxate após assistir à pregação, a aposentada Janaína* afirmou, no dia de nossa longa conversa (25/02), que o pregador então em ação não era "bom", por "gritar muito, e a palavra de Deus não é para ser gritada; é para ser dita com calma, em paz". Já para o assíduo debatedor de religião Alagoano*, o problema dos pregadores seria outro: um discurso cheio de "contradições", que ele viria "todo dia" à Sé para "pegá", já que "leio a Bíblia sempre" (04/02).

Se, para tais debatedores, alguns pregadores seriam moralmente execráveis pelo modo como interpretariam e divulgariam a "palavra de Deus", o mesmo vale para eles próprios. Basta conversar com o pregador Jivaldo* sobre tais debates, enquanto ele observa os "fariseus" à distância (13/05): "A Bíblia proíbe isso". Mas já Jesus teria tido de enfrentá-los: "tem gente que realmente tem problema na cabeça". De fato, "o pior não são os moradores de rua e o público", seus espectadores, mas "essas pessoas", com "doenças na cabeça". Nada de muito diferente aconteceu quando tematizei os debates com o engraxate Marco*, também pastor da Assembleia de Deus, embora não na Sé: "esses fariseus não acreditam em Jesus", teriam "doença na cabeça"; mas "faz parte", pois "na Bíblia, quando Jesus pregava, tinha gente que não acreditava nele" (26/04).

Permeados por tais atributos, os comentários dos pedestres explicitamente vinculados a religiões remetem de modo involuntário a um quarto critério classificatório de cunho moral a permear as interações dos não-transeuntes com seus pares, na minha frente: além de uma capacidade específica de viração, certo pertencimento a vínculos familiares e uma suposta fidelidade à Bíblia, importa uma saúde mental peculiar. Certo dia (27/05), Marco* sugere, com o característico dedo indicador na têmpora, que "doença na cabeça" se aplicaria também ao engraxate Arnaldo*, aparente sexagenário que recobriu com papel alumínio a "cadeira" e outros acessórios de engraxar.

Mas tudo fica valorativamente ainda mais marcado quando o comentário se dirige à drogadição. Contemplando, ao meu lado, uma jovem moça "crackeira" deitada a uns três metros de sua "caixa", num canteiro sombreado do setor triangular da praça, Méier* comentou comigo, em certa ocasião (12/04): "Você acha normal lavar a mãos na rua?". Ademais, "ela trocou de roupa na árvore, fazendo *striptease* na praça".

Já outro dia (05/04), a moradora de rua Renata* me recebeu na maloca esbravejando contra uma mulher que ela acompanhava com o olhar a poucos metros dali: seria uma "zuretada" que "roubou minha mochila", o que "eu só descobri porque ela está com a minha jaqueta; olha lá". A referência a um suposto estado mental alterado, implícito na palavra "zureta", se alia à possibilidade efetiva do uso de drogas, como o *crack* e a cocaína, facilmente à mão na praça hoje em dia.

Porém a drogadição pode ser também explicitamente associada a atributos morais depreciativos em relação à prática do sexo. Nesse caso, são mulheres os alvos dos comentários — de outras mulheres. Observando uma jovem aparentemente drogada adentrar, trajando shorts e camiseta, a área onde um pregador orava, e criticar o discurso do homem com virulência (25/02), Janaína* "passou" — como anotei — "a 'meter a lenha' na moça mais abertamente que os espectadores masculinos, expulsando-a literalmente de lá com palavras que conotavam 'drogada', 'mulher sem-vergonha', 'vagabunda'". Se, imbuído de um fervor religioso ímpar, o comportamento de Janaína* pode ser visto como extremo, a poucos metros dali a maloca contava com possibilidades análogas, quando a não-transeunte se encontrava de shorts e camiseta bem rentes ao corpo, em geral acompanhada de seu "marido". Os pretextos eram, entretanto, outros: o fato de a "loira Mônica*, essa puta, mexer na minha mochila", chorou Renata* certo dia (20/05);

ou o fato de que a jovem Sabrina*, "mulher" de Cadu*, "dorme toda noite com um cara diferente": é "mulher da vida, vadia" (07/06).

Pautados nas ênfases acima, os comentários trazem a inexorável marca da fragmentação própria dos relatos etnográficos que, produzidos no "calor da hora", foram aqui submetidos a uma primeira análise. Ademais, não os cotejei com as entrevistas em profundidade já realizadas no ínterim. Tal caráter preliminar não impede, contudo, discernir uma rigorosa linha moral a separar, na minha frente, pessoas de pessoas, dentre os não-transeuntes da Praça da Sé. O que amplia o alcance empírico, no logradouro, das regras de viração e autointegração pessoais que as situações do primeiro contato e da apresentação dos não-transeuntes a mim evidenciaram. Se não tenho ainda elementos para discernir os critérios que tornam a viração moralmente condenável ou não, para esses pedestres, e que assegura a sensação de que se está integrado entre os pares, os conteúdos claramente morais dessas regras sugerem que elas podem ter validade também em situações outras, afora aquelas em que estive presente.

Assim, desemboco enfim na hipótese que norteou este estudo. Viração e autointegração pessoais devem *tudo* aos padrões de interação que mediaram o meu contato fenomênico com os não-transeuntes na praça; já o conteúdo moral que lhes subjaz relativiza a importância analítica de nossas interações.

Se a reflexão faz sentido, então o "diálogo para valer" que impregna a etnografia ganha uma "cara" peculiar quando se inicia pelo estranhamento das regras que medeiam as interações sociais do próprio etnógrafo em campo. Identificadas tais regras, só o que resta é reconhecer sua natureza fenomênica e, portanto, a dimensão interacional que impregnará a interpretação daí resultante. Eis a base epistemológica para inquirir, num momento analítico posterior, o alcance empírico dessas regras em campo, por referência à presença física do etnógrafo ali. Foi o que tentei fazer nesta última subseção.

Contribuições da rua etnográfica
à rua teórica e metodológica

A autoetnografia revelou a Praça da Sé como espaço essencialmente moral: concepções sobre o bem e o mal embebem com vigor as interações verbais e não verbais dos não-transeuntes ali. Talvez a ilustração mais sintética da pertinência empírica dessa rua seja a observação do taxista aposentado Galdino* sobre a Praça da Sé: "Na rua aprendi a reconhecer quem é malandro, quem é honesto, quem é bandido, quem é puta" (25/02).

Estamos, por tudo isso, em face de uma praça que oferece duas contribuições teóricas definidas para o debate sobre a rua no Brasil. Do ponto de vista da viração e da autointegração pessoais de forte densidade moral, emerge, em primeiro lugar, uma rua marcada etnograficamente por uma inegável dimensão material, sem a qual tais regras de interação social seriam empiricamente impossíveis. A rua, pois, não se restringe a uma representação. Mas tampouco é apenas *onde* a vida social se dá. Trata-se de um espaço *definido*, que se produz socialmente por intermédio, entre outros, dos padrões de convivência social dos não-transeuntes aqui discernidos. É inevitável relembrar a noção do espaço como "conjunto de relações" socialmente produzidas que interfere de modo simultâneo nas relações econômicas e sociais (Lefebvre, 2000: xx, xxv)...

Chego assim a uma segunda contribuição teórica da Praça da Sé às ciências sociais brasileiras. O que há de comum entre as duas regras aqui expostas é seu caráter pessoal essencialmente moral. Então, há como falar de um *espaço público de pessoalidade moral*, padrão de interação social que torna essa rua etnográfica inconfundível com aquela que o contato com a bibliografia sobre a rua no Brasil deixou entrever. O que assim vem para o primeiro plano da interpretação é uma lógica definida de interação social face a face, do ir e vir fugaz e improvisado de efeitos recíprocos: um conjunto de mediações simbólicas vigentes e apreensíveis apenas fenomenicamente, através daquilo que Goffman (1967: 1) chamou de "exame próximo, sistemático desses 'comportamentos pequenos'". Pelo prisma dessa possibilidade interpretativa, a desigualdade social, a criatividade, a oscilação entre a casa e a rua e a resistência se revelam não somente tributárias de planos outros de análise. Elas deixam em aberto *como* o caráter moral — mais ou menos pessoal — das regras de interação social dos pedestres na rua interfere (ou não) na "exclusão", na "viração", na "malandragem", na "cultura de rua", nos "contra-usos", entre outros, ali discerníveis empiricamente.

Então, a rua etnográfica tem também uma contribuição metodológica para o debate. À luz da pessoalidade moral que a autoetnografia revela, a rua da desigualdade social e aquelas da criatividade, da oscilação entre a casa e a rua, e da resistência remetem a concepções sobre a rua no Brasil forjadas a partir de pontos de vista etnográficos espacialmente específicos. Elas localizam-se *fora* das situações de interação social do etnógrafo com seus "nativos". É que, embora elaboradas em intenso contato com o campo, as interpretações em questão *não* explicitam o papel metodológico que as interações com os "nativos" exerceram sobre os resultados conceituais acerca da rua dali derivados.

E qual a importância de tal explicitação? A antropologia pós-moderna foi pródiga em problematizar abertamente as relações de poder a mediarem os contatos etnográficos entre antropólogo e nativos. Mas e a dimensão espacial de tais relações de poder, a mediação da materialidade física nos vínculos sociais em campo?

O que tentei aqui foi problematizar justamente a interferência de minha presença em campo sobre os meus próprios dados etnográficos. Se o que sabemos do outro depende das "impressões" que "damos" (Goffman, 1959: 2), o ofício de etnógrafo se complexifica de maneira insuspeitada. As ruas nas grandes cidades ocidentais viram típico-ideais dos dilemas do etnógrafo em campo, predominando ali interações desfocadas. E a rua dos não-transeuntes da Praça da Sé coloca isso em xeque. Afinal, o "desfoque" ali é apenas aparente. Ou melhor, *ele é e não é ao mesmo tempo*, mediado pelo foco moral certeiro das pessoas que ali se deixam ficar em meio ao trânsito fremente de muitas outras, mais ou menos individualizadas, no cotidiano da metrópole. A rua dos não-transeuntes da Praça da Sé é produzida, entre outros, pela mediação de interações sociais focadamente desfocadas entre *pessoas morais*.

BIBLIOGRAFIA

ARANTES, Antonio A. (2000). *Paisagens paulistanas*. Campinas/São Paulo: Editora da Unicamp/Imprensa Oficial.

BURSZTYN, Marcel (org.) (2000). *No meio da rua*. Rio de Janeiro: Garamond.

DaMATTA, Roberto (1997a). *Carnavais, malandros e heróis*, 6ª ed. Rio de Janeiro: Rocco.

_____ (1997b). *A casa & a rua*, 5ª ed. Rio de Janeiro: Rocco.

DEIRO, Bruno (2013). "Câmara aprova artistas de rua em SP até 22h". *O Estado de S. Paulo*, 8/5/2013, <http://sao-paulo.estadao.com.br/noticias/geral,camara-aprova--artistas-de-rua-em-sp-ate-22h-imp-,1029512> (acesso em 13/5/2013).

ECKERT, Cornelia; ROCHA, Ana Luiza C. da (2003). "Etnografia de rua: estudo de antropologia urbana". *Iluminuras*, vol. 4, n° 7, Porto Alegre, PPGAS/UFRGS, pp. 1-22.

EINSTEIN, Albert (1988). *Über die spezielle und die allgemeine Relativitätstheorie*, 23ª ed. Berlim: Springer.

ELLIS, Carolyn; BOCHNER, Arthur P. (2000). "Autoethnography, Personal Narrative, Reflexivity: Researcher as Subject". In: DENZIN, Norman K.; LINCOLN, Yvonna

S. (orgs.) (2000). *Handbook of Qualitative Research*, 2ª ed. Thousand Oaks: Sage, pp. 733-68.

ESCOREL, Sarah (2000). "Vivendo de teimosos: moradores de rua da cidade do Rio de Janeiro". In: BURSZTYN, Marcel (org.). *No meio da rua*. Rio de Janeiro: Garamond, pp. 139-71.

FAVRET-SAADA, Jeanne (2005). "Ser afetado". Tradução de Paula Siqueira. Revisão de Tânia Stolze Lima. *Cadernos de Campo*, Revista dos Alunos de Pós-Graduação em Antropologia Social da USP, nº 13, São Paulo, pp. 155-61.

FERNANDES, Florestan (2004). *Folclore e mudança social na cidade de São Paulo*, 2ª ed. São Paulo: Martins Fontes.

FERREIRA, Rosa M. F. (1979). *Meninos de rua*. São Paulo: Ibrex.

FRANGELLA, Simone M. (2009). *Corpos urbanos errantes: uma etnografia da corporalidade de moradores de rua em São Paulo*. São Paulo: Annablume/FAPESP.

FREHSE, Fraya (2005). *O tempo das ruas na São Paulo de fins do Império*. São Paulo: Edusp.

_____ (2011). *Ô da rua!* São Paulo: Edusp.

_____ (2013). "Os tempos (diferentes) do uso das praças da Sé em Lisboa e em São Paulo". In: FORTUNA, Carlos; LEITE, Rogerio P. (orgs.). *Diálogos urbanos*. Coimbra: Almedina, pp. 127-73.

FREYRE, Gilberto (2000). *Sobrados e mucambos*, 12ª ed. Rio de Janeiro: Record.

FRÚGOLI JR., Heitor (1995). *São Paulo: espaços públicos e interação social*. São Paulo: Marco Zero.

GOFFMAN, Erving (1959). *The Presentation of Self in Everyday Life*. Nova York: Anchor Books.

_____ (1963). *Behavior in Public Places*. Nova York/Londres: The Free Press/ Collier-Macmillan.

_____ (1967). *Interaction Ritual*. Nova York: Anchor Books.

GREGORI, Maria Filomena (2000). *Viração: experiências de meninos nas ruas*. São Paulo: Companhia das Letras.

KOWARICK, Lúcio (1975). *Capitalismo e marginalidade na América Latina*. Rio de Janeiro: Paz e Terra.

LEFEBVRE, Henri (2000). *La production de l'espace*. Paris: Anthropos.

LEITE, Rogerio P. (2004). *Contra-usos da cidade*. Campinas/Aracaju: Editora da Unicamp/Editora da UFS.

LOFLAND, Lyn H. (1973). *A World of Strangers*. Prospect Heights: Waveland Press.

_____ (1998). *The Public Realm*. Nova York: Aldine De Gruyter.

LOWRIE, Samuel (1938). "Pesquisa do padrão de vida das famílias dos operários da limpeza pública da municipalidade de São Paulo". *Revista do Arquivo Municipal*, São Paulo, nº 51.

MAGNANI, José Guilherme Cantor (1998). *Festa no pedaço: cultura popular e lazer na cidade*, 2ª ed. São Paulo: Hucitec.

_____ (1996). "Quando o campo é a cidade: fazendo antropologia na metrópole". In: MAGNANI, José Guilherme C.; TORRES, Lilian de L. (orgs.). *Na metrópole*. São Paulo: Edusp, pp. 13-53.

_____ (1998). "Transformações na cultura urbana das grandes metrópoles". In: MOREIRA, Alberto da S. (org.). *Sociedade global*. Petrópolis/São Paulo: Vozes/ Universidade São Francisco, pp. 56-78.

_____ (2004). "Rua: símbolo e suporte da experiência urbana". In: NAU (Núcleo de Antropologia Urbana da USP), <http://www.n-a-u.org/ruasimbolo esuporte. html> (acesso em 22/07/2004).

_____ (2009). "Etnografia como prática e experiência". *Horizontes Antropológicos*, vol. 15, nº 32, Porto Alegre, UFRGS, pp. 129-56.

MARTINS, José de Souza (1992). *Subúrbio*. São Paulo/São Caetano do Sul: Hucitec/ Prefeitura de São Caetano do Sul.

_____ (1997). *Fronteira*. São Paulo: Hucitec.

_____ (2008). *A sociabilidade do homem simples*, 2ª ed. São Paulo: Contexto.

MAUSS, Marcel (1997). *Sociologie et anthropologie*, 7ª ed. Paris: Quadrige/PUF.

MOISÉS, José Álvaro (1981). "Protesto urbano e política: o quebra-quebra de 1947". In: MOISÉS, José Álvaro *et al. Cidade, povo e poder*. Rio de Janeiro: Paz e Terra, pp. 50-64.

PERLMAN, Janice E. (1977). *O mito da marginalidade*. Tradução de Waldívia M. Portinho. Rio de Janeiro: Paz e Terra.

RACHID, Raquel (2013). "Vadiagem: efeitos revogados de uma contravenção que vigora". *Liberdades*, nº 13, São Paulo, pp. 3-14.

RIZZINI, Irene; RIZZINI, Irma (1991). "'Menores' institucionalizados e meninos de rua: os grandes temas de pesquisas na década de 80". In: FAUSTO; Ayrton; CERVINI ITURRE, Rubén (orgs.). *O trabalho e a rua: crianças e adolescentes no Brasil urbano dos anos 80*. São Paulo: Cortez, pp. 69-90.

SANTOS, Carlos N. F. dos; VOGEL, Arno (1985). *Quando a rua vira casa*, 2ª ed. Rio de Janeiro: FINEP/IBAN.

SCHUCH, Patrice (2012). "A 'situação de rua' para além de determinismos: explorações conceituais". In: DORNELLES, Aline E. *et al. A rua em movimento*. Belo Horizonte: Didática, pp. 11-25.

SILVA, Hélio R. S.; MILITO, Cláudia (1995). *Vozes do meio-fio*. Rio de Janeiro: Relume Dumará.

STOFFELS, Marie-Ghislaine (1977). *Os mendigos de São Paulo*. Rio de Janeiro: Paz e Terra.

VIEIRA, Maria Antonieta da C. *et al.* (orgs.) (1994). *População de rua*, 2ª ed. São Paulo: Hucitec/Prefeitura do Município de São Paulo.

VIVEIROS DE CASTRO, Eduardo (2002). *A inconstância da alma selvagem*. São Paulo: Cosac Naify.

8

Fluxos de uma territorialidade: duas décadas de "cracolândia" (1995-2014)[1]

Taniele Rui

"A região conhecida como cracolândia varia de acordo com quem a menciona. Para alguns ela compreende apenas meia dúzia de quarteirões, para outros praticamente todo o centro de São Paulo" (Mingardi e Goulart, 2001: 11). É dessa maneira ambivalente que a área notabilizada nacionalmente como "cracolândia"[2] foi apresentada na primeira pesquisa social dedicada a ela, realizada por Guaracy Mingardi e Sandra Goulart durante o mês de maio de 1999. Como se nota, a imprecisão e a variabilidade geográficas, constitutivas desta territorialidade, parecem desafiar, desde sempre, os pesquisadores. Definir a área, entender sua geografia, mapear deslocamentos e fixações tornam-se tarefas e desafios obrigatórios, reatualizados e problematizados por cada novo estudo dedicado ao assunto. Por isso, importa observar que o que se chama atualmente de "cracolândia" não alude a um mero logradouro físico, mas a uma "territorialidade itinerante" (Frúgoli Jr. e Spaggiari, 2010) que foi se alterando e se deslocando no correr de duas décadas, pelas imediações do bairro da Luz, de Santa Ifigênia, dos Campos Elíseos e outros próximos.

---

[1] Este texto capitaliza esforços de pesquisa de pós-doutorado, financiada pelo Social Science Research Council (EUA) — Drugs, Security and Democracy Fellowship. Ele foi discutido e recebeu contribuições variadas de Lúcio Kowarick, Heitor Frúgoli Jr., Guilhermo Aderaldo, Gabriel Feltran, Paulo Malvasi, Ronaldo de Almeida, Fábio Mallart, Ana Paula Galdeano, Deborah Fromm e Daniel Hirata, aos quais agradeço pelo privilégio da interlocução.

[2] É importante enfatizar que, cada vez mais, o uso do termo "cracolândia" parece ser um perigo político, na medida em que pode confundir todo o entorno dos bairros da Luz e dos Campos Elíseos, estigmatizá-lo e contribuir ainda mais para sua depreciação tanto material quanto simbólica. Ciente do risco, mas avaliando que num estudo com as pretensões do meu é impossível não utilizar tal termo, fiz a opção de aqui indicá-lo destacado entre aspas, com o intuito de lembrar esta construção histórica e essa periculosidade política.

Essa geografia móvel, no entanto, tem história(s). E se muito esforço foi dedicado à apreensão da dinâmica espacial que a conforma, sua dimensão temporal é menos problematizada, ou muito reiterada. Há, frequentemente, uma narrativa comum, mais localizada, que associa diretamente "cracolândia" a espaço de uso de crack, e formação da "cracolândia" à Boca do Lixo — como era chamado pejorativamente o local, marcado por atividades de boemia, prostituição e variados ilegalismos, entre meados dos anos 1950 e fim da década de 1980. Sem necessariamente discordar dessa narrativa, considero, contudo, que ainda há elementos importantes a serem perspectivados no passado, dentre eles o fato instigante de que um dos primeiros locais marcados pelo consumo de crack na cidade foi a região de São Mateus, na periferia leste de São Paulo.

Parto justamente dessa chegada do crack às periferias da cidade e anexo a esse importante fluxo (periferias-Centro) o já conhecido histórico de ocupação de algumas ruas dos bairros da Luz, de Santa Ifigênia e dos Campos Elíseos por comerciantes e usuários da droga — o que me devolve à Boca do Lixo. Com esse movimento para trás, viso identificar o período em que o termo "cracolândia" adquire concretude, em meados da década de 1990, bem como as suas distintas conotações.

Na sequência, persigo e descrevo mobilidades, usos do espaço, atores sociais, disputas terapêuticas e governamentais, operações performáticas e operações cotidianas dos agentes estatais; indico como elas se amplificaram, sobretudo, no final da década de 2010 em diante, tornando a "cracolândia" um campo de intervenção das políticas sociais e repressivas, capaz de movimentar debates importantes sobre esta centralidade (Frúgoli Jr., 2006) de São Paulo e, mesmo, sobre o consumo de crack no Brasil.

O material apresentado assenta-se tanto em pesquisa documental quanto em trabalhos etnográficos que venho realizando na área desde 2010. Ao mobilizá-lo, o desafio aqui proposto é duplo: ampliar uma narrativa que é, por vezes, excessivamente reposta e elaborar um panorama das principais mudanças pelas quais passou essa territorialidade nas últimas duas décadas, de 1995 a 2014. Alinhavando esse olhar, retrospectivo e prospectivo, está o argumento de que, desde o seu surgimento, a "cracolândia" está coligada à dinâmica de reconfiguração das centralidades, mas também da gestão da violência nas periferias da metrópole.

Argumento este que só pode ser tecido enfocando os fluxos que compõem esta territorialidade. Das principais palavras-chaves de certa ideia de macroantropologia, "fluxo" é, sobretudo, metáfora útil por "fazer referência a coisas que não permanecem no seu lugar, a mobilidades e expansões variadas"; ao "deslocamento de uma coisa no tempo, de um lugar para outro" (Hannerz, 1997: 10-5). A partir dessa metáfora, analítica e mais recentemente empírica, busco desestabilizar definitivamente a ideia corrente da "cracolândia" como um "mundo à parte", afirmando, ao contrário, que esta "terra do crack" é mais bem compreendida por meio das relações que tece com toda a cidade de São Paulo.

São Mateus, "o Bronx paulistano"

Há poucas informações sobre a entrada do crack no Brasil. Como nota o jornalista Marco Antonio Uchôa em *Crack: o caminho das pedras*, primeiro livro-reportagem dedicado ao assunto:

> "Quem trouxe ou atirou a primeira pedra na cidade ainda é mistério. Continuará sendo. [...] O jogo de adivinhação está aberto. Fértil, mas nada objetivo, verdadeiro. Esse hiato, incógnita da chegada do crack em São Paulo, abre um leque para hipóteses e mais hipóteses, nenhuma confirmada. O fato concreto é que a droga começava a disputar com a cocaína a preferência nos pontos de venda de drogas, as chamadas bocas, em bairros como São Mateus, Cidade Tiradentes e Itaquera, na Zona Leste" (Uchôa, 1996: 31).

Em meio ao jogo de adivinhações, hipóteses e mais hipóteses, se há algo concreto e certamente diferente do que se imagina hoje, os registros iniciais apontam que o crack teria chegado e se territorializado inicialmente na periferia leste da cidade de São Paulo, rapidamente espalhando-se por outras periferias e mesmo para o Centro.

Dentre os bairros, São Mateus figurou como o de mais intenso comércio e consumo da droga, a ponto de o jornal *Folha de S. Paulo*, em junho de 1992, referir-se a ele como "o Bronx paulistano"[3] — numa associação com o South Bronx nova-iorquino, o famigerado polo de consumo e comércio de crack dos Estados Unidos na década de 1980. Na descrição de Uchôa, é possível notar, de forma estigmatizada, a reposição dessa alcunha:

---

[3] Cf. "Jovem viciado em crack é morto pela PM: polícia diz que S.O.P., 17, trocou tiros com soldados; colegas de São Mateus, o 'Bronx paulistano', negam tiroteio", *Folha de S. Paulo*, 25/6/1992.

"Vamos a São Mateus, [...] um dos primeiros 'portos seguros' do crack em São Paulo. O interesse é resgatar sua história, ampliar seu perfil e conhecer mais detalhadamente o local onde as pedras fizeram os primeiros estragos. [...] Cerca de 600 mil pessoas moram neste bairro pobre da Zona Leste, uma caricatura dos becos do Bronx, em Nova York, que de tão grande e populoso foi dividido em três áreas administrativas: São Mateus, Parque São Rafael e Iguatemi. Crianças e adolescentes usam drogas sentados nas calçadas, traficantes nas esquinas e nas imediações das escolas. Fácil acreditar que não podia ser cenário mais apropriado para os primeiros passos do crack em São Paulo" (Uchôa, 1996: 34).

Segundo este mesmo jornalista, é "a partir de 1989, [que] a palavra crack passaria a ser uma espécie de sinônimo do bairro" (Uchôa, 1996: 103). Corroborando esses relatos, reportagem de junho de 1991 do diário *Folha de S. Paulo* noticia que o "crack é vendido na região"[4] e que crianças com idade entre sete e doze anos estão "viciadas" na droga. Em junho do ano seguinte, uma grande matéria de meia página do mesmo veículo, intitulada "Jovem viciado em crack é morto pela PM",[5] informa que um adolescente de 17 anos foi morto a tiros na localidade. A família e o Centro de Defesa da Criança de São Mateus denunciam que o rapaz, "dependente de crack", foi visto pela última vez sendo preso e entrando num carro da polícia. Segundo um box da matéria, essa era a 13ª morte de crianças e adolescentes na região contabilizada pelo Programa de Aprimoramento de Informações de Mortalidade (PRO-AIM) da Prefeitura de São Paulo, entre dezembro de 1991 e abril de 1992. Os treze mortos tinham em comum serem consumidores de crack. As reportagens indicavam que não o consumo, mas as relações conflituosas com traficantes da droga e com policiais eram as principais causas do extermínio desses garotos.

Registro fonográfico do período, atribuindo tais mortes a policiais militares, aparece também na letra de rap da música "Tá na Hora", de 1993, do grupo Consciência Humana:

"Somos da periferia da Zona Leste de São Paulo/ E estamos acostumados a conviver com má notícia/ Assassinatos causados por gangues de polícia/ Na avenida São Miguel, três corpos foram

---

[4] Cf. "Crack é vendido na região", *Folha de S. Paulo*, 3/6/1991.

[5] Cf. "Jovem viciado em crack é morto pela PM", *Folha de S. Paulo*, 25/6/1992.

encontrados fuzilados/ RDS, MOL e CGP/ Que aparentavam ser menores de 18 anos, todos de cor parda/ E foi mais um fato que com certeza/ Por muitos foi esquecido, talvez, menos por nós [...]/ E eu vou, vou citar alguns nomes pra vocês acreditarem/ Pé de Pato, Cabo Bruno, Conte Lopes passaram por lá/ 'Cheios de razões e calibres em punho'/ Somente pra matar, somente pra matar/ Apavoraram as ruas noturnas de São Mateus/ Pequeno e pobre, humilde, mas um bairro meu/ E lá não há conforto/ Sim, existe fome, miséria, morte, moquifo/ Somente sufoco e tristeza espalhados/ Por todos os lados, por todos os lados/ E as crianças não são mais crianças, são drogados."[6]

Percepções que hoje talvez pudessem ser lidas como sensacionalistas, os relatos de Uchôa e a música de rap destacada são, com as devidas ressalvas, fontes importantes, porque também raras, do que possivelmente ocorria nas periferias da cidade quando do advento do crack nessas áreas. O recurso a essas fontes reafirma que já havia mobilizações midiáticas e fonográficas capazes de notabilizar o surgimento da droga, antes mesmo dos registros de sua primeira apreensão pelo DENARC (Departamento Estadual de Prevenção e Repressão ao Narcotráfico), em 1990 — o que, aliás, não deve ser considerado contraditório, pois a apreensão frequentemente ocorre em período posterior à entrada do produto no mercado.

Além disso, mais do que a referida existência de uma concentração do comércio e uso de crack nas periferias (anterior inclusive à da região central), destaca-se o tipo de contexto espacial e social do uso de crack, completamente imerso em relações violentas, muito diversas das atualmente existentes.

A partir de trabalhos como os de Alessandra Teixeira (2012) e Bruno Paes Manso (2012), é possível compreender mais especificamente esses homicídios de crianças e adolescentes consumidores de crack em São Paulo nos primeiros anos da década de 1990. Ambos observam como a chegada do crack ajudou a mudar tanto o esquema do tráfico na metrópole (sobretudo pela importação da pasta-base ao invés de cocaína em pó) quanto o perfil dos participantes do tráfico, já que a expansão do mercado atraiu pessoas com idade mais baixa para o negócio. Na formulação de Alessandra Teixeira (2012: 16), o crack era "um elemento desestabilizador sobre um mercado ainda em consolidação".

---

[6] Agradeço a Paulo Malvasi, estudioso do bairro de São Mateus, pela lembrança da música.

Fluxos de uma territorialidade

Para Manso, a venda de crack serviu para acelerar os conflitos de mercados e vizinhança, bem como a tensão em relação à reprovação de certos usos e usuários da droga. Segundo ele, foi ainda nesse mesmo período que

"[...] a construção da figura do 'viciado' como alguém incapaz de seguir qualquer tipo de regra transformou o chamado *noia* em um dos alvos preferenciais do assassino. O *noia* afinal sintetiza os defeitos dos novos inimigos nesse novo contexto moral em que a carreira criminal passa a ser tolerada por se tornar uma oportunidade de renda [...] O *noia* representa a essência do que não se pode tolerar" (Manso, 2012: 228).

Assim, "mais do que autores de violência, os dependentes aparecem nos anos 1990 como vítimas preferenciais daqueles que matam" (Manso, 2012: 228). Isso se confirma também nas entrevistas que Manso realizou com autores desses crimes e nos inquéritos de chacinas por ele analisados, nos quais eram recorrentes os casos de dizimação de "rodinhas de garotos" que eram conhecidos por fumar crack.

Mais amplamente, os anos 1990, anos de redemocratização, reestruturação produtiva, abertura econômica, mundialização e expansão de rotas de vários mercados, inclusive os ilícitos, são os mesmos que ficaram caracterizados pelo recrudescimento dos índices de crime violento, isto é, de morte matada, na cidade de São Paulo. Nas palavras de Gabriel Feltran,

"O desemprego estrutural que chegou a 22% na Região Metropolitana de São Paulo no final dos anos 1990, a informalização dos mercados e as altíssimas taxas de lucro das atividades ilegais elevaram os índices de criminalidade violenta. O controle desses mercados emergentes gerava corrida armamentista e uma guerra aberta nas periferias da cidade.

'Muita mãe chorou' nas madrugadas de saguões de hospitais, Institutos Médico-Legais e cemitérios. Uma geração traz ainda hoje as marcas desse período, talvez por ainda muito tempo. [...] Nas periferias é comum que os anos 1990 [...] sejam lembrados como 'a época das guerras' (Feltran, 2012: 238-9).

Duas décadas depois, sabe-se que o espalhamento do consumo e do comércio de crack por toda a cidade de São Paulo foi bastante rápido. Portanto, ainda que São Mateus tenha sido associado ao "Bronx paulistano", justamente por uma mais evidente territorialização do consumo, o que interessa não é repor ou insistir na sua exclusividade em relação ao que se passou tão imediatamente e de modo generalizado em outras localidades periféricas da metrópole; mas sim indicar que, ao se deslocar das periferias para o Centro, esta territorialização tomou forma social e política completamente diferente.

Além disso, recuperar as narrativas desse período histórico importa aqui para explicitar um importante vetor de entendimento do deslocamento espacial dos consumidores de crack das periferias em direção à região central da cidade de São Paulo. Sem rodeios, não me parece exagerado aferir que parte significativa do fluxo periferias-Centro adveio do fato nada banal de que consumidores da droga visavam, no limite, fugir da possibilidade concreta de assassinatos e retaliações nos bairros de origem.

Da Boca do Lixo à "cracolândia"

O centro das grandes cidades é atrativo para pessoas em situação de rua, pois concentra diversos aparatos e serviços públicos, múltiplas possibilidades de pequenos ganhos e, ainda, oferece relativa proteção à violência. Assim, as áreas centrais oferecem refúgio, abrigo, proteção, ganho, diversão e serviços aos que mais deles necessitam. Por isso, a pobreza extrema fica visível e exposta, sobretudo, nas grandes regiões centrais.

Mas para entender melhor por que, dentre as várias áreas centrais de São Paulo, houve um afluxo significativo de usuários de crack para as ruas do entorno do bairro da Luz e de Santa Ifigênia, é preciso voltar no tempo, pelo menos a meados dos anos 1950 até o início dos anos 1990, período no qual a Boca do Lixo (imortalizada na narrativa do "Rei da Boca", Hiroito Joanides, de 1977, na qual se baseou recentemente o filme *Boca*, de Flávio Frederico)[7] se tornou o maior reduto da prostituição paulistana, a partir de 1954, depois do fechamento por decreto governamental da zona de meretrício do Bom Retiro em 1953 (Teixeira, 2012). Nesses anos, a Boca do Lixo compreendeu mais ou menos a região entre as ruas do Triunfo, Timbiras e Protestante, as avenidas São João e Duque de Caxias, o largo General Osório e a praça Júlio de Mesquita.

Ruas desse arredor passaram a concentrar estabelecimentos boêmios — frequentados, entre outros, por moradores, transeuntes, profissionais da

---

[7] *Boca*, direção de Flávio Frederico, Kinoscópio, 2010, 100 min.

Fluxos de uma territorialidade

região central, intelectuais e artistas progressistas — e uma rede de casas e hotéis onde, além da prática de prostituição, jogos de todos os tipos e consumo de álcool, anfetaminas e maconha eram frequentes e dependentes da cumplicidade policial, que ora fazia "vista grossa" para tais atividades, através de "acertos", "congestas", "digestas", "caixinhas", ora atuava de modo mais ostensivo, por meio de cobrança de "proteção", prisão para averiguação e mesmo de extorsão (Teixeira, 2012).

A área, que "fascinava pela sua frequência heterogênea" (Souza, 1977), era também conhecida entre os íntimos, com certo glamour, como "o quadrilátero do pecado". Nas palavras de Néstor Perlongher (1984: s.p.), ela podia ser considerada

> "[...] espécie de 'cloaca libidinal' da megalópole — cuja toponímia, no caso paulista (Boca do Lixo), recolhe essa condição residual, curiosa em si, já que o centro da cidade, zona do poder e do comércio durante o dia, se converte à noite em local de vício e boemia. [...] Marginais de todas as espécies — bichas, gays, michês, travestis, prostitutas, trombadinhas, cafetões e simples transeuntes — instalam suas tendas noturnas na 'região moral' [...] se inscrevem — territorial e historicamente — no campo da marginalidade, *guardando face a outras variantes uma relação não de confusão, mas de contiguidade*" (Perlongher, 1984, grifos meus).

Fruto de uma releitura fina da ideia de "região moral" de Robert Park, utilizada no início do século XX para conceituar as "zonas dos vícios encontradas na maioria das cidades", "partes da vida natural, se não normal" das urbes (Park, 1967 [1916]: 72), está nesse excerto de Perlongher o que me parece central para o entendimento da abertura histórica dessa região aos "marginais de todas as espécies". Refiro-me especificamente ao que ele observa como "uma relação não de confusão, mas de *contiguidade*", isto é, de proximidade, de contato, que possibilitou adensar a aglomeração, num mesmo espaço, da diversidade de tipos sociais considerados marginais.

Neste caso específico, a *contiguidade* entre essas marginalidades, adensada por ilegalismos variados e fluxos contínuos de pessoas, multiplicados ainda pelas movimentações oriundas de milhares de passantes pela Estação da Luz, Estação Júlio Prestes, Rodoviária, estabeleceu uma configuração em que esse espaço passou a ser lido, mais amplamente, como "área degradada", perigosa. Percepção acentuada também pela série contínua de abandono; desde a transferência do coração financeiro da cidade para a avenida Paulista até a maciça saída das elites dessa área, passando até, no período de uma década, pela abdicação de prédios governamentais e pelo fechamento do terminal rodoviário da cidade, que migrou de lá para a Zona Norte em 1982. Na boa síntese de Lúcio Kowarick,

> "[...] a saída de grupos mais abastados, a migração da sede das empresas, a popularização do comércio e serviços, ao mesmo tempo em que a mendicância e os moradores de rua apareceram de maneira expressiva, os assaltos tornaram-se frequentes e alguns locais transformaram em pontos permanentes de venda e consumo de drogas, a imagem de sujeira e periculosidade passou a ser fortemente associada ao cotidiano do Centro" (Kowarick, 2007: 202).

Ainda que, ao contrário dessa imagem, o Centro permaneça economicamente pujante e disputado por setores sociais os mais distintos, como observa mais amplamente o autor no artigo citado, "desse parcial ponto de vista, não resta dúvida de que, na década de 1980, o Centro acelerou sua deterioração" (Kowarick, 2007: 177).

Eis resumido o processo que fez com que muitos dos hotéis e pensões que antes hospedavam viajantes e prostitutas passassem a receber, no início dos anos 1990, *usuários* e *vendedores* de crack, que chegavam tanto de outras cidades, quanto de outras áreas centrais de São Paulo e mesmo das áreas periféricas da metrópole, em razão dos motivos expostos no item anterior. Transformações espaciais e sociais que ocorriam, usando as palavras de Teixeira (2012: 10-1), "ao mesmo tempo em que a economia da prostituição entrava em declínio e o comércio de drogas começava lentamente a ganhar alguma referência como negócio criminal no plano da cidade, difundindo-se em múltiplos territórios e agenciamentos".

Em grande medida, são esses vetores de ejeção e atração articulados que ajudam a compreender por que muitos usuários de crack, ao longo dos primeiros anos da década de 1990, elegeram ocupar e se concentrar nesta região da metrópole — sedimentando, assim, o solo espacial e social de nascimento da "cracolândia", hoje a mais famosa territorialização de consumo de crack do país.[8]

---

[8] Esta importante territorialização, é preciso dizer, jamais eliminou o consumo e o comércio de crack nas periferias da cidade, mas lhe conferiu contornos bastante específicos.

Quanto ao termo "cracolândia", este ainda levou cerca de meia década para aparecer na imprensa paulistana. Em consulta aos acervos dos seus dois principais jornais, observa-se que a primeira vez que o vocábulo aparece em *O Estado de S. Paulo* é em agosto de 1995,[9] enquanto na *Folha de S. Paulo* a primeira menção é de maio de 1996.[10]

No caso do diário *O Estado de S. Paulo*, o termo aparece quando é noticiado o número de 48 "traficantes" presos, vinte dias depois do início das ações da Delegacia de Repressão ao Crack, um novo setor do DENARC criado em razão de uma série de reportagens deste mesmo jornal sobre uma suposta "epidemia de crack" que então assolava a cidade.[11] O termo aparece contextualizado da seguinte forma: "as ruas do bairro de Santa Ifigênia conhecidas como cracolândia continuam sendo percorridas pelos policiais. Os antigos casarões vêm sendo usados por traficantes para preparar pedras de crack". Já a matéria da *Folha de S. Paulo* versa sobre a recaptura de dois homens presos supostamente fugidos do presídio do Carandiru, ainda ativado, que tinham sido detidos dois dias antes no local. Segundo a notícia, na ocasião da prisão, "a polícia estava fazendo uma operação na região que, por causa dos pontos de droga, ficou conhecida como 'cracolândia'".

Dessas primeiras aparições do termo, destaco dois pontos. Primeiro, os dois jornais utilizam a expressão "conhecida como cracolândia", indicando que a área já estava sendo *conhecida* por esse nome, antes do mesmo ser veiculado nos diários — o que coloca dúvidas acerca de falas recorrentes que atribuem à imprensa a responsabilidade pela criação do termo, ainda que, claro, não a redima pela sua posterior disseminação. Segundo, e o mais relevante, é que, em princípio, quando se falava da "cracolândia" era, sobretudo, como "reduto de venda" (Uchôa, 1996: 73), como "ponto de droga", ou mesmo como local de preparação do crack — o que também pode ser corroborado em consulta à pesquisa de Mingardi e Goulart, de 1999:

---

[9] Cf. "Polícia reforça combate a traficantes". *O Estado de S. Paulo*, 7/8/1995.

[10] Cf. "PM afirma ter recapturado dois dos fugitivos". *Folha de S. Paulo*, 14/5/1996, <http://www1.folha.uol.com.br/fsp/1996/5/14/cotidiano/23.html> (acesso em 1/6/2014). Isso também é ratificado pelo estudo de Carvalhido (2014).

[11] Nesse período, ainda de acordo com a mesma matéria, o então governador Mário Covas estava prestes a assinar um decreto regulamentando a compra e a venda de bicarbonato (um dos componentes da mistura do crack) e estudava-se até a possibilidade de identificar os compradores, através da nota fiscal.

"[...] a maioria do crack comercializado na área é preparado nas 'cozinhas', locais da região ou proximidade onde a mistura é feita numa escala maior, mais industrial. [...] temos dados que indicam que muitas delas funcionam nas proximidades, ou seja, na própria área da cracolândia, o que indica que boa parte do crack vendido nesta área é também aí preparado. Segundo entrevistas com antigos funcionários do DENARC, até poucos anos atrás praticamente todo o crack consumido era fabricado na área. [...] Com o aumento da demanda, parte do crack já é fabricado fora da área" (Mingardi e Goulart, 2001: 34).

Interessante, assim, perceber que a área ficou "conhecida como cracolândia" em razão dos pontos de venda da droga e da sua preparação. Posteriormente, entretanto, tornou-se o local em que menos se apreende crack na cidade de São Paulo.[12] Além disso, relato de Selma Silva (2000) aponta que entre 1997 e 1999 o número de pessoas concentradas nas ruas consumindo a droga era pequeno, "a busca e o uso das pedras aconteciam dentro dos hotéis ou espalhados pelas ruas próximas" (Silva, 2000: 45).

A partir da literatura disponível e das matérias de jornal, portanto, pode-se inferir um processo dinâmico da área antes nomeada de Boca do Lixo. Ao fim dos anos 1980 e ao longo de toda a década de 1990, ela passou por deslocamentos semânticos, por distintas práticas e usos espaciais e foi progressivamente perdendo sua referência como espaço de prostituição e boemia, articulada a um determinado tipo temporal de "economia criminal urbana" (Teixeira, 2012). Nesse passo, foi ficando cada vez mais "conhecida como cracolândia". Tal movimento, observado retrospectivamente, permite indicar que é só fundamentalmente na década de 2000, especialmente na sua segunda metade, que a densa concentração de *usuários* de crack *nas ruas* dessas imediações passará a denotar "cracolândia", numa configuração mais próxima à da atualmente compreendida.

"Cracolândia" no centro da questão social contemporânea

"Eu entrei no É de Lei em 2004 e, na época, uma pauta do É de Lei era a de que a gente deveria dar visibilidade à cracolândia

---

[12] Cf., por exemplo, "Em SP, apreensão de crack é maior longe da área da cracolândia", *Folha de S. Paulo*, 27/6/2010.

porque o crack era pouco visto e para a cracolândia ninguém olhava. Então, para vocês terem noção, quando eu entrei no É de Lei, em 2004, o pessoal estava fazendo um inflável de uns 3 metros de um cachimbo como forma de provocar, para ver se as pessoas olhavam para a questão do crack, para os usuários de crack. E hoje, 9 anos depois, tem um grande pânico sobre o crack."

Esta fala é de Bruno Ramos Gomes, psicólogo e presidente da ONG É de Lei, uma das pioneiras no trabalho de redução de danos junto a usuários de crack na região da "cracolândia", e foi proferida durante palestra no Congresso Internacional sobre Drogas (CID), realizado em 2013, em Brasília.[13] Tal fala testemunha e resume como, em menos de 9 anos, a "cracolândia" foi deixando de ser um local para o qual "ninguém olhava", para onde era preciso "chamar a atenção", e se tornou um campo de intervenção e conhecimento dos mais tematizados do país.

Muitas transformações concorreram para este cenário. Destaco três que considero as principais:

1) Os fluxos das periferias para o Centro já têm causas e justificativas diferentes das que os informaram no início dos anos 1990. A possibilidade de ser morto nesses bairros periféricos é menor, fruto, sobretudo, da gestão da violência que vem sendo levada a cabo pela facção criminal Primeiro Comando da Capital (PCC), que muito contribuiu para a queda dos homicídios na cidade (Feltran, 2012, 2013; Hirata *et al.*, 2012). Na virada dos anos 2000, "não pode mais matar" nesses espaços. Entretanto, no caso aqui em questão, outro dispositivo de gestão foi acionado: a prática de *interditar* consumidores indesejados, isto é, "não vender, não oferecer e nem usar" com pessoas que estão desenvolvendo usos considerados problemáticos e abusivos de drogas, sobretudo de crack (Biondi, 2011).

Ora, a interdição induz o fluxo: uma vez interditado em uma *biqueira*, o usuário tem que procurar por outra para continuar o uso; se interditado nesta outra, procurará por uma terceira e assim por diante; de modo que não é complicado supor que nessa sucessão de interdições, ele facilmente pode chegar ao Centro, à "cracolândia". O caminho de volta não é, contudo, simples de ser refeito. Tal dispositivo é importante para sinalizar como práticas e decisões tomadas nas periferias seguem contribuindo para deslocar consumidores problemáticos de crack para o Centro. Creio que isto tem

---

[13] A fala completa de Bruno Ramos está disponível em: <https://www.youtube.com/watch?v=-kjiy150Oco> (acesso em 20/10/2014).

impacto importante no aparente aumento de usuários da droga nesta região ao longo dos anos 2000.

2) Paralelo a isso, o também suposto crescimento do consumo de crack por pessoas em situação de rua mudou completamente o cenário e a tematização da situação de rua na cidade de São Paulo. Se antes as "causas" para a chegada às ruas estruturavam-se em um diagrama que acionava questões sociais relacionadas à migração Nordeste/Sudeste, interior/capital, à falta de emprego e falta de moradia (Oliveira, 2012), hoje, cada vez mais, o consumo de drogas é ativado como uma justificativa. Esta complicada associação entre estar nas ruas e consumir crack chegou a tal ponto que, a partir de 2005, praticamente todo o trabalho dedicado a um desses assuntos tem que se debruçar sobre a insolúvel aporia: é usuário de crack ou é morador de rua?

Ressalvo, todavia, que é preciso atentar para a dificuldade de aferir o aumento real do consumo entre tal população, tanto porque ele ainda não foi contabilizado estatisticamente, quanto porque o número de pessoas em situação de rua também aumentou nos últimos anos, em São Paulo. Segundo as pesquisas disponibilizadas no site da prefeitura, passou-se de 10.399 em 2003 para 14.478 em 2011.[14] Nesse sentido, se é necessário observar com suspeita o aparente aumento do consumo de crack pela população em situação de rua, o mais relevante é indicar o problema político aí colocado. Indo direto ao ponto, a associação entre estar na rua e consumir crack, ao ser veiculada mais amplamente, corroborou para um processo tanto de *criminalização* quanto de *vulnerabilização* dessas pessoas. E isso, como veremos adiante, não foi sem consequências.

3) Além do mais, a partir de 2005 ganha força o Projeto Nova Luz, encabeçado pela prefeitura paulistana, então sob gestão do prefeito Gilberto Kassab. Tal projeto trouxe à tona um controverso modelo de parceria público-privada de concessão urbana para a "revitalização" da área. Em seu texto oficial, o projeto pretendia "valorização dos prédios históricos, reforma das áreas livres públicas, criação de espaços verdes e de lazer e a melhoria do ambiente urbano da região".[15] Na prática, o que se almejou foi esti-

---

[14] Cf. <http://www.prefeitura.sp.gov.br/cidade/secretarias/assistencia_social/observatorio_social/pesquisas/index.php?p=18626> (acesso em 28/10/2014).

[15] Mais informações oficiais sobre o projeto estão em seu sítio na internet: <http://www.novaluzsp.com.br/> (acesso em 20/10/2011). E, para contraste, a visão da associação de moradores e comerciantes do bairro pode ser vislumbrada em <http://www.brasildefato.com.br/novaluz> (acesso em 22/11/2011). Cf., ainda, o documentário *Luz,*

mular a recomposição do perfil dos moradores e a valorização imobiliária, que segue extremamente aquecida nesta região da cidade. O Nova Luz pode ser lido, portanto, como atualização local das políticas de gentrificação, de caráter cada vez mais global, caracterizadas pela atração das elites para áreas urbanas centrais, num processo articulado à expulsão de setores das classes populares. Após pressão de ativistas, coletivos e de grupos de moradores da Luz, e com a mudança da gestão municipal em 2013, este projeto urbanístico foi paralisado, mas há controvérsias em torno de sua efetiva anulação.[16]

Logo, a "cracolândia" se torna questão de grande interesse público, no bojo de transformações na gestão da violência na cidade, nas mudanças nas formas de tornar pública a situação de rua e no advento de incisivas políticas de requalificação urbana na área da Luz.

É precisamente nesse mesmo contexto que se ampliaram as pesquisas sobre a área, que se tornou também um campo de conhecimento. No que tange aos trabalhos de pretensão etnográfica, com interface entre antropologia, sociologia e saúde pública, estudos coletivos,[17] artigos como os de Heitor Frúgoli Jr. e Enrico Spaggiari (2010), de Luciane Raupp e Rubens Adorno (2011), de Bruno Ramos Gomes e Rubens Adorno (2011), e mesmo a minha tese de doutorado (Rui, 2012), buscaram oferecer descrições adensadas da dinâmica cotidiana local entre os anos de 2005 e 2011. Formuladas no calor político em torno do pânico moral sobre a suposta "epidemia do crack", tais reflexões foram de fundamental valia para a produção de um *corpus* de questões empíricas e teóricas, que contribuíram significativamente para uma apreensão mais qualificada, e menos estigmatizada, da área.

---

disponível em <http://vimeo.com/32513151> e o blog <http://apropriacaodaluz.blogspot.com> (acesso em 27/12/2011).

[16] Sobre o suposto fim do Projeto Nova Luz, cf., por exemplo, a matéria "Haddad engaveta plano de Kassab do Projeto Nova Luz em São Paulo", disponível em <http://www1.folha.uol.com.br/cotidiano/2013/01/1219633-haddad-engaveta-plano-de-kassab--do-projeto-nova-luz-em-sp.shtml> (acesso em 14/06/2013). E também a visualização do debate "O Projeto Nova Luz acabou?", realizado em fevereiro de 2013, organizado pelo movimento Apropriação da Luz, a partir do site <www.postv.org>.

[17] Incluo nessa produção o desenvolvimento da pesquisa coletiva sediada na Faculdade de Saúde Pública da USP, financiada pelo CNPq e coordenada por Rubens Adorno, com contribuições já disponíveis que podem ser consultadas em Adorno *et al.* (2013a, 2013b). E indico, mais recentemente, a que originou o "Dossiê Luz, São Paulo", coordenado por Heitor Frúgoli Jr. (2012).

Interessou, nesse momento, compreender bem essa dinâmica territorial fluida e oferecer descrições que se contrapunham à depreciação política e moral da região. Desse modo, na primeira década dos anos 2000, especialmente em sua segunda metade, foram oferecidas formas variadas de conceituar a mobilidade dessa dinâmica espacial conflituosa, através das proposições de "territorialidade itinerante" (Frúgoli Jr. e Spaggiari, 2010) e de "campo de forças" (Raupp e Adorno, 2011). E foi igualmente nesse momento que se descreveu, mais detalhadamente, a heterogeneidade dos usos do espaço, dos modos de consumo de crack, bem como dos consumidores da droga (Gomes e Adorno, 2011; Rui, 2012).

Dentre variados recortes analíticos, ficou evidente, principalmente, a necessidade de bem precisar a "questão social" da "cracolândia", pois, se de um lado havia nela abertura espacial aos mais diversos consumidores de crack, de outro, o fato incontestável era que a maior parte das trajetórias desses usuários fazia referência à situação de rua ou aos fluxos das periferias para o Centro, com ampla menção à pobreza, ao esgarçamento dos laços familiares, aos empregos precários e às violências cometidas ou sofridas, perpassando ainda períodos de institucionalização em albergues, clínicas psiquiátricas, comunidades terapêuticas ou prisões. Ou seja, destacava-se um excesso de *sofrimento social* — um conceito que emergiu nas últimas décadas como lente particularmente apropriada para se referir aos efeitos nocivos das relações desiguais de poder que caracterizam a vida social, em suas relações com a experiência subjetiva do mal-estar (Pussetti e Brazzabeni, 2011: 4) — que possibilitou configurar a "cracolândia" como ponto centrífugo mais radical da abjeção metropolitana.

Para entender bem essas vidas *no limite*, os trabalhos foram observando a importância de se conhecer a fundo a socialidade local e as redes de amizade, troca e afeto, indicando como esse espaço atrai por funcionar como uma espécie de grande "balcão de informações" (Rui, 2012), em que se descobre e se aprende tudo sobre o crack (dos fornecedores da droga aos melhores modos de tragá-la), e a partir do qual se favorece uma ampla série de empreendimentos, como pensões, lojas e bares, criados em torno do local. Foi também ali descrita uma dinâmica de venda da droga extremamente diferente da que se observa nas periferias da cidade (Rui, 2012, 2014). Na "cracolândia" é possível comprar uma pedra de crack grande por 10 ou 15 reais, fazer lascas dela e revendê-la por um mínimo de cinquenta centavos — o que possibilita que o crack se torne moeda, utilizada para trocar, comprar e vender, com muita facilidade, sapatos, roupas, cigarros, alimentos, achados eletrônicos do lixo de Santa Ifigênia, materiais recicláveis. Dinâmi-

Fluxos de uma territorialidade

ca esta que borra as fronteiras entre os tipos penais do traficante e do usuário de drogas.

No geral, todos os trabalhos acima mencionados atinam também para os diversos serviços de atenção e assistência que já se faziam atuantes no local. Havia desde aquele que oferecia comida e banho, o que oferecia abrigo ou encaminhamento para albergue, passando pelo que entrava em contato com *comunidades terapêuticas* e pelos que auxiliavam na procura de emprego, na resolução de pendências na Justiça ou a refazer documentos perdidos, conformando uma ampla trama institucional, que foi se alterando e se aprimorando ano a ano.

Não sendo o caso aqui de detalhar os pormenores dessas descrições, o que vale é sugerir como, por meio delas, ficou mais possível argumentar que não há nada que reitere a ideia batida da "cracolândia" como um "mundo à parte", "com lógicas próprias", fomentado em decorrência da "ausência de Estado". É justamente o contrário que ocorria. De 2005 a 2010, a "cracolândia" passou, definitivamente, de um local para onde "ninguém olhava" ao centro das questões sociais, urbanas e políticas contemporâneas, movimentando operações policiais, serviços de saúde e de assistência social dos mais variados níveis de governo (municipal, estadual e federal); além de atores como ONGs, igrejas,[18] facções criminais, ativistas, jornalistas e pesquisadores.

De modo mais instigante, cada um desses atores, longe de cooperarem, na prática desenvolvem distintas propostas, emaranhando-se em inúmeras disputas, concorrendo entre si pelo melhor entendimento do local, pelo mais correto atendimento e encaminhamento dos usuários, bem como pelos modos mais adequados de atuar sobre a questão; contendas que ficaram mais visíveis a partir de 2012. Observando tal dinâmica com atenção, me parece evidente indicar que a "cracolândia" e os usuários de crack estão sujeitos a, mas também impulsionam e recriam, aparatos e técnicas políticas de controle e gestão de territórios e de populações (Foucault, 2008).

"Cracolândia" como campo de intervenção

Na manhã do dia 3 de janeiro de 2012, um grande contingente de policiais militares adentrou a rua Helvetia, então *locus* da maior concentração

---

[18] Para ações de ONGs, entidades e igrejas atuantes no local, cf. Spaggiari *et al.* (2012) e Fromm (2014).

de usuários de crack, impelindo-os a deixarem o local, intentando o seu esvaziamento e a consequente retomada de território. A ação foi nomeada, pela própria Polícia Militar, de Operação Sufoco.[19]

Tal espetáculo policial, que se estendeu por pelo menos duas semanas, visava promover deliberadamente "dor e sofrimento"[20] aos usuários de crack. Nesse período os usuários, impedidos de retornar ao local, vagaram à deriva pelo centro de São Paulo, vigiados constantemente por policiais que não os deixaram descansar. Esta errância provocou comoção e denúncia dos moradores da região central da cidade, de ativistas, de jornalistas, de profissionais atuantes na área e tomou projeção crítica por meio das redes sociais. As declarações oficiais eram de que, com esse ato simbólico e efetivo de retomada do território, a "cracolândia" seria "página virada" na história de São Paulo até o final de 2012 — o que não aconteceu. Pelo contrário, nove meses depois ela já havia "voltado à tona", "até mesmo pior do que antes".[21]

Em seu auge, a operação foi ainda questionada por defensores e promotores públicos, que moveram uma Ação Civil Pública[22] contra o Governo do Estado de São Paulo. Espécie de peça de resistência, tal ação indicou um tipo de pressão pela efetivação de direitos, inédito nessas duas décadas de "cracolândia". Ou seja, através da violência sentida como inexplicável, em que o Estado pôde ser interpelado pela sua própria violação, ficou patente a produção de um *acontecimento político*, cujos desdobramentos são de suma relevância para o entendimento do cenário atual.

---

[19] Reflito com mais detalhes sobre essa operação em Rui (2013). Recomendo também o artigo opinativo de Teixeira e Matsuda (2012) e o trabalho de Carvalhido (2014).

[20] A fala do Coordenador de Políticas sobre Drogas da Secretaria de Estado da Justiça e da Defesa da Cidadania, Luiz Alberto Chaves de Oliveira, no dia seguinte ao início da operação, ecoou em todos os jornais. Transcrevo-a contextualizada, fiando-me em uma reportagem do jornal *O Estado de S. Paulo*: "A falta da droga e a dificuldade de fixação vão fazer com que as pessoas busquem o tratamento. Como é que você consegue levar o usuário a se tratar? Não é pela razão, é pelo sofrimento. Quem busca ajuda não suporta mais aquela situação. *Dor e o sofrimento* fazem a pessoa pedir ajuda". Cf. <http://www.estadao.com.br/noticias/cidades,governo-quer-acabar-com-cracolandia-pela--estrategia-de-dor-e-sofrimento,818643,0.htm> (acesso em 14/08/2013) (grifos meus).

[21] Para mais detalhes, ver: <http://noticias.terra.com.br/brasil/cidades/apos-9-meses--cracolandia-volta-a-tona-e-divide-opinioes,54334cb8511da310VgnCLD200000bbcce-b0aRCRD.html> (acesso em 1/6/2014).

[22] A íntegra do texto da ACP pode ser consultada em: <http://www.mpsp.mp.br/portal/page/portal/noticias/publicacao_noticias/2012/junho_2012/acp%20cracolândia%20-%20última%20versão%20-%2030%20maio.pdf> (acesso em 1/6/2014).

Questionada justamente com relação à sua ineficácia e violência, esta operação policial teve ainda um caráter de exemplaridade que, como bem observaram Teixeira e Matsuda (2012: s.p.),

"[...] pôde traduzir as mais contemporâneas formas de atuação das forças policiais e dos aparatos repressivos, que extrapolam suas competências legais e tradições históricas de gestão e repressão ao crime, para voltar-se a formas muito específicas de gerir territórios e populações consideradas *de risco*. [...] Ganha relevância a gramática bélica das operações, manifesta em táticas de ocupação de territórios, presença ostensiva e intimidadora dos destacamentos militares, práticas arbitrárias como buscas pessoais. Para além de mobilizar a ideia de urgência, alimentada sobretudo por uma imagem difusa da criminalidade violenta, ameaça permanente que demanda repressão e prevenção — nessa ordem —, constrói-se também a noção de vulnerabilidade das populações dos territórios sobre os quais a lógica intervencionista opera, permitindo que ela se instale no lugar da política na busca de restaurar a ordem ameaçada, autorizando, portanto, medidas de exceção."

Atentas a este caráter de exemplaridade, Taís Magalhães (2014) e eu temos trabalhado com a hipótese de que a Operação Sufoco redelineou novas configurações políticas e novos atores mediadores da relação entre usuários de crack e o mundo público, na medida em que foi possível vislumbrar, a partir dela, o campo de intervenção que se tornou a "cracolândia" e, de modo específico, os usuários de crack. A partir daí, ficou evidente também que propostas emergentes de intervenção urbana para a área podem se articular ao deliberado afastamento da visibilidade pública dos usuários de crack. Agir sobre a "cracolândia" é, portanto, sinônimo de agir sobre os corpos *vulneráveis* dos usuários, a partir de diversas táticas, técnicas e tecnologias de controle e cuidado. Não é de estranhar, assim, o pulular de ações públicas elaboradas a partir de então.

Heitor Frúgoli Jr. (2012: s.p.) bem sintetiza os novos temas que adquiriram crescentes realces com as ações de janeiro de 2012:

"[...] a polêmica das internações involuntárias (almejadas pelo poder público e obstadas por profissionais da saúde); novas dispersões territoriais dos usuários de crack por diversos bairros (com prejuízo para o atendimento feito por distintas entidades locais, sobretudo ONGs); comportamentos defensivos das populações locais (alvos de fiscalizações e novas demolições pela prefeitura); articulações de ativistas contra a violência policial e pelos direitos humanos; investigações do Ministério Público Estadual sobre critérios e práticas das operações policiais em andamento; caracterizações mais precisas sobre os usuários de crack pela imprensa (incluindo mulheres grávidas, ou então parentes em busca de usuários na área em questão)."

Em março de 2012, a prefeitura da cidade, ainda sob gestão do prefeito Gilberto Kassab, anunciou a inauguração do Complexo Prates. Localizado na rua Prates, cerca de 1 km da área da "cracolândia", o grande aparato arquitetônico contaria com uma inédita articulação entre saúde e assistência, funcionaria 24 horas por dia e teria capacidade de ofertar 1.200 atendimentos diários.[23] Após um ano e meio de funcionamento, trabalhadores do local denunciaram que suas funções e orientações de trabalho, que respeitam as preconizações e diretrizes governamentais, são reprovadas internamente; a prática de demissões de funcionários tem sido, inclusive, utilizada como medida de retaliação.[24] Narram também que há conflitos em decorrência da presença da Guarda Civil Metropolitana no local. Em janeiro de 2013, o Governo do Estado rearticulou o seu serviço de referência em dependência química, o CRATOD, que acabou se tornando sede e alvo das disputas públicas em torno das internações involuntárias e compulsórias autorizadas pelo governador Geraldo Alckmin,[25] igualmente criticadas em carta aberta pelos funcionários da instituição.[26]

Curioso é que nesse mesmo primeiro ano pós-Operação Sufoco, os usuários não só voltaram a se concentrar no local do qual haviam sido expulsos, na rua Helvetia, como, de modo até mais ostensivo, voltaram a consumir e comercializar crack. Dois fatores novos:

---

[23] Cf. <http://complexoprates.blogspot.com.br/> (acesso em 1/6/2014).

[24] A íntegra da carta aberta pode ser encontrada em: <http://antimanicomialsp. wordpress.com/2014/04/24/carta-aberta-dos-trabalhadores-do-caps-ad-prates/> (acesso em 1/6/2014).

[25] Cf. <http://sao-paulo.estadao.com.br/noticias/geral,alckmin-assina-termo-para-internacao-involuntaria-de-dependentes-quimicos,983244> (acesso em 1/6/2014).

[26] Cf. <http://coletivodar.org/2013/01/em-carta-aberta-trabalhadores-do-cratod-criticam-voltamos-a-ser-um-centro-de-internacao-como-ha-30-anos-com-superlotacao/> (acesso em 1/6/2014).

1) A construção de barracos nos arredores da alameda Dino Bueno, o que literalmente concretizou uma "favelinha" no centro de São Paulo.[27] Nesse sentido, o recrudescimento da repressão estatal induziu e fortaleceu a resistência territorial;

2) De modo ainda mais surpreendente, foi depois da violência dessa operação que se escutou falar do "fluxo", nome pelo qual passou a ser chamada e a chamar-se a população usuária de crack que, sem estar acomodada em barracas, era inconstante e variável. Ou seja, a errância a qual essa população fora exposta passou a ser emblema de sua própria identificação.

Enquanto isso, o governador do estado, Geraldo Alckmin (PSDB), criou o Programa Recomeço, com ações intersetoriais que visam, em tese, facilitar a "internação dos dependentes em centros de referência, incluindo comunidades terapêuticas e moradias assistidas".[28] De outra via, a prefeitura municipal, já sob gestão de Fernando Haddad (PT), anunciou o programa De Braços Abertos, que acordou com usuários com alguma liderança no local a demolição desses barracos recém-construídos em troca de quartos em hotéis na região, além de três refeições diárias e oportunidade de trabalho e renda.[29] Ambos os projetos estão vigentes, em constante readaptação e em conflituosa interação, indicando nítida disputa partidária sobre a questão.

Também ao longo desses dois anos, a GCM (Guarda Civil Metropolitana) tornou-se mais atuante, trabalhando com a disposição do espaço como atribuição de segurança (Foucault, 2008). De modo particular, a população que constitui o "fluxo" tem se mantido cerceada na esquina entre a rua Helvetia e a Estação Júlio Prestes, vigiada de perto pelo ônibus de videomonitoramento do programa Crack, É Possível Vencer, do governo federal, que "serve como um pequeno centro de comando e controle", cujo objetivo é "auxiliar as ações de policiamento ostensivo de proximidade nas cenas de venda e consumo de crack".[30] Teixeira e Matsuda (2012: s.p.) ajudam a pensar essa atuação:

---

[27] Cf. <http://www1.folha.uol.com.br/cotidiano/2013/12/1380499-favelinha-surge--em-calcada-na-cracolandia-no-centro-de-sp.shtml> (acesso em 1/6/2014).

[28] Cf. <http://programarecomeco.sp.gov.br/> (acesso em 1/6/2014). Cf., também, Castro (2014).

[29] Cf., por exemplo, o vídeo O Fim da Cracolândia: <http://outraspalavras.net/blog/2014/01/27/em-video-a-encruzilhada-da-cracolandia-paulistana/> (acesso em 8/3/2014).

[30] Para mais informações, ver: <http://www.brasil.gov.br/observatoriocrack/autoridade/bases-moveis.html> (acesso em 26/10/2014).

"Constituindo-se assim como força armada, de caráter repressivo e militarizado, a GCM tem, ao longo dos últimos anos, se destacado por uma atuação interventora bastante direcionada às tais populações 'em situação de risco', populações essas que, embora abstratamente mencionadas nos diplomas normativos, apresentam nome e endereço certo: os moradores de rua e os usuários de drogas, ambos ocupantes da área central da cidade. Na divisão do trabalho policial, o quinhão concernente à GCM é a repressão aos meninos de rua, sobretudo quando usuários de crack ('noinhas')."

Interessante, assim, perceber como nesses dois anos (2012-2014), a sofisticação da identificação dos usuários de crack como *população em situação de risco* ou *em vulnerabilidade* veio acompanhada da criação de uma rede cada vez mais elaborada de atenção, bem como do acionamento de atores específicos, tal qual a GCM, autorizados a fazer a gestão e a contenção dessa *população*.

Considerações finais

Ao apostar em observar a "cracolândia" a partir de uma perspectiva temporal, não estava interessada apenas em fornecer um documento ou inventário do que se passou nesses seus 20 anos de existência (1995-2014). Mais que isso, o intuito deste texto foi esmiuçar o seu processo de construção espacial, social, simbólica e política. Quis assim mostrar o quanto a "cracolândia", ao longo dessas duas décadas, foi se deslocando, se alterando e se expandindo, tanto em termos semânticos, de usos e práticas espaciais, quanto em relação aos tipos de intervenção que movimenta.

Especificamente, apontei que foi só nos últimos 10 anos, a partir de 2005, que ela ficou publicamente marcada pela grande presença de consumidores de crack nas ruas dos bairros da Luz, Santa Ifigênia e dos Campos Elíseos. Desde aí, ela se tornou ponto gravitacional de interesses e ações políticas que se complexificam a cada ano. De modo mais geral, busquei demonstrar como, desde seu início, ela esteve, e segue estando, em correlação com as reconfigurações das centralidades urbanas e com as dinâmicas de gestão da violência na cidade de São Paulo. Constituída de fluxos, a "cracolândia" não pode ser só tomada como uma questão concernente a esta área central. Ela é uma questão da metrópole. Nesse sentido, vale a obser-

Fluxos de uma territorialidade

vação de Heitor Frúgoli Jr. (2012: s.p.): há "a necessidade de uma ação local, mas que não se iluda com uma resolução apenas local".

Nesses 20 anos, é verdade, muita coisa aconteceu para muito além da "cracolândia", no país inteiro: o crack (especialmente pelo pânico moral que lhe foi associado) ganhou notabilidade e movimentou muitos recursos públicos, em vários níveis de governo; os debates em torno das *internações involuntárias e compulsórias* se acirraram, assim como as contendas em torno das *comunidades terapêuticas*, que foram acompanhadas, paradoxalmente, da ampliação da discussão sobre *redução de danos*. Igualmente, os conflitos decorrentes de intervenções ostensivas nos espaços de consumo de crack se intensificaram. É errôneo, entretanto, tomar a "cracolândia" como mero reflexo dessas transformações. Eu prefiro apreendê-la como uma de suas faces mais visíveis, por conjugar, num mesmo espaço, todos os eixos de reconfiguração da questão do crack no país.

Nas últimas visitas que fiz ao local recentemente (outubro de 2014), não me impressionou a quantidade de usuários de crack no local, mas sim o grande número de agentes estatais. Fardados, de jalecos brancos da saúde, de jalecos azul e verde da assistência social, de camisetas brancas identificadas com os logotipos dos projetos para os quais trabalham, muitos encostados em um muro, em frente ao "fluxo", prontos para serem acionados pelos usuários. Esses profissionais se multiplicaram muito em dois anos, desde a fatídica Operação Sufoco. A sensação mais impressionista que tenho, e sobre a qual ainda preciso refletir muito, é a de caminhar por um cenário cinematográfico, digno de fim de guerra: seres humanos demasiadamente emagrecidos e sujos sendo vigiados todo o tempo por policiais, tendo à disposição profissionais os mais variados, dedicados a lhes oferecer os mais diversos serviços de higienização e tratamento, muitos deles precários como as suas próprias condições. Ampliação de políticas sociais ou acréscimo do "controle do estado"? A eleição do *vulnerável*, e dos territórios que ele habita, como alvo da política, suscita muitas contradições de uma história que segue em polvorosa.

Bibliografia

ADORNO, Rubens *et al.* (2013a). "Usuarios y territorios del crack: dimensiones sobre dispositivos políticos y de salud acerca de las drogas en Brasil". In: EPELE, María (org.). *Padecer, cuidar y tratar: estudios socio-antropológicos sobre consumo problemático de drogas*. Buenos Aires: Antropofagia.

_____ (2013b). "Etnografia da cracolândia: notas sobre uma pesquisa em território urbano". *Saúde e Transformação Social/Health and Social Change*, vol. 4, n° 2, pp. 4-13.

BIONDI, Karina (2011). "Consumo de drogas na política do PCC", 14/3/2011, <http://coletivodar.org/2011/03/cartas-na-mesa-consumo-de-drogas-na-politica-do-pcc/>.

CARVALHIDO, Ana L. (2014). "O estigma e o poder do conhecimento: um estudo sobre a Operação Centro Legal de 2012". Dissertação de mestrado, Fundação Getúlio Vargas.

CASTRO, Odilon (2014). "'A droga é o mal, é o diabo': um estudo etnográfico sobre a política de drogas do Estado de São Paulo/Programa Recomeço". Exame de qualificação de doutorado (Ciências), Universidade Federal de São Paulo.

FELTRAN, Gabriel (2012). "Crime que produz governo, governo que produz crime". *Revista Brasileira de Segurança Pública*, São Paulo, vol. 6, n° 2, pp. 232-55.

_____ (2013). "Vinte anos do PCC em São Paulo: o espaço entre o governo e o crime". *Le Monde Diplomatique Brasil*, <http://www.diplomatique.org.br/artigo.php?id=1351>.

FOUCAULT, Michel (2008). *Segurança, território, população*. São Paulo: Martins Fontes.

FROMM, Deborah (2014). "Deus e o Diabo na terra do crack: uma etnografia da 'cosmopolítica' batista". Monografia de conclusão de curso, Universidade Federal de São Carlos.

FRÚGOLI JR., Heitor; SPAGGIARI, Enrico (2010). "Da cracolândia aos noias: percursos etnográficos no bairro da Luz", *Ponto Urbe*, NAU-USP, n° 6, <http://www.pontourbe.net/edicao6-artigos/118-da-cracolandia-aos-noias-percursos-etnograficos-no--bairro-da-luz>.

FRÚGOLI JR., Heitor (org.) (2012). "Dossiê Luz, São Paulo", *Ponto Urbe*, NAU-USP, n° 11, <http://pontourbe.revues.org/1129>.

FRÚGOLI JR., Heitor (2006). *Centralidade em São Paulo: trajetórias, conflitos e negociações na metrópole*, 2ª ed. São Paulo: Edusp.

GOMES, Bruno R.; ADORNO, Rubens (2011). "Tornar-se 'noia': trajetória e sofrimento social nos 'usos de crack' no centro de São Paulo". *Revista Etnográfica*, vol. 15, n° 3, pp. 569-86.

HANNERZ, Ulf (1997). "Fluxos, fronteiras, híbridos: palavras-chaves da antropologia transnacional". *Mana*, vol. 3, n° 1, pp. 7-39.

HIRATA, Daniel *et al.* (2012). "A quem serve negar o impacto PCC?". *Caros Amigos*, <http://www.carosamigos.com.br/index.php/artigos-e-debates/2429-a-quem-serve--negar-o-impacto-pcc>.

JOANIDES, Hiroito Moraes (1977). *Boca do Lixo*. São Paulo: Edições Populares.

KOWARICK, Lúcio (2007). "Áreas centrais de São Paulo: dinamismo econômico, pobreza e políticas". *Lua Nova*, São Paulo, n° 70, pp. 171-211.

MAGALHÃES, Taís (2014). "Campo de conflito e novas formas de gestão do espaço urbano: o caso da 'cracolândia' paulistana". Exame de qualificação de mestrado (Sociologia), Universidade de São Paulo.

Fluxos de uma territorialidade

MANSO, Bruno P. (2012). "Crescimento e queda dos homicídios em São Paulo entre 1960 e 2012". Tese de doutorado (Ciência Política), Universidade de São Paulo.

MINGARDI, Guaracy; GOULART, Sandra L. (2001). *As drogas ilícitas em São Paulo: o caso da cracolândia*. São Paulo: Coleção Revista do ILANUD, nº 15.

OLIVEIRA, Luciano (2012). "Circulação e fixação: o dispositivo de gerenciamento dos moradores de rua em São Carlos". Dissertação de mestrado (Ciências Sociais), Universidade Federal de São Carlos.

PARK, Robert (1967 [1916]). "A cidade: sugestões para a investigação do comportamento humano no meio urbano". In: VELHO, Otávio (org.). *O fenômeno urbano*. Rio de Janeiro: Zahar.

PERLONGHER, Néstor (1984). "Antropologia das sociedades complexas: identidade e territorialidade, ou como estava vestida Margaret Mead", <http://www.anpocs.org.br/portal/publicacoes/rbcs_00_22/rbcs22_08.htm>.

PUSSETTI, Chiara; BRAZZABENI, Micol (2011). "Sofrimento social: idiomas da exclusão e políticas do assistencialismo". *Etnográfica*, vol. 15, nº 3, pp. 467-78.

RAUPP, Luciane; ADORNO, Rubens (2011). "Circuitos de uso de crack na região central da cidade de São Paulo". *Ciência e Saúde Coletiva*, vol. 16, nº 5, pp. 2.613-22.

RUI, Taniele C. (2012). "Corpos abjetos: etnografia em cenários de uso e comércio de crack". Tese de doutorado (Antropologia), Universidade Estadual de Campinas.

_____ (2013). "Depois da 'Operação Sufoco': sobre espetáculo policial, cobertura midiática e direitos na 'cracolândia' paulistana". *Contemporânea — Revista de Sociologia da UFSCar*, vol. 3 (Dossiê Fronteiras Urbanas, organizado por Gabriel Feltran e Neiva Vieira), pp. 287-310.

_____ (2014). "A cidade, desde as cracolândias". *Novos Debates*, Fórum de Debates em Antropologia, ABA, vol. 1, pp. 52-7.

SPAGGIARI, Enrico *et al.* (2012). "Etnografia de atuação de entidades sociais na região da Luz". In: FRÚGOLI JR., Heitor (org.). "Dossiê Luz, São Paulo", *Ponto Urbe*, NAU-USP, nº 11, <http://pontourbe.revues.org/1143>.

SILVA, Selma Lima da (2000). "Mulheres da Luz: uma etnografia dos usos e preservação no uso do crack". Dissertação de mestrado (Saúde Pública), Universidade de São Paulo.

SOUZA, Percival de (1977). "Prefácio". In: JOANIDES, Hiroito de Moraes. *Boca do Lixo*. São Paulo: Edições Populares.

TEIXEIRA, Alessandra (2012). "Economias criminais urbanas e gestão dos ilegalismos na cidade de São Paulo". Paper apresentado no 36º Encontro Anual da ANPOCS, <http://portal.anpocs.org/portal/index.php?option=com_docman&task=doc_view&gid=8295&Itemid=217>.

TEIXEIRA, Alessandra; MATSUDA, Fernanda (2012). "Feios, sujos e malvados". *Le Monde Diplomatique Brasil*, <http://www.diplomatique.org.br/artigo.php?id=1124>.

UCHÔA, Marco Antonio (1996). *Crack: o caminho das pedras*. São Paulo: Ática.

9

Territorialidades e redes na região da Luz[1]

Heitor Frúgoli Jr.

A área central de São Paulo, mais precisamente a região da Luz, é assinalada por uma densidade de processos e eventos bastante *próximos* do ponto de vista espacial, embora também, em vários sentidos, *distantes* (ou *diversos*) entre si (Simmel, 2005 [1903], 1983 [1908]); Joseph (2005 [1998]). Configura-se, para aqueles que circulam por suas calçadas, ruas e praças, uma paisagem multifacetada, conflituosa e com variações situacionais, que várias vezes exigem de seus transeuntes cotidianos algum conhecimento prévio e atento de tais espaços (Arantes, 2000; Silva, 2009; Agier, 2011 [1999]).

Trata-se de uma área historicamente marcada por uma forte ocupação popular de suas ruas e moradias, com práticas de prostituição feminina (e mais tarde, de travestis), pequeno comércio, comércio informal e várias atividades ilícitas que dialogam há décadas com certo imaginário ligado à chamada Boca do Lixo, que entre 1960 e 1980 também concentrou, ali, a produção de filmes pornoeróticos.[2] Tal como em outras áreas do Centro, encontram-se muitos cortiços, e desde os anos 1990, várias ocupações de edifícios por movimentos de sem-teto, residentes que no conjunto buscam se beneficiar

---

[1] Versão revista e ampliada de um artigo publicado originalmente na *Brésil(s)* (ver Frúgoli Jr., 2013). Agradecimentos aos integrantes do GEAC-USP, do qual vários participaram da pesquisa que gerou este texto (ver detalhes em Frúgoli Jr., 2012); sou também grato pelos retornos quando da exposição deste trabalho no GT "De cidades à cidade no Brasil: tempos e/ou espaços", coordenado por Fraya Frehse e Julia O'Donnell (ANPOCS, out. 2014), especialmente os comentários de Mariana Cavalcanti.

[2] Sobre narrativas da malandragem e da criminalidade na Boca do Lixo na literatura, ver Antônio (2002 [1975]) e Joanides (1977); sobre a cinematografia dessa área, ver Barros e Lopes (15/6/2004) e Díaz-Benítez (2013); ver também, a respeito, a abordagem de Taniele Rui na presente coletânea; sobre territórios da homossexualidade e outros marcadores no centro de São Paulo, ver Perlongher (1987: 76-86), Green e Trindade (2005) e Simões, França e Macedo (2010).

da proximidade a diversos serviços e equipamentos urbanos, bem como de oportunidades de trabalho (ainda que informais e precárias) (Frúgoli Jr., 2006; Kowarick, 2007; Aquino, 2009; Rizek, 2011; Paterniani, 2013).

Justaposto a esse contexto popular, configurou-se desde os anos 1990 o uso do crack em diversos espaços públicos da região, que aos poucos passou a ser identificada como "cracolândia",[3] termo ampliado pela própria imprensa, com forte estigmatização sobre a população local, fixando-se uma representação posteriormente aplicada aos demais lugares marcados por usos de crack em outras cidades brasileiras, apesar de escalas e densidades variadas (Frúgoli Jr. e Spaggiari, 2010; Frúgoli e Cavalcanti, 2013). Tais usos recorrentes do crack ensejaram a partir de então uma série crescente de ações e intervenções por parte de múltiplos agentes — estado (em atuações muitas vezes conflitantes entre seus planos constitutivos), ONGs, igrejas etc. — com desdobramentos de longo prazo e em andamento, ligados à complexidade do tema.

Tal região também abriga diversos espaços culturais, que ensejaram desde os anos 1980 uma série de iniciativas do poder público voltadas ao fortalecimento de tais instituições, sem falar da criação de novos centros culturais — em edifícios em geral restaurados ou reformados para a ampliação de seus públicos frequentadores (Talhari, Silveira e Puccinelli, 2012). Nessa última esfera, vale mencionar o projeto Luz Cultural (Frúgoli Jr., 2000: 72-3, 103-9), seguido de intervenções sobretudo de governos estaduais (ligados ao PSDB), articuladas a programas de abrangência nacional, como o Monumenta (Kara-José, 2007; Mosqueira, 2007).

Em meados dos anos 1990, tais iniciativas se desdobraram num projeto urbano da prefeitura de requalificação para uma área mais abrangente, denominado Nova Luz,[4] cujas ações posteriores acirraram um quadro de conflitos, seja pelas polêmicas inerentes ao próprio projeto — principalmente após a aprovação da lei de concessão urbanística, em 2009, que delegou poderes especiais e inéditos à iniciativa privada (Barros e Credendio, 23/4/2009) —, seja pela tentativa de intervenção num contexto urbano com as características socioculturais e históricas já delineadas.

---

[3] Sobre tal configuração inicial, ver Uchôa (1996) e Mingardi e Goulart (2001).

[4] Sobre o projeto, ver Prefeitura do Município de São Paulo (2005) e <http://www.prefeitura.sp.gov.br/cidade/secretarias/upload/desenvolvimento_urbano/arquivos/nova_luz/201108_PUE.pdf> (acesso em 9/5/2015).

Cabe ainda assinalar outro desafio: vários estudos nomeiam a Luz como um bairro,[5] dado que há dimensões de relação e sociabilidade a serem efetivamente reconstituídas. Torna-se necessário, por outro lado, abordar tal contexto como uma região (Silva, 2000; Kara-José, 2007; Moreira, 2008), posto que os alvos de interesse de vários estudos acabam por abranger áreas mais amplas, o que também se deu em nossa investigação: transitamos portanto da ideia de bairro para a de região da Luz. É preciso inclusive levar em conta que não há uma circunscrição oficial precisa sobre os limites da Luz (genericamente, a mesma integraria o distrito do Bom Retiro — nome, por sinal, de um bairro limítrofe), isso sem falar do papel desempenhado por diversos programas de intervenção pública no sentido de nomear (e assim, instituir) o território, de formas distintas e justapostas — ligados à melhoria de instituições culturais, de edifícios tombados pelo patrimônio ou a planos de reabilitação habitacional (Schicchi, 2011). Em nossas abordagens também constatamos ser comum que a menção de residentes, frequentadores ou transeuntes à Luz, situada na área central, se entrelace à do próprio Centro (Frúgoli Jr. e Spaggiari, 2010; Frúgoli Jr., 2000).

Nesse sentido, o presente capítulo busca enfocar aspectos fundamentais de uma pesquisa etnográfica realizada nessa região, de caráter coletivo e partilhado, com linhas de investigação articuladas entre si, realizadas por integrantes do Grupo de Estudos de Antropologia da Cidade (GEAC), as quais coordenei e também participei (Frúgoli Jr., 2012). Pretende-se aqui sublinhar achados desse trabalho que, nas suas articulações e escalas, permitem um determinado olhar argumentativo sobre tal área da cidade de São Paulo, à busca de nexos e diálogos mais explícitos com outras pesquisas e temas recorrentes de análise sobre o contexto paulistano.

Trata-se basicamente de tomar as cidades como contextos assinalados por linhas de força amplamente diversificadas e heterogêneas, em que o enfrentamento etnográfico constitui uma prática decisiva na reconstituição de redes de relações e conexões, dadas a princípio pelos próprios citadinos, em suas relações entre si e com equipamentos e artefatos urbanos. A investigação se assenta, portanto, em uma dada territorialidade, a partir das quais se possa investigar, de forma articulada, seus aspectos mais relevantes e recorrentes, que se abririam para aprofundamentos em múltiplas direções, mas cujo núcleo relacional permite concentrar dados resultantes de cruzamentos

---

[5] Ver como isso aparece, por exemplo, no estudo historiográfico de Lais Guimarães (1977).

de recortes, que enfim configuram a cidade, em sua diversidade e densidade constitutivas.

Com base nessas referências iniciais, pretende-se abordar basicamente três âmbitos da presente pesquisa, voltados ao mesmo tempo a uma gradativa contextualização e argumentação, como se verá a seguir.

A TERRITORIALIDADE ITINERANTE DA "CRACOLÂNDIA"

Apesar de a região da Luz ser encarada pela ótica do abandono, a mesma é alvo, como já foi dito, de uma série de ações de entidades (de naturezas diversas) voltadas não apenas aos usuários de crack, mas a outros agrupamentos vulneráveis, *eventualmente* também envolvidos com o uso do crack: população de rua (incluindo crianças de rua), mulheres e travestis em situação de prostituição, catadores de material reciclável etc. Isso difere parcialmente do momento presente, em que é mais clara a presença do poder público, como se verá adiante.

Uma das entidades com a qual houve uma significativa interação na pesquisa foi a É de Lei, que atua na área de redução de danos junto a usuários de crack, com ações nas ruas da região da Luz e um centro de convivência.[6] Através do acompanhamento do atendimento da mesma, foi possível não apenas ver de perto muitas situações envolvendo tais usuários, bem como reconstituir um campo plural de mediações abrangendo não usuários de crack, agentes de ONGs, religiosos, seguranças privados, policiais, residentes, transeuntes, frequentadores da região etc. Tais observações permitiram que aos poucos compreendêssemos essas relações — entre os usuários de crack, bem como desses com os outros agentes em questão — como uma modalidade de territorialidade itinerante,[7] ligada a práticas espaciais que combinam fixação e movimento,[8] com um epicentro na região da Luz, a

---

[6] Para mais detalhes, ver <http://edelei.org/home/> (acesso em 12/5/2015).

[7] Ver mais detalhes em Perlongher (1987, 1991) — embora se sublinhe a componente espacial dessa conceituação e não se explore a ideia de código-território do autor (1987: 108-54), que enfatiza a proliferação identitária e se inspira em Deleuze e Guattari (1972, 1980).

[8] O conceito de práticas espaciais se baseia em Certeau (1994 [1980]); a pesquisa sobre usos de crack inspirou-se parcialmente em Bourgois (2003), embora com ênfase etnográfica nos usuários de crack, não nos *drug dealers*, por mais que, no contexto em questão, uso e tráfico se entrelacem (ver Rui *et al.*, 11/2/2014). Para uma abordagem aprofundada sobre usos do crack em diversos espaços, incluindo a Luz, ver Rui (2014).

partir da qual se dão ocupações flexíveis do espaço, a depender do tipo de intervenção a que tais agentes são submetidos; em períodos de repressão mais sistemática, passam a ocupar de forma mais permanente outros espaços da cidade (principalmente na área central), prática essa adotada, em escalas distintas, pelo menos desde 2000, conforme matérias publicadas na *Folha de S. Paulo* desde o referido ano.

Territorialidade é, nesse sentido, distinta de território, como ficou claro no decorrer da pesquisa, pois se o termo "cracolândia" é muito recorrente na mídia impressa, no local em questão era mais comum ouvir menções aos próprios usuários, no caso os "noias", ou seja, uma ênfase maior às pessoas do que a um espaço fixo específico. "Noia" deriva de paranoia, com referência a um estado mental decorrente do uso regular do crack, ou da "fissura" pelo uso contínuo do mesmo, dado seu rápido efeito (Frúgoli Jr. e Spaggiari, 2010). Tanto a presente pesquisa quanto a de Perlongher (1987) dialogam criticamente com o conceito de região moral (Park, 1973 [1916]), reconhecendo-se uma dimensão espacial recorrente de marginalidade, mas se abrindo para a compreensão de dimensões de acirramento da mesma, e não necessariamente para possibilidades integrativas.

Como já dito, há outras entidades que estabelecem relações com atores sociais vulneráveis na região, cujas ações acompanhamos, cabendo aqui mencioná-las sinteticamente: as agentes do GMEL (Grupo Mulher, Ética e Libertação) e da Pastoral da Mulher Marginalizada (ligada à Igreja Católica), que atuam nas ruas junto às profissionais do sexo, na qual a questão do uso do crack tem se tornado um tema de preocupação crescente, seja pelo mesmo passar a ser consumido e traficado pelas mais idosas (em decorrência da gradativa diminuição de clientes), ou então pelas mais novas, que barateiam a prática sexual (ou aceitam sexo sem preservativos) e com isso criam conflitos com as profissionais mais experientes (Silva, 2000: 54-63; Spaggiari, Rodrigues e Fonseca, 2012). Revela-se aqui uma territorialidade da prostituição que não coincide com a do crack, embora haja justaposições, por abranger mais claramente certos espaços públicos da região, como a Estação da Luz ou o Parque da Luz.

Há também entidades ligadas ao campo evangélico que atuam nessa área, como a CENA (Comunidade Evangélica Nova Aurora), cujo atendimento (alimentação, albergue, atividades esportivas, alfabetização etc.) ocorre nas dependências da associação, voltado a um arco mais amplo de sujeitos — crianças de rua, prostitutas, moradores de rua, travestis e usuários de drogas —, com ações de resgate, restauração e reintegração, todas mediadas pela tentativa mais explícita de conversão religiosa. Posteriormente, a Igreja

Batista também criou na região uma ação assistencialista combinada à tentativa de conversão centrada nos usuários de crack, cujas atividades (voltadas à conversão e reabilitação para o trabalho) se concentram num espaço denominado "Cristolândia" (Spaggiari, Rodrigues e Fonseca, 2012; Fromm, 2014).

Em suma, há nessa região uma série de entidades distintas quanto a interesses de ação, estrutura de organização, captação de recursos, serviços oferecidos e formas de atuação dos agentes, que ocorrem tanto em locais de convivência como nas próprias ruas, sendo que as últimas interessaram mais diretamente à pesquisa, na medida em que dão visibilidade aos diversos usos do espaço por sujeitos marcados pela vulnerabilidade (cujo uso do crack é uma prática recorrente, embora não totalizante), bem como permitem perceber aspectos relevantes da interação dos agentes de tais entidades com seus públicos-alvo, o que envolve basicamente tentativas de criação de vínculos de reciprocidade mais duradouros através da conversa, de orientações ou da doação de objetos ou folhetos informativos. Os trajetos recorrentes adotados por tais agentes permitem a reconstituição de toda uma territorialidade de usos do espaço.[9]

Durante janeiro de 2012, novas tentativas ostensivas da polícia para retirar usuários de crack das ruas dessa região ganharam forte visibilidade da mídia impressa e também televisiva. Destacaram-se novos temas bem como questões mais antigas, com alcances variados, mas com crescente realce: a polêmica das internações involuntárias (almejadas então pelo poder público e obstadas por profissionais da saúde), novas dispersões territoriais dos usuários de crack por diversos bairros (com prejuízo para o atendimento feito por distintas entidades locais, sobretudo ONGs), comportamentos defensivos das populações locais (alvos de fiscalizações e novas demolições pela prefeitura), articulações de ativistas contra a violência policial e pelos direitos humanos, investigações do Ministério Público Estadual sobre critérios e práticas das operações policiais em andamento, caracterizações mais precisas sobre os usuários de crack pela imprensa (incluindo mulheres grávidas, ou então parentes em busca de usuários na área em questão) e ações diversificadas e capilares do tráfico — com base em diversas matérias nos jornais *Folha de S. Paulo* e *O Estado de S. Paulo* ao longo do mês de janeiro de 2012.

---

[9] Sobre esse campo plural de atendimentos, ver Spaggiari, Rodrigues e Fonseca (2012).

Ações como essas acarretam prejuízos consideráveis quanto à eficácia pretendida por aqueles que atendem aos usuários de crack, porque basicamente os impelem a se espraiarem por outros locais da cidade, numa circulação vertiginosa que interfere na própria capacidade de se estabelecer uma interação mais regular e pautada por vínculos de confiança.

Já existem ali ações intersecretariais há um bom tempo. Foi o que ocorreu em 2005, durante a Operação Limpa (2005, organizada pela prefeitura) e durante a Operação Centro Legal (2009-2010, idem), ambas de caráter sobretudo repressivo aos usuários de crack (sem um combate ao tráfico propriamente dito), embora a segunda contivesse uma preocupação também ligada ao campo da saúde (Frúgoli Jr. e Spaggiari, 2010). A já citada operação de janeiro de 2012 — intitulada Operação Sufoco, pela estratégia de criar "dor e sofrimento" aos usuários de crack —, por sua vez, envolveu articulações do governo municipal e estadual, cujas ações predominantemente repressivas resultaram num debate mais abrangente e nacional sobre a questão, incluindo questionamentos mais profundos sobre as práticas então ligadas à internação compulsória. Essa basicamente permite que alguém seja internado para tratamento psiquiátrico contra a própria vontade e sem a necessidade de autorização familiar, desde que solicitada pelo médico psiquiatra e determinada pelo juiz competente.[10]

O quadro mais recente, desde 2014, traz novos aspectos quanto à territorialidade local. A área em questão é hoje abrangida por dois programas do poder público, De Braços Abertos (prefeitura) e Recomeço (governo estadual),[11] assinalados por concepções distintas quanto ao enfrentamento da questão do uso do crack, além de ligados a gestões com orientações políticas distintas. Configurou-se, em decorrência, ao invés das circulações incessantes anteriores, uma concentração significativa de usuários de crack na confluência da alameda Cleveland com a rua Helvetia, curiosamente chamada de "fluxo"[12] — nome dado a princípio ao espaço daqueles que não aderiram ao programa De Braços Abertos — submetida a forte vigilância e repressão policial (Rui *et al.*, 11/2/2014). Trata-se de uma espécie de fixação territorial mais delineada, quando comparada a formas espaciais anteriores,

---

[10] Dentre as muitas matérias a respeito, ver Salatiel (1/2/2013).

[11] Sobre tais programas, ver, respectivamente, <http://www.capital.sp.gov.br/portal/noticia/5240#ad-image-0> e <http://programarecomeco.sp.gov.br/> (ambos os acessos em 3/6/2015).

[12] Nas áreas periféricas, por sua vez, "fluxo" é um nome dado aos bailes funk que ocorrem estratégica e ilegalmente nas ruas (Mekari, 29/12/2014).

com a existência de barracas e um conjunto de usos assinalados por hierarquias locais a serem mais bem pesquisadas, sobretudo quanto ao papel desempenhado pelo tráfico de crack, bem como quanto à quantidade de pessoas que ali chegam e permanecem, articuladas ao mundo das ruas, dos albergues e também das prisões. Tal configuração, porém, é bastante instável, e recentemente voltou a adquirir um caráter mais itinerante.[13]

Outro desdobramento desafiante é uma busca criteriosa de comparação das chamadas "cracolândias", cuja aventada proliferação das mesmas pelas metrópoles brasileiras exige uma atenção quanto à proliferação do próprio léxico. Mariana Cavalcanti e eu empreendemos, com base no conceito de territorialidade, uma abordagem a respeito nas cidades do Rio de Janeiro e de São Paulo (2013): se no contexto carioca é possível observar certa localização e migração das mesmas por diversos entornos de favelas, com base nas dinâmicas ligadas sobretudo à implantação das UPPs (Unidades de Polícia Pacificadora) (Machado da Silva, 2010; Barbosa, 2012), no paulistano há uma permanência em torno da Luz, ainda que agora se fale de "minicracolândias" em vários bairros (Cancian, 28/9/2014), algo que, de toda forma, mereceria passar por crivos empíricos.

Redes de relações entre moradores da região da Luz

Outra dimensão captada na pesquisa sobre a Luz diz respeito a dinâmicas de relações entre moradores da região (Frúgoli Jr. e Chizzolini, 2012), bem como desses com outros sujeitos nos espaços públicos, além de se ter em vista, em ambos os casos, as relações dos agentes com os equipamentos urbanos. Apesar da significativa diversidade de arranjos ali existentes, como cortiços (Kowarick, 1988, 2007; Bonduki, 1998; Kohara, 1999; Marques e Saraiva, 2005), ocupações de sem-teto (Aquino, 2009; Paterniani, 2013)[14] e

---

[13] Enquanto terminava a redação do presente capítulo, uma nova ação policial desmanchou provisoriamente a área do "fluxo", por conta do combate ao tráfico local, com a instalação posterior de novos equipamentos para uma praça. Para um quadro inicial, sem esgotar a quantidade de matérias de imprensa a respeito, ver Rodrigues *et al.* (30/4/2015) e Bergamin Jr. (6/5/2015).

[14] Alguns militantes dessa região, principalmente os moradores da ocupação da rua Mauá, nos receberam e auxiliaram de forma substantiva na pesquisa, mas por estarem naquele espaço recentemente e por conta das prioridades políticas dos movimentos, suas redes de relações nos levavam geralmente a outros militantes, a outros movimentos de ocupação e a outros espaços urbanos.

favela do Moinho — localizada no Bom Retiro, há anos em luta pela urbanização, e vítima de três grandes incêndios desde 2011 (*Folha de S. Paulo*, 12/9/2013) —, centramo-nos na observação mais detida de residentes de determinados edifícios com distintos graus de precariedade, um tema menos tratado pela bibliografia com relação às formas de moradia na região central. Ao contrário da seção anterior, ligada a um contexto mais abordado por várias pesquisas, as duas partes posteriores basear-se-ão um pouco mais em aspectos eminentemente etnográficos, dado lidarem com aspectos de certa forma pouco estudados por outros trabalhos, principalmente com relação àquela região.

Tal investigação teve início quando um residente se dispôs a nos receber em seu apartamento, com o qual buscamos reconstituir novas redes e conexões locais (inevitavelmente parciais) formadas a partir dessa interação inicial. Ele era, na época, síndico do edifício[15] — em diálogo com síndicos de outros prédios do entorno, para trocas sobre as experiências objetivando a realização de fins práticos comuns — habitado na maioria por migrantes nordestinos, além de asiáticos (coreanos e chineses), e não encarava os "noias" como uma real ameaça.

Nessa época, ele se empenhava em fazer melhorias no prédio, mas passou a ter atritos com moradores[16] (um número considerável deles ligados ao comércio informal das cercanias), o que culminou num episódio de agressões físicas que o levou a renunciar ao cargo e, logo depois, a abandonar o local, por ter descoberto tardiamente que havia enfrentado um grupo que, simultaneamente, explorava o "comércio pirata" e o tráfico de cocaína a partir do prédio.

No mesmo edifício tivemos contato com um universitário, vindo do interior do estado, que morava ali há seis anos pela facilidade de acesso a equipamentos urbanos e disponibilidade de serviços e de lazer, além da própria história do lugar, compondo o que ele chamava de "cenário diversificado". Tal visão positiva, contudo, não é partilhada por seus amigos, visto que muitos têm receio de visitá-lo pelo medo de serem assaltados por alguém do perímetro da "cracolândia". Ele não negava que esse perigo existisse, embo-

---

[15] Esse e os demais edifícios pesquisados e mencionados, a partir daqui, terão o nome e localização preservados, por questões éticas.

[16] Sobre o tema das diferenciações, estigmas, conflitos, tensões e hostilidades entre vizinhos ou famílias que moram num mesmo prédio, ver pesquisa pioneira de Gilberto Velho (1973) e, mais recentemente, Velho e Maggie (2013); de toda forma, o contexto da presente pesquisa refere-se a um campo mais atravessado pela criminalidade.

ra apresentasse uma ideia relativizada do que significa ser assaltado na região, ao descrever situações em que um "noia" aborda um passante e lhe pede dinheiro, e este, com medo da situação, atende facilmente ao pedido, embora isso não seja um assalto na sua concepção, mas uma abordagem normal de pessoas taxadas como marginais e perigosas.

Sua vivência no bairro lhe permite identificar detalhes referentes aos moradores em situação de rua, às pessoas alcoolizadas, aos próprios "noias", aos traficantes locais, aos deslocamentos dos usuários de crack pelo bairro ao longo do dia e à dificuldade resultante de se delimitar de forma fixa onde seria a "cracolândia". Evidencia-se assim um significativo conhecimento da multiplicidade de situações do entorno, que envolve distintas estratégias de interação (Frúgoli Jr. e Chizzolini, 2012).

Chegamos ao segundo edifício novamente através do contato com um síndico, ligado à rede desses agentes há pouco citada, por meio de quem tivemos acesso a alguns moradores. É assinalável o contato prolongado que tivemos com uma senhora que faz doces e salgados sob encomenda e mora com o marido e o filho, além de ter uma filha em outro apartamento do mesmo prédio. Embora afirmasse desconhecer o bairro, o acompanhamento de suas caminhadas pela região — para entrega de encomendas, ida à igreja, supermercado, lotérica, padaria, visita a amigas etc. — revela uma significativa teia de sociabilidades. É comum inclusive certa interação com os usuários de crack — que já lhe eram familiares há onze anos, desde que se mudara para ali —, com rápidas interações e por vezes pequenas doações, além de um conhecimento bastante preciso, e já mencionado, sobre os transeuntes em condições precárias: "noia", homem de rua, um trabalhador que se embebedou etc. Isso realmente evidencia códigos mais abrangentes de identificação nos espaços públicos, uma espécie de sistema classificatório a partir dos quais se estabelecem critérios para relações corporais de proximidade ou distância em interações e situações cotidianas nas ruas (Simmel, 2005 [1903]); Goffman, 1985 [1959]; Joseph, 2005 [1998]; Agier, 2011 [1997]).

Cabe ainda assinalar, durante nossas interações com essa moradora, a menção à sua presença em uma reunião com Andrea Matarazzo (então Subprefeito da Sé e Secretário de Coordenação das Subprefeituras), que incentivava que os síndicos dos edifícios da região promovessem melhorias substanciais nos mesmos, caso contrário a prefeitura o faria, mas por meio da desapropriação do imóvel. Tal reforma começara a ser realizada, mas sofria a resistência de parte dos inquilinos, que entendiam que tais melhorias podiam vir a despertar interesse dos proprietários e elevação do preço dos aluguéis. Um pintor que trabalhava na restauração da fachada quase morreu por conta de uma corda que teria sido propositadamente rompida.

Meses depois ocorreu ali o suicídio de uma senhora (que se jogou da janela), viúva e cujo filho era dependente de drogas e morava com ela, de forma intermitente, com desentendimentos crescentes entre ambos. Embora isso não pautasse necessariamente o cotidiano observado, é preciso admitir a ocorrência de uma série de conflitos marcados pela violência ao longo da investigação.

Chegamos a iniciar a pesquisa de um terceiro prédio, onde nossa já mencionada interlocutora havia residido e no qual alugava um imóvel. Em suas caminhadas era comum, ao passar por ali, conversar com travestis que já conhecia. Tal edifício apresentava uma fachada bastante desgastada e havia grandes filas para uso do elevador. Vários moradores dali eram bolivianos e trabalhavam nos arredores (provavelmente nas confecções do Bom Retiro), além de outros que eram predominantemente camelôs.[17] Naquele dia fora possível conhecer um rapaz ligado à administração daquele edifício, que numa segunda visita, semanas depois, soubemos que fora assassinado. Há indícios de que a vítima estava envolvida com a compra e venda de apartamentos do próprio prédio, valendo-se de informações privilegiadas propiciadas pelo tipo de trabalho, o que causava atritos com outros moradores.[18]

Foi possível, portanto, captar um sistema de classificação acionado por muitos residentes locais na relação cotidiana com atores sociais das ruas, destinado justamente à identificação dos mesmos, o que se articula, em alguns casos, a estratégias de interação e de dádivas (principalmente dinheiro ou alimentos), sobretudo com usuários de crack, voltadas justamente à demarcação de novas distâncias. De certo modo, estamos diante de um sistema de moralidades, através do qual os residentes locais classificam e realizam interações muitas vezes incontornáveis nos espaços da rua, que é também regido, quanto aos agrupamentos em situação de rua, por determinados valores morais de conduta, como mostram várias pesquisas (Gregori, 2000; Rosa, 2005; De Lucca, 2007; Frehse, 2013).

Outra esfera considerável, ainda relacionada ao cotidiano de tais residentes, diz respeito à configuração de uma série de conflitos, que não se dão necessariamente em interações nas ruas, mas no próprio interior dos prédios

---

[17] Sobre os migrantes bolivianos em São Paulo, ver (sem esgotar o assunto) Silva (1997) e Silva (2011a); sobre aspectos do comércio informal no centro de São Paulo e em outros contextos paulistanos, Frúgoli Jr. (1999), Silva (2011b) e Hirata (2014).

[18] Em virtude de tal evento, preferimos interromper a pesquisa no local.

pesquisados — ameaças, agressões físicas, casos pontuais de assassinatos e suicídios, tráfico de drogas, práticas ostensivas de especulação imobiliária, embates em torno de usos de recursos condominiais —, práticas essas que nos conduziriam às abordagens em andamento sobre ilegalismos, mercados populares e influências crescentes do mundo do crime, com fortes ressonâncias em diversos estudos urbanos nos últimos anos (Telles e Cabanes, 2006; Machado da Silva, 2008; Feltran, 2011; Telles, 2013; Cunha e Feltran, 2013), que são nesse caso atravessadas ou potencializadas por conflitos ligados à requalificação urbana, presentes no conjunto de intervenções urbanas em curso naquela região.

NOVAS FACETAS DE INTERAÇÃO: O BAR "NOVA LUZ"

Pretende-se, por fim, apresentar uma observação detida de redes de relação em torno de um bar situado na região já referida, estabelecimento que poderia ter sido demolido pelas operações do projeto de intervenção urbanística "Nova Luz", mas que além de contornar a ameaça, passou a se beneficiar de acordos posteriores com o próprio poder local. O proprietário de tal bar e de um time de futebol amador[19] ali sediado conta com uma capacidade relacional significativa, visível nas relações com frequentadores locais, agentes do poder público, jogadores de "futebol de várzea", moradores da região, integrantes de movimentos de luta por moradia e sujeitos mais vulneráveis que transitam por ali, incluindo vários usuários de crack, o que exemplifica uma participação situacional em diversos mundos sociais[20] (e suas moralidades específicas) que, nesse caso, estão próximos territorialmente e conectados entre si.

A etnografia detida desse contexto traz duas contribuições ao presente capítulo: a) uma complexificação de certo dualismo, que ressalta apenas os que são a favor ou contra intervenções urbanísticas em andamento na região; b) uma configuração popular que certamente dialoga com a informalidade, mas não necessariamente com o crime, algo que talvez passasse despercebi-

---

[19] Para uma análise sobre a formação de diversas redes de relações no contexto paulistano em torno de práticas futebolísticas amadoras, ver Hirata (2005) e Spaggiari (2009).

[20] Sobre a relação entre participação e situação, ver Cefaï, Veiga e Mota (2011); a respeito da ideia de mundos sociais, ver a abordagem de Velho (1999).

do caso olhássemos apenas para as dimensões razoavelmente marginais e violentas dessa região.

A observação atenta desse bar da região da Luz, em diálogo com as outras investigações ali realizadas, permitiu apreender aspectos relevantes das redes de relação locais, sobretudo quanto à sua densidade de um ponto de vista intensivo — localmente circunscrito — bem como pela capacidade de exemplificar sínteses particulares de vários temas relevantes do lugar. Trata-se de um estabelecimento curiosamente chamado "Nova Luz", mas cuja origem não guarda relação com o projeto do mesmo nome (embora possa evocar uma referência ambígua). É que o local é sede de um time de futebol amador, cujo nome original era Portuguesinha da Luz, mas que durante a disputa de um torneio perdera um jogo por W.O. (pois os integrantes não conseguiram chegar a tempo ao local) e fora eliminado. Tal ausência involuntária implicou mudanças posteriores, quando da disputa da nova edição do mesmo torneio, tendo sido preciso mudar o nome, daí a "Portuguesinha da Luz" ter se transformado em "Nova Portuguesinha da Luz" e, depois, "Nova Luz"...

O proprietário desse bar é também o dono e administrador do time, que atua quinzenalmente em vários locais da cidade, assumindo a maioria das despesas, principalmente o aluguel do campo. Nascido no Nordeste, veio para São Paulo onde tentou seguir a carreira de jogador de futebol, tendo depois trabalhado como segurança privado e finalmente no comércio. É também morador de um edifício das cercanias, no qual já foi subsíndico. Além disso, colabora há alguns anos com um dos movimentos de moradia que atua na região central da cidade. Sua ligação com movimentos sociais do Centro também pode ser observada na própria composição do time Nova Luz, pois a maioria dos jogadores mora na área central e muitos participam das já mencionadas ocupações de edifícios por parte dos sem-teto da região. Uma parcela desses últimos, na maioria migrantes nordestinos, tinha também seu próprio time amador, representante de um dos movimentos da ocupação da rua Mauá (o Movimento Sem-Teto do Centro, MSTC) e que mantinha, com o time do Nova Luz, alianças situacionais.

Por vezes há usuários de crack que adentram o bar, mas que são imediatamente rechaçados. Trata-se, no entanto, de frequência bem mais escassa quando comparada há anos atrás. Quatro anos antes dessa pesquisa, ele chegava a contar mais de duzentas pessoas usando crack próximas ao bar. Ele comentou não saber exatamente como eles conseguem ganhar dinheiro para o crack — uma pedra valia então R$ 10, dividida depois entre vários usuários —, embora mencionasse eventuais roubos, desmontes etc. De modo geral, a referência aos "noias" ocorre nas conversas entre os integrantes do time (evidentemente não usuários de crack), muitas vezes em situações jocosas, como no caso de um rapaz que perguntou por que não fora escalado para jogar em certo dia, ao que o responsável respondeu: "porque você é 'noia'!", o que foi seguido de muitos risos.[21]

Como já dito, o bar quase foi derrubado em 2007. Na época, foram consultados advogados que provaram que a ação de fiscalização (que em certos casos antecede a desapropriação) fora fraudulenta. Assim, após quase perder o estabelecimento, e depois das demolições de casas, comércios e prédios nos arredores, a situação surpreendentemente melhorou, pois foi fechado um contrato com a prefeitura para o atendimento a quase trezentos operários que trabalhavam na reurbanização do local. No bar, cabem por volta de trinta pessoas, mas havia dias em que comiam oitenta ou mais operários, e já se pensava em convidar um grupo para tocar samba, o que ocorre em alguns locais do entorno.[22]

Um importante comentário à parte: é claro que tal habilidade de negociação e mesmo certa sorte não se estende a outros comerciantes dessa área, que foi alvo de várias demolições em 2007. Em meados de 2008 foi possível fazer alguns contatos: um deles estava há 14 anos no local, onde administrava um estacionamento em um terreno alugado, cuja clientela era formada basicamente por lojistas e consumidores da Santa Ifigênia, área muito conhecida pela venda de artigos eletrônicos, além de funcionários de escritórios da região. Tal local fora desapropriado pela prefeitura, sem nenhuma resistência do proprietário, e na época esse comerciante lutava para obter na Justiça uma indenização pelo valor do ponto comercial. Outra comerciante — nascida no Ceará e há 23 anos em São Paulo — perdera a lanchonete após sua desapropriação (que ocorreu um mês após a notificação), e, ainda sem ter recebido a indenização, havia decidido abrir outro estabelecimento a algumas quadras dali, mas o negócio não ia bem. Ela então empregava uma pessoa — de Alagoas e há 26 anos em São Paulo — que anteriormente morava em um sobrado da região demolida, cujo andar térreo era usado como minimercearia; a desapropriação e derrubada da casa fez com que o marido ficasse sem emprego e que ela passasse a trabalhar então como funcionária; o dinheiro obtido com a indenização levou o casal a tentar a compra financiada de um apartamento em um conjunto habitacional em construção na

---

[21] Sobre relações jocosas nas interações ligadas ao futebol, ver Toledo (1996).

[22] Sobre o tema, com ênfase em rodas de choro e samba na rua General Osório, ver Aderaldo e Fazzioni (2012).

periferia, enquanto moravam com os três filhos em uma quitinete da região. Ainda segundo essa última, outras pessoas atingidas pelas demolições teriam se mudado para lugares próximos e mais precários ou pensões, mas algumas teriam inclusive voltado para seus locais de origem.

Retornando às redes de relação observadas no bar "Nova Luz", revela-se um conjunto de questões significativas, principalmente quando relacionadas às outras linhas de investigação sobre a região da Luz, à medida que se trata de um lugar que poderia ter sido demolido, mas que além de contornar tal ameaça, passou a se beneficiar de acordos com o poder local, o que complexifica certo dualismo, que tende a ressaltar apenas os que são a favor ou contra as intervenções urbanísticas locais em andamento.[23] Parte dos integrantes do time é residente na região, a começar pelo dono, o que engloba participantes de ocupações daquela área, que embora criem relações bastante definidas pela agenda dos próprios movimentos de moradia, também se abrem para outras conexões. Cabe, portanto, constar que o contexto articulado pelas observações etnográficas (do próprio local, bem como de lugares e situações que se articulam ao mesmo) revela um quadro com configurações relacionais e decisões políticas que não coincidem necessariamente com o modo dual, polarizado e isolado que organiza em geral as narrativas sobre esse espaço urbano, nem são atravessados por uma organização que se relaciona diretamente com a criminalidade.

Considerações finais

A vinculação, ainda que não exclusiva, do presente trabalho às ideias de Certeau (1994 [1980]) não é fortuita: trata-se de enfrentar questões relacionadas à capilaridade do poder e sua espacialidade, reconhecendo as contribuições de Foucault (1977), mas buscando captar procedimentos táticos infinitesimais cujas práticas disseminadas (para além de resistências ou inércias) são marcadas por discursos silenciados a serem desvelados através da investigação. Não se trata, portanto, de negar as posições defendidas por Foucault, mas de incorporá-las criticamente numa busca mais precisa de aspectos reveladores da agência humana. Desse modo, há uma atenção es-

---

[23] É evidente que há períodos de acirramento político que configuram polarizações, como os protestos da ACSI (Associação dos Comerciantes do Bairro de Santa Ifigênia) contra o Projeto Nova Luz, ou a formação, por parte de moradores locais, da Associação Amo a Luz (que não serão abordados neste texto).

Territorialidades e redes na região da Luz

pecial às articulações entre práticas espaciais (a mais elementar dessas, o próprio caminhar pela cidade) e os relatos sobre as mesmas, na busca de uma multiplicidade dos modos de apropriação do espaço praticado (Certeau, 1994 [1980]).[24] Ainda quanto a Certeau, tudo se relaciona às práticas urbanas que se insinuam no interior mesmo dos procedimentos disciplinares descritos por Foucault. Certeau define bem, neste ponto, um deslocamento decisivo e explícito em relação ao esquema foucaultiano: *"Eu gostaria de seguir alguns destes procedimentos — multiformes, resistentes, hábeis e obstinados que fogem à disciplina — sem estar por isso fora do campo em que a mesma se exerce"* (Dosse, 2004: 83-4, grifos do autor).

Da mesma forma, alinho-me à perspectiva de submeter conceitos foucaultianos como biopoder (Foucault, 1977, 2004) e heterotopia (Foucault, 2013 [1967]) a uma verificação etnográfica mais sistemática (Agier, 2012, 2013), pensando na possibilidade de práticas inesperadas, inéditas ou dramáticas de enfrentamento, através das quais não se nega a existência de um biopoder, mas que reformula os próprios termos do seu alcance efetivo.[25]

Nesse sentido, voltando ao contexto aqui pesquisado, é evidente que um certo grau de aspectos ligados ao mundo do crime[26] se torna parcialmente visível, seja quando pensamos em determinadas redes de relação articuladas em torno do uso do crack, ou mesmo quando reconstituímos a vida cotidiana de residentes de determinados edifícios locais. Entretanto, os arranjos e redes reconstituídos principalmente no terceiro contexto pesquisado (que se justapõe espacialmente aos anteriores) revelam outras dimensões também constitutivas de uma sociabilidade popular e urbana que não incorpora, até onde foi possível observar, as mesmas dinâmicas ligadas à criminalidade.

Assim, é preciso atentar para a diversidade de agentes cujas práticas múltiplas configuram a própria cidade, algo bastante visível numa região como a Luz, assinalada por uma densidade multifacetada de sujeitos, equipamentos urbanos, instituições e práticas de intervenção voltadas a diversos

---

[24] Sobre o vasto campo relativo ao conceito de agência, ver Ortner (2006); sobre Certeau, ver também Mongin (2009).

[25] Refiro-me aqui às pesquisas do autor sobre os campos de refugiados (Agier, 2002, 2013). Sua principal crítica se dirige a Agamben (1995, 1997) quanto às articulações abstratas e circulares entre biopoder e política, que equivocadamente prescindiriam de uma exploração empírica da questão dos sujeitos e da subjetivação política (Agier, 2012: 489).

[26] Pensado como uma espécie de articulação que avança no espaço deixado pela crise do Estado e do mercado de trabalho, em diálogo com autores já mencionados, tais como Machado da Silva (2008), Feltran (2011), Telles (2013) ou Rui (2014).

fins, com uma significativa historicidade ligada às classes populares, mas com presenças, práticas e circulações que ampliam sua diversidade interna, bem como incorporam outros marcadores sociais. A existência ali de territorialidades do uso do crack não engloba, apesar de seus impactos, todo o território ou espaço em questão, o que diferencia em alguma medida essa área central de regiões ou bairros mais periféricos, sobretudo aqueles ainda pouco consolidados em termos de infraestrutura urbana, com populações fragilmente organizadas do ponto de vista político-comunitário,[27] em que as dinâmicas de pobreza, marginalidade e violência ganham contornos mais nítidos. Nesses contextos periféricos referenciais, emergem sujeitos que constituem um certo *limiar do urbano* e uma alteridade referencial para diversos estudos sobre a cidade, incluindo evidentemente a antropologia, mas é também preciso atentar para outros agentes e arranjos que produzem a vida citadina, evitando-se um holismo centrado na marginalidade que pretenda abranger suas múltiplas experiências constitutivas.

BIBLIOGRAFIA

ADERALDO, Guilhermo A.; FAZZIONI, Natália H. (2012). "Choro e samba na Luz: etnografia de práticas de lazer e trabalho na rua General Osório". In: FRÚGOLI JR., Heitor (org.). "Dossiê Luz, São Paulo", *Ponto Urbe*, NAU-USP, nº 11, <http://pontourbe.revues.org/1159>.

AGAMBEN, Giorgio (1995). *Moyens sans fins: notes sur la politique*. Paris: Éditions Payot & Rivages.

_____ (1997). *Homo sacer: le pouvoir souverain et la vie nue*. Paris: Seuil.

AGIER, Michel (2002). *Aux bords du monde, les réfugiés*. Paris: Flammarion.

_____ (2011 [1997]). "Os saberes urbanos da antropologia". In: AGIER, Michel. *Antropologia da cidade: lugares, situações, movimentos*. São Paulo: Terceiro Nome, pp. 59-88.

_____ (2011 [1999]). "As situações elementares da vida urbana". In: AGIER, Michel. *Antropologia da cidade: lugares, situações, movimentos*. São Paulo: Terceiro Nome, pp. 89-100.

_____ (2012). "El biopoder a prueba de sus formas sensibles". *Política y Sociedad*, vol. 49, nº 3, pp. 487-95, <http://revistas.ucm.es/index.php/POSO/article/view/39320/39566>.

_____ (2013). *Campement urbain: du refuge nâit le ghetto*. Paris: Éditions Payot & Rivages.

---

[27] Ver, a respeito de distintos significados de pobreza urbana, Almeida, D'Andrea e De Lucca (2008) e Marques e Torres (2005).

Territorialidades e redes na região da Luz

ALMEIDA, Ronaldo; D'ANDREA, Tiarajú; DE LUCCA, Daniel (2008). "Situações periféricas: etnografia comparada de pobrezas urbanas". *Novos Estudos*, Cebrap, nº 82, pp. 109-30, <http://www.scielo.br/pdf/nec/n82/06.pdf>.

ANTÔNIO, João (2002 [1975]). *Leão de chácara*. São Paulo: Cosac Naify.

AQUINO, Carlos R. F. (2009). "A coletivização como processo de construção de um movimento de moradia: uma etnografia do Movimento Sem-Teto do Centro (MS-TC)". Dissertação de mestrado (Antropologia Social), Universidade de São Paulo.

ARANTES, Antônio A. (2000). "A guerra dos lugares". In: ARANTES, Antônio A. *Paisagens paulistanas: transformações do espaço público*. Campinas: Ed. Unicamp, pp. 105-29.

BARBOSA, Antônio R. (2012). "Considerações introdutórias sobre territorialidade e mercado na conformação das Unidades de Polícia Pacificadora no Rio de Janeiro". *Revista Brasileira de Segurança Pública*, nº 6, Fórum Brasileiro de Segurança Pública, São Paulo, pp. 256-65, <http://revista.forumseguranca.org.br/index.php/rbsp/article/viewFile/119/116>.

BARROS, Carlos J.; LOPES, Laura (15/6/2004). "A Boca do Lixo ainda respira". *Repórter Brasil*, São Paulo, <http://www.reporterbrasil.com.br/exibe.php?id=41>.

BARROS, Mariana; CREDENDIO, José E. (23/4/2009). "Câmara aprova terceirização da Nova Luz". *Folha de S. Paulo*, São Paulo, <http://www1.folha.uol.com.br/fsp/cotidian/ff2304200911.htm>.

BERGAMIN JR., Giba (6/5/2015). "Cracolândia itinerante". *Folha de S. Paulo*, São Paulo, p. B4.

BONDUKI, Nabil G. (1998). *Origens da habitação social no Brasil*. São Paulo: Estação Liberdade, 1998.

BOURGOIS, Philippe (2003). *In Search for Respect: Selling Crack in El Barrio*, 2ª ed. Cambridge/Nova York: Cambridge University Press.

CANCIAN, Natália (28/9/2014). "Pequenas cracolândias se espalham por bairros de São Paulo". *Folha de S. Paulo*, São Paulo, <http://www1.folha.uol.com.br/cotidiano/2014/09/1523729-pequenas-cracolandias-se-espalham-por-bairros-de-sao-paulo.shtml>.

CEFAÏ, Daniel; VEIGA, Felipe B.; MOTA, Fábio R. (2011). "Introdução". In: CEFAÏ, Daniel; MELLO, Marco A. S.; VEIGA, Felipe B.; MOTA, Fábio R. (orgs.). *Arenas públicas: por uma etnografia da vida associativa*. Niterói: EdUFF, pp. 9-63.

CERTEAU, Michel de (1994 [1980]). *A invenção do cotidiano — 1. Artes de fazer*. Petrópolis: Vozes.

CUNHA, Neiva V.; FELTRAN, Gabriel (orgs.). (2013). *Sobre periferias: novos conflitos no Brasil contemporâneo*. Rio de Janeiro: Lamparina/Faperj.

DE LUCCA, Daniel (2007). "A rua em movimento: experiências urbanas e jogos sociais em torno da população de rua". Dissertação de mestrado (Antropologia Social), Universidade de São Paulo.

DELEUZE, Gilles; GUATTARI, Félix (1972). *L'antiŒdipe*. Paris: Minuit.

_____ (1980). *Mille plateaux*. Paris: Minuit.

DÍAZ-BENÍTEZ, María E. (2013). "Espaces multiples: penser la pornographie depuis ses lieux de production". *Brésil(s) — Sciences Humaines et Sociales*, n° 3, Paris, CRBC, pp. 29-47, <http://bresils.revues.org/405?lang=pt>.

DOSSE, François (2004). "O espaço habitado segundo Michel de Certeau". *ArtCultura*, n° 9, vol. 6, Uberlândia, Instituto de História da UFU, pp. 81-92, <http://www.seer.ufu.br/index.php/artcultura/article/view/1373>.

FELTRAN, Gabriel (2011). *Fronteiras de tensão: política e violência nas periferias de São Paulo*. São Paulo: Editora Unesp/CEM.

FOLHA DE S. PAULO (12/9/2013). "Incêndio atinge barracos da favela do Moinho, no Centro de SP". São Paulo, <http://www1.folha.uol.com.br/cotidiano/2013/09/1341332-incendio-atinge-barracos-da-favela-do-moinho-no-centro-de-sp.shtml>.

FOUCAULT, Michel (1977). *Vigiar e punir: nascimento da prisão*. Petrópolis: Vozes.

_____ (2004). *Naissance de la biopolitique*. Paris: Gallimard/Seuil.

_____ (2013 [1967]). "De espaços outros". *Estudos Avançados*, IEA-USP, vol. 27, n° 79, pp. 113-22, <http://www.scielo.br/pdf/ea/v27n79/v27n79a08.pdf>

FREHSE, Fraya (2013). "A rua no Brasil em questão (etnográfica)". *Anuário Antropológico*, vol. 2, n° 38, Brasília, Tempo Brasileiro, pp. 99-129, <http://aa.revues.org/572>

FROMM, Deborah (2014). "Deus e o Diabo na terra do crack: uma etnografia da 'cosmopolítica' batista". Monografia de conclusão de curso (Ciências Sociais), Universidade Federal de São Carlos.

FRÚGOLI JR., Heitor; CAVALCANTI, Mariana (2013). "Territorialidades da(s) cracolândia(s) em São Paulo e no Rio de Janeiro". *Anuário Antropológico*, vol. 2, n° 38, Brasília, Tempo Brasileiro, pp. 73-97, <http://aa.revues.org/561>.

FRÚGOLI JR., Heitor; CHIZZOLINI, Bianca B. (2012). "Moradias e práticas espaciais na região da Luz". In: FRÚGOLI JR., Heitor (org.). "Dossiê Luz, São Paulo", *Ponto Urbe*, NAU-USP, n° 11, <http://pontourbe.revues.org/1135>.

FRÚGOLI JR., Heitor; SPAGGIARI, Enrico (2010). "Da cracolândia aos noias: percursos etnográficos no bairro da Luz". *Ponto Urbe*, NAU-USP, n° 6, <http://pontourbe.revues.org/1870>.

FRÚGOLI JR., Heitor (1999). "A questão dos camelôs no contexto da revitalização do centro da metrópole de São Paulo". In: SOUZA, Maria A. A.; LINS, Sonia C.; SANTOS, Maria P. C.; SANTOS, Murilo C. (orgs.). *Metrópole e globalização: conhecendo a cidade de São Paulo*. São Paulo: Cedesp, pp. 151-65.

_____ (2000). *Centralidade em São Paulo: trajetórias, conflitos e negociações na metrópole*. São Paulo: Cortez/Edusp.

_____ (2006). "Le centre-ville de São Paulo: les changements récents et la question de l'habitat sociale". Paper para o seminário "Réinvestir le 'Centre'". Paris, CREDAL/CNRS.

_____ (org.). (2012). Dossiê "Luz, São Paulo". *Ponto Urbe*, NAU-USP, n° 11, <http://pontourbe.revues.org/1129>.

_____ (2013). "Variations sur un quartier du centre de São Paulo". *Brésil(s) — Sciences Humaines et Sociales*, n° 3, Paris, CRBC, pp. 49-67, <http://bresils.revues.org/414>.

GOFFMAN, Erving (1985 [1959]). *A representação do eu na vida cotidiana*. São Paulo: Vozes.

GREEN, James; TRINDADE, Ronaldo (orgs.) (2005). *Homossexualismo em São Paulo e outros escritos*. São Paulo: Editora Unesp.

GREGORI, Maria Filomena (2000). *Viração: experiências de meninos nas ruas*. São Paulo: Companhia das Letras.

GUIMARÃES, Lais B. M. (1977). *Luz*. São Paulo: Departamento do Patrimônio Histórico/Prefeitura do Município de São Paulo (Coleção História dos Bairros de São Paulo).

HIRATA, Daniel V. (2005). "O futebol varzeano: práticas sociais e disputas pelo espaço em São Paulo". Dissertação de mestrado (Sociologia), Universidade de São Paulo.

_____ (2014). "Commerce ambulant à Rio de Janeiro et à São Paulo: groupes de pouvoir et instruments de gouvernement contemporains". *Brésil(s) — Sciences Humaines et Sociales*, nº 6, Paris, CRBC, pp. 35-54, <http://bresils.revues.org/1256>.

JOANIDES, Hiroito M. (1977). *Boca do Lixo*. São Paulo: Edições Populares.

JOSEPH, Isaac (2005 [1998]). "A respeito do bom uso da Escola de Chicago" [1998]. In: VALLADARES, Licia P. (org.). *A Escola de Chicago: impactos de uma tradição no Brasil e na França*. Belo Horizonte/Rio de Janeiro: Ed. UFMG/IUPERJ, pp. 91-128.

KARA-JOSÉ, Beatriz (2007). *Políticas culturais e negócios urbanos: a instrumentalização da cultura na revitalização do centro de São Paulo (1975-2000)*. São Paulo: Annablume/FAPESP.

KOHARA, Luiz T. (1999). "Rendimentos obtidos na locação e sublocação de cortiços: estudo de caso na área central na cidade de São Paulo". Dissertação de mestrado (Engenharia Urbana), Universidade de São Paulo.

KOWARICK, Lúcio (1988). "Cem anos de promiscuidade: o cortiço na cidade de São Paulo". In: KOWARICK, Lúcio (org.). *As lutas sociais e a cidade*. São Paulo: Paz e Terra, pp. 49-71.

_____ (2007). "Áreas centrais de São Paulo: dinamismo econômico, pobreza e políticas". *Lua Nova*, nº 70, São Paulo, Cedec, pp. 171-211, <http://www.scielo.br/pdf/ln/n70/a08n70.pdf>.

MACHADO DA SILVA, Luiz A. (2008). "Violência urbana, sociabilidade violenta e agenda pública". In: MACHADO DA SILVA, Luiz A. (org.). *Vida sob cerco: violência e rotina nas favelas do Rio de Janeiro*. Rio de Janeiro: Nova Fronteira, pp. 35-47.

_____ (2010). "Mas afinal, qual é a das UPPs?". *Observatório das Metrópoles*, <http://www.observatoriodasmetropoles.ufrj.br/artigo_machado_UPPs.pdf>.

MARQUES, Eduardo; SARAIVA, Camila (2005). "As políticas de habitação social, a segregação e as desigualdades sociais na cidade". In: MARQUES, Eduardo; TORRES, Haroldo (orgs.). *São Paulo: segregação, pobreza e desigualdades sociais*. São Paulo: Senac SP, pp. 267-96.

MARQUES, Eduardo; TORRES, Haroldo (orgs). (2005). *São Paulo: segregação, pobreza e desigualdades sociais*. São Paulo: Senac SP.

MEKARI, Danilo (29/12/2014). "Espalhado pelas periferias brasileiras, 'fluxo' é um grito dos jovens por diversão nos espaços públicos". *Portal Aprendiz*, São Paulo, <http://portal.aprendiz.uol.com.br/2014/12/29/espalhado-pelas-periferias-brasileiras-fluxo-e-um-grito-dos-jovens-por-diversao-nos-espacos-publicos/>.

MINGARDI, Guaracy; GOULART, Sandra L. (2001). *As drogas ilícitas em São Paulo: o caso da cracolândia*. São Paulo: Coleção Revista do ILANUD, n° 15.

MONGIN, Olivier (2009). "Michel de Certeau, à la limite entre dehors et dedans". In: PAQUOT, Thierry; YOUNÈS, Chris (orgs.). *Le territoire des philosophes: lieu et espace dans la pensée au XXe siècle*. Paris: La Découverte, pp. 91-115.

MOREIRA, Carolina M. (2008). "Intervenções urbanas contemporâneas: o caso da área da Luz no centro de São Paulo". Dissertação de mestrado (Arquitetura e Urbanismo), Universidade de São Paulo.

MOSQUEIRA, Tatiana M. (2007). "Reabilitação da região da Luz, centro histórico de São Paulo: projetos urbanos e estratégias de intervenção". Dissertação de mestrado (Arquitetura e Urbanismo), Universidade de São Paulo.

ORTNER, Sherry (2006). *Anthropology and Social Theory: Culture, Power, and the Acting Subject*. Durham/Londres: Duke University Press.

PARK, Robert (1973 [1916]). "A cidade: sugestões para a investigação do comportamento social no meio urbano". In: VELHO, Otávio G. (org.). *O fenômeno urbano*. Rio de Janeiro: Zahar, pp. 26-67.

PATERNIANI, Stella Z. (2013). "Política, fabulação e a ocupação Mauá: etnografia de uma experiência". Dissertação de mestrado (Antropologia Social), Universidade Estadual de Campinas.

PERLONGHER, Néstor (1987). *O negócio do michê: prostituição viril em São Paulo*. São Paulo: Brasiliense.

_____ (1991). "Territórios marginais". *Primeira Versão*, n° 27, IFCH/Unicamp, Campinas, 1991.

PREFEITURA DO MUNICÍPIO DE SÃO PAULO (2005). *Nova Luz* (Lei n° 14.096 de 8/12/2005). São Paulo.

RIZEK, Cibele S. (2011). "Intervenções urbanas recentes na cidade de São Paulo: processos, agentes, resultados". In: CABANES, Robert; GEORGES, Isabel; RIZEK, Cibele S.; TELLES, Vera S. (orgs.). *Saídas de emergência: ganhar/perder a vida na periferia de São Paulo*. São Paulo: Boitempo, pp. 339-57.

RODRIGUES, Artur; LOBEL, Fabrício; SOUZA, Felipe; BERGAMIN JR., Giba (30/4/2015). "Operação desastrada acaba em confronto na cracolândia". *Folha de S. Paulo*, pp. B1 e B3.

ROSA, Cleisa Moreno Maffei (2005). *Vidas de rua*. São Paulo: Hucitec/Associação Rede Rua.

RUI, Taniele (2014). *Nas tramas do crack: etnografia da abjeção*. São Paulo: Terceiro Nome.

RUI, Taniele; FRÚGOLI JR., Heitor; FELTRAN, Gabriel; FROMM, Deborah (11/2/2014). "'Braços Abertos' e 'Sufoco': sobre a situação na 'cracolândia'". *Carta Maior*, São Paulo, <http://www.cartamaior.com.br/?/Editoria/Direitos-Humanos/Bracos-Abertos-e-Sufoco-sobre-a-situacao-na-Cracolandia-/5/30235>.

SALATIEL, José R. (1/2/2013). "Epidemia de crack: a polêmica da internação à força de usuários". *Folha de S. Paulo*, São Paulo, <http://vestibular.uol.com.br/resumo-das--disciplinas/atualidades/epidemia-de-crack-a-polemica-da-internacao-a-forca-de--usuarios.htm>.

SCHICCHI, Maria C. S. (2011). "Pela 'Luz' dos nossos olhos: uma interpretação do bairro paulistano". *Resgate*, vol. 19, nº 21, Campinas, PUC-Campinas, pp. 37-52, <http://www.cmu.unicamp.br/seer/index.php/resgate/article/view/265/265>.

SILVA, Carlos F. (2011a). "Caminhos cruzados: migrantes bolivianos e o trabalho informal na indústria de confecções em São Paulo". In: CABANES, Robert; GEORGES, Isabel; RIZEK, Cibele S.; TELLES, Vera S. (orgs.). *Saídas de emergência: ganhar/perder a vida na periferia de São Paulo*. São Paulo: Boitempo, pp. 75-93.

_____ (2011b). "Viração: o comércio informal dos vendedores ambulantes". In: CABANES, Robert; GEORGES, Isabel; RIZEK, Cibele S.; TELLES, Vera S. (orgs.). *Saídas de emergência: ganhar/perder a vida na periferia de São Paulo*. São Paulo: Boitempo, pp. 57-73.

SILVA, Hélio R. S. (2009). "A situação etnográfica: andar e ver". *Horizontes Antropológicos*, ano 15, nº 32, Porto Alegre, UFRGS, pp. 171-88, <http://www.scielo.br/pdf/ha/v15n32/v15n32a08.pdf>.

SILVA, Sidney A. (1997). *Costurando sonhos: trajetória de um grupo de imigrantes bolivianos que trabalham no ramo da costura em São Paulo*. São Paulo: Paulinas.

SILVA, Selma Lima da (2000). "Mulheres na Luz: uma etnografia dos usos e preservação no uso do crack". Dissertação de mestrado (Saúde Pública), Universidade de São Paulo.

SIMMEL, Georg (1983 [1908]). "O estrangeiro". In: MORAES FILHO, Evaristo (org.). *Sociologia: Simmel*. São Paulo: Ática, pp. 182-8.

_____ (2005 [1903]). "As grandes cidades e a vida do espírito". *Mana*, vol. 11, nº 2, Rio de Janeiro, Museu Nacional, pp. 577-91, <http://www.scielo.br/pdf/mana/v11n2/27459.pdf>.

SIMÕES, Júlio A.; FRANÇA, Isadora L.; MACEDO, Márcio J. (2010). "Jeitos de corpo: cor/raça, gênero, sexualidade e sociabilidade juvenil no centro de São Paulo". *Cadernos Pagu*, nº 35, Campinas, Unicamp, pp. 37-78, <http://www.scielo.br/scielo.php?pid=S0104-83332010000200003&script=sci_arttext>.

SPAGGIARI, Enrico (2009). "Tem que ter categoria: construção do saber futebolístico". Dissertação de mestrado (Antropologia Social), Universidade de São Paulo.

SPAGGIARI, Enrico; RODRIGUES, Weslei E.; FONSECA, Isadora Z. (2012). "Etnografia da atuação de entidades sociais na região da Luz". In: FRÚGOLI JR., Heitor (org.). "Dossiê Luz, São Paulo", *Ponto Urbe*, NAU-USP, nº 11, <http://pontourbe.revues.org/1143>.

TALHARI, Julio C.; SILVEIRA, Laís; PUCCINELLI, Bruno (2012). "Reflexões em torno de práticas culturais na Luz". In: FRÚGOLI JR., Heitor (org.). "Dossiê Luz, São Paulo", *Ponto Urbe*, NAU-USP, nº 11, <http://pontourbe.revues.org/1151>

TELLES, Vera S. (2013). "Prospectando a cidade a partir de suas margens: notas inconclusas". *Contemporânea*, vol. 3, nº 2, pp. 359-76, <http://www.contemporanea.ufscar.br/index.php/contemporanea/article/view/147/83>.

TELLES, Vera S.; CABANES, Robert (orgs.) (2006). *Nas tramas da cidade: trajetórias urbanas e seus territórios*. São Paulo: Humanitas.

TOLEDO, Luiz H. (1996). *Torcidas organizadas de futebol*. Campinas: Autores Associados/ANPOCS.

UCHÔA, Marco Antonio (1996). *Crack: o caminho das pedras*. São Paulo: Ática.

VELHO, Gilberto; MAGGIE, Yvonne (2013). "O Barata Ribeiro 200 com pós-escrito de Yvonne Maggie e comentários de Anthony Leeds". *Anuário Antropológico*, vol. 38, nº 2, Brasília, Tempo Brasileiro, pp. 19-36, <http://aa.revues.org/528>.

VELHO, Gilberto (1973). *A utopia urbana: um estudo de antropologia social*. Rio de Janeiro: Zahar.

_____ (1999). "Os mundos de Copacabana". In: VELHO, Gilberto (org.). *Antropologia urbana: cultura e sociedade no Brasil e em Portugal*. Rio de Janeiro: Zahar, pp. 11-23.

Parte IV

POLÍTICA NA ACEPÇÃO AMPLA DO TERMO

10

Partidos e comportamento político na metrópole paulistana

Rachel Meneguello

INTRODUÇÃO

Este capítulo apresenta as características gerais do comportamento político e eleitoral de São Paulo no período democrático. Algumas abordagens sobre a dinâmica das metrópoles e megacidades afirmam que os processos sociais, econômicos e culturais que ali se desenvolvem reterritorializariam a política sob um novo cenário de condições. Tais condições resultariam das mudanças globais transnacionais no domínio da cultura e do comportamento, que influenciariam os padrões de participação e de competição política, e que interagiriam com as instituições políticas existentes (Sellers e Walks, 2013).

De fato, as transformações globais que marcam a relação contemporânea dos cidadãos com a política, como o desengajamento cívico, a queda da adesão aos partidos, a volatilidade dos eleitorados e a baixa participação eleitoral, ou seja, o afastamento relativo ao sistema político, resultam de uma mudança estrutural da política. Ela está ligada à evolução de processos amplos nos domínios da vida social e profissional, à desintegração das formas de inserção social da sociedade industrial, a mecanismos de exclusão que abrangem o amplo conjunto dos laços sociais entre distintos grupos e à difusão dos meios e tecnologias de comunicação de massa (Manin, 2012).

Compreender como tais processos da política refletem na megacidade requer uma noção de contexto. Em que pese a importância dos achados da geografia eleitoral com relação a fenômenos específicos, como, por exemplo, o efeito de vizinhança ou da proximidade espacial sobre as preferências políticas, a ideia de contexto vai além da definição geográfica territorial, e abrange a geografia política da escolha eleitoral, a geografia dos processos de influência e a geografia das possibilidades partidárias. Como afirma Agnew (1996), contexto não é um produto geográfico de processos não espaciais de escolhas políticas, mas processos espacializados de influência e escolha política. Alguns processos com configuração espacial são mais densos do que a sua representação gráfica permitiria definir e não se ajustam aos limites cartográficos.

No caso dos processos que configuram a política, alguns aspectos são especialmente importantes. O primeiro deles é o modelo de desenvolvimento que, ao definir setores de investimento e da economia produtiva, a organização do trabalho e da população ativa, define, por consequência, as formas de organização de classe e da comunidade. O segundo destaque diz respeito à tecnologia da informação e comunicação. Aqui, trata-se da dinâmica da sociedade civil global, intermediada pelo sistema diversificado de redes de comunicação autônomas e horizontais, que proporcionam meios de diálogo e possibilidades de processos decisórios coletivos, e ampliam as formas de interação.

O espaço urbano da megacidade é uma arena que, apesar dos múltiplos lugares e da múltipla diversidade das formas de inclusão de seus habitantes, tem, na dinâmica de integração realizada pela mídia e pela ampla rede de comunicação, a construção de imaginários globais por seus indivíduos, com visões de massa da cidade em que se articulam o local, o nacional e o internacional. Entretanto, o espaço da megacidade é marcado por desigualdades reconhecidas; os múltiplos grupos heterogêneos, como produtos da sociedade estratificada, não participam do debate público nas mesmas condições, seja devido às distintas formas de acesso à informação e ao debate, ou devido às distintas formas de recepção das informações e visões elaboradas. Nesse cenário, rádio e televisão ainda são intermediários poderosos para a formação da escolha, embora as redes sociais amplifiquem as formas de integração e contato, e transbordem os tradicionais limites espacialmente definidos, criando tráfegos de valores, bens culturais, percepções e escolhas que refletem nas dimensões social e política da cidade.

A dimensão local é outro aspecto central. Mesmo em um cenário de megacidade, essa dimensão diz respeito ao reconhecimento do "território específico" onde têm impacto os processos políticos da federação. Aqui, definem-se as tensões entre os planos local, estadual e federal. Em específico, são processos que definem quais e como as agremiações partidárias se organizam, como grupos políticos emergem e sobre quais bases, e como lideranças atuam, em função das formas de organização definidas. Certamente, tais processos ocorrem adequados ao quadro institucional no qual funcionam os sistemas eleitoral e partidário. No caso brasileiro, com um sistema partidário nacional, temos a combinação de sistemas distintos em um mesmo pleito

— os sistemas eleitorais majoritário e proporcional — que produzem dinâmicas de escolha distintas. Mas, especificamente no âmbito local, os elementos que implicam as escolhas aos cargos de prefeito e vereador cobrem um terreno variado de práticas políticas, imagens e vinculações partidárias articulados em uma "lógica combinada". Ou seja, as escolhas são influenciadas ou subsidiadas por fatores comuns, definidos pela política local, como as formas de organização das agremiações partidárias e formação de lideranças, os meios de comunicação e as redes de socialização, as percepções distintas da política em geral e da política local em específico, e as formas espacializadas pelas quais os processos sociais e econômicos se implantam.

Partidos políticos têm, portanto, papel importante na movimentação política da megacidade. Embora tenham perdido a centralidade da participação política, dado o poderoso crescimento das formas de participação não eleitoral, ou, ainda, do múltiplo repertório de ação coletiva "não institucionalizada", como as petições viabilizadas pela internet e as redes sociais, neles residem o potencial deliberativo do sistema democrático representativo, seja porque inserem preferências e grupos no sistema político, seja porque estruturam o debate público. E apesar das múltiplas formas de participação e associação que compõem o espaço urbano, o partidarismo, ou a identificação partidária, se destaca como uma identidade social, refletindo a noção de que indivíduos definem posicionamentos em referência a outros grupos. Preferências partidárias e escolhas políticas representam, de fato, referências e posicionamentos.

Finalmente, cabe mencionar a geografia do cotidiano. As cidades constituem espaços de bem-estar e fluxos de atividades (trabalho, escola, lazer, comunicação etc.) que estabelecem formas de interação variadas, bem como acolhem processos de formação de identidades específicas, que resultam importantes para o processo político. Tais contextos canalizam o fluxo de interesses e identidades a partir do qual emanam as atividades políticas.

Essa ideia ampliada de contexto permite incorporar a reflexão sobre clivagens iniciada por Lipset e Rokkan (1967), relativa aos processos políticos e sociais e às estruturas políticas resultantes havidas na primeira metade do século XX. Naquela clássica reflexão, as divisões culturais e sociais que marcaram o surgimento dos sistemas partidários europeus no século XIX constituíram, com os sistemas democráticos representativos e a organização política de massas, grupos oponentes em termos de classe, região, religião e etnia, e nesse contexto os partidos foram os atores políticos centrais. Lipset (2001) afirma que a dinâmica do mundo urbano e industrial e das relações entre centro e periferia tem, em alguma medida, continuidade na sociedade contemporânea pós-industrial e define divisões políticas importantes quanto ao delineamento de preferências e comportamentos.

Assim, embora as bases da política na megacidade difiram das tradicionais clivagens enraizadas no espaço, a trajetória das preferências político-partidárias permanece associada à formação de divisões políticas histórica e contextualmente estabelecidas, mas em um espaço da cidade transformado pela complexidade dos processos estruturais e pela heterogeneidade social e cultural, no qual várias lógicas são interdependentes, como, por exemplo, as lógicas do consumo e produção, dos lugares de trabalho e de lazer, dos centros das finanças, das periferias e das zonas de moradia. Desse modo, se o mapeamento do voto sempre é possível através da distribuição dos registros de votação, compreender as preferências e tendências de comportamento responde a parâmetros mais amplos, que ultrapassam os limites cartográficos das zonas eleitorais. Esse é o contexto que dá base à exposição sobre a vida político-partidária paulistana neste capítulo. Não tratamos da geografia eleitoral da capital, mas de aspectos do território político-partidário da megacidade.

O TERRENO POLÍTICO PAULISTANO E A TRAJETÓRIA DOS PARTIDOS

Este estudo está limitado à análise das votações para o cargo de prefeito e à composição da Câmara de Vereadores da cidade de São Paulo desde 1985. Uma caracterização do sistema partidário na capital e de sua dinâmica de funcionamento desde o início da democratização está já feita em alguns trabalhos que mostram como o multipartidarismo se estabeleceu sob o formato específico da política local (Figueiredo, Limongi, Ferreira e Silva, 2002; Limongi e Mesquita, 2008). Esses estudos mostram que a movimentação de forças políticas e de preferências eleitorais ocorreram sob parâmetros estreitos, oscilando entre a esquerda e a direita, traduzidas em poucas siglas partidárias e ocupando terrenos definidos no mapa socioeconômico do espaço urbano.

Esse é um dado importante, pois estamos tratando de um terreno político com potencial volumoso de competitividade, um eleitorado que em quase 30 anos, entre 1985 e 2014, praticamente dobrou seu tamanho, chegando a abranger mais de 8.750.000 cidadãos, ou 27,5% do eleitorado total do estado de São Paulo (ver Gráfico 1).

Gráfico 1
EVOLUÇÃO DO ELEITORADO PAULISTANO

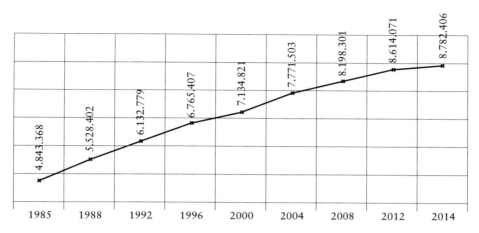

Fontes: Fundação SEADE, Estatísticas Eleitorais, 1985-1996; TSE, Estatísticas Eleitorais, 2000-2014.

Este cenário acolhe um sistema partidário que lança em eleições para prefeito no mínimo 9 partidos na disputa, chegando a 14 em alguns pleitos. Uma análise do sistema partidário paulistano mostra como a natureza da disputa traduz preferências distintas na cidade. É notável, por exemplo, como em quase 30 anos de disputa para prefeito, entre 1985 e 2012, e em um cenário partidário fortemente fragmentado, os principais partidos, PMDB, PDS/PP, PT, PSDB e PTB concentram o voto do eleitorado, sendo que, para PMDB e PP, serão suas transformações internas que farão com que suas capacidades eleitorais reduzam drasticamente, conforme aponta a Tabela 1. Também é digno de nota que a intensa fragmentação do sistema, traduzida na proliferação de siglas, recebe controle pela própria competição local, ou seja, as pequenas siglas que se lançam na disputa e não chegam a obter sequer 0,5% de votos praticamente não se repetem de um pleito a outro.

Os dados da Tabela 1 permitem acompanhar, portanto, como o multipartidarismo se implanta na cidade. A eleição de 1985, realizada apenas para a disputa da Prefeitura, indica como o sistema local se encontrava ainda vulnerável aos apelos personalistas da política populista de massas, mesmo passadas duas décadas em que os limites das tendências políticas se estabeleceram entre o situacionismo (ARENA) e o oposicionismo (MDB). Nessas eleições, além dos partidos formados na Reforma de 1979 — PMDB, PDS, PT, PDT e PTB —, pequenas siglas entram na disputa, apenas procurando espaço de residência no novo ciclo eleitoral democrático. Além disso, em 1985 as cadeiras legislativas locais não estavam na disputa, dando os limites das estratégias das siglas envolvidas.

Tabela 1
VOTAÇÃO PARTIDÁRIA NO MUNICÍPIO DE SÃO PAULO,
ELEIÇÕES PARA PREFEITO, 1º TURNO (%)

Partido	1985	1988	1992	1996	2000	2004	2008	2012
PPB/PP	0,67	24,45	37,27	44,93	17,40	11,91	5,91	-
PDT	-	-	-	7,08	-	1,40	-	0,63
PFL/DEM	-	-	-	-	11,46	-	33,61	-
PL/PR	-	5,39	-	-	1,41	-	-	-
PMDB	34,12	14,17	9,84	1,79	-	-	-	13,60
PPS	-	-	-	-	-	-	4,19	2,65
PRB	-	-	-	-	-	-	-	21,60
PRONA	-	-	-	0,93	3,46	0,77	-	-
PSB	-	-	-	-	9,90	3,96	-	-
PSDB	-	5,59	4,45	14,50	17,26	43,56	22,48	30,76
PSOL	-	-	-	-	-	-	0,67	1,02
PT	19,75	29,84	23,41	22,83	38,12	35,82	32,79	28,98
PTB	37,52	0,68	-	0,50	-	-	-	-
PCN	1,63	-	-	-	-	-	-	-
PDC	-	-	0,51	-	-	-	-	-
PHS	-	-	-	-	-	1,26	-	-
PV	-	-	-	-	-	0,71	-	-

Fontes: Fundação SEADE, Estatísticas Eleitorais, 1985-1996; TSE, Estatísticas Eleitorais, 2000-2012.
Observações: Porcentagem de votos partidários sobre o total de votos; estão na tabela apenas partidos que obtiveram no mínimo 0,5% de votos. Em 1985 e 1988 ainda não estava implantada a legislação que definia possibilidade de dois turnos em eleições majoritárias para cidades com mais de 200 mil habitantes. 1985, 12 partidos na disputa; 1988, 14 partidos; 1992, 9 partidos; 1996, 11 partidos; 2000, 9 partidos; 2004, 14 partidos; 2008, 11 partidos; 2012, 12 partidos.

Mas é digno de nota que a vitória de Jânio Quadros em 1985, liderança populista e personalista com bases históricas na cidade, tenha se dado no maior e mais moderno centro urbano do país, um bom indicador de que, nas megacidades, dependendo das estratégias de organização das forças políticas existentes, a política é um campo aberto. A vitória do PTB de Jânio abriu o ciclo de oscilações de vitórias entre a direita e a esquerda que percorreria todo o período, com variações importantes. No caso da concentração do voto à direita na cidade, ela seria traduzida nas vitórias do PPB em 1992 e

1996, readquirindo o espaço concernente à tradição de votação da ARENA/ PDS que setores da cidade registravam em anos anteriores (Meneguello e Martins Alves, 1985), e ampliando seu terreno na cidade.

Tabela 2
VOTAÇÃO PARTIDÁRIA NO MUNICÍPIO DE SÃO PAULO, ELEIÇÕES PARA PREFEITO, 2º TURNO (%)

Partido	1992	1996	2000	2004	2008	2012
PDS/PPB	52,19	37,37	41,50	-	-	-
PFL/DEM	-	-	-	-	60,72	-
PSDB	-	-	-	54,86	-	44,43
PT	37,67	34,74	58,50	45,14	38,28	55,57

Fontes: Fundação SEADE, Estatísticas Eleitorais, 1992-1996; TSE, Estatísticas Eleitorais, 2000-2012.

Mas seria já a partir de 1988 que o sistema partidário paulistano definiria seu perfil. É possível dizer que sua conformação estável ocorre antes mesmo que os sinais da configuração estável sejam dados em nível nacional a partir de 1994 (Melo, 2006). As principais siglas que definem a competição com votações médias significativas emergem na cena política já no primeiro pleito completo do período, com os cargos para o Executivo e o Legislativo em disputa, e esse é certamente um dos motivos, pois diferentemente de 1985, isso levou os partidos a definirem estratégias organizativas localmente enraizadas. Uma análise global sobre as votações em todos os pleitos no primeiro turno das eleições destaca alguns pontos.

O primeiro ponto, já mencionado acima, é o *limitado quadro de contendores* importantes na disputa, apesar do cenário povoado de siglas. São Paulo é um terreno aberto à organização local ampla de partidos, tendo tido um forte estímulo dado pela legislação partidária de 1985. Várias das pequenas siglas ao longo do período participaram apenas de um pleito, sem obter o mínimo de 0,5% de votos na disputa para prefeito, assim como também não conseguiram sucesso nas votações para o Legislativo local. As votações de primeiro turno destacam as agremiações mais sólidas como os principais focos da preferência do eleitorado: PT, PMDB, PDS/PP e PSDB.

Nas votações de segundo turno, o PT é o ator constante desde 1992, marcando duas vitórias nos pleitos de 2000 e 2012, tendo tido como contendores o PDS/PPB/PP em 1992, 1996 e 2000, o PSDB em 2004 e 2012, e o DEM em 2008. No caso do DEM, esta foi a única participação expressiva da sigla em todo o período que, em seguida, em 2011, se reorganiza internamente para dar origem ao PSD.

O mapa de preferências partidárias na cidade traduz em boa medida o grau de enraizamento das siglas mencionadas nas referências do eleitorado. As informações coletadas em pesquisas realizadas nos 9 pleitos realizados entre 1982 e 2012 mostram a galopante perda de espaço do PMDB a partir de 1992, o crescimento do PT e a constância de seu espaço a partir de 2000 — apresentando os maiores níveis de identificação no conjunto de partidos —, o definhamento do PDS/PP a partir de 1996, os lugares inexpressivos ocupados pelo DEM e PTB e o tênue crescimento do PSDB a partir de 2004 (conforme mostra o Gráfico 2).

Gráfico 2
IDENTIFICAÇÃO PARTIDÁRIA NA CAPITAL PAULISTA,
1982-2012 (%)

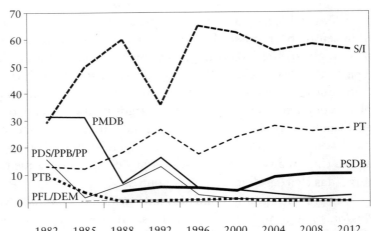

Partido	1982	1985	1988	1992	1996	2000	2004	2008	2012
PMDB	31,4	31,2	7,0	16,2	5,1	4,4	2,9	1,7	2,3
PT	13,0	12,2	18,1	26,6	17,4	23,7	27,8	25,8	26,9
PDS/PPB/PP	15,6	1,7	6,4	12,9	2,6	1,1	1,0	1,0	0,3
PFL/DEM	-	0,5	0,9	0,7	0,8	0,9	0,9	0,4	-
PSDB	-	-	4,1	5,5	5,2	4,1	9,1	10,2	10,2
PTB	9,9	3,6	0,2	0,6	0,8	1,1	0,3	0,3	0,3
S/I	29,1	49,7	59,9	35,7	65,0	62,4	55,6	58,0	56,0

S/I: Sem identificação partidária.
Fontes: Dados de pesquisas IDESP 1982, 1985 e 1988; Datafolha 1992, 1996, 2000, 2004, 2008 e 2012; Banco de Dados do CESOP/Unicamp (<www.cesop.unicamp.br>).
Observação: A diferença para 100% refere-se à identificação com outros partidos.

O dado que nos parece mais importante diz respeito ao *grau de não identificação partidária*. Com profundas oscilações em todo o período, destaca-se a queda da ausência de preferências a partir de 2004, depois dos altos índices registrados em 1996 e 2000, maiores que 60%. A série de 30 anos apresentada no Gráfico 2 também permite compreender o movimento das preferências a partir da primeira eleição realizada com os novos partidos de 1979, ainda antes da democratização em 1985, quando o retorno ao pluripartidarismo respondia a uma demanda sólida das forças políticas e da população em geral na cidade, além das oscilações que marcam a difícil localização do eleitor no quadro partidário, com a implantação do multipartidarismo ampliado.

O segundo ponto diz respeito à *estabilidade petista*, que participa em todos os pleitos com não menos de 22% dos votos, chegando a quase 40% nas eleições de 2000 e 2004, tornando-se um contendor obrigatório de todos os segundos turnos do período (ver a Tabela 2). A capital faz parte da geografia de origem do PT, e sua forte implantação em determinadas regiões da cidade, notadamente as periferias das Zonas Leste e Sul, já estava identificada desde o primeiro experimento eleitoral do partido em 1982, e que basicamente segue até a eleição de 2012 (Meneguello, 1989; Novaes, 1996).

É importante mencionar que o PT não reflete de forma significativa no âmbito local a proeminência que a sigla adquire no nível nacional após 2002, com a presença na Presidência da República. Entre os pleitos de 2000 e 2004, apesar da vitória em 2º turno com Marta Suplicy, o partido perdera votos na cidade no primeiro turno, em uma tendência declinante que segue até 2012, embora neste pleito tenha obtido no 2º turno a terceira vitória na cidade, com Fernando Haddad. O ponto a destacar, portanto, é a perda crescente do espaço natural do partido na cidade, o que o tem levado a estratégias mais amplas de agregação de apoio e alianças na competição para a Prefeitura, seguindo a direção ao centro, que marca sua política de alianças em todos os níveis desde 2002 (Meneguello, 2012).

O terceiro ponto é o *declínio dos grandes partidos* PMDB e PDS/PPB/PP ao longo dos anos 1990, e suas implicações para os espaços ideológicos do sistema. No caso do PMDB, sua força eleitoral já mostrara declínio entre os pleitos de 1985 e 1988, mas a partir da década de 1990 a queda de sua força eleitoral na cidade acompanha a queda observada no nível estadual, em pleitos para todos os níveis e cargos. Esse declínio traduziu, em parte, o fenômeno da interiorização do partido, que consistiu no seu enfraquecimento nos maiores municípios e na sua expansão para o grande conjunto dos menores municípios paulistas, um movimento associado ao governismo incorporado pelo partido em 1986 e 1990. A "vocação local" que caracteriza o partido no estado a partir desse período não encontra espaço de implantação na capital; além disso, embora os dados de votação mostrem que a queda da votação no partido entre 1988 e 1992 não é devida à formação do PSDB, é necessário levar em conta a importante perda de quadros paulistas sofrida pelo partido (Limongi e Mesquita, 2008; Meneguello e Bizzarro Neto, 2012).

Quanto ao PPB/PP, sua queda ocorre após ter polarizado as disputas com o PT nos pleitos de 1988 a 2000. Não se pretende neste capítulo explicar o voto de direita na cidade; a bibliografia existente mostra que o apoio e a primazia do partido resultam, em parte, da queda do PT na capital entre 1988 e 1992, levando a que no pleito de 1992 o PPB vencesse em toda a cidade, produzindo a sua reeleição em 1996, em uma acirrada disputa com o PT no segundo turno. Além disso, o partido ocupa o espaço das preferências de centro deixado vago pelo PMDB desde 1988. O declínio do partido na cidade respondeu predominantemente à sua desorganização interna, com denúncias na máquina administrativa que atingiram suas principais lideranças (Pierucci e Lima, 1991; Limongi e Mesquita, 2008).

Em parte, o espaço do voto de direita será ocupado pelo PFL/DEM e pelo PSDB. Inicialmente o PFL já em 2000 terá uma presença pequena, mas sintomática das fissuras do PDS/PP, ao lançar uma candidatura própria à Prefeitura; mas será apenas em 2004, quando a aliança PSDB-DEM (mais o PPS) vence a eleição com José Serra e Gilberto Kassab, que o terreno da direita recebe novos contornos. Com a saída de Serra para competir pelo governo do estado em 2006, o DEM assume o comando da Prefeitura e segue para a sua reeleição em 2008. Essa eleição define contornos nítidos para os campos da esquerda e a direita na cidade. Embora a disputa no primeiro turno tenha dimensionado os espaços partidários mais representativos, com PT, PSDB e DEM, o DEM vence o segundo turno por margem substantiva de 20% de votos sobre o contendor permanente, que é o PT.

Nessa direção, a reocupação do centro ideológico apenas ocorrerá com o crescimento do PSDB. O partido, que também tem na capital parte da sua geografia de origem, encontra espaço para desenvolvimento apenas com o declínio do PDS/PP, e será com sua atuação conjunta ao DEM que definirá as possibilidades de seu desempenho. Sua trajetória de crescimento responde às possibilidades abertas pelo impacto da presença do partido na Presidência da República entre 1995 e 2002, mas é apenas a partir da eleição de 2000 que o partido ganha contornos competitivos. Além disso, a polarização nacional entre PT e PSDB tem reflexo parcial na cidade, e será evidente nos pleitos de 2004 e 2012. O espaço do centro terá ainda a recuperação do PMDB em 2012 com Gabriel Chalita, lançando candidatura pelo partido, então ausente da disputa pela Prefeitura desde 1996.

A disputa para as cadeiras de vereador reflete o que ocorre no terreno da disputa majoritária. Uma análise dos dados sobre a composição da Câmara de Vereadores mostra que, ao longo de todo o período democrático, o terreno múltiplo e heterogêneo da cidade resulta em uma considerável fragmentação do sistema representativo. De nove bancadas eleitas em 1988, a Câmara chega a 16 bancadas em 2012. Reproduzindo a dinâmica legislativa observada na Câmara de Deputados, onde as maiores bancadas não ultrapassam 17% das cadeiras, a partir da eleição de 2000 PT e PSDB passam a ocupar as maiores bancadas da Câmara de Vereadores, obtendo como melhores desempenhos no período pouco mais de 20% das cadeiras.

Os dados da Tabela 3, que inicia a série de composições da Câmara em 1982, têm como objetivo mostrar o patamar de representação do qual saem os principais partidos do período pluripartidário limitado para o cenário democrático amplo pós-1985. Sob essa ótica, ganha maior destaque ainda a perda de espaço do PMDB, que parte de uma posição com 45% das cadeiras legislativas para quase 17% já no primeiro pleito, assim como se destaca o salto de representação da bancada petista entre 1982 e 1988, que triplica em termos numéricos e duplica em termos proporcionais, e que, apesar das oscilações seguintes, define uma trajetória equilibrada, representando em média 20% das cadeiras em todo o período.

O ponto que marca o movimento legislativo na cidade é sua *fragmentação crescente*. As implicações de uma casa legislativa fragmentada sobre a governabilidade são conhecidas. A lógica da negociação e aliança com as forças políticas parlamentares é parte do roteiro do presidencialismo de coalizão em todos os níveis. Não é tema deste capítulo analisar as imposições específicas da fragmentação parlamentar aos vários governos municipais do período, mas o roteiro das dificuldades de governar foi conhecido pela cidade quando essa lógica foi recusada pelo Executivo em 1988, com Luiza Erundina, do PT (ver especialmente Couto e Abrucio, 1993).

Em termos ideológicos, os últimos três pleitos de 2004, 2008 e 2012 não produzem alterações na distribuição das forças políticas em blocos. Concebido aqui de forma ampla, o polo da esquerda praticamente não se altera nos três pleitos, a direita se movimenta, adquirindo pequena maioria sobre a esquerda em 2008 e 2012, mas é o centro que define o bloco majoritário (como se observa no Gráfico 3).

Partidos e comportamento político na metrópole paulistana

Tabela 3
COMPOSIÇÃO DA CÂMARA DE VEREADORES DE SÃO PAULO, 1982-2012

Partidos	1982	%	1988	%	1992	%	1996	%	2000	%	2004	%	2008	%	2012	%
PMDB	15	45,5	9	16,9	12	21,8	4	7,2	6	10,9	4	7,2	2	3,6	4	7,2
PDS/PPB/PP	6	18,2	8	15,1	14	25,5	19	34,5	6	10,9	4	7,2	2	3,6	1	1,8
PT	5	15,2	17	32,1	11	20,0	10	18,2	16	20,1	13	23,6	11	20,0	11	20,0
PTB	7	21,2	5	9,4	4	7,3	3	5,5	3	5,5	7	12,7	3	5,5	4	7,2
PDT	-	-	1	1,9	-	-	3	5,5	2	3,6	2	3,6	1	1,8	-	7,2
PFL/DEM	-	-	4	7,5	-	-	2	3,6	1	1,8	2	3,6	7	12,7	2	3,6
PSDB	-	-	5	9,4	5	9,1	8	14,5	8	14,5	13	23,6	13	23,6	9	16,4
PSB	-	-	-	-	2	3,6	-	-	2	3,6	1	1,8	2	3,6	3	5,5
PCdoB	-	-	1	1,9	2	3,6	1	1,8	3	5,5	1	1,8	2	3,6	1	1,8
PL/PR	-	-	3	5,7	4	7,3	4	7,2	3	5,5	3	5,5	5	9,1	3	5,5
PV	-	-	-	-	1	1,8	-	-	-	-	3	5,5	3	5,5	4	7,2
PPS	-	-	-	-	-	-	-	-	2	3,6	2	3,6	2	3,6	2	3,6
PRONA	-	-	-	-	-	-	1	1,8	2	3,6	-	-	-	-	-	-
PSD	-	-	-	-	-	-	-	-	1	1,8	-	-	-	-	7	12,7
PRB	-	-	-	-	-	-	-	-	-	-	-	-	1	1,8	2	3,6
PSC	-	-	-	-	-	-	-	-	-	-	-	-	1	1,8	-	-
PSOL	-	-	-	-	-	-	-	-	-	-	-	-	-	-	1	1,8
PHS	-	-	-	-	-	-	-	-	-	-	-	-	-	-	1	1,8

Fontes: Fundação SEADE: Estatísticas Eleitorais, 1982-1996; TSE: Estatísticas Eleitorais, 2000-2012.
Observações: PMDB, Partido do Movimento Democrático Brasileiro; PTB, Partido Trabalhista Brasileiro; PDT, Partido Democrático Trabalhista; PT, Partido dos Trabalhadores; PFL/DEM, Democratas; PSB, Partido Socialista Brasileiro; PSDB, Partido da Social Democracia Brasileira; PDS/PP, Partido Progressista; PL/PR, Partido da República; PSOL, Partido Socialismo e Liberdade; PPS, Partido Popular Socialista; PV, Partido Verde; PRB, Partido Republicano Brasileiro; PHS, Partido Humanista da Solidariedade; PRONA, Partido da Reedificação Nacional; PCN, Partido Cristão Nacional; PDC, Partido Democrata Cristão; PCdoB, Partido Comunista do Brasil; PSD, Partido Social Democrático; PSC, Partido Social Cristão. Total de vereadores: 33 (1982); 53 (1988); 55 (1992-2012).

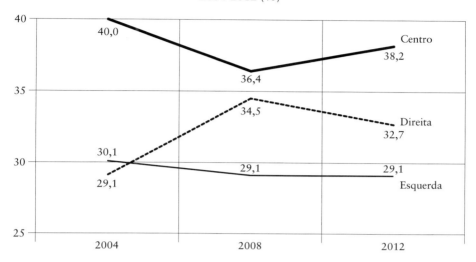

Gráfico 3
COMPOSIÇÃO IDEOLÓGICA DA
CÂMARA DE VEREADORES DE SÃO PAULO,
2004-2012 (%)

Fonte: Agregação segundo dados da Tabela 3.
Observações: Classificação realizada a partir dos parâmetros sugeridos por Power e Zucco (2009). O espectro adotado considera os seguintes blocos partidários: esquerda (PSOL, PCdoB, PSB, PT, PDT); centro (PV, PPS, PMDB, PSDB); direita (PTB, PR, PP, DEM, PSD, PHS, PRB, PSC).

Envolvimento e participação

A análise do cenário partidário paulistano finaliza com dados sobre a participação e envolvimento eleitoral na cidade. Ela é um dos principais indicadores do envolvimento dos cidadãos no sistema político. O declínio das taxas de interesse político e das taxas de confiança institucional referidas, sobretudo, ao sistema representativo, ou seja, partidos, parlamentos e políticos, associado à baixa participação eleitoral, observados em geral nos regimes democráticos, indica a grande insatisfação com a forma como a democracia representativa vem funcionando nas últimas décadas (Norris, 2011). Como mencionamos anteriormente, o contexto da megacidade traduz esses processos espacializados de influência e escolha política, que resultam, ao final das contas, em patamares de legitimidade do sistema.

Os dados sobre o envolvimento dos paulistanos com a política institucional eleitoral corroboram o cenário generalizado de declínio dos indicadores de envolvimento e interesse. Cabe lembrar que estamos tratando de condições específicas de participação, onde o voto é obrigatório. Mesmo assim, indicadores de abstenção, voto nulo e voto em branco dão uma dimensão do interesse, pertencimento, compreensão e satisfação dos indivíduos com os processos de escolha política partidária.

É sob a ótica dos fenômenos mencionados que devem ser observados os indicadores de abstenção eleitoral, anulação e declaração em branco do voto nas eleições paulistanas (ver o Gráfico 4). As trajetórias dos votos em branco e nulos mostram oscilações importantes a cada pleito entre 1988 e 1996, alcançando índices maiores que 20%, que em seguida declinam de forma significativa. Mas é a partir de 2004 que se observa uma tendência crescente constante dos dois indicadores, adicionados ainda do crescimento da abstenção eleitoral.

Gráfico 4
INDICADORES DE PARTICIPAÇÃO ELEITORAL EM SÃO PAULO,
1982-2012, 1º TURNO (%)

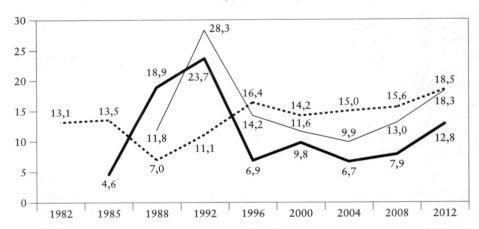

——— Votos em branco e nulos para prefeito
——— Votos em branco e nulos para vereador
······· Abstenções

Fontes: Fundação SEADE, Estatísticas Eleitorais, 1982-1996; TSE, Estatísticas Eleitorais, 2000-2012.

Observados de forma detalhada ao final do período estudado, os dados de abstenção na cidade em 2012 — 18,5% — são um pouco maiores que os dados para o estado e para o país, respectivamente 17,4% e 16,4%. Para a soma de votos nulos e em branco para prefeito em 2012, o dado paulistano, 13%, se aproxima dos dados estadual e nacional, respectivamente 15% e 11%; finalmente, a soma de votos nulos e em branco para vereador na capital, 18,3%, é significativamente maior que o dado para o país, 8% e para o estado, 13%, segundo os registros do Tribunal Superior Eleitoral (TSE).

Sob esse cenário dos registros do crescente afastamento da política institucional eleitoral, é também importante apresentar dados sobre a evolução da disposição dos indivíduos quanto à participação nas eleições. Pesquisas sobre comportamento político realizadas em pleitos específicos no período analisado permitem observar que o desinteresse pelas eleições na cidade aumenta no tempo, chegando em 2012 a 25,7% de eleitores que se afirmam desinteressados, e apenas 31,5% que afirmam grande interesse pela eleição (Gráfico 5).

Gráfico 5
GRAU DE INTERESSE PELAS ELEIÇÕES EM SÃO PAULO,
2008 E 2012 (%)

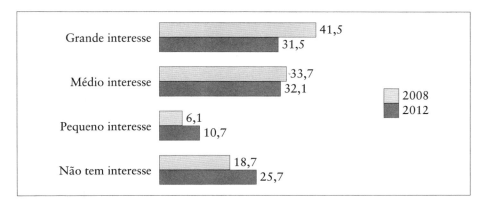

Fontes: Pesquisas Datafolha 2008 e 2012; Banco de Dados do CESOP/Unicamp.

Na mesma direção, dados sobre a disposição para votar, coletados na capital em situações eleitorais distantes no tempo — 1988 e 2014 — corroboram as conclusões de vários estudos que apontam o declínio do envolvimento com a política partidária como uma tendência (ver detalhes no Gráfico 6).

Entretanto, os dados coletados em 2014 merecem destaque. Em meio ao cenário de desconfiança e insatisfação com a política em geral, traduzido nas manifestações de massa de junho de 2013, 40% dos eleitores paulistanos afirmam, pouco mais de um ano depois, a disposição para votar, e quase 10% afirmam alguma dúvida. Aquelas mobilizações explicitaram o descontentamento com a incapacidade dos governos e do Estado no atendimento às demandas básicas e na formulação de políticas responsivas, assim como com o sistema representativo, resultante da incapacidade dos partidos, dos políticos e das instituições de intermediar a crítica ao sistema político em geral.

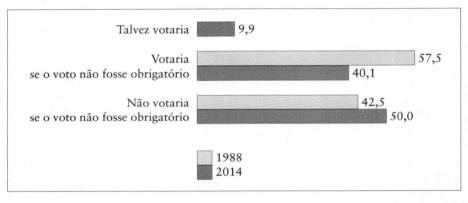

Gráfico 6
DISPOSIÇÃO DE VOTAR
CASO O VOTO NÃO FOSSE OBRIGATÓRIO,
SÃO PAULO, 1988 E 2014 (%)

Fontes: Pesquisa Idesp, 1988; Pesquisa CSES-ESEB, 2014; Banco de Dados do CESOP/Unicamp.

Mas os dados da pesquisa de 2014 sugerem que a participação eleitoral e a escolha partidária continuam fazendo parte do variado repertório de ação política que compõe as formas de engajamento da população no território político da capital paulista. Estudos têm mostrado como lógicas distintas de mobilização atuam na dinâmica política contemporânea, na qual convivem diferentes dimensões do ativismo cívico, incorporando na cena pública as formas convencionais de participação, como a adesão a partidos e sindicatos, e as formas não institucionais, mediadas e potencializadas pelas novas tecnologias (Norris, 2002; Bohman, 2004). Da mesma forma, vários estudos comparados sobre comportamento político e participação têm afirmado a persistência dos partidos como sujeitos centrais da cadeia representativa, atuando em dimensões que incluem as mobilizações de campanha, a estruturação do debate público e a definição de atalhos para posicionamentos políticos (Dalton, Farrel e McAllister, 2011). As megacidades possibilitam o adensamento dessa multiplicidade de formas políticas. O papel dos partidos na formação de preferências e nas referências que organizam os posicionamentos dos cidadãos com relação aos governos e às políticas continuam ocupando espaço importante no contexto de participação. A erosão da adesão dos eleitores paulistanos aos partidos e o crescente afastamento da política representativa compõem apenas uma das variadas faces da relação com a política e traduzem apenas parte das condições de participação presentes no amplo contexto paulistano.

Bibliografia

AGNEW, John (1996). "Mapping Politics: How Context Counts in Electoral Geography". *Political Geography*, vol. 15, n° 2, pp. 129-46.

BOHMAN, James (2004). "Expanding Dialogue: The Internet, The Public Sphere and Prospects for Transnational Democracy". *Sociological Review*, n° 2, pp. 131-55.

CANCLINI, Nestor (1996). "Ciudades y ciudadanos imaginados por los medios". *Perfiles Latinoamericanos*, vol. 5, n° 9, Flacso-México, pp. 9-24.

CASTELLS, Manuel (2008). "The New Public Sphere: Global Civil Society, Communication Networks, and Global Governance". *The Annals of the American Academy of Political and Social Science*, n° 616, pp. 78-92.

CENTRO DE ESTUDOS DE OPINIÃO PÚBLICA, UNIVERSIDADE ESTADUAL DE CAMPINAS. *Banco de Dados de Pesquisas Nacionais.* Pesquisas utilizadas: IDESP/ SPcap82.NOV-00504; IDESP/SPcap85.NOV-00506; IDESP/SPcap88.DEZ-00510; DATAFOLHA/SP92.SET-00313; DATAFOLHA/SPcap96.SET-00701; DATAFOLHA/SPcap00.JUL-01071; DATAFOLHA/SPcap04.SET-02510; DATAFOLHA/ SPcap08.SET-03202; DATAFOLHA/SÃO PAULO/SP12.AGO-03773; CSES_ESEB 2014. (<www.cesop.unicamp.br>).

COUTO, Claudio; ABRUCIO, Fernando Luiz (1993). "A dialética da mudança: o PT se confronta com a institucionalidade". *Cadernos CEDEC*, n° 31, São Paulo, CEDEC.

DALTON, Russel (1996). *Citizen Politics: Public Opinion and Political Parties in Advanced Industrial Democracies.* Los Angeles: Sage/CQ Press.

DALTON, Russel; FARREL, David; McALLISTER, Ian (orgs.) (2011). *Political Parties and Democratic Linkage.* Oxford: Oxford University Press.

FIGUEIREDO, Argelina; LIMONGI, Fernando; FERREIRA, Maria Paula; SILVA, Paulo Henrique da (2002). "Partidos e distribuição espacial dos votos na cidade de São Paulo (1994-2000)". *Novos Estudos*, Cebrap, n° 64, pp. 153-60.

FUNDAÇÃO SISTEMA ESTADUAL DE ANÁLISE DE DADOS (SEADE). *Informações Eleitorais 1974-1996* (<www.seade.gov.br/banco-de-dados>).

KAHN, Richard; KELLNER, Douglas (2004). "New Media and Internet Activism: From the 'Battle of Seattle' to Blogging". *New Media Society*, n° 6, pp. 87-95.

LIMONGI, Fernando; MESQUITA, Lara (2008). "Estratégia partidária e preferência dos eleitores". *Novos Estudos*, Cebrap, n° 81, pp. 49-67.

LIPSET, Seymor M. (2001). "Cleavages, Parties and Democracy". In: KARVONEN, L.; KUHNLE, S. (orgs.). *Party Systems and Voter Alignments Revisited*. Londres: Routledge.

LIPSET, Seymor M.; ROKKAN, Stein (orgs.) (1967). *Party Systems and Voter Alignments: Cross-National Perspectives*. Glencoe, Illinois: The Free Press.

MANIN, Bernard (2012). *Principes du gouvernement représentatif*, 2ª ed. Paris: Flammarion.

MELO, Carlos R. (2006). "Sistema partidário, presidencialismo e reforma política no Brasil". In: SOARES, Gláucio A. D.; RENNÓ JR., Lúcio R. R. *Reforma política: lições da história recente*. Rio de Janeiro: FGV.

MENEGUELLO, Rachel (1989). *PT: a formação de um partido (1979-1982)*. São Paulo: Paz e Terra.

_____ (2012). "O impacto do PT no sistema partidário: alinhamentos, arranjos políticos e movimentação de elites em torno do eixo petista". Workshop "The PT From Lula to Dilma", University of Oxford, mimeo.

MENEGUELLO, Rachel; ALVES, Ricardo M. Martins (1986). "Tendências eleitorais em São Paulo (1974-1985)". In: LAMOUNIER, Bolívar (org.). *1985: o voto em São Paulo*, Coleção História Eleitoral, n° 1, IDESP.

MENEGUELLO, Rachel; BIZZARRO NETO, Fernando (2012). "Contexto e competição na política paulista". *Dados*, vol. 55, n° 1, pp. 119-71.

MIGUEL, Luís F.; MACHADO, Carlos (2007). "Um equilíbrio delicado: a dinâmica das coligações do PT em eleições municipais (2000 e 2004)". *Dados*, vol. 50, n° 4, pp. 757-93.

NORRIS, Pippa (2011). *Democratic Deficit: Critical Citizens Revisited*. Cambridge: Cambridge University Press.

_____ (2002). "Democratic Phoenix: Agencies, Repertoires and Targets of Political Activism". *Annual Meeting of the American Political Science Association*.

NOVAES, Carlos (1996). "O primeiro turno da eleição para prefeito de São Paulo". *Novos Estudos*, Cebrap, n° 46, pp. 3-20.

PIERUCCI, Antônio Flávio; LIMA, Marcelo Coutinho de (1991). "A direita que flutua". *Novos Estudos*, Cebrap, n° 29, pp. 10-27.

POWER, Timothy; ZUCCO, Cesar (2009). "Estimating Ideology of Brazilian Legislative Parties, 1990-2005: A Research Communication". *Latin American Research Review*, vol. 44, n° 1, pp. 218-45.

SELLERS, Jefferey M.; WALKS, Alan (2013). "The Metropolitanization of Politics". In: SELLERS, J.; KÜBLER, D.; WALKS, A.; WALTER-ROGG, M. (orgs.). *The Political Ecology of the Metropolis*. Colchester: ECPR Press.

TRIBUNAL SUPERIOR ELEITORAL (TSE). *Estatísticas Eleitorais, 2000-2012* (<www.jus.tse.br/eleições/estatisticas>).

11

Saímos do Facebook?

Esther Hamburger

De onde surgiu a multidão de jovens que inundou as ruas paulistanas e de diversas cidades brasileiras em junho de 2013 para reivindicar o congelamento das passagens de ônibus e metrô, aumentadas pela prefeitura e pelo governo do estado em 20 centavos? O momento era de afluência econômica. Baixos índices de desemprego, redução da pobreza, aumento dos índices de escolaridade eram alguns dos indicadores que poderiam levar à desconfiança para com um movimento que procurava barrar um aumento relativamente pequeno. Apenas dois anos antes, a chamada Primavera Árabe abalara governos na Tunísia, Egito e Síria. Na cidade de São Paulo em particular, onde o Partido dos Trabalhadores (PT) acabara de retomar, cerca de 5 meses antes, a prefeitura, o movimento chegou a ser visto como manifestação inconveniente que colocava contra a parede um prefeito sensível a manifestações populares.

"Saímos do Facebook", um dos milhares de dizeres que circularam em cartazes exibidos nas manifestações de junho de 2013, em São Paulo e em outras cidades brasileiras, expressa uma resposta possível a essas indagações. A frase sugere, na primeira pessoa do plural, uma certa autorreflexão. O manifestante que porta o cartaz se apresenta como membro da ampla comunidade do Facebook; uma comunidade que existe em relação à comunidade de não participantes da popular rede social. Esse coletivo macro se fraciona em uma infinidade de subconjuntos possíveis. A vinculação de um "usuário" com a rede se dá através de seu perfil específico, um espaço individual aberto a compartilhamentos múltiplos. Páginas podem ser individuais ou de grupo, institucionais, comerciais, de longa ou curta duração. Em torno dessas amizades se estabelecem teias intrincadas de relações. Cada participante estabelece relações de amizade com um grupo particular de pessoas, provavelmente diferente das outras pessoas que participam dessa rede social. O perfil no Facebook ao mesmo tempo conecta e individualiza.

A frase "Saímos do Facebook" explicita a presença da rede mundial de computadores como elemento de articulação das manifestações.[1] A frase sugere que a articulação virtual rompeu o limite da tela ao se materializar nas ruas. A passagem às ruas não significa abandonar o espaço virtual. Ao contrário, as redes sociais e o Facebook, em especial, permanecem como espaço de articulação, de repercussão ao vivo, ou não, das ações presenciais. Fotos, comentários e notícias postadas reverberam e realimentam o movimento.

As redes sociais constituem elemento intrínseco às manifestações. Por ela circulam informações, imagens fixas e/ou em movimento, comentários, discussões sobre os eventos de cada dia. Uma das dimensões mais expressivas desse movimento, como de outros em outras partes do mundo, é a ênfase em múltiplas formas de autoexpressão.

Os dizeres nos cartazes expressam uma dimensão de autoelaboração permanente de um movimento que surpreendeu o Brasil e o mundo. Liderado pelo Movimento Passe Livre (MPL), reuniu pessoas que se contrapuseram ao aumento da tarifa dos transportes metropolitanos e que, para além disso, concordam e discordam em relação a muitas coisas. Os cartazes problematizam, para as câmeras e o público externo, mas também para o público interno, sugerindo um caráter policlassista, que não apaga diferenças. Uma frase diz: "O gigante acordou". Outra como que responde: "A periferia nunca dormiu". Uns afirmam: "Não é só pelos 20 centavos". Outros ampliam: "É pelos direitos".[2]

Os cartazes constituem uma dimensão desses movimentos. Dentre as muitas facetas já abordadas sobre as manifestações,[3] este capítulo elabora a maneira como o movimento se apropriou a um só tempo da cidade e de mecanismos de produção e circulação da expressão visual. Inicialmente depredações e conflitos entre policiais e manifestantes dominaram a fala sobre

---

[1] Em artigo publicado em caderno especial da *Folha de S. Paulo*, "A arte do impossível", Marcelo Coelho notou a presença de cartazes com esses dizeres (Coelho, 2013). O bordão pode também ser visto em fotos das manifestações ocorridas nos dias 17 de junho em São Paulo e 20 de junho no Recife, publicadas à época em diversos órgãos de imprensa, inclusive na edição online do *New York Times* (Schincariol, 2013).

[2] Ver artigo de Teresa Caldeira, "São Paulo: The City and its Protests" (Caldeira, 2013), para discussão sugestiva dos dizeres estampados em cartazes, por sua vez, impressos na extensa iconografia dos movimentos. Agradeço à autora pelos comentários à versão preliminar deste artigo, mas a isento de responsabilidade pelos resultados.

[3] Ver, por exemplo, Marcos Nobre (2013); Carlos Vainer, David Harvey, Ermínia Maricato *et al.* (2013); Marilena Chaui (2013); Rosana Pinheiro-Machado e Alexander S. Dent (2013).

os movimentos no Brasil em tempos em que referências internacionais como a Primavera Egípcia, o Occupy Wall Street, ou as quase simultâneas manifestações na praça Taksim em Istambul, se impõem. Os dois elementos, violência e mobilizações mundiais, contribuem para a geração de uma espécie de espectro de medo e incerteza que às vezes impede a identificação de outros significados em potencial, contundentes e transformadores.

Além dos inúmeros cartazes visíveis nas imagens das manifestações sugerindo a pluralidade do movimento, a quantidade de smartphones chamou a atenção, confirmando a conexão à rede mundial de computadores como dimensão estrutural. Instrumentos individuais capazes de captar, gerar e transmitir conteúdos processados na rede, os celulares produziram imagens editadas e difundidas nas redes sociais. Documentários independentes postados no YouTube sistematizam o orgulho que diversos manifestantes sentiram ao não se intimidar, e participar de um movimento vitorioso, ao qual atribuem poder definidor dos rumos da história. Páginas individuais e coletivas no Facebook, no Instagram etc., compõem um amplo espectro de mídia social espontânea, quase infinita. Imagens-denúncia da violência policial abundam. Imagens dos transportes públicos superlotados captadas pelo olhar de quem depende deles todos os dias de manhã, reforçam a revolta com o aumento da tarifa de um serviço ruim. O site do MPL exibe filmes que informam sobre as estruturas capilares de preparação do movimento em escolas nas periferias paulistanas, outra revelação que pode ajudar a entender a emergência repentina de um movimento de massas. Filmes como *A Partir de Agora: As Jornadas de Junho no Brasil* (Carlos Pronzato, 2014) ou *Junho* (João Vainer, 2014, produzido a partir do material do programa *TV Folha* exibido pela TV Cultura) buscam o formato do longa-metragem para oferecer subsídios a avaliações posteriores dos acontecimentos da época.

Os registros imagéticos produzidos pelo coletivo Mídia Ninja, transmitidos em *streaming* ao vivo e em tempo real, catalisaram a insatisfação com a cobertura externa e muitas vezes hostil da mídia convencional. Na sequência de experiências anteriores, que desde o início dos anos 2000 envolveram ativistas e artistas multimídia em experimentos de transmissões alternativas de imagens em movimento, a atuação conectada aos movimentos repercutiu em número de espectadores, mas também na apropriação pela própria mídia televisiva, que por vezes exibiu imagens captadas pelo coletivo ligado ao Fora do Eixo.[4]

---

[4] Agradeço os comentários de Milena Szafir, uma das autoras do *Manifesto 21* e de experimento pioneiro em gravação e transmissão independente de imagens em movimen-

Saímos do Facebook?

Vários desses registros permanecem acessíveis em inúmeros arquivos digitais disponíveis na internet, estimulando o rememorar e o indagar. A diversidade da massa reunida em manifestações se expressa nos dizeres impressos nos cartazes empunhados para o público. Ao enfatizar especificidades envolvidas no ser moreno, negro, mulher, gay, jovem, velho, popular ou burguês, participantes valorizaram a liberdade de circulação e manifestação no espaço público de cidades tipicamente congestionadas. Sonharam com o mundo sem opressão, com cidades onde se possa circular livremente; com a erradicação da corrupção; com uma política feita de maneira horizontal e direta. Reivindicações e formas de manifestação que em certo sentido ecoam os ideais dos anos 1960.

No dia 17 de junho de 2013 ocorreu a maior manifestação em São Paulo. Em Brasília, nesse mesmo dia, manifestantes chegaram até a laje de concreto do Congresso Nacional. No Rio de Janeiro e em outras cidades esse dia de manifestação também foi dos mais cheios. Estava no ar o apoio à luta contra o aumento das tarifas e a luta contra a violência da polícia no trato às manifestações. Nessa mesma noite dois representantes do MPL estiveram no *Roda Viva*, programa de debates da TV Cultura, emissora pública do estado de São Paulo. *Globo Repórter* e *Profissão Repórter* produziram edições especiais. Telejornais diários e populares como *Brasil Urgente* na Bandeirantes ou *Cidade Alerta* na Record também extrapolaram suas edições regulares.

As manifestações geraram repercussões nas quais os critérios de produção da notícia se tornaram assunto. O extenso material audiovisual disponível sobre as manifestações de 2013 sugere uma expressividade ainda pouco analisada. Nesse amplo campo, este artigo se dedica a uma dimensão específica: a expressividade performática do movimento coletivo dos milhares de corpos que se movimentaram na cidade de São Paulo no dia 17 de junho de 2013.

A abordagem pretende problematizar desafios postos para a construção de novas poéticas na disputa pelo controle da expressão audiovisual. A ori-

---

to. Para o primeiro trabalho jornalístico sobre o coletivo, ver Elizabeth Lorenzotti (2014). Segundo a autora (capítulo 1, p. 18), as transmissões em *streaming* começaram no dia 18 de junho de 2013 em São Paulo e resultaram da confluência de articulações anteriores com a oportunidade que as manifestações chamadas pelo Movimento Passe Livre (MPL) ofereciam. É significativo que o início das operações tenha se dado justamente no dia seguinte da manifestação do dia 17, abordada neste texto.

ginalidade e a força visual do movimento se manifesta na performance coletiva da multidão ao perfazer certos trajetos na cidade, exercendo uma espécie de força espetacular antiespetáculo.

Em sintonia com outros eventos da vida contemporânea no mundo globalizado, as manifestações de 2013 no Brasil instigam a problematização da noção de sociedade do espetáculo (Debord, 2002 [1967]) em curso em diversas elaborações, como nas noções de imagem-evento (Clark *et al.*, 2006) ou espetáculo mediático (Kellner, 2012), um conjunto diversificado de elaborações que expressa o reconhecimento crítico da relevância das imagens para além do mundo das aparências. Como a disputa pelo controle da expressão fílmica se manifesta nas diversas coberturas audiovisuais não do conjunto das manifestações, mas particularmente das manifestações do dia 17 em São Paulo? De que maneira essas manifestações inscrevem sua marca nas expressões visuais de uma cidade que resiste à expressão fílmica? Que paisagens paulistanas ganham visibilidade na ocasião? Que elementos essas manifestações trazem para elaborações transnacionais que problematizam formas de expressão artística e política contemporâneas?

A performance do movimento na manifestação do dia 17 sugere que subjetividades fragmentadas se constituem também ao se apropriar de elementos do espetáculo. Há como que domínios espetaculares, terrenos nos quais os movimentos sociais e/ou subjetividades artísticas específicas se apropriam da linguagem do espetáculo. Mas como definir essa noção de espetáculo, presente aqui e ali em alusão a Debord e na descrição de eventos contemporâneos? É possível pensar que nos últimos 50 anos a noção de espetáculo se expandiu para incluir performances espetaculares antiespetáculo. E que a subjetividade desses movimentos se realiza não na luta contínua, mas em atuações contundentes que sugerem reposicionamentos mediáticos e alimentam a pesquisa por gramáticas alternativas.

Este capítulo se concentra na manifestação do dia 17 de junho em São Paulo, não porque essa talvez tenha sido a maior delas, mas pela expressividade dos caminhos percorridos na geografia da metrópole. Além de conquistar o congelamento do preço da passagem de ônibus, seguindo o comando do Movimento Passe Livre (MPL), e tomar ruas e avenidas da maior metrópole da América Latina, os manifestantes se dirigiram para o cenário dos principais telejornais locais. A ação performática sugere a amplitude do espaço público em disputa. O movimento procurou ocupar as ruas e as imagens televisivas das ruas ocupadas, bem como desenhou o trajeto de maneira a potencializar o alcance das imagens. Fez do próprio trajeto e do ponto de encontro final elementos expressivos capazes de atuar sobre a notícia.

Questionada, a maior emissora de TV do país, a Rede Globo, reagiu com um editorial no *Jornal Nacional*, com cobertura sobre a justeza das reivindicações e com o empenho em dissociar sua linha editorial da acusação de hostilidade aos movimentos populares.

O trajeto da passeata de 17 de junho de 2013 em São Paulo

Antes de junho, movimentos contra o aumento de passagens de ônibus e metrô ocorreram em março, abril e maio em Porto Alegre, Natal e Goiânia. Nas três capitais, os prefeitos enfrentaram a resistência da população. Mas foi em São Paulo, onde a notícia do aumento foi publicada no final de maio para entrar em vigor no dia 2 de junho, que o movimento eclodiu já no dia 3 de junho, com força contagiante, em diversos bairros da periferia e a partir daí para o centro da cidade. Em apenas 17 dias o prefeito e o governador passaram da postura de condenação enfática e repressão violenta ao congelamento das tarifas. Coberturas iniciais privilegiaram a denúncia de quebra-quebras executados em conjunção com manifestações que invariavelmente começavam regidas por um clamor de "Sem violência", audível à exaustão no material postado. A crítica de órgãos da imprensa escrita e televisiva gerou hostilidade de manifestantes e alimentou a já mencionada profusão de coberturas alternativas. Embora o embate com os governos municipal e estadual fosse central à conquista do congelamento da tarifa, a polêmica em torno das interpretações visuais do movimento ganhava peso.

A força do movimento surpreendeu suas lideranças, governos, partidos políticos, imprensa, analistas. Uma geração inteira saiu às ruas sob a liderança do MPL, um pequeno grupo de jovens aguerridos, que estudaram a matéria de transporte urbano e elegeram a meta do transporte gratuito como estratégica em uma luta pela transformação social e pela construção de uma sociedade mais justa. Em São Paulo, na época, o MPL era composto de cerca de 40 pessoas solidamente preparadas para manter a estrutura não hierárquica e avessa à celebridade que norteia a organização, presente em diversas cidades.

No dia 11 de junho, os jornais paulistanos publicaram reações do vice-presidente Michel Temer, do governador Geraldo Alckmin e do prefeito Fernando Haddad às manifestações ocorridas na véspera. O vice-presidente do PMDB, o governador do PSDB e o prefeito do PT, juntos em Paris, onde defendiam a candidatura da capital paulista para sediar a Expo 2020, coincidiam em sua condenação ao movimento. A reivindicação não se justificava, já que o reajuste proposto estava abaixo da inflação no período. As depredações sugeriam que o movimento era composto de pessoas avessas ao Estado democrático de direito.[5] O pronunciamento dos três governantes responsáveis pelos três níveis de governo e membros dos principais partidos políticos do país era reforçado por pronunciamentos de articulistas, jornais e emissoras de televisão. Havia uma concordância do Poder Executivo do Estado, apoiado pela mídia, contra o movimento e suas reivindicações. A abertura em Brasília da Copa das Confederações, exatamente um ano antes da Copa Mundial de Futebol, era razão adicional a justificar a reação governamental. O evento internacional ofereceu palco para manifestações que ampliaram o escopo de protesto para incluir oposição aos gastos milionários com a Copa e reivindicar investimentos em saúde e educação.

Apesar do posicionamento inicial contrário praticamente unânime nas hostes da política institucional, o movimento cresceu e se tornou vitorioso. Embora tenha assumido posição favorável ao congelamento da tarifa, o apresentador do popular *Brasil Urgente*, José Luiz Datena, por exemplo, viu atônito a resposta a sua usual enquete desobedecer, em vez de referendar, o seu palpite. O apresentador todos os dias da semana discursa livremente no estúdio, de pé, no centro de um espaço arredondado e ao lado de uma grande tela que exibe imagens que ilustram sua fala sobre o tema da vez. Nesse início de junho ele fala contra o aumento de tarifas, mas enfatiza que é contra baderna. Para reforçar sua opinião, convoca a usual pergunta, que aparece escrita na parte inferior do quadro: "Você é a favor desse tipo de protesto?". Enquanto os votos chegam, a preleção do apresentador critica a depredação e o impedimento da circulação nas vias públicas, induzindo o "Não". Mas a resposta contraria sua opinião. Ele reformula o enunciado para garantir que seus interlocutores tenham entendido a mensagem. A nova versão explicita a formulação tendenciosa: "Você é a favor de protesto com baderna?". Enquanto Datena comanda a mudança do enunciado, uma legenda indicando a prisão de manifestantes aparece na tela, que se distancia da fala do apresentador revelando a violência policial na repressão ao movimento. O público mantém o voto "Não", o que obriga Datena a adequar o seu discurso ao vivo. Surpreso, ele afirma que o povo não aguenta mais. Diante do

---

[5] Ver <http://www1.folha.uol.com.br/cotidiano/2013/06/1293748-em-paris-alckmin-haddad-e-temer-criticam-destruicao-durante-protesto.shtml> (último acesso em 23/12/2014).

Saímos do Facebook?

resultado vale a máxima que em geral serve para justificar os excessos do programa: "A voz do povo é a voz de Deus".[6]

No dia 13 de junho, uma quinta-feira, legitimados pelas declarações governamentais e estimulados pela reação negativa da imprensa ao movimento, a polícia bateu violentamente, agredindo também jornalistas. Imagens da arbitrariedade policial inundaram as redes sociais e também a imprensa escrita e audiovisual, que mudou de lado. A foto de uma repórter da *Folha de S. Paulo* ferida no olho por uma bala de borracha reverberou.[7] A revolta contra a violência policial incorporou os órgãos de imprensa e fez aumentar o apoio à próxima manifestação, a do dia 17 de junho, provavelmente a maior e a que nos interessa mais de perto.[8]

Em São Paulo a manifestação do dia 17 foi convocada originalmente para o Largo da Batata, Estação Faria Lima da recém-inaugurada e superlotada linha amarela do metrô. A manifestação recebeu apoio de pessoas que, além de solidárias e favoráveis ao congelamento das tarifas, protestavam contra a violência empregada pela polícia militar na repressão a um movimento legítimo. A polícia reproduzia práticas adotadas na repressão às manifestações contra a ditadura militar e que ainda hoje caracterizam sua ação diária nas periferias. A polícia permanece a mesma. Os manifestantes e as formas de manifestação, no entanto, mudaram.

---

[6] Ver <https://www.youtube.com/watch?v=6dk0sdyYcdY> (último acesso em 16/8/2014).

[7] A jornalista do TV Folha, Giuliana Vallone, compartilhou a experiência em sua página no Facebook (<https://www.facebook.com/giuvallone?fref=ts>, último acesso em 21/12/2014). A agressão da polícia à jornalista foi fartamente noticiada nos mais diversos órgãos de imprensa de São Paulo e de outros estados brasileiros. Ver, por exemplo, <http://extra.globo.com/noticias/brasil/protesto-em-sao-paulo-reporter-ferida-no-olho--publica-depoimento-sobre-que-aconteceu-8686548.html> (último acesso em 21/12/2014), ou ainda <http://noticias.uol.com.br/cotidiano/ultimas-noticias/2013/06/13/reporter-da-tv-folha-e-atingida-no-olho-por-bala-de-borracha-durante-protesto-em-sp.htm> (último acesso em 21/12/2014).

[8] A relevância dessa manifestação no conjunto das mobilizações daquele dia é também reconhecida em retrospectivas como a de Rodrigo Ramthum na edição de 16/7/2013 do *Observatório da Imprensa* (Ramthum, 2013). O autor toma o dia como marco da nacionalização do movimento, que teria involvido 65 mil pessoas em São Paulo e 100 mil pessoas no Rio de Janeiro, além de Belo Horizonte, Fortaleza, Brasília, Vitória, Curitiba, entre outras cidades. A ESPN também destaca as manifestações desse dia, <http://espn.uol.com.br/video/337097_o-dia-17-de-junho-e-as-manifestacoes-pelo-brasil-que-acordou> (último acesso em 21/12/2014).

A revolta com a violência policial gerou a intervenção do Ministério Público, presente a uma reunião preparatória entre lideranças do MPL, o secretário da Segurança Pública e o comando da polícia. Embora a polícia insistisse em saber de antemão qual seria o trajeto daquela noite, o MPL se recusou a fornecer essa informação. Ficou acordado que não haveria Tropa de Choque ou balas de borracha. A polícia acompanharia a liderança, facilitando o trânsito dos manifestantes no sistema viário. A cobertura jornalística enfatiza a não revelação do trajeto, o que gerou suspense até o fim da tarde, quando a multidão se dividiu primeiro em um grupo que saiu em direção à avenida Paulista, tradicional palco de manifestações, e logo depois em mais dois grupos que se dirigiram por rotas paralelas à Ponte Estaiada, cerca de 5,6 km ao sul de Pinheiros.[9]

O Largo da Batata é uma das regiões afetadas pelas recentes transformações urbanas lideradas pela especulação imobiliária e pela construção civil, uma associação predatória que insiste na lógica de destruição e reconstrução, produzindo uma cidade caótica e sem memória. Em meio às obras recentes foram descobertos restos arqueológicos de camadas anteriores de ocupação, tradicional entreposto nas rotas de circulação desde a Colônia. Antiga sede de um velho Mercado de Pinheiros, o largo sofreu uma grande transformação com a ampliação da avenida Faria Lima. Mais recentemente, a construção do metrô levou à modificação do curso das ruas e calçadas, além da demolição de velhos armazéns, lojas e pequenas casas geminadas para a construção de novos arranha-céus envidraçados, de gosto duvidoso. A verticalização da região e as novas vias de tráfego se organizam em torno de uma nova praça de concreto em volta da nova estação do metrô dos dois lados da avenida Faria Lima. A Igreja de Pinheiros, uma construção antes abrigada por quarteirões de pequenas casas e estabelecimentos comerciais, ganhou uma visibilidade inusitada e perversa, dada a feiura de suas feições, não projetadas para enfrentar a nova esplanada. A pequena classe média que habitava a região, mas que não pode pagar o assim chamado "preço do progresso", é expulsa, enquanto prédios de luxo passam a se localizar ali. O pequeno comércio é substituído.

Um espaço desolado, praça sem equipamento de praça, sem verde ou banco, ganhou vida com a concentração de manifestantes no dia 17, sugerindo o potencial do espaço urbano que se adapta incessantemente a novas

---

[9] Ver, por exemplo, a cobertura do telejornal *SPTV 2ª Edição* em <http://globo. tv.globo.com/rede-globo/sptv-2a-edicao/v/pelo-menos-30-mil-manifestantes-participam--do-protesto-em-sao-paulo/2639685> (último acesso em 21/12/2014).

configurações. O Largo da Batata dista cerca de 9,5 km do centro da cidade e 5,5 km da avenida Paulista. O local escolhido antecipa a primeira diferença em relação a manifestações anteriores do mesmo movimento, e de manifestações legendárias, promovidas pelos movimentos pela anistia, pelas eleições diretas e pelo impeachment do presidente Fernando Collor de Mello, de cerca de 20 e 40 anos atrás. A lógica dos movimentos anteriores era a de ocupar pontos simbólicos e amplos no centro da cidade. Nos movimentos do passado, se instalava um palco nesses lugares para que lideranças políticas, sindicais, estudantis, intelectuais e artistas solidários discursassem. Essas manifestações em geral contavam com a simpatia da mídia impressa, cuja cobertura contrastava com o boicote televisivo, especialmente da Rede Globo, que demorou a se ajustar aos novos tempos. Às vezes havia passeata. A intenção da passeata — como na maior parte dos casos ainda é — era divulgar as causas de luta nas ruas, convidando transeuntes a se juntar ao movimento, engrossando a marcha que desembocaria no local dos discursos. Muitas vezes a repressão, a cavalo, a pé, ou de camburão obrigava o corre-corre dispersivo movido a gás lacrimogêneo, cassetetes e centenas de prisões.

Nos movimentos de junho não havia palanque ou discurso. A liderança comandava instruções em um alto-falante manual. Seu recado era repetido coletivamente pelos manifestantes mais próximos de maneira a se tornar audível para a multidão. Avessa à hierarquia, a liderança procura não se destacar. As entrevistas para jornalistas eram controladas. Na televisão, o MPL aceitou participar do programa *Roda Viva* da TV Cultura de São Paulo dado o caráter público da emissora. O aceite foi condicionado à participação de dois membros do movimento, o que obrigou à alteração do formato original, no ar há quase 30 anos, sempre com um entrevistado na berlinda, no centro de uma roda de entrevistadores. A mesma fórmula valeu depois para a entrevista de representantes do Mídia Ninja e do Fora do Eixo no mesmo programa.

Do Largo da Batata saíram mais dois grupos com o mesmo destino: a Ponte Estaiada, a ponte Octavio Frias de Oliveira, uma impressionante obra de engenharia contemporânea, inaugurada há cerca de 3 anos, que ironicamente liga as marginais do rio Pinheiros à avenida Jornalista Roberto Marinho. O local dista cerca de 5,6 km do Largo da Batata pela avenida Faria Lima, ampliada também para a direção sul, em que ela chega ao novo Shopping JK e adiante à Vila Olímpia e à avenida Luís Carlos Berrini, zonas ocupadas desde os anos 1990 por grandes empresas, hotéis de luxo e bancos voltados a clientes com altos investimentos, atraídos pela infraestrutura moderna, pela proximidade do aeroporto de Congonhas, e pela concentração de avenidas, trem e metrô. Entre essas empresas, a sede paulistana da Rede Globo de Televisão fica no cruzamento das avenidas Luís Carlos Berrini e Jornalista Roberto Marinho. Os dois telejornais locais da emissora, *Bom Dia São Paulo* e as duas edições do *SPTV* são apresentados nesse local.

Nos últimos 20 anos, os telejornais locais da Globo desenvolveram um jornalismo de serviços, procurando se aproximar da pauta dos moradores interessados em problemas específicos que afetam o cotidiano, temas em geral ausentes dos telejornais nacionais. O visual desses telejornais locais é padronizado: os jornalistas que apresentam se sentam em uma bancada de frente para a câmera; ao fundo uma janela se abre para uma paisagem local, que especifica a "praça".

Em São Paulo, a janela do telejornal local se abre justamente para a Ponte Estaiada, ou ponte Octavio Frias de Oliveira, fundador do Grupo Folha, concorrente nacional da Globo. O movimento de carros indo e vindo em direções opostas nas duas pistas curvas que se cruzam — cujo desenho faz da ponte uma obra de engenharia reconhecida mundialmente — trás para o estúdio, e para os telespectadores em casa, imagens da situação do trânsito, assunto privilegiado dos telejornais paulistanos. O trânsito é também assunto principal da pauta do MPL, que em sua Carta de Princípios associa a luta pelo transporte público gratuito com "a discussão sobre aspectos urbanos como crescimento desordenado das metrópoles, relação cidade e meio ambiente, especulação imobiliária e a relação entre drogas, violência e desigualdade social". O MPL procura valorizar espaços públicos e a livre circulação na cidade.[10]

A janela que se abre para o viaduto no cenário do telejornal atesta que o noticiário está sendo feito *in loco* e ao vivo na cidade de São Paulo. Aninhado entre as duas marginais do rio Pinheiros, a imagem do viaduto permite entrever também fragmentos do complexo viário em seu entorno. A janela para o trânsito na ponte e na marginal reconhece e promove a ponte e ao mesmo tempo mostra continuamente a situação do trânsito naquele ponto da cidade. À noite, a circulação ou o congestionamento dos carros nesse ponto do sistema viário configura um denso emaranhado de luzes em movimento.

A majestosa obra de engenharia contemporânea encarna o investimento público em vias de circulação exclusiva de automóveis. A obra, iniciada na gestão Marta Suplicy e finalizada na de Gilberto Kassab, completa outras

---

[10] Ver a Carta de Princípios do MPL em <http://saopaulo.mpl.org.br/apresentacao/carta-de-principios/> (último acesso em 16/8/2014).

intervenções urbanas que estabeleceram a região como novo polo comercial, alvo da especulação imobiliária, que compra terras e pequenos imóveis a baixo preço, favorece a verticalização e a expulsão dos antigos moradores, justifica a remoção de favelas e resulta na alteração radical da paisagem urbana, agora verticalizada.

A opção pela ponte suspensa como cenário do telejornal contribuiu para inserir a obra no panorama de uma cidade que resiste à expressão visual.[11] A geografia social organizada historicamente em torno do eixo Centro-periferia, em um extenso planalto, onde as classes sociais se distribuem de maneira segregada, não facilita. A cidade carece de referências visuais expressivas. É conhecida a dificuldade que estrangeiros têm em se situar na malha urbana de uma cidade que não se deixa dominar facilmente.

A lógica econômica baseada na agressividade da construção civil "que ergue e destrói coisas [talvez cada vez menos] belas" produziu o polo comercial da Berrini. Parte da modificação recente na geografia urbana da cidade que viu a emergência de "enclaves", i.e., loteamentos e/ou complexos de prédios de circulação exclusiva de moradores e clientes corporativos.[12]

A televisão, como a internet, a fotografia, o cinema, o rádio e o telefone, se alinha à ânsia moderna pelo rompimento de barreiras no espaço e no tempo. Os meios de comunicação se alinham aos meios de transporte ao favorecer a extensão do alcance da visão ao deslocamento de veículos que teoricamente encurta distâncias, demonstrando domínio sobre o território. A escolha da imagem da Ponte Estaiada é coerente com essa vertente desenvolvimentista. Porém a valorização do transporte individual, que um dia encarnou o desejo de liberdade, hoje alude ao congestionamento endêmico nas grandes cidades,[13] a ponto de eliminar o fluxo característico da vida urbana, entendida na sua acepção moderna como espaço da liberdade e da

---

[11] Rubens Machado Jr. desenvolve a ideia de que São Paulo resiste ao cinema. Ver seu artigo "São Paulo, uma imagem que não para" (Machado Jr., 2002).

[12] Para mais dados sobre a mudança no padrão de urbanização da cidade, ver Caldeira (2000) e Fix (2001).

[13] James Holston e Otávio Velho apontam a inconsistência das políticas públicas que no nível municipal enfrentam o excesso de veículos nas ruas e no nível federal estimulam a produção de automóveis via isenção de impostos (Holston, 2013; Velho, 2013). O favorecimento da indústria automobilística pode ser entendido como uma contradição no modo de produção capitalista, daquelas que inviabilizam seus próprios pressupostos. Num plano mais imediato, expressa a contradição entre as políticas públicas de favorecimento do transporte coletivo e a simultânea redução de impostos que favorece o consumo de carros.

convivência que inspira a vida pública, espaço de equacionamento de conflitos e de geração de ideias e transformações.[14]

O deslocamento no espaço é tema recorrente em filmes que se passam em São Paulo. Roberto Santos, em *O Grande Momento* (1958), aborda a cidade do ponto de vista do trabalhador, morador de subúrbio. O protagonista, interpretado por Gianfrancesco Guarnieri, se locomove de bicicleta. *São Paulo S/A*, de Luís Sérgio Person (1965), aborda a crise existencial do protagonista, interpretado por Walmor Chagas, dividido entre a vida burguesa como executivo na empresa do sogro e a ânsia de uma vida livre das convenções sociais e da opressão do trabalho corporativo (Xavier, 2006). Seu processo de liberação se dá na estrada, ao pilotar seu carro esporte sem destino definido. Abandona o carro e volta para o Centro de carona em um caminhão. No cinema mais recente, *O Invasor*, de Beto Brant (2002), se destaca pelo uso de longos planos-sequência de deslocamento de carros no sistema viário da cidade. O protagonista vivido por Paulo Miklos dirige a perua do pai da namorada (que no ofício de matador ele foi pago para assassinar), levando-a de sua casa em bairro de classe alta à periferia e de volta (Nagib, 2006).

O PLANO DISPUTADO

"Um país rico não é aquele em que o pobre tem carro, é aquele em que o rico anda de transporte público", diz um cartaz citado por Otávio Velho em sua contribuição para o dossiê da revista *Cultural Anthropology Online* (Velho, 2013).[15] O dizer empunhado por um manifestante expressa elementos de um novo paradigma de organização social, emergente de maneira fragmentária nesse e em outros movimentos sociais contemporâneos.

---

[14] Walter Benjamin (1968, 1978) identifica essa liberdade de circulação na cidade com a figura do *flâneur* baudelairiano. Em outro registro, Richard Sennet pontua a decadência do que denomina "homem público", já na cidade moderna (Sennett, 1988 [1974]). O cinema problematiza essas interpretações do espaço urbano ao contrastar dimensões opressoras, como a linha de montagem fordista, com aspectos de irreverência libertária. A cidade emerge nos anos 1950 e 1960 no cinema como dimensão estratégica de um movimento que busca sair dos estúdios, ganhar a rua em busca da expressão da vida cotidiana. A vida urbana aparece em conexão com meios de transporte: o carro, a estrada, o avião, e de uma cidade para outra, o trem.

[15] Vale a consulta ao conjunto de artigos curtos, escritos no calor da hora e publicados em dossiê especial da revista *Cultural Anthropology Online*, <http://www.culanth.org/fieldsights>.

Saímos do Facebook?

A frase pode ser interpretada de diversas maneiras. Pessoas com recursos para ter seu próprio carro, muitos carros e motorista particular devem abdicar desses bens, reduzidos agora a sinais de ostentação. Um transporte público que funcione bem pode ser mais eficiente que o carro com motorista. Indo um pouco além, a frase pode estar questionando a definição mesmo de riqueza. Rico é o que possui diversos carros, barcos e aviões, contribuindo para o enorme congestionamento global, ou é aquele que anda na multidão, sensível a espaços públicos que possam propiciar a convivência de diferentes, campos estratégicos da invenção de novas formas de vida?

A formulação pode soar messiânica, mas a intenção não é essa. Trata-se de salientar as potencialidades postas por movimentos que se distanciam das formas institucionais de organização e manifestação, no rastro dos movimentos sociais dos anos 1960, que "de costas para o Estado e longe do parlamento"[16] levantam temas até então excluídos das agendas políticas, como as discriminações de gênero, raça e ecologia, em performances políticas que tensionam forma e conteúdo de maneira original. Movimentos sociais contemporâneos como que restabelecem conexões com seus ancestrais dos anos 1960 e 1970. E atualizam formas de expressão visual.

O deslocamento na cidade é matéria substantiva da pauta do MPL, cuja iniciativa de combate ao aumento de R$ 0,20 (vinte centavos) encontrou eco na insatisfação coletiva, especialmente jovem, com a dificuldade de circular na cidade. A ponte e as marginais são vias de circulação prioritária de veículos automotivos particulares. A conexão do trem com o metrô na Estação Pinheiros catalisa desde 2011 o trânsito de uma multidão que vem da Zona Sul e se dirige ao Centro. A linha esmeralda do trem da CPTM acompanha as marginais, ligando o vizinho município de Osasco ao Grajaú no extremo sul do município, passando pelas proximidades do autódromo de Interlagos. Ao longo dessa linha, há conexões com o metrô, uma em direção ao Centro, linha 4, amarela, e outra, linha 5, lilás, em direção ao Capão Redondo, berço de movimentos culturais como Os Racionais e a Cooperifa, lugar com altos índices de criminalidade, truculência policial e falta de equipamentos públicos.

A ocupação da pista de direção sul da marginal Pinheiros no dia 17 de junho surpreendeu. Ao percorrerem o trecho de cerca de 5 km da marginal a pé e à noite, os manifestantes ocuparam espaços do carro. Na marginal

---

[16] Para citar o título do artigo de Tilman Evers, "De costas para o Estado, longe do parlamento" (Evers, 1983).

não há calçada ou circulação de pedestres que pudessem vir a engrossar a manifestação. O trajeto é inóspito, escuro, e com poucas exceções desprovido de pontos intermediários para possíveis pausas ou desistências. Não há linhas de ônibus ou pontos de táxi. O trem circula do outro lado do rio.

A última edição do *SPTV* tem cerca de 20 minutos de duração, e em geral vai ao ar entre 19h10 e 19h30. No dia 17 de junho de 2013, o telejornal noticiou o movimento que ocupava o seu entorno. O apresentador apareceu posicionado da maneira convencional, junto a uma janela para o mundo exterior. Porém, a vista era outra: silhuetas de edifícios genéricos compunham um cada vez mais comum horizonte paulistano: uma parede vertical, com reentrâncias e alturas diferentes. A vista estática da fachada escura dos prédios do outro lado da avenida substituiu o plano habitual do viaduto movimentado e iluminado, naquele dia tomado pelos manifestantes.

O âncora abriu a segunda edição com notícias sobre os manifestantes que caminhavam na direção da avenida Luís Carlos Berrini, vindos em dois grupos. Imagens aéreas da passeata que se movimentava na marginal Pinheiros foram exibidas com uma legenda que informava que elas haviam sido captadas há pouco. Ou seja, aquele povo já deveria estar mais à frente no trajeto, talvez na própria Ponte Estaiada. Era possível inferir que, no momento em que as imagens foram captadas, a manifestação percorria a marginal na altura do Jockey Club de São Paulo, facilmente identificável pela pista de grama paralela à via expressa e dela separada por um muro. Encerrando a primeira notícia do dia, o repórter informava que devido à proibição do aeroporto de Congonhas, não seria possível exibir as convencionais imagens aéreas ao vivo do trânsito na cidade. Sem imagens, ficamos com a informação de que os manifestantes se encontravam nas imediações da emissora e que gritavam palavras de ordem contra a Rede Globo.[17]

Cerca de uma hora depois, o principal telejornal da emissora mostrou imagens da passeata na marginal do rio Pinheiros, gravadas por uma equipe que acompanhou a manifestação em terra e pelo ar. O telejornal exibiu também imagens do momento em que a outra manifestação passou na frente do luxuoso Shopping JK convidando pessoas a engrossar o protesto.

Dois planos muito curtos da Ponte Estaiada ocupada pelos manifestantes provavelmente captados a partir da janela privilegiada dos telejornais locais da emissora foram exibidas como parte dessa reportagem. A ausência

---

[17] Ver <globo.tv.globo.com/rede-globo/sptv-2a-edicao/v/pelo-menos-30-mil-manifestantes-participam-do-protesto-em-sao-paulo/2639685> (acesso em 21/12/2014).

de âncoras e a diferença de horário descaracterizava o set. Um rápido plano geral e um plano de detalhe da ponte compunham a reportagem que foi interrompida por editorial proferido por Patrícia Poeta, então âncora do *Jornal Nacional*. O raro editorial respondeu às acusações dos manifestantes afirmando a isenção da cobertura da emissora e o direito democrático de manifestação. Os bordões críticos entoados pelos manifestantes não foram transmitidos. Mas a performance corporal foi registrada.[18] O relatório de movimentação do Twitter da Rede Globo registra o debate sobre a própria emissora como tema relevante naquele dia.[19]

Ao definir o trajeto inusitado rumo à já mencionada Ponte Estaiada, um símbolo do urbanismo que favorece o transporte privado, nas proximidades de um novo centro comercial também produzido por uma concepção urbanística predatória, além de sede e cenário da Rede Globo em São Paulo, os manifestantes paulistanos demonstraram domínio da lógica do espetáculo. Sua performance contra o aumento do transporte visou à conquista não só de visibilidade, mas de uma determinada visualidade, advinda da ocupação do fundo do quadro, da vista de uma janela que todos os dias estende o olhar dos telespectadores para o movimento na marginal sul da cidade e para outros lugares e assuntos que ganham a tela.

A interferência no cenário do telejornal promove um interessante curto-circuito mediático, fazendo com que fundo e figura se embaralhem e o objeto da notícia revele seu potencial subjetivo, exercendo algum controle sobre a forma como sua imagem aparece na tela. A emissora atenua o efeito da performance ao deslocar o âncora para outra janela, mas reconhece o baque ao proferir editorial especial sobre o tema e ao abrir outras janelas, em outros programas de sua grade, para o movimento.

Imagens captadas pela equipe do programa *Profissão Repórter*, exibidas na mesma emissora na noite do dia seguinte, registraram a hostilidade de manifestantes para com a equipe do jornalista Caco Barcellos, que dirige o programa investigativo, em que a elaboração da própria construção da notícia está em pauta. Barcellos protestou contra a forma com que foi tratado, mas, ao mesmo tempo, o programa se dedicou a defender o movimento e seus participantes. O *Globo Repórter* daquela semana também se dedicou ao assunto. A crítica da emissora e dos jornalistas à hostilidade que alguns

---

[18] Ver <http://globotv.globo.com/rede-globo/jornal-nacional/v/sao-paulo-tem-manifestacao-pacifica-nesta-segunda-feira-17/2640011> (último acesso em 24/12/2014).

[19] Ver <http://g1.globo.com/tecnologia/noticia/2013/06/assuntos-no-twitter-segunda-feira-17062013.html> (último acesso em 23/12/2014).

manifestantes demonstraram para com jornalistas presentes às manifestações foi temperada com o apoio ao desejo genuíno de jovens que não só querem mudanças, como querem participar das mudanças.[20] O movimento de alguma forma alterou a forma da emissora produzir notícias. Na tentativa de equiparar sua cobertura à da mídia alternativa que transmitia de dentro das manifestações, a emissora passou também a usar aparelhos celulares em reportagens. Cerca de um mês depois, reconheceu o valor da concorrência ao retransmitir imagens captadas pela Mídia Ninja que provaram a inocência do estudante Bruno Teles, preso na noite do dia 22 de julho no Rio de Janeiro sob a acusação de porte de coquetéis molotov.

Imagens captadas por celulares escondidos em estações de trem e metrô superlotadas na hora do *rush*, editadas em documentários amadores postados no YouTube, não deixam dúvida sobre a justeza das reivindicações pela melhoria do transporte urbano. Na época, cinegrafistas amadores ou engajados em coletivos de mídia alternativa contrastaram a falta de qualidade do transporte público com os investimentos milionários que os governos faziam na preparação da Copa do Mundo. Os mesmos governantes que cobravam mais por um serviço ruim investiam demais nas obras da Copa. O contraste soou aviltante.

Alguns desses vídeos fazem uma espécie de balanço. Entre as vitórias arroladas figura não só o congelamento das tarifas, única bandeira assumida pelo MPL, como uma série de votações do Congresso Nacional, como a derrota da PEC 37, que limitaria a ação do Poder Judiciário na investigação de denúncias de corrupção. Na capital federal, o movimento ameaçou invadir o Congresso na mesma noite do 17 de junho, gerando um movimento imediato de aprovação ou rejeição de leis que favoreceriam causas públicas.

Um líder entrevistado por um dos documentários disponíveis no YouTube compara a vitória do movimento contra o aumento da tarifa de transporte em diversas cidades de diversos estados da federação com outras vitórias conquistadas com mobilização popular desde o fim da ditadura. O jovem bem articulado argumenta que em 1984 o movimento pelas "Diretas Já" teve que se contentar com a eleição indireta de um presidente civil, Tancredo Neves. Depois, com a convocação de uma Assembleia Nacional Cons-

---

[20] Hostilidade mais agressiva no Rio de Janeiro, já no início de 2014, causou a morte de Santiago Andrade, cinegrafista da TV Bandeirantes, atingido por um rojão quando cobria manifestação no centro da cidade. Ver, por exemplo, <http://rederecord. r7.com/video/morre-cinegrafista-atingido-em-protesto-no-rio-de-janeiro-52f8e3000cf 252ac2b028822/> (última consulta em 28/12/2014).

tituinte instituída apenas em 1988. A primeira eleição direta para a presidência em mais de 20 anos se realizou somente 5 anos depois, em 1989. Para o mesmo líder, o segundo movimento recente, pelo impeachment de Fernando Collor de Mello, contava com apoio generalizado. Nessa linha de raciocínio, a vitória de junho de 2013, contra a posição dos principais partidos políticos e dos três níveis de governo, teria sido a mais contundente nos últimos 30 anos.

Além da tarifa, as manifestações de junho de 2013 questionam os principais atores e plataformas da política institucional, exigindo transparência na política e nas relações entre meios de comunicação e sociedade. A forma fragmentada, não institucionalizada e à margem das principais organizações políticas dificulta a efetivação de uma agenda difusa. Depende das instituições da democracia brasileira — partidos políticos, parlamentares, governantes e meios de comunicação — o esforço por diminuir o fosso que as separa dos anseios múltiplos que se expressaram nas ruas.

O ESPETÁCULO ANTIESPETACULAR

As manifestações em São Paulo produziram notícia e até certo ponto controlaram a notícia sobre si próprias. A intensa repercussão em redes alternativas e nas redes sociais problematiza a também intensa cobertura da mídia institucional. A manifestação do dia 17 foi decisiva. Sua força quantitativa foi a resposta mais contundente à repressão policial e à intransigência governamental.

No dia seguinte a essa manifestação gigante e pacífica, membros do MPL em São Paulo participaram de negociação com o prefeito. No dia 19, o aumento foi revogado. A última manifestação com a participação do MPL ocorreu no dia 20 e terminou com desastrosa tentativa de invasão da prefeitura paulistana por manifestantes sem ligação com o mesmo. Em diversas ocasiões, manifestantes também à revelia do MPL impediram militantes de partidos políticos de exibirem bandeiras de suas agremiações, como forma de se diferenciar da desgastada política institucional. No dia 21, satisfeito com a vitória tática alcançada e para não se confundir com vertentes do próprio movimento das quais discorda, o MPL se retirou de cena, de volta à preparação das bases para a luta por transporte público e gratuito. Diversas manifestações ocorreram depois disso, nas semanas seguintes, marcadas por graus excessivos de violência policial e de manifestantes. O medo colou, mas a contundência da vitória obtida permanece.

A dimensão performática das manifestações confirma o interesse em retomar a definição de sociedade do espetáculo cunhada por Guy Debord — que inspirou os movimentos de Maio de 68, basicamente estudantis, especialmente na França, contra o general De Gaulle —, não para simplesmente confirmá-la, mas para indagar sobre uma possível expansão do domínio geral do espetáculo, que se torna como que um repertório comum a partir do qual diversas subjetividades se constituem (Hamburger, 2007, 2013). O recurso ao trabalho do filósofo situacionista francês aparece também em autores que abordam *eventos-imagens*, nos termos de T. J. Clark, ou *espetáculos mediáticos*, nas palavras de Douglas Kellner.

Em *Afflicted Powers*, T. J. Clark e outros autores apresentam texto interdisciplinar engajado em que reconhecem que "o controle sobre a imagem é hoje chave para o poder social" (2006: 29). Em plena era Bush, os autores insistem em exercitar a crítica intelectual como instrumento de luta contra a dominação imperialista exercida por seu próprio país. Membros do coletivo RETORT, da costa oeste americana, retomam a noção de *sociedade do espetáculo* de Guy Debord (Debord, 2002 [1967]) na interpretação do que denominam *evento-imagem* (Clark *et al.*, 2006). O livro recorre a Debord para conceituar os ataques de 11 de setembro de 2001 nos Estados Unidos, evento de dimensões bélicas que no entanto passa ao largo das armas convencionais. Um atentado sem palavras, sem justificativa ou explicação verbal ou escrita. Sem autoria ou elenco assumido. A contundência do evento se expressa em imagens cuja produção é desencadeada pelo cumprimento de um roteiro cinematográfico feito para o tempo da cobertura televisiva. Um avião atinge uma das torres gêmeas, ponto de destaque no *skyline* de Nova York, elemento obrigatório nos inúmeros suvenires produzidos para o consumo dos turistas estrangeiros que frequentam uma das cidades-vitrine dos Estado Unidos. Vinte minutos depois, um segundo avião atinge a segunda torre. O intervalo de 20 minutos foi suficiente para que as emissoras locais e internacionais sintonizassem o evento e transmitissem as imagens da agressão em tempo real para o planeta inteiro. O ataque atingiu um alvo civil em horário em que ele ainda não estava em pleno funcionamento — ou o número de vítimas teria sido ainda maior. A carga simbólica das torres gêmeas contribui para reforçar o ataque, favorece a reverberação mediática, dimensão orgânica do evento. O atentado se apropria das câmeras de televisão que transmitem as imagens das torres em chamas ininterruptamente e assim amplificam o espetáculo.

T. J. Clark menciona os gritos de desespero das pessoas que se jogavam das torres em chamas como elemento que marca a memória daquele dia.

Saímos do Facebook? 311

Esses sons não eram audíveis na cobertura televisiva acessível no Brasil. Daqui não ouvimos choques, estrondos ou vozes, provavelmente eliminados como recurso para diminuir o impacto das cenas de horror que, por força do domínio da narrativa espetacular, sequestraram emissoras de televisão ao redor do mundo por diversas horas consecutivas. Talvez os sons tenham circulado em emissoras locais, no rádio?

Os atentados de 11 de setembro podem ser pensados como imagem-ação e como imagem-tempo, para usar os termos propostos por Gilles Deleuze para diferenciar o cinema que se abre ao imprevisto, ao espontâneo, aos tempos mortos dos momentos de indefinição, do cinema que privilegia a ação orientada a determinado fim, em narrativas lineares sobre a transformação de personagens que atuam na direção inequívoca da conquista de seus objetivos (Deleuze, 1983, 1990 [1985]). Os atentados podem ser interpretados na chave de um roteiro de filme de ação que desencadeia reverberações estendidas por horas e dias. Um avião se choca em uma torre, as primeiras imagens produzidas por cinegrafistas amadores, as primeiras redes de TV, o segundo choque, as torres que queimam, enquanto apresentadores e pessoas entrevistadas especulam sobre o que estaria ocorrendo. Quando o segundo avião entra rapidamente em quadro e se espatifa contra a parede da segunda torre, transforma o tempo linear da especulação sobre o primeiro choque em observação testemunhal ao vivo. O tempo que se segue, na espera de uma revelação, sem que se saiba exatamente do quê. Especulação no ar e ao vivo sobre a natureza do evento, acidente ou atentado? A mando de quem? Os acontecimentos em Manhattan vão se somando a notícias sobre outros atentados. Washington. A TV não detém o privilégio usual de saber de antemão. A voz *over* titubeia. As respostas se impõem ao vivo, nos próprios desdobramentos das ações. A alteração de voz da moradora da rua 22 que relata a cena do primeiro choque, quando repentinamente surge o segundo avião e provoca o segundo choque. Coube a essa cidadã desconhecida narrar uma etapa importante do evento.

Como se sabe hoje, a sucessão de movimentos não se esgota aí. Ainda há a queda da primeira torre, e depois a queda da segunda torre. A CNN logo cunhou a expressão "America Under Attack". Durante horas seguidas a televisão no mundo repetiu à exaustão os eventos que levaram à destruição do World Trade Center. Imagens mudas e distanciadas que se impuseram às redes mundiais durante horas. São imagens de derrota, no primeiro ataque que atingiu os Estados Unidos em seu próprio território, um atentado ao mesmo tempo simbólico e brutal. As imagens simultaneamente são e infligem a derrota.

A multiplicidade de filmes feitos nos meses e anos seguintes para contestar versões dominantes e defender teses mais ou menos esclarecedoras confirma a força do baque.

A eficácia do ataque se mede também na sensibilidade que ele gera e que pode ser apreendida no debate entre os autores de *Afflicted Powers* e Hal Foster — como T. J. Clark, historiador da arte. A segunda edição de *Afflicted Powers* inclui um posfácio em que o coletivo RETORT reafirma sua visão sobre a força dos atentados em detrimento do ceticismo de quem relativiza a eficácia do ataque simbólico. O capítulo sobre os atentados de 11 de setembro é contribuição importante para o reconhecimento do espetáculo não como um dado fantasmagórico, mas como um espaço de produção de significado. Os autores se restringem à análise do evento-imagem bélico. Mas outras apropriações da gramática do espetáculo podem ser sugestivas da amplitude do espetáculo como repertório experimental para a gestação de outras formas.

Guy Debord é também lembrado por Douglas Kellner em suas sucessivas elaborações sobre o que denomina *espetáculo mediático* (Kellner, 2012). O autor vem desde os eventos de 11 de setembro elaborando livros e artigos sobre o conceito. A definição é por vezes tautológica. A abordagem descritiva arrola eventos de natureza bastante diferente, como as eleições de Barack Obama nos Estados Unidos e o movimento Occupy Wall Street. O primeiro marco seria 1968. Depois 1989. Mas as referências fortes são os atentados de setembro de 2001 (coincidentemente, a mesma data da tomada de poder pelo general Pinochet no Chile, em 1973, que custou milhares de mortes, desaparecimentos, torturas e exílio) — e 10 anos depois, a Primavera Árabe. Para o autor, espetáculos mediáticos podem ser de terror, podem ser eleitorais, podem ser revolucionários, ou ocupações. Espetáculos mediáticos são aqueles que dominam certos circuitos de mídia durante dias. São globais e relacionados à ascensão de canais a cabo de notícia 24h e da internet. Espetáculos mediáticos possuem temporalidades, trajetórias e consequências próprias. São imprevisíveis: quebram a rotina. Para Kellner, esses espetáculos são centrais para a compreensão da cultura contemporânea.

Seus estudos estão baseados na descrição detalhada a partir de fontes diversas, mas em geral em língua inglesa e pesquisadas a partir dos Estados Unidos. Embora reconheça a dimensão global do fenômeno e procure levar em conta material difundido em diferentes locais, como a praça Taksim no caso das manifestações turcas, não há dados, por exemplo, sobre a penetração dos canais de notícia 24h em outros países e a eventual relação desses canais com cada um dos eventos. Seus capítulos são ilustrados com trechos

Saímos do Facebook?

do texto de Debord, que ele interpreta como pensamento totalizante, associado à Escola de Frankfurt. Ao mesmo tempo que admira o caráter visionário da formulação, procura se diferenciar do situacionista francês propondo uma abordagem que poderia ser considerada como empiricista. Para Debord tudo é parte do espetáculo. Kellner, por sua vez, procura tipificar: espetáculo político, de terror, de insurreição. E adota uma perspectiva eclética, que ele denomina "multiperspectivista".

Debord é engajado: seu texto, como suas obras fílmicas, procuram desarticular uma forma de imaginação associada a um capitalismo tardio, do bem-estar social, da sociedade de consumo. O pensamento situacionista busca alternativas à sociedade de consumo que não se confundem nem com o Estado de bem-estar social capitalista, nem com o Estado socialista. Em ambos os modelos, o Estado emerge como dimensão a ser combatida. Para Kellner, o conceito de espetáculo de Debord seria monolítico.

Este valoriza a criação de situações que exijam intervenções ativas como alternativa aos passivos consumidores de espetáculo. Sua definição de situacionismo valoriza uma atividade artística e *underground*, enquanto o analista americano propõe a ideia de que o espetáculo é em si um terreno de contestação que pode se tornar espaço de resistência ou dominação. A ideia de terreno de contestação é interessante, porém continua desprovida de especificidade própria — já que os significados possíveis se reduzem a hegemonia ou resistência. Mas se admitirmos um pouco da energia criativa com a qual Guy Debord procura desarticular a lógica do espetáculo podemos pensá-lo como espaço de produção de significado, em geral no embate. Assim, a questão seria a de que o espetáculo se instala como uma linguagem através da qual as pessoas se relacionam. A definição permanece uma questão.

O uso das redes sociais para propor e repercutir opiniões, votos ou organizar eventos públicos tem chamado a atenção de analistas e políticos por seu potencial de formar opinião e produzir movimentações repentinas. As redes sociais potencializam a circulação de observações escritas ou imagéticas captadas por aparelhos multifuncionais portáteis e individuais. Além de disponíveis ao vivo e em tempo real, na internet ou na televisão, essa pluralidade de imagens, sons e textos relativos a esses movimentos estão disponíveis *a posteriori* nos inúmeros arquivos vivos, aos que possuem acesso à rede mundial de computadores. Esses acervos de mobilizações públicas às vezes são alterados pela censura, mas, de modo geral, oferecem imagens abundantes de multidões em movimento, em países árabes, na Turquia ou no Brasil.

Talvez na trilha dos manifestantes dos anos 1960, especialmente na França e nos Estados Unidos, que denunciavam o domínio cotidiano das consciências em um mundo saturado de imagens-mercadoria, os manifestantes dos anos 2000 incorporam o espetáculo como dimensão intrínseca a suas manifestações. Voltando a Debord, em sua prática-pensamento, o espetáculo é associado ao domínio das imagens, à domesticação das consciências, ao consumo e à alienação. O espetáculo é como que uma fantasmagoria que aliena e limita a subjetividade. Contra o domínio do espetáculo, barricadas, filmes com quadros negros ou brancos, sem imagem em movimento; filmes de compilação onde a montagem por contraste salienta com ironia elementos visuais associados a culturas oficiais dominantes.

Os movimentos contemporâneos repetem elementos presentes na década de 1960, mas também se distanciam das proposições de então. Tal como os manifestantes dos anos 1960, essas multidões de jovens empunhando cartazes com dizeres variados buscaram se dissociar da política institucional. Partidos políticos tiveram dificuldade de se expressar, coibidos pela pressão de manifestantes que fizeram questão de preservar sua distância da política partidária. Diversos órgãos de imprensa escrita e televisiva também encontraram resistência de manifestantes. Parte dos escritos nos cartazes expressam a legitimação de reivindicações relacionadas à política institucional, como a luta contra o deputado preconceituoso erroneamente indicado para presidir a Comissão de Direitos Humanos do Congresso brasileiro. Mas de maneira contundente, manifestações contemporâneas disputam a construção e a circulação das próprias imagens.

A manifestação do dia 17 de junho de 2013 em São Paulo estabelece o território urbano como palco de disputas que incluem o espaço virtual da televisão e das redes sociais. O duro caminhar na intempérie noturna, às margens de um rio poluído, em inóspita via expressa, implica exercício físico e disposição para enfrentar a escuridão e a via pouco convidativa. Há aqui um domínio da malha urbana em sua dimensão física e simbólica. Há também um domínio dos mecanismos de expressão visual da metrópole. Essa disposição física e intelectual para disputar o destino e a circulação no espaço público da cidade se verificou também, no mesmo início de junho, cerca de uma semana mais cedo, contra a demolição do Parque Taksim em Istambul, na Turquia, onde a ocupação pacífica visava à manutenção de um espaço público urbano, contra a intervenção do poder público que favorece a especulação imobiliária.

Lá como aqui arranha-céus corporativos tomam conta da paisagem urbana em detrimento das habitações e populações de cada lugar. O fenômeno é característico de Estados suscetíveis à pressão de interesses econômicos que permitem a formação desregulada de metrópoles caóticas e paisagens desfiguradas. Na Turquia a repressão tomou conta, mas por enquanto a praça continua no lugar. No Brasil o aumento das passagens de ônibus foi contido. Em ambos os casos há um desejo de circulação livre no espaço virtual, mas também no espaço público presencial, verde, de asfalto ou concreto. Em ambos os casos as lideranças são difusas e as expressões coletivas que inundam a mídia institucional e alternativa expressam a vontade coletiva de controlar o devir de cidades castigadas por vidas urbanas saturadas de poluição, congestionamentos e desigualdades sociais.

Uns movimentos se inspiram nos outros: as interlocuções entre eles constituem dimensão relevante para pesquisa. A Primavera Árabe sacudiu a geopolítica mundial nos primeiros meses de 2011. A rotineira corrupção policial em uma pequena cidade na Tunísia sob governo autoritário e discriminante foi denunciada pela reação extrema de um jovem de boa paz, agredido publicamente com um tapa na cara pela policial feminina que cobrava propina e diante da sua recusa em pagar lhe confiscava o meio de trabalho. Ao atear fogo no próprio corpo, o jovem, inadvertidamente ou não, se referiu à conhecida imagem do monge que protestou em 1968 contra a Guerra do Vietnã (Kellner, 2012: 188). A atitude extrema do jovem tunisiano foi como uma gota d'água que mobilizou a reação de seus conterrâneos e que em poucas semanas levaria à deposição do ditador do país. O exemplo suicida foi também seguido no Egito, cuja revolução semelhante inicialmente levou à queda da ditadura vigente. Eleições levaram um líder muçulmano ao poder. Novo golpe instaurou novo regime ditatorial.

Cerca de um ano e meio depois das manifestações de junho de 2013, passados a Copa e as eleições de 2014, ao finalizar este texto nos primeiros dias de 2015, as questões que os dizeres empunhados por manifestantes procuraram responder permanecem no ar. Analistas de prestígio, como a professora Marilena Chaui (Chaui, 2013), desconfiam da resistência de participantes do movimento aos partidos políticos, instituições necessárias ao funcionamento da democracia representativa.

O prefeito Fernando Haddad, de São Paulo, acabou de decretar em 6/1/2015 um novo aumento da tarifa de ônibus, elevando o preço da passagem dos R$ 3 em que ficou congelado até agora, para R$ 3,50. Mas dessa vez o aumento veio no recesso de ano-novo, em plenas férias escolares. O ano não é eleitoral. Tampouco haverá Copa do Mundo. Em atenção ao movimento, a prefeitura concede passe livre a estudantes da rede pública de ensino fundamental e médio. Não é pouco.

O MPL convoca um protesto para o dia 9 de janeiro de 2015. A luta pela tarifa zero continua. Continuam a reverberar anseios por mais participação, por menos hierarquia, por cidades mais permeáveis à livre circulação, por menos violência, por mais verbas para saúde e educação, pelos direitos às diferenças, por modelos menos predatórios e mais orgânicos de vida. Por menos burocracia e mais permeabilidade das agências públicas, por mais transparência, por descentralização.

De certa maneira as perguntas que inspiram os dizeres "Saímos do Facebook" continuam atuais. De onde saíram os manifestantes? Eles voltarão? Difícil prever. A consolidação da democracia brasileira requer atenção à agenda posta nas ruas. Não há por que não enfrentar questões polêmicas que não aparecem nas campanhas eleitorais, mas que são centrais na vida cotidiana de sociedades democráticas. Não há por que ocultar conflitos. A demarcação das terras indígenas, a proteção e reconstituição das florestas e o modelo do agronegócio. O tráfico de drogas. A violência urbana. A violência policial. A especulação imobiliária. O financiamento de campanhas. A formação de uma opinião pública sintonizada com novos paradigmas é uma realidade que se consolida também através das redes sociais.

Posicionamentos dos movimentos brasileiros coincidem com o de cidadãos nos mais diversos lugares, uns enfrentam regimes totalitários, outros se deparam com Estados que se confundem com religiões, outros reclamam das limitações de regimes democráticos orientados pela lógica do capital financeiro. O regime político, o regime econômico, a língua, a história ou a religião diferenciam movimentos ao redor do mundo. A circulação e a sinergia global não diminui a importância das manifestações locais, bastante específicas. Em comum as grandes manifestações contemporâneas problematizam a política institucional e os meios de expressão. Há desejos difusos por participação, pela circulação livre nas cidades, pela valorização da vida cotidiana, das formas orgânicas, pela imaginação de soluções de engenharia alternativas. Esses anseios alimentam formas espetaculares que emergem em manifestações antiespetaculares e merecem atenção.

BIBLIOGRAFIA

BENJAMIN, Walter (1968). *Illuminations: Essays and Reflections*. Introdução de Hannah Arendt. Nova York: Schocken Books.

_____ (1978). *Reflections: Essays, Aphorisms, Autobiographical Writings*. Nova York: Schocken Books.

CALDEIRA, Teresa P. R. (2000). *Cidade de muros: crime, segregação e cidadania em São Paulo*. São Paulo: Editora 34/Edusp.

_____ (2013). "São Paulo: The City and its Protests". *Kafila*, 5/7, <http://kafila. org/2013/07/05/sao-paulo-the-city-and-its-protests-teresa-caldeira/>.

CHAUI, Marilena (2013). "O inferno urbano e a política do favor, tutela e cooptação". *Blog da Boitempo*, 28/6, <http://blogdaboitempo.com.br/2013/06/28/o-inferno-urbano-e-a-politica-do-favor-tutela-e-cooptacao/>.

CLARK, T. J.; BOAL, Iain A.; MATTHEWS, Joseph; WATTS, Michael — RETORT (2006). *Afflicted Powers: Capital and Spectacle in a New Age of War*. Londres: Verso.

COELHO, Marcelo (2013). "A arte do impossível". *Folha de S. Paulo*, 19/6, <http://www1.folha.uol.com.br/ilustrada/2013/06/1297491-marcelo-coelho-a-arte-do-impossivel.shtml>.

DEBORD, Guy (2002 [1967]). *A sociedade do espetáculo*. Rio de Janeiro: Contraponto.

DELEUZE, Gilles (1983). *Cinema 1. A imagem-movimento*. São Paulo: Brasiliense.

_____ (1990 [1985]). *Cinema 2. A imagem-tempo*. São Paulo: Brasiliense.

EVERS, Tilman (1983). "De costas para o Estado, longe do parlamento". *Novos Estudos*, Cebrap, vol. 2, n° 1, pp. 25-39.

FIX, Mariana (2001). *Parceiros da exclusão. Duas histórias da construção de uma "nova cidade" em São Paulo: Faria Lima e Água Espraiada*. São Paulo: Boitempo.

HAMBURGER, Esther (2007). "Violência e pobreza no cinema brasileiro recente". *Novos Estudos*, Cebrap, n° 78, pp. 113-30.

_____ (2013). "Visualidade, visibilidade e performance em 11 de setembro de 2001". In: BRASIL, André; MORETTIN, Eduardo; LISSOVSKY, Maurício (orgs.). *Visualidades hoje*. Salvador: Editora da UFBa.

HOLSTON, James (2013). "'Come to the Street': Urban Protest, Brazil 2013". *Cultural Anthropology Online*, 20/12, <http://www.culanth.org/fieldsights/458-come-to-the--street-urban-protest-brazil-2013>.

KELLNER, Douglas (2012). *Media Spectacle and Insurrection, 2011: From the Arab Uprisings to Occupy Everywhere*. Londres: Bloomsbury.

LORENZOTTI, Elizabeth (2014). *Jornalismo século XXI: o modelo Mídia Ninja*. São Paulo: egalaxia.

MACHADO JR., Rubens (2002). "São Paulo, uma imagem que não para". *Revista D'Art*, São Paulo, CCSP, n° 9-10, pp. 59-66.

NAGIB, Lúcia (2006). *A utopia no cinema brasileiro*. São Paulo: Cosac Naify.

NOBRE, Marcos (2013). *Choque de democracia: razões da revolta*. São Paulo: Companhia das Letras.

PINHEIRO-MACHADO, Rosana; DENT, Alexander S. (2013). "Protesting Democracy in Brazil", *Cultural Anthropology Online*, 20/12, <http://www.culanth.org/fieldsights/426-protesting-democracy-in-brazil>.

RAMTHUM, Rodrigo (2013). "Um ensaio sobre o mês de junho de 2013". *Observatório da Imprensa*, 16/7, <http://observatoriodaimprensa.com.br/jornal-de-debates/_ed755_um_ensaio_sobre_o_mes_de_junho_de_2013/>.

SCHINCARIOL, Miguel (2013). "The Signs of the Brazilian Protests". *New York Times*, 21/6, <http://www.nytimes.com/interactive/2013/06/21/world/americas/brazil-protest-signs.html?_r=0>.

SENNETT, Richard (1988 [1974]). *O declínio do homem público*. São Paulo: Companhia das Letras.

VAINER, Carlos; HARVEY, David; MARICATO, Ermínia; BRITO, Felipe; PESCHANSKI, João Alexandre; SOUTO MAIOR, Jorge Luiz; SAKAMOTO, Leonardo; SECCO, Lincoln; IASI, Mauro Luís; MÍDIA NINJA; DAVIS, Mike; MOVIMENTO PASSE LIVRE SÃO PAULO; OLIVEIRA, Pedro Rocha de; ROLNIK, Raquel; BRAGA, Ruy; VIANA, Silvia; ZIZEK, Slavoj; LIMA, Venício A. de (2013). *Cidades rebeldes: passe livre e as manifestações que tomaram conta do Brasil*. São Paulo: Boitempo.

VELHO, Otávio (2013). "Protests in Brazil". *Cultural Anthropology Online*, 20/12, <http://www.culanth.org/fieldsights/428-protests-in-brazil>.

XAVIER, Ismail (2006). "São Paulo no cinema: expansão da cidade-máquina, corrosão da cidade-arquipélago". *Sinopse: Revista de Cinema*, ano 8, nº 11, São Paulo, Cinusp, pp. 18-25.

FILMOGRAFIA

BRANT, Beto (2002). *O Invasor*.

PERSON, Luís Sérgio (1965). *São Paulo S/A*.

PRONZATO, Carlos (2014). *A Partir de Agora: As Jornadas de Junho no Brasil* (disponível em <https://www.youtube.com/watch?v=3dlPZ3rarO0>).

SANTOS, Roberto (1958). *O Grande Momento*.

VAINER, João (2014). *Junho*.

12

Quem não luta, tá morto:
política e vida no centro da cidade[1]

Stella Zagatto Paterniani

Introdução

> "Amanhecer o dia de amanhã já é política."
>
> Nelson da Cruz e Souza

São Paulo, bairro da Luz, ocupação Mauá, 2012. Durante uma conversa com Nelson, morador da Mauá e liderança de um dos movimentos de moradia que a compõem, ele respondia a minhas perguntas ansiosas sobre o que, para ele, era política, depois de ouvi-lo dizer em assembleia, no mesmo dia:

> "Não podemos esperar nada dos políticos ou da política. O que vai vir para nós é com luta, muita luta. Nossa resistência, que tem que ser permanente. Não é dizer 'Vamos eleger o Fernando Haddad que teremos casa', mas sim: 'Vamos elegê-lo e cobrá-lo'. É mentira dizer que ele vai dar casa. Só vai dar se tiver pressão popular" (Nelson, 2012, caderno de campo).

Às minhas aflições, Nelson respondeu que sobreviver é fazer política. Lutar é fazer política. Amanhecer o dia de amanhã já é política. Lutar é fazer política, e lutar é também limpar e organizar o prédio da Mauá, é viver o dia a dia. "Nem precisa sair na rua para fazer a luta", ele me dizia.

Morar no bairro da Luz. Morar numa ocupação. Morar na ocupação Mauá. Esses modos de viver engendram em si histórias de luta presentes na ocupação do centro de São Paulo. Uma delas é a da luta contra a branqui-

---

[1] Este texto apresenta alguns argumentos desenvolvidos em minha dissertação de mestrado (Paterniani, 2013a) e contém trechos dela, bem como trechos já publicados em Paterniani, 2013b.

dade do Estado[2] nesse processo, desde o início do século XX; outras são as histórias das vidas desses corpos não brancos, hoje nomeados com mais frequência como famílias de baixa renda, nessa região da cidade. Algumas considerações sobre isso serão tecidas, para desembocarmos na ocupação Mauá, entendermos o conflito que a envolve e ao Projeto Nova Luz, e por fim, observarmos o Ato em Defesa da Mauá que se seguiu à notificação dos moradores de uma liminar de reintegração de posse. Desejo mostrar como, na Mauá, a política é a vida, por meio do trinômio vida-dignidade-luta, isto é, como a luta por moradia digna é a luta pela vida e como viver na Mauá é viver na luta. Proponho, ainda, que essa vida na luta seja composta por três dimensões da ação política, ou simplesmente da política, a saber: resistência, reivindicação e prefiguração. Retomarei esse argumento nas considerações finais.

DA BRANQUIDADE DO ESTADO NA OCUPAÇÃO DO CENTRO

Grande parte das praças, viadutos e parques que compõem o centro de São Paulo foi criada no final do século XIX e início do XX, no período de intensa urbanização por que passou a cidade no pós-Abolição. O Viaduto do Chá, a Praça da República, o Vale do Anhangabaú e o Viaduto Santa Ifigênia são alguns exemplos. É também nessa época que os fazendeiros fixam residência em São Paulo e passam a desempenhar, além de tarefas relativas à produção, atividades referentes à circulação da mercadoria café (Libâneo, 1989: 22). Para trabalhar nas fazendas de café, imigravam europeus, em grande parte italianos. Os "carcamanos", como eram aqui chamados, "foram escolhidos a dedo para branquear o país" (Ianni, 1987: 139-40).

A partir dos anos 1930, são os migrantes nacionais que chegam à cidade, especialmente os nordestinos. Muitos farão de sua área de moradia a periferia: casas próprias, autoconstruídas, em locais com "mínimas condições, com a classe trabalhadora arcando com a compra do terreno, do ma-

---

[2] Importante mencionar uma contenda acerca dos usos e definições dos termos "branquidade" e "branquitude". Opto pelo uso de "branquidade do Estado", inspirando-me no modo como Vron Ware (2004) trabalha com o conceito, para referir-me aos vínculos entre os diferentes tipos de racismo presentes em algumas práticas e concepções estatais, especialmente em duas dimensões relativas à ocupação da cidade: a política urbana (ou urbanística) e a repressão policial a ela vinculada, especificamente na cidade de São Paulo.

terial necessário, [e] a construção propriamente dita" (Frúgoli Jr., 1995: 29). A meio caminho entre a periferia e o Centro estavam os cortiços, outra alternativa para a população de baixa renda. O maior cortiço, segundo Libâneo, era chamado de Vaticano, "e se localizava entre a rua Bela Cintra e o centro da cidade, num pequeno vale formado pelas ruas da Abolição e Santo Amaro. Verdadeira área segregada no centro da cidade, constituía-se de vários conjuntos de sobrados geminados" (Libâneo, 1989: 33). Como escreve Jorge Americano,

> "O que predominou para moradia de gente pobre foi sempre o cortiço. Algum terreno de centro de quarteirão, com pequenas habitações contíguas, com saída para a via pública por um corredor de céu aberto, entre muros. Ou então, os porões habitados. As lavadeiras estendiam roupas no terreiro comum, onde brincavam crianças seminuas e cigarras cantavam ao sol" (Americano, 1962: 30).

O problema da habitação precária já havia sido alvo de recomendações legais em 1893, 1897, 1900 e 1908: demolição dos cortiços e construção de vilas operárias. Mas as recomendações nunca foram efetivadas, quer por instituições públicas ou privadas (Paterniani, 2013a: 61).

Simultaneamente ao aumento dos cortiços, ocorre uma publicização de espaços privados: chácaras de barões transformam-se em regiões centrais públicas e compartilhadas da cidade — para um público ainda restrito, pois permanecem "local de consumo, comércio e negócio das elites" (Bonduki *apud* Frúgoli Jr., 1995: 21). O Centro abrangia a Praça (então Largo) da Sé, "Pátio do Colégio, Largo de São Francisco, Praça João Mendes, Largo da Memória, Largo de São Bento, ruas XV de Novembro, Direita, Florêncio de Abreu, São Bento etc." (Frúgoli Jr., 1995: 21). O *footing* na rua Direita já se consolidava enquanto atividade de domingo, na qual os negros "passeavam pelas calçadas e ruas adjacentes" (Nascimento e Larkin Nascimento, 2000: 205). Havia o local de *footing* dos brancos e o dos negros. No entanto, em 1938, um ano após ser instaurada a ditadura do Estado Novo, o chefe da polícia paulista proibiu a tradição do *footing* na rua Direita: "Negociantes brancos, donos das lojas dessa importante artéria comercial, reclamaram contra aquela 'negrada' que ocultava as vitrines, e o delegado Alfredo Issa baixou uma portaria banindo esse entretenimento semanal dos negros" (Nascimento e Larkin Nascimento, 2000: 205). Vale detalhar este tema referente à segregação do espaço urbano:

"A circulação no espaço público sempre foi regulada. Desde os tempos de Baudelaire, vagar pela cidade foi mais para uns — homens, ricos, dândis — do que para outros — mulheres, pobres, negros, jovens. O controle dos movimentos em público nunca deixou de estar no cerne da preocupação dos governantes e das suas tecnologias de segurança. Desde os primórdios das cidades modernas, circular por circular, andar em grupos (sobretudo de homens jovens), dar uma volta, ou dar um rolê, são atividades que acabam sendo escrutinadas e, no limite, criminalizadas, a não ser que os protagonistas (em geral homens) pertençam a grupos privilegiados" (Caldeira, 2014: 13).

No final dos anos 1930 e início dos anos 1940, na gestão Prestes Maia (1938-1945), foi feita uma primeira proposta que engendrava uma concepção de cidade para tentar organizar a metrópole desvairada: uma cidade modernista, monumental, cujo planejamento urbano visava evitar confrontos e colisões (Libâneo, 1989: 36; Harvey, 1993: 69). Inspirado nos bulevares parisienses do barão Haussmann, o Plano de Avenidas de Prestes Maia reforçava, dentre outras coisas, a ideia de centralidade de uma região da cidade, à qual deveria ser possível, contudo, chegar rapidamente — pelas grandes avenidas perimetrais principais ou pelas vias radiais secundárias.

O rápido acesso valorizou o Centro. Local de empresas e empregos, serviços, atividades comerciais, infraestrutura urbana, instituições político-administrativas e religiosas e patrimônio arquitetônico e cultural, o Centro é também local de encontro, sociabilidade, mediação de conflitos, manifestações políticas, protestos. Já historicamente marcado por uma "conflitualidade" (Frúgoli Jr., 2000), o Centro intensifica-se como região para a elite, intensificando, também, o processo de segregação e expulsão dos moradores de baixa renda — não brancos — e do comércio popular para zonas mais afastadas. Mas, também historicamente, essas mesmas elites não ocupam o Centro; fazem dele *locus* para a prática da especulação imobiliária, consonante com um Estado de *laissez-faire*, que não intervém sobre o mercado da terra urbana (Villaça, 1998; Maricato, 1996). O Centro, então, esvazia-se de habitação, porquanto as elites mudam-se para áreas mais afastadas; não obstante, permanece cheio de imóveis ociosos, vazios, na prática da especulação imobiliária (Kowarick, 2009). Essa é uma dinâmica que parece se repetir na história de São Paulo e de outras cidades: conforme os estratos sociais mais altos ocupam uma determinada região fora do Centro, os estabelecimentos de serviços os seguem e as classes populares ocupam o Centro de maneira pouco organizada aos olhos das elites: fundamentalmente, ocupações de prédios ociosos, moradias improvisadas e trabalhos informais. Esse Centro torna-se, então, aos olhos das elites, "decadente".

Posteriormente, utiliza-se este argumento para promover intervenções saneadoras nessas regiões, equacionando pobreza e criminalidade. A esses processos de abandono do Centro pelas elites, ocupação popular do Centro e equalização de ocupação popular à degradação, Rogério Proença Leite (2007) chama de "*gentrification*", importando o nome de pesquisas feitas no exterior. A partir de sua pesquisa sobre a cidade do Recife, o autor reconhece o processo pelo qual, através de intervenções no patrimônio e melhorias na infraestrutura urbana, orientadas pelo mercado e pelo turismo, busca-se requalificar os usos da cidade.

Ocupações de prédios e a disputa pelo Centro

A conflitualidade do centro de São Paulo intensifica-se a partir dos anos 1990, quando a região passa a ser povoada por edifícios ocupados por pessoas organizadas em movimentos de moradia (Frúgoli Jr., 2012). Segundo a bibliografia específica, as origens dos movimentos de moradia podem ser encontradas no final dos anos 1970 e início dos 1980, nas lutas de moradores de cortiços contra as altas taxas de água, luz e IPTU (Imposto Predial e Territorial Urbano) e os despejos sem aviso prévio, bem como pela regulamentação de loteamentos (Bloch, 2007; Rossetto, 2003). Ainda de acordo com a literatura específica[3] e com lideranças dos movimentos de moradia, a publicização das propostas políticas dos movimentos de moradia para a região do centro da cidade — uma revitalização que incluísse a construção de unidades de Habitação de Interesse Popular e luta por maior participação da população nos espaços de decisão e debate sobre a política habitacional paulistana — inicia-se em 1997.

O ano de 1997 é, então, um marco para os movimentos de moradia, embora, como bem lembra Trindade (2014: 127), antes de 1997 "já vinham ocorrendo ocupações de terrenos e imóveis no centro da metrópole paulista. [...] [O] que há, então, de singular nas ocupações pós-1997?". Para respon-

---

[3] Ver detalhes em Filadelfo (2008), Neuhold (2009), Blikstad (2012) e Tatagiba, Paterniani e Trindade (2012).

Quem não luta, tá morto

der à questão, o autor apresenta o depoimento de Benedito Barbosa,[4] uma das lideranças dos movimentos de moradia da cidade:

"A particularidade depois de 1997 é que há uma tomada de consciência dos movimentos de moradia do Centro, não só do Centro, mas do conjunto dos movimentos de moradia da cidade de São Paulo, sobre a importância da gente ter uma política mais sistematizada para a área central de São Paulo. Os movimentos passaram a perceber que o Centro era um território em disputa. Em 1997 você tem duas grandes ocupações no centro da cidade de São Paulo, uma na rua do Carmo e outra na Nove de Julho. *E nós consideramos estas duas ocupações como um marco na luta organizativa dos movimentos, e marca a entrada dos movimentos de vez na disputa pelo território do centro de São Paulo.* A questão é que, depois de 1997, as ocupações no Centro se tornam uma ação sistemática" (Trindade, 2014: 128, grifos meus).

A ocupação de um casarão na rua do Carmo, na Sé, e de um antigo prédio do INSS (Instituto Nacional do Seguro Social) na avenida Nove de Julho funcionam, portanto, como marcos da especificidade do ano de 1997. São marcos construídos e endossados pela bibliografia específica e pelas lideranças de movimentos de moradia dessa luta denominada *organizada* e *política* para se morar no Centro. Marcos da disputa em torno do Centro, como frisa Barbosa, "com uma rede de apoiadores que produziram ou consolidaram 'discursos' sobre o direito da população de baixa renda habitar uma área consolidada da cidade" (Neuhold, 2009: 51).

Essa disputa pelo Centro fica clara no contexto que envolve a ocupação Mauá. A região da Luz é historicamente marcada por forte ocupação popular de suas áreas públicas, com cortiços, comércio e práticas de prostituição de mulheres e de travestis (Perlongher, 2008 [1987]). Além das marcas e dos símbolos históricos que compõem a região, trata-se de um local que possui grande oferta de trabalho, serviços e infraestrutura urbana. Somado a isso, a Luz é, desde 2003, uma região demarcada pelo Plano Diretor Estratégico do Município de São Paulo[5] como Zona Especial de Interesse Social (ZEIS), destinada à construção de moradia popular.

---

[4] O outro depoimento é de Luiz Kohara, autor que também participa da presente coletânea.

[5] O Plano Diretor de São Paulo existe desde 1985; em 2002, contudo, foi reformu-

No entanto, desde os anos 1970, com a Lei de Zoneamento de 1972, que versa sobre mecanismos de preservação do patrimônio histórico, a região tem sido alvo de projetos de revitalização e reforma de seus edifícios históricos e culturais. Nos anos 1980, teve início o desenho do Projeto Luz Cultural, que foi interrompido por Jânio Quadros durante sua gestão na Prefeitura da cidade (1986-1988) e retomado, posteriormente, na gestão Paulo Maluf (1993-1996) com o nome de ProCentro; em 1998, foi a vez do Projeto Luz, com financiamento do Banco Interamericano de Desenvolvimento (BID) e coordenado pelo Departamento do Patrimônio Histórico (DPH) e pelo Conselho de Defesa do Patrimônio Histórico, Arqueológico, Artístico e Turístico (Condephaat); finalmente, no início dos anos 2000, o Monumenta teve vez. Atualmente, a Luz abriga vários espaços referenciais:

> "Complexo Cultural Júlio Prestes, formado: i) pelo Museu da Língua Portuguesa, construído entre 2000 e 2006 nos antigos setores administrativos da Estação da Luz; ii) a restaurada Estação Júlio Prestes, onde fica a Sala São Paulo, sede da Orquestra Sinfônica do Estado de São Paulo (OSESP) e considerada a sala de concertos mais moderna da América Latina; iii) o Parque da Luz, tombado pelo Patrimônio Histórico no início dos anos 1980; iv) a Pinacoteca do Estado, uma construção de arquitetura neoclássica construída em 1905 e restaurada entre 1993 e 1998, que abriga cerca de 8 mil obras de arte brasileira dos séculos XIX e XX; v) o Memorial da Resistência, construído no edifício que abrigou, entre os anos 1940 e 1980, o Departamento Estadual de Ordem Política e Social (Deops) de São Paulo, órgão de repressão política da ditadura militar brasileira" (Maquiaveli, 2012: 150-1).

Recentemente, as representações da região da Luz foram fortemente ancoradas na dicotomia Nova Luz/"cracolândia". O Projeto Urbanístico Nova Luz[6] previa a "requalificação urbana" de um polígono na região, em cuja

---

lado (mudando o nome para Plano Diretor Estratégico) e passou a contemplar alguns instrumentos de política urbana para moradores de baixa renda, como as ZEIS e os Planos Regionais das Subprefeituras, de acordo com a Lei 13.430, de 2002, e o decreto 44.667, de 2004.

[6] Atualmente, o Projeto Nova Luz está engavetado — essa foi uma das primeiras ações da administração Fernando Haddad no que diz respeito às políticas de habitação na cidade. Para uma discussão acerca das compreensões da legalidade envolvendo o Projeto Nova Luz, ver Pacheco (2012).

Quem não luta, tá morto

rua limítrofe localiza-se a ocupação Mauá, com demolições de edifícios, implementações de empresas e prédios para serviços públicos e valorização do patrimônio histórico e cultural, com vias a intensificar o setor de serviços e o capital imobiliário especulativo na região. O mesmo polígono recebeu, há alguns anos, a alcunha de "cracolândia", alvo de violentas operações que vinculam o governo municipal e estadual e a Polícia Militar do Estado de São Paulo, eliminando dali os usuários de crack (Rui, 2012).[7] A dicotomia Nova Luz/"cracolândia", contudo, acaba sendo uma dicotomia que reflete um mesmo real. Trata-se do real dos dominantes, para usar os termos de Deleuze (1985), pois o diagnóstico da degradação (contido no termo "cracolândia") serve como justificativa para a revitalização (proposta pelo Projeto Nova Luz), e tanto o diagnóstico como o projeto representam interesses exteriores aos das pessoas cujas vidas acontecem pela região — incluindo-se, aí, os moradores da Mauá.

Desse modo, por conta da superposição de interesses envolvendo o Nova Luz e a demarcação da região como ZEIS, foi criado o Conselho Gestor das ZEIS-3, para tentar resolver os impasses que apareciam. Um desses impasses dizia respeito ao risco de demolição do prédio da Mauá, prevista no Projeto Nova Luz. Voltarei a isso adiante; antes de tudo, é preciso apresentar, ainda que breve e parcialmente, a própria ocupação Mauá.

A OCUPAÇÃO MAUÁ

A Mauá é uma ocupação feita por movimentos de moradia no centro da cidade de São Paulo e existe desde março de 2007.[8] Lá moram, atualmente, 237 famílias, com cerca de 180 crianças: aproximadamente 1.300 pessoas. Antes de ser ocupado, no prédio funcionava um hotel; daí a estrutura reconhecível de um hotel de meados do século XX: recepção (onde, atualmente, funciona uma portaria, com porteiros que se revezam em turnos e câmeras de vigilância, pois se não se é morador nem conhecido, é preciso se identificar e apresentar um documento de identidade para entrar no prédio), escadas de mármore e os corredores muito estreitos e escuros que dão

---

[7] Essas operações foram especialmente frequentes e violentas ao longo do ano de 2012, período em que o trabalho de campo da pesquisa que originou este artigo estava em andamento.

[8] Filadelfo (2008) realizou uma etnografia em que reconstitui o processo de ocupação da Mauá. Ver também o dossiê com registros fotográficos de Monteiro (2012).

acesso a quartos de cerca de 10 m² — cada quarto com uma família moradora. Do piso, restam poucos tacos de madeira; anda-se praticamente em cima do concreto do contrapiso. Só há janelas dentro dos quartos; nas paredes de cada corredor, pintadas de um amarelo brilhante, há apenas um minúsculo quadrado vazado, por onde entram algumas réstias de sol, a depender da luz do dia. Nos corredores também há banheiros coletivos, tanques e muitos fios expostos e emaranhados — a eletricidade do prédio é improvisada pelos próprios moradores.

Nesse sentido, o que chama a atenção, especialmente quando se anda pela primeira vez pelos corredores a partir do primeiro andar, são as portas. Adesivos religiosos e políticos são os que mais aparecem — muitas vezes, juntos. Numa porta, há um com a frase "Deus é fiel", junto com outro de propaganda política, com a imagem de Marta Suplicy, os dizeres "A esperança vai vencer de novo" e a estrela vermelha do Partido dos Trabalhadores (PT), com o número 13 dentro.[9] Noutra porta, vemos um adesivo com os dizeres do Salmo 23 da Bíblia: "O Senhor é o meu pastor, nada me faltará", ao lado do desenho de uma casa com outra citação bíblica impressa: "Responderam-lhe: Crê no Senhor Jesus e serás salvo, tu e tua casa". No quarto 605, lê-se "Senhor, abençoai quem entra nesta casa: protegei quem fica e dá paz a quem sai", ao lado de: "Nesta casa pode faltar tudo, menos a confiança em Deus". Outra citação da Bíblia recorrente é "Tudo posso naquele que me fortalece". Há, ainda, imagens de santos, de Jesus, outras orações e folhetos de grupos religiosos. Além de Marta Suplicy, outra figura política que aparece bastante é Dilma Rousseff, com seu adesivo de candidata à presidência nas eleições de 2010, e a imagem de Aloísio Mercadante, então candidato a governador, ao seu lado. Alguns adesivos têm só o nome de Dilma, seguido da frase "Para o Brasil seguir mudando", ou "A galera vota 13 por mais cultura e lazer" ou, ainda, "A galera vota 13 por mais escolas técnicas". Adesivos com outras campanhas políticas, como "O pré-sal é do Brasil", também aparecem. Com menos frequência, em algumas portas estão escritos nomes dos moradores do quarto ou nomes de casais ou ex-casais.

Essa apropriação das portas parece evidenciar o esforço dos moradores em enfatizar que aquela é a fronteira de suas casas. Não à toa, durante meu trabalho de campo sentia-me constrangida em subir as escadas e perambular pelos corredores da Mauá sem ser convidada. Sentia-me uma intrusa,

---

[9] Marta Suplicy foi prefeita da cidade de São Paulo entre 2001 e 2004. O adesivo em questão era referente à sua candidatura ao Senado, em 2010.

Quem não luta, tá morto

uma invasora, desrespeitando a privacidade daquelas pessoas e endossando: elas *moravam* ali.[10]

Assim, meus encontros com os moradores fizeram-se muito mais nos espaços compartilhados da ocupação do que nos espaços privados. Passei muito tempo no térreo, no saguão, em silêncio ou em conversas cotidianas e sobre amenidades com os porteiros, Genival e Elisete, e as pessoas que por lá "matavam o tempo", em sua maioria jovens mulheres com seus filhos ou irmãos pequenos.

Mas, se havia momentos familiares como esses, além de mecanismos como o das portas que me remetiam à consolidação de cada um dos pequenos quartos enquanto casas, também éramos o tempo todo lembrados que a Mauá não era uma moradia qualquer. Deparávamo-nos com outros elementos que não existem ou não acontecem em uma casa, como a presença de alguns anúncios nas paredes dos corredores de alguém que vendia produtos cosméticos, a escala de limpeza afixada nas portas dos banheiros — um por andar — e lembretes, também nos banheiros, com os dizeres: "Ao sair, apague a luz", ou então pedindo cuidados com a higiene. Outros aspectos, além de evidenciarem as especificidades daquelas casas, também salientavam as peculiaridades da presença do Estado na Mauá: um cartaz de campanha de saúde pública de combate à dengue, com recomendações e instruções; os agentes de saúde pública que visitam regularmente a Mauá aferem a pressão dos moradores, conhecem-nos pelos nomes, sabem dos que fazem tratamentos, cobram ausência de quem não foi ao posto de saúde e deveria ter ido; a numeração dos apartamentos que segue o número do registro dos moradores na Unidade Básica de Saúde que os atende.

A estrutura do prédio, com um pátio interno descoberto de onde se vê concreto por todos os lados, oferece um espaço de encontro para as crianças, na volta da escola, andarem de skate, pularem amarelinha, brincarem de bate-bate (ou bate-bolas, ou bolimbolacho, um brinquedo popular dos anos 1980 que voltou a ser febre, especialmente entre os menores), correrem, gritarem, rirem. Às vezes, jogam futebol ou capoeira com monitores do projeto Herdeiros da Mauá.[11] Em uma das paredes do pátio, inclusive, letras grandes formam a frase "Herdeiros da Mauá". As crianças também têm à sua disposição um escorregador, no quarto andar, e alguns carros de brin-

---

[10] Semelhante à reflexão de Borges (2003: 30).

[11] O projeto Herdeiros da Mauá, idealizado por Carlos Roberto Teodoro, o Beto, educador social, faz uso da capoeira como ferramenta pedagógica para as crianças que vivem na ocupação.

quedo, em que podem entrar e pedalar. Por toda a ocupação há bicicletas de todos os tamanhos.

Os quartos a partir do primeiro andar respeitam as divisões originais do hotel: cada porta, um quarto — até o sexto andar. Mas além desses, há outros quartos, no térreo, cujas paredes divisórias são improvisadas. É o caso do quarto de Vanda e Ezequiel. O espaço é um cômodo cujas paredes divisórias do cômodo do vizinho são improvisadas com tapumes. Dividem o quarto com três filhos. No quarto há um armário, uma geladeira, uma mesa, um fogão e três camas — um beliche e uma cama de solteiro equilibrada em cima da cama superior do beliche. Na cama de cima, dorme o filho mais velho, de quinze anos; na do meio, as duas meninas; na de baixo, Vanda e Ezequiel.

Antes de morar na Mauá, Vanda e Ezequiel moraram na ocupação Prestes Maia, próxima dali, que se tornou referência nacional por seu tamanho, mas também por ter começado numa gestão da prefeitura e terminado violentamente em outra — da gestão Marta Suplicy (2001-2004) à gestão Serra/Kassab (2005-2012). Esta última, segundo a avaliação dos movimentos, instaurou o Programa Nova Luz, realizou violentas reintegrações de posse e tinha prioridades para a política habitacional que não passavam pelo reconhecimento dos movimentos de moradia como interlocutores.

Ocupada em 3 de novembro de 2002, Carlos Filadelfo (2008), em sua etnografia, assim descreve o local:

> "O prédio é composto por dois blocos: um voltado para a rua Brigadeiro Tobias, número 700, de 9 andares; e o outro de 22 andares na avenida Prestes Maia, número 911. Originalmente funcionava no prédio a Companhia de Tecidos, cuja entrada era pelo bloco menor, onde ainda consta o nome da antiga empresa em sua fachada. [...] Além de suas amplas dimensões, capazes de comportar muitas famílias que vinham de condições precárias de moradia, a localização do prédio correspondia a um grande atrativo para muitos dos integrantes do movimento. A Prestes Maia é uma das avenidas de maior circulação da cidade, com grande concentração de variados tipos de serviços e uma das mais completas infraestruturas da cidade, com ampla oferta de transportes, saúde e educação. O prédio localiza-se muito próximo à Estação da Luz, o que corresponde a fácil acesso ao metrô e ao trem metropolitano. Além disso, a região oferece linhas de ônibus para boa parte da cidade de São Paulo. Mas um dos principais motivos foram mesmo

as oportunidades de geração de renda que essa região oferece, já que a maioria dos futuros moradores já trabalhava na região como ambulantes e catadores de material reciclável" (Filadelfo, 2008: 86-7).

A reintegração de posse da Prestes Maia ocorreu em 15 de junho de 2007. As famílias foram atendidas e o prédio continuou vazio (Frente de Luta por Moradia, 2008). Após uma violenta desocupação, as famílias tinham basicamente duas alternativas de atendimento: morar na periferia, em conjunto habitacional, ou optar por receber a Bolsa-Aluguel. Uma forte angústia tomava conta das pessoas na hora dessa tomada de decisão dramática: havia uma fila que todos deviam enfrentar, imensa. Ao fim da fila, devia-se declarar sua escolha a um representante da prefeitura.[12]

Depois do despejo da Prestes Maia, Vanda e Ezequiel ficaram três meses na rua e, a seguir, foram para outra ocupação. Ao passar por outro despejo, começaram a receber o Bolsa-Aluguel, benefício financeiro da Prefeitura, e se mudaram para São Miguel Paulista, bairro da Zona Leste paulistana — o dinheiro do Bolsa-Aluguel não dava para pagar aluguel no centro da capital. Em São Miguel, guardaram dinheiro e então foram para a Bahia: Vanda queria que Ezequiel conhecesse sua família. Ficaram dois anos por lá e, quando voltaram, procuraram Nelson, que os levou para a Mauá — não é incomum que pessoas e famílias transitem de uma ocupação a outra. Vanda já havia conhecido Nelson da primeira vez que chegara em São Paulo e se refere a ele como "um pai".

Nascido em Santo Amaro da Purificação, também na Bahia, numa família de doze filhos, Nelson diz ter vindo para São Paulo, onde viveu bons e maus períodos, na década de 1990:

> "Me iludiram. Me iludiram, que é a palavra certa, mesmo, para eu vir para São Paulo. Que São Paulo era mil maravilhas, que em São Paulo o cara acontecia, fazia e acontecia. Aí ele me indicou um prédio para eu trabalhar de segurança, lá na [avenida] Paulista. Trabalhei seis anos de segurança lá, e depois saí, também. Aí

---

[12] Com base em depoimento de Heitor Frúgoli Jr. (que manteve contatos periódicos com participantes da ocupação da Prestes Maia), no encontro de formação interna do Movimento de Moradia da Região Centro (MMRC), em janeiro de 2012, no Centro Gaspar Garcia de Direitos Humanos, em São Paulo. Nesse trecho do depoimento, Frúgoli referia-se a aspectos da já citada dissertação de Filadelfo (2008).

não quis mais trabalhar registrado para ninguém, não. Porque — *tsc* — eu tomei nojo de patrão."[13]

Percebamos que Nelson, ao migrar para São Paulo, passa a trabalhar na avenida Paulista e, depois de "altos e baixos", vai morar na ocupação Mauá, na região da Luz: movimenta-se entre duas *centralidades*, a primeira mais elitizada, a segunda, mais popular.[14] Essa orientação perdura. Ciavatta lembra que "[e]m setembro de 2005, por exemplo, a prefeitura instalou, no túnel que dá acesso à avenida Paulista, uma rampa de concreto com piso áspero, incômodo para dormir, impedindo a permanência de quem vivia, dormia no local" (2013: 104). E observa: "Quem sai da região da Catedral da Sé, ou do Parque da Luz, em direção à avenida Paulista e sobe a rua da Consolação, percebe que a primeira região é bastante pauperizada, fazendo com que a topografia, cuja parte mais alta é a avenida Paulista, acompanhe a concentração de renda na cidade" (Ciavatta, 2013: 13).

Nelson, então, movimenta-se e organiza sua vida em São Paulo — o morar e o trabalhar — entre essas duas centralidades conflituosas. Ele conta que foi num "mau período" que ele entrou no movimento e viu que era possível olhar para o próximo de um jeito que não fosse com indiferença. Por seis meses morou na rua Líbero Badaró. Despejado de lá, foi morar em um terreno no Ipiranga, onde enfrentou muita chuva num janeiro que "não era como esse que estamos vivendo [em 2012], não, era de muita chuva mesmo". Lá, por seu esforço e dedicação, foi convidado pela coordenação do MMRC a ser colaborador do movimento. Aceitou e ficou por quatro anos vinculado a esse movimento, até os anos 2000, quando diz que "precisava voar". Mas ficou só.[15]

De repente, na iminência de um despejo, famílias "confusas e perdidas, que estavam ao deus-dará", o procuraram. Ele fez reuniões e assembleias, conta, ajudou a organizá-las, "não podia dizer 'não' para aquela gente. Deu na cabeça fazer uma ocupação". Mas como fazer? Onde? Resolveu se afastar

---

[13] Depoimento extraído do filme *Leva* (2011).

[14] O termo *centralidade* é de Frúgoli Jr. (2000), que apresenta a avenida Paulista como uma das novas centralidades criadas nos anos 1990, orientada pela concentração de empresas, especialmente do setor terciário moderno, e visando atender a interesses de grupos empresariais que, por sua vez, atuariam na revalorização da região, favorecendo grupos de maior poder aquisitivo.

[15] Os excertos de falas de Nelson reproduzidos neste e nos próximos parágrafos foram narrados por ele na atividade de formação do MMRC mencionada na nota 12.

Quem não luta, tá morto

um pouco da região central e foi ocupar um local na avenida Radial Leste. Levou as famílias até lá, e quando um companheiro estava serrando o cadeado que mantinha o prédio inacessível, a Guarda Civil Metropolitana apareceu "com arma em punho. Assim não dava para continuar". E Nelson lá, "com um carnaval de gente". Resolveu então subir a rua Mauá, entrou na rua Plínio Ramos e viu um prédio vazio. Foi sua salvação: "como atirar num pássaro que nunca vi e acertar". A polícia chegou, tentou entrar e não conseguiu. Foi embora. À meia-noite do dia 28 de fevereiro de 2003 o prédio estava ocupado: nascia a ocupação Plínio Ramos, onde passaram a morar 79 famílias (Fórum Centro Vivo, 2006: 36).

A ocupação Plínio Ramos é outra referência entre os movimentos de moradia, tanto pela organização da ocupação quanto, assim como a Prestes Maia, pela violência do despejo que as famílias sofreram, em 16 de agosto de 2005, dois anos e oito meses depois da ocupação. No que diz respeito à organização, "[o]s moradores organizaram no prédio atividades como educação infantil, alfabetização de jovens e adultos, oficina de costura, grupos de mulheres e jovens, atividades culturais e de formação política. Até mesmo uma horta hidropônica vertical foi criada, utilizando paredes da construção" (Fórum Centro Vivo, 2006: 36).

Sobre o despejo da Plínio Ramos, Nelson conta: "Aí vi coisa. Setenta e cinco famílias na rua, sem ter para onde ir. E tínhamos que lutar. [...] Foi um confronto tremendo aquele despejo". No dossiê organizado pelo Fórum Centro Vivo, lê-se: "[E]ste despejo forçado envolvendo cerca de trezentas pessoas — entre elas 110 crianças — foi o mais violento de que se teve notícia nos últimos anos da cidade de São Paulo" (Fórum Centro Vivo, 2006: 36). Não foi um mero despejo; foi preciso matar, com doses de truculência, essa ocupação tão *viva*. O dossiê segue: "Com o despejo, os moradores que não tinham para onde ir montaram seus barracos na rua em frente ao prédio, que teve portas e janelas vedadas com tijolos e cimento e permanece vazio" (Fórum Centro Vivo, 2006: 37). Essa vedação é procedimento de praxe em imóveis reintegrados: a construção do *muro da vergonha*. O acampamento cresceu, com famílias despejadas de outras ocupações, e se estendeu às "calçadas da rua Mauá com a Plínio Ramos" (Fórum Centro Vivo, 2006: 39), como também conta Nelson: "deu na cabeça fazer acampamento na porta do prédio. Ficamos três meses na rua. Três meses de massacre. Não tem coisa pior do que viver na rua e ser humilhado. Os filhos dos companheiros não podiam ir para a escola porque não tinham lugar para tomar banho".

Nelson segue contando que na madrugada do dia 24 para o dia 25 de março de 2007 foi feita outra ocupação. Dessa vez, "havia pessoas que estavam vivendo com o [programa] Bolsa-Aluguel da Marta, a bolsa já estava vencendo, o beneficiário não tinha dinheiro..."; havia as famílias que tinham sido despejadas da Plínio Ramos, bem como as que haviam sido despejadas da Prestes Maia. Essas pessoas organizaram-se em três movimentos: o Movimento dos Sem-Teto do Centro (MSTC), o Movimento de Moradia da Região Centro (MMRC, cujo coordenador é Nelson) e a Associação de Sem--Teto da Cidade de São Paulo (ASTC-SP); uniram-se os três movimentos e ocuparam o prédio da rua Mauá. Nascia a Comunidade Mauá:

> "Os depoimentos de alguns presentes [em reunião ampliada posterior à ocupação] [...] eram unânimes quanto à tranquilidade dessa ocupação específica. Seu Severino disse que 'foi a melhor ocupação que nós tivemos'. Lucinha [...] disse que havia sido 'bem tranquila, bem organizada, sem desespero, sem tumulto, a mais fácil que tivemos', e completou afirmando que o pessoal estava consciente do que estava fazendo e que a negociação estava boa" (Filadelfo, 2008: 117).

A peculiaridade da ocupação Mauá em ser formada por três movimentos reflete-se na organização do prédio. Cada movimento tem seus andares. O primeiro andar é da ASTC-SP; o segundo e terceiro, do MMRC; o quarto, quinto e sexto, do MSTC. Cada andar tem sua coordenadoria, que zela pela organização do andar, assegura que os mutirões de limpeza sejam feitos e resolve pequenos problemas cotidianos de convivência que possam acontecer. Cada um desses movimentos se diferencia do outro, com suas próprias referências históricas, de conquistas, de luta, de sofrimento; por meio do vereador para quem faz campanha; e por seus próprios estatutos e regras, bem como os mecanismos para quantificar a participação das pessoas. Tanto os estatutos e regras quanto esses mecanismos, no entanto, são bastante semelhantes. Quando alguém entra no movimento, aprende que o critério interno para a conquista da moradia — isto é, o critério de seleção, por parte das lideranças, da demanda que será beneficiada por alguma política pública — é sua participação; participação enquanto família. Os programas governamentais, em sua maioria, reconhecem o movimento enquanto mediador: quando há oferecimento de moradias, dispõem para que o movimento faça a distribuição das vagas. Isso exige critérios, e o fundamental deles é a participação: participar de reuniões, assembleias, mutirões de limpeza e atividades comuns (quando moradores de ocupação), atos, ocupações. O instrumento para quantificar a participação é um sistema de pontuações. Para

Quem não luta, tá morto

cada atividade de que participa, a família recebe um ponto. Quando sai uma demanda, as lideranças consultam um caderno onde consta a pontuação das famílias; quanto maior a pontuação, isto é, a participação, está-se mais perto dos benefícios.

O sistema de pontuações me parece ser o sistema de mediação encontrado pelos movimentos para ocupar um lugar ao mesmo tempo reivindicado pelo movimento (porquanto a gestão das moradias é responsabilidade do próprio movimento, autônomo perante o governo) e limitado pelo governo (uma vez que o outorgado número de moradias é sempre dissonante das reivindicações do movimento); uma mediação, enfim, para encontrar seu lugar na gestão da política pública. É um mecanismo amplamente aprovado pelas bases dos movimentos, sob o argumento de que garantem transparência e imparcialidade no processo de seleção dos beneficiários.

O Ato em Defesa da Mauá: "Somos uma só"

Como mencionado acima, a demolição do prédio da Mauá estava prevista no Projeto Nova Luz. No início de 2012, no entanto, ela foi evitada e o edifício foi retirado da área de impacto do Projeto: aos olhos dos moradores, uma *conquista* graças à participação no Conselho Gestor da ZEIS daquela região, como escrevem em Carta Aberta:

> "*Organizados*, conseguimos evitar a demolição do Edifício Mauá prevista no contraditório Projeto Nova Luz. Contamos ainda com um estudo técnico e econômico que demonstra a viabilidade de transformar o Edifício Mauá em habitação de interesse social, o qual foi aceito pelo poder público. *Nossa ativa participação política* possibilitou o constante diálogo e o apoio de vizinhos e comerciantes" (Carta Aberta da Comunidade Mauá, 2012, grifos meus).

Conquista rapidamente obscurecida, contudo, por outro acontecimento: poucos dias depois, a Mauá foi notificada de uma liminar de reintegração de posse, solicitada pelo proprietário do prédio e concedida pelo juiz. Diante de tal notícia, um ato de rua foi realizado, no dia 16 de abril de 2012, véspera do dia em que se lembra o Massacre de Eldorado dos Carajás.[16] Mani-

---

[16] Em 17 de abril de 1996, sem-terra, em marcha para Belém, "bloqueavam a Ro-

festantes reuniram-se na Mauá, pela manhã, e caminharam até o Fórum João Mendes, na Praça da Sé. No carro de som, aparecia uma poderosa retórica para enfatizar uma coletividade coesa e inteiriça: a Mauá. Avaliações e lembranças da relação com o poder público no passado recente da história política da cidade de São Paulo — boas referências às gestões Luiza Erundina (PT, 1989-1992) e Marta Suplicy (PT, 2001-2004) e condenação das gestões José Serra (PSDB, 2005-2006) e Gilberto Kassab (à época, Democratas, 2006-2012) — davam o tom das falas que se sucediam à frente do Fórum.

Segundo essa retórica, a gestão Luiza Erundina aparece como aquela que consolidou o mutirão autogestionário como instrumento de política pública e que teve como tônica valorizar a relação com os movimentos sociais, reconhecendo-os como atores distintos do governo, respeitando e incentivando sua autonomia e participação na política pública. Gustavo Cavalcanti, no entanto, destaca, nesse sentido, que se a participação popular foi marca da gestão, ela não se fez isenta de conflito, pelo contrário: era importante demarcar as diferenças entre "ser do governo" e "ser do movimento". Isso teria rendido, muitas vezes, ocupações do gabinete da Secretaria Municipal de Habitação — sem gerar retaliação nem interromper o relacionamento (Cavalcanti, 2006: 69).

A gestão Marta Suplicy, por sua vez, aparece como tendo evocado a gestão Luiza Erundina, especialmente no que diz respeito à política pública de habitação, com a retomada dos mutirões autogestionários e a criação de programas de Habitação de Interesse Social, como o Locação Social e o Bolsa-Aluguel. Além disso, sua eleição ocorreu depois de oito anos de governos tidos pelos movimentos sociais como conservadores na prefeitura municipal, principalmente no que diz respeito à habitação (gestões de Paulo Maluf, 1993-1996, e Celso Pitta, 1997-2000). Foi no primeiro ano da gestão Marta Suplicy que começou a maior ocupação vertical do Brasil: a ocupação Prestes Maia, supracitada.

Desse modo, entre os militantes dos movimentos de moradia, afirma-se que tanto a gestão Luiza Erundina como a gestão Marta Suplicy não foram isentas de conflito. Mais do que um conflito aberto, travado entre "movi-

---

dovia PA-150 para forçar a desapropriação da área da fazenda Macaxeira, de 35 mil hectares, ocupada por 1.500 famílias havia 11 dias" (Thomaz, 2011). Dezenove trabalhadores rurais sem terra foram mortos, 69 foram mutilados e cerca de cem ficaram feridos, numa ação que envolveu 155 policiais militares armados. Esse episódio ficou conhecido como Massacre de Eldorado dos Carajás, e todo ano, no dia 17 de abril, o MST promove ações que lembram a tragédia.

Quem não luta, tá morto

mentos" e "governo", a gestão Marta Suplicy gerou conflitos internos aos movimentos, entre grupos e organizações. Na dissertação de Cavalcanti, há uma emblemática avaliação de uma liderança sobre a gestão Marta, de que os movimentos de moradia "pecaram" duplamente (2006: 125). Primeiro, por não terem pressionado a então prefeita e seu programa, que dava pouca atenção à pauta da moradia e da política de habitação, priorizando políticas de saúde e de educação; por outro lado, por não terem se empenhado em sua reeleição, pois a ela seguiu-se a administração José Serra/Gilberto Kassab, avaliada pelos movimentos de moradia como a gestão mais autoritária da história recente paulistana.

Voltemos ao Ato em Defesa da Mauá. Recupero uma fala dita no carro de som. Quem narrava era Manoelzinho, liderança do MSTC, morador da Mauá e integrante da banda de forró que nasceu na ocupação, a Explosão Digital. Ele começa contando que, em 2003, o prédio fora ocupado pela primeira vez. Trinta dias depois, foi pedida e realizada a reintegração de posse. O imóvel foi entregue ao proprietário, sob a reivindicação dos movimentos de que fosse desapropriado e passasse a cumprir sua função social, prevista na Constituição Federal. Durante os quatro anos que se seguiram à desocupação, o proprietário não pagou sua dívida ao Estado e o imóvel permaneceu abandonado até 2007, quando ocorreu nova ocupação. O proprietário, então, conhecendo as "falcatruas do Judiciário", como diz Manoelzinho, fez a seguinte "manobra": pediu o desarquivamento do processo já cumprido em 2003, alegando desobediência e exigindo, novamente, a reintegração de posse. "Como, se saímos pacificamente com a força policial?", questiona Manoelzinho, para arrematar: "O proprietário está cometendo crime processual". E, amparados legal e juridicamente, "nós, o povo pobre, dependente do poder público, dependente da burguesia, estamos aqui. Cabe ao senhor, Vossa Excelência, que a rua Mauá não seja mais um Pinheirinho da vida".[17] A essa narrativa, Manoelzinho soma outros momentos de fala em que brada que a caneta que o juiz usa para assinar a liminar de reintegração de posse é uma "caneta assassina". Diz ele: "é a mesma caneta assassina utilizada, pelo mesmo juiz, para assinar a reintegração de posse do Prestes Maia", anos antes.

---

[17] O acampamento do Pinheirinho era um terreno na cidade de São José dos Campos (SP), de cerca de 1,3 milhão de m², com uma imensa dívida de IPTU, que foi ocupado em 2004. Em 2008, o acampamento contava, segundo suas lideranças, com cerca de 10 mil pessoas. Em 2012, sofreu uma violenta reintegração de posse. Inácio Dias de Andrade (2010) realizou uma etnografia do Pinheirinho, antes da reintegração.

A fala de Manoelzinho é exemplar para reconhecermos outras ideias, além das memórias sobre os governos anteriores, que apareciam frequentemente nas falas no carro de som: ideias de vida e de morte. A caneta que assinou a reintegração de posse é uma "caneta assassina", usada pelo mesmo "juiz assassino" que, anos antes, assinara a liminar de reintegração de posse da Prestes Maia. Tanto esta quanto o Pinheirinho são experiências evocadas do prolongado enfrentamento na luta pelo direito à moradia digna. O despejo, para aquelas famílias, é equivalente a uma sentença de morte: estarão na rua, seus filhos não conseguirão ir à escola, poderão passar fome e frio, os idosos ficarão desamparados. O que essa fala parece evidenciar é que a existência desprovida de direitos e amparo estatal passa a ser uma existência nua, uma existência sem *vida*. E quem desempenha essa existência nua é o próprio Estado (Agamben, 2002).

Além de retóricas sobre as gestões municipais, evocações de outras experiências e representações de vida e morte, há ainda outro elemento que aparece no Ato em Defesa da Mauá: as *conquistas*. As conquistas são outro tipo de estratégia utilizada para enredar novos militantes e tecer a história dos movimentos. Aquelas lembradas no Ato em questão são as conquistas de moradias de companheiros e lideranças que estão ali, de corpo presente, provas vivas da memória encarnada. Mas a conquista da moradia não é a única que forma os movimentos e que os militantes reivindicam; Nathalia Oliveira (2010), em sua pesquisa sobre as lutas por moradia em São Paulo, faz uma reflexão sobre a polissemia da "conquista". Inicialmente pensada pela pesquisadora como a moradia definitiva, ela percebeu que a conquista pode ser a moradia provisória, o benefício da Prefeitura, a *vida* durante um tempo em uma ocupação: "[...] [A]ssim que lhe pergunto qual considera a maior conquista do movimento, ela responde prontamente: '*Ah, foi o Prestes*'. A palavra 'conquista' segue ampliando seus significados" (Oliveira, 2010: 178, itálico no original).

Além do período de vida na ocupação, Oliveira (2010) pontua outras conquistas que os movimentos identificam: políticas públicas, como a viabilização do Programa de Atuação em Cortiços (PAC) e do Programa de Arrendamento Residencial (PAR), "resultado de lutas desde a primeira metade da década de 1990, incluindo ocupações no Pari, Brás e Mooca" (Oliveira, 2010: 181); mutirões; convênios com associações de moradores; experiências de autogestão; assessorias técnicas a movimentos; programas habitacionais criados na gestão de Marta Suplicy; aprovação das ZEIS no Plano Diretor; a Lei Moura, o Estatuto da Cidade; o Conselho Nacional das Cidades.

Poucos dias depois do Ato em Defesa da Mauá, ocorreu uma reunião com o Batalhão da Polícia Militar encarregado de executar a reintegração de posse. Estavam presentes representantes do Ministério Público, da Defensoria Pública, da Eletropaulo, da Prefeitura (um representante da Secretaria de Habitação e outro da Subprefeitura da Sé), o proprietário do prédio e seus dois advogados, moradores da Mauá, uma liderança da Frente de Luta por Moradia (FLM)[18] e o corpo da Polícia Militar. Esse foi outro momento exemplar em que emergiu a evocação da Mauá como inteiriça e coesa, perante seu antagonista: o proprietário do prédio.

Durante a reunião, a qual não foi possível acompanhar, numa pausa para um cigarro, Osmar — que não é morador da Mauá, mas liderança da FLM — sai da sala, vai ao nosso encontro e compartilha conosco sua percepção da reunião — endossada por outros, que saíam e se amotinavam conosco sob os guarda-chuvas — de que o promotor estava atuando de modo a forçar o acordo entre as partes. Não se pode passar por cima do juiz — que já decidira pela reintegração de posse — a não ser que haja tal acordo.

As partes, no caso, são o proprietário e a Mauá, cuja relação passa longe de caminhar para um acordo. Mas, além das partes, há outros personagens envolvidos e fundamentais na mediação: a prefeitura municipal, o governo estadual e o governo federal. Osmar explica:

> "A Prefeitura está vinculando o seguinte: para você viabilizar a reforma do prédio, você tem que tirar as famílias. Porque não dá para você fazer a reforma [com as famílias dentro do prédio]. Então, a Prefeitura fala o seguinte: 'Eu posso oferecer o atendimento às famílias desde que haja um compromisso assumido dos dois níveis de governo: CDHU e governo federal, Ministério das Cidades'."

É de responsabilidade do proprietário fornecer os meios para que a reintegração seja executada: caminhões e carregadores. É de responsabilidade da Prefeitura fornecer o atendimento provisório para as famílias que estão morando na ocupação. A Prefeitura, no entanto, apresenta o argumento de que não dispõe nem disporia de sistema para cadastrar todas as famílias

---

[18] A FLM é uma das entidades articuladoras dos movimentos de moradia que atuam na cidade de São Paulo, congregando distintos movimentos. Outra grande entidade articuladora na capital é a União dos Movimentos de Moradia (UMM).

em programas habitacionais antes de dois meses. Diante disso, foi marcada uma próxima reunião para dali a dois meses, no final de julho. Osmar afirma que o que está sendo discutido é "o prédio Mauá", e arremata: "Pelo menos a gente pode respirar um pouco mais", sob os guarda-chuvas, após a reunião, no n° 1.647 da avenida Angélica, onde, um pouco mais acima, em um estabelecimento comercial, vê-se um estêncil com os dizeres: "Respire fundo".

O que desejei mostrar com ambas as situações — o Ato em Defesa da Mauá e a reunião com o Batalhão da PM — foram processos de ênfase na construção de uma coletividade mais coesa, a "Mauá". Na segunda situação, a reunião, a estratégia retórica dessa construção visa afetar um antagonista — o proprietário do prédio — e reivindicar a suspensão da liminar de reintegração de posse, para a permanência das famílias no local. Quando Osmar insiste que "o que está sendo discutido é o *prédio Mauá*", propõe pensá-lo enquanto uma coletividade inteiriça, coesa, diante de um antagonista claro: o proprietário do prédio. Tal postura é consonante com os dizeres estampados em uma das paredes do salão de reuniões da Mauá: "Somos uma só". No Ato, a ênfase na coesão da Mauá aparece via uma sólida e enfatizada memória dos movimentos de moradia, que evoca o sofrimento e a violência, desde o Massacre de Eldorado dos Carajás sofrido pelo MST até reintegrações de posse e despejos violentos, como o da Prestes Maia e o recente massacre de Pinheirinho; passa por avaliações e lembranças da relação com o poder público no passado recente da história política da cidade de São Paulo — a gestão Erundina e a gestão Marta —, a condenação das gestões Serra e Kassab, e as *conquistas*.

CONSIDERAÇÕES FINAIS

Meu intuito, aqui, foi demonstrar como as pessoas transitam por entre diferentes províncias de sentido (Tambiah, 2013). Ocupar imóveis ociosos e participar em espaços institucionais (o Conselho Gestor das ZEIS, a reunião com o Batalhão) é um exemplo disso. Construir antagonistas — o proprietário do prédio, o Poder Judiciário — e construir-se enquanto coletividade — a Mauá — também são modos de transitar por entre essas províncias de sentido, nas quais lógicas como a da causalidade (Sahlins, 2001) ou a da participação (Tambiah, 2013) estão mais ou menos presentes. Ocupação de prédios ociosos e participação institucional, à parte serem práticas contraditórias ou não, são coexistentes. Isso não significa uma esquizofrenia nas relações situacionais, mas sim uma existência tanto de lógicas orientadas pela causalidade como de lógicas semelhantes à da participação.[19]

Proponho, aqui, o *tempo da luta* enquanto orientador da vida de Nelson, Osmar, Genival, Elisete, Vanda, Ezequiel. Considero-o não uma mera somatória dos tempos da urgência e da política, como propôs Blikstad (2012), mas composto também pelos imponderáveis do cotidiano, como nos ensinou Malinowski (1984). Por isso o tempo da luta aproxima-se do tempo da vida. Quando Oliveira (2010) conta ter ouvido de alguém que morou em uma ocupação que uma de suas maiores conquistas foi o tempo vivido na mesma, o que ela está chamando de conquista é justamente a vida na *luta*. E essa vida na luta seria composta, sugiro, pelas três dimensões da política que apresentei no início do texto: a resistência, a reivindicação e a prefiguração.

O que tanto esse trecho de Oliveira (2010) quanto a Mauá podem nos mostrar de mais extraordinário é como essas três dimensões da política não estão sequer separadas: a ocupação Mauá é, em si, resistência, reivindicação e prefiguração. Resistência a uma política de Estado para o Centro baseada na expulsão das pessoas de baixa renda e em processos de gentrificação; reivindicação perante o Estado de que especificamente *aquele* prédio, isto é, o prédio que já habitam, seja reformado com verba pública, reivindicando o cumprimento da função social da propriedade via programas de política pública de habitação; prefiguração, isto é, já viver do modo como se almeja viver.

Assim, a reivindicação reconhece e exige o Estado como interlocutor, o que também aparece na supracitada fala de Barbosa, quando ele afirma ser

---

[19] O que chamo aqui de lógica causal é a forma de racionalidade da ciência moderna, que compreenderia a causalidade enquanto forma dominante de atribuir sentido a ações e relacionar meios e fins. Enquanto para alguns a lógica da causalidade é afirmada enquanto universal, como fosse a única racionalidade possível, outros afirmam a existência de outras formas de racionalidade, como a lógica da participação. O debate entre Sahlins e Obeyesekere (Sahlins, 2001) é exemplar acerca dessa discussão. Tambiah (2013) recupera de Lévy-Bruhl o que Leenhardt (1979) já havia observado: a participação enquanto uma outra província de sentido, um outro reino de significado, uma outra racionalidade, de modo que a causalidade seria apenas uma forma possível de racionalidade, isto é, de dar sentido ao mundo e organizá-lo. Assim, e em suma, uma das principais asserções de Lévy-Bruhl, segundo Tambiah (2013), é que a lógica da mentalidade mística (participação) e a da mentalidade lógico-racional (causalidade) coexistem, na humanidade, em todo lugar, embora seus pesos e importância possam diferir de modo ocasional. As sociedades contêm distintas províncias de sentido e os grupos sociais e as pessoas podem habitá-las circunstancialmente e transitar por elas.

o ano de 1997 o marco de uma luta organizada e política pelo direito à moradia. A "organização" e a "politização" parecem ser marcos tradutórios e estratégicos criados para possibilitar o diálogo com o Estado, o que talvez exija certa institucionalização burocrática da vida. Desse modo e, novamente, demonstrando o amálgama entre lógicas ou temporalidades, a pontuação enquanto forma de medir a participação das famílias pode ser percebida como, simultaneamente, um mecanismo autogestionário dos movimentos que ao mesmo tempo mimetiza uma lógica burocrático-estatal.

Tanto a reivindicação como a resistência também têm expressão em espaços institucionais: na reunião com a Polícia Militar — que culminou na manutenção da ocupação — e no Conselho Gestor das ZEIS — que evitou a demolição do prédio. Mais do que isso, ao afirmarem em Carta Aberta (2012) que foi a "participação política" no Conselho Gestor das ZEIS que evitou a demolição do prédio, novamente o que os moradores da Mauá parecem fazer é lidar de modo estratégico e tradutório com o Estado, aproximando a política, novamente, à "organização". Não obstante, tal estratégia é magistral, pois lhes assegura o que de fato lhes importa: a Mauá, a vida na ocupação.

Por fim, organizar o prédio no próprio ato da ocupação — retirar dele o lixo acumulado, improvisar a rede elétrica para possibilitar que as famílias se instalem, fazer pequenas reformas, manter a limpeza, os laços que os moradores desenvolvem entre si cotidianamente, no cuidado com as crianças: tudo isso pode ser visto como uma expressão prefigurativa. Viver do modo como se deseja viver: naquele mesmo lugar, naquele prédio, trabalhando-o e cuidando para que seja *dignificado* — qualidade que, no entanto, sozinhos, só agregam parcialmente; o prédio, aos olhos dos próprios moradores, só se tornará *moradia digna* quando tiver passado pelo processo de reforma pela política pública. Repita-se quantas vezes necessário for: viver do modo como desejam viver só será possível se as três dimensões de sua ação política — resistência, reivindicação e prefiguração — se completarem plenamente.

Convergente com essas dimensões da política e com o entendimento da política enquanto vida, cabe uma consideração acerca do Estado. O Estado aparece como performador da morte, nas histórias e memórias das violentas reintegrações de posse, desde a assinatura da liminar pelo Judiciário (com a "caneta assassina") até sua execução, com atuações muitas vezes truculentas da Polícia Militar, como foi o caso da Prestes Maia, da Plínio Ramos e do Pinheirinho. Não obstante, o Estado também aparece enquanto interlocutor na dimensão reivindicativa da política-vida: fundamentalmente, na rei-

Quem não luta, tá morto

vindicação de que o prédio da Mauá seja comprado e reformado via política pública; bem como nas referências à conquistas como o PAC, o PAR, os programas habitacionais das gestões Luiza Erundina e Marta Suplicy, o Estatuto da Cidade, o Conselho Nacional das Cidades. O Estado aparece, então, ao mesmo tempo, como performador da morte e como o elemento necessário — no mínimo, como interlocutor — para a manutenção da vida.

Desse modo, como desejei demonstrar, a política, na Mauá, é a vida. Seus moradores, outros movimentos de moradia e outras pessoas que compõem o movimento de moradia formulam sua situação como indigna, a partir da percepção de que vivem precariamente. A luta pelo direito à moradia digna não é apenas a luta pelo direito a um teto sobre a cabeça; tampouco é a luta pelo direito à cidade, que só pode ser efetivado quando serviços públicos como escolas, hospitais, trabalho, transporte e bens culturais podem ser usufruídos pelo cidadão na região onde mora (Lefebvre, 2008). A luta pelo direito à moradia é a luta pela vida, ainda que seja também formulada como luta por direitos, como já percebera Foucault: "Foi a vida, muito mais do que o direito, que se tornou o objeto das lutas políticas, ainda que estas últimas se formulem através de afirmações de direito" (1988: 158).

Desse modo, o trinômio moradia-dignidade-vida tem seus termos intercambiáveis nas falas das pessoas que estão na luta. O trinômio aparece durante o Ato em Defesa da Mauá em falas no carro de som, como também costuma aparecer em assembleias: a caneta que assina a liminar é uma "caneta assassina". Porquanto a luta pelo direito à moradia ampara-se na ideia de viver dignamente, a ordem de despejo equipara-se a uma sentença de morte — da qual, contudo, é possível escapar pela luta. Assim, para além dos usos da expressão "luta" como indicados por Comerford (1999), sugiro que o termo aparece para caracterizar a *vida* dessas pessoas. Dessa forma, para as pessoas que moram na Mauá e se envolvem com ela, viver com dignidade, isto é, existir como cidadão que tem seu direito à moradia efetivado, é luta. E tais moradores afirmam isso quando escrevem na mesma Carta Aberta (2012): "A ocupação Mauá é hoje sinônimo de Vida", ou quando escrevem na parede do saguão de reuniões, no térreo da ocupação, ao lado de "Somos uma só": "Quem não luta, tá morto" — palavra de ordem que é também repetida nos encerramentos de muitas assembleias. Quando da organização do Ato em Defesa da Mauá, sob a ameaça do despejo, ao final da assembleia, uma das lideranças da Mauá bradava: "Quem não luta", ao que os outros presentes respondiam, em coro: "tá morto!", por três vezes seguidas, em um crescente som que tomava todo o espaço onde ocorria a assembleia.

Bibliografia

AMERICANO, Jorge (1962). *São Paulo nesse tempo (1915-1935)*. São Paulo: Melhoramentos.

AGAMBEN, Giorgio (2002). *Homo sacer: o poder soberano e a vida nua*. Belo Horizonte: Editora UFMG.

BLIKSTAD, Karin (2012). "O agir coletivo nas interfaces da sociedade civil e do sistema político: o caso da atuação do movimento de moradia de São Paulo sobre a política pública de habitação". Dissertação de mestrado (Ciência Política), Universidade Estadual de Campinas.

BLOCH, Janaina (2007). "O direito à moradia: um estudo dos movimentos de luta por moradia na cidade de São Paulo". Dissertação de mestrado (Sociologia), Universidade de São Paulo.

BORGES, Antonádia (2003) *Tempo de Brasília: etnografando lugares-eventos da política*. Rio de Janeiro: Relume-Dumará.

CALDEIRA, Teresa P. R. (2014). "Qual a novidade dos rolezinhos? Espaço público, desigualdade e mudança em São Paulo". *Novos Estudos*, Cebrap, n° 98, março.

CARTA ABERTA DA COMUNIDADE MAUÁ (2012). *Em defesa ao direito a moradia digna, manifestamos nossa revolta diante da injusta decisão do Judiciário em despejar todas as famílias moradoras do Edifício Mauá*. São Paulo: abril.

CAVALCANTI, Gustavo (2006). "Uma concessão ao passado: trajetórias da União dos Movimentos de Moradia de São Paulo". Dissertação de mestrado (Sociologia), Universidade de São Paulo.

CIAVATTA, Hugo (2013). "Passagens pelas ruas de São Paulo em narrativas (auto)biográficas". Dissertação de mestrado (Antropologia Social), Universidade Estadual de Campinas.

COMERFORD, John (1999). *Fazendo a luta: sociabilidade, falas e rituais na construção de organizações camponesas*. Rio de Janeiro: Relume-Dumará.

DIAS DE ANDRADE, Inácio C. (2010). "Movimento social, cotidiano e política: uma etnografia da questão identitária dos sem-teto". Dissertação de mestrado (Antropologia Social), Universidade de São Paulo.

DELEUZE, Gilles (1985). *Cinema 1 — A imagem-tempo*. São Paulo: Brasiliense.

FILADELFO, Carlos (2008). "A coletivização como processo de construção de um movimento de moradia: uma etnografia do Movimento Sem-Teto do Centro (MSTC)". Dissertação de mestrado (Antropologia Social), Universidade de São Paulo.

FÓRUM CENTRO VIVO (2006). *Dossiê-denúncia. Violações dos direitos humanos no centro de São Paulo: propostas e reivindicações para políticas públicas*. São Paulo.

FOUCAULT, Michel (1988). *História da sexualidade I — A vontade de saber*. Rio de Janeiro: Graal.

FRENTE DE LUTA POR MORADIA (2008). *Luta pelo direito à cidade*. São Paulo, outubro (mimeo).

FRÚGOLI JR., Heitor (1995). *São Paulo: espaços públicos e interação social*. São Paulo: Marco Zero.

_____ (2000). *Centralidade em São Paulo: trajetórias, conflitos e negociações na metrópole*. São Paulo: Cortez/Edusp.

_____ (2012). "Introdução". "Dossiê Luz, São Paulo", *Ponto Urbe*, NAU-USP, nº 11, <http://pontourbe.revues.org/1129>.

HARVEY, David (1993). *Condição pós-moderna*. São Paulo: Loyola.

IANNI, Octávio (1987). *Raças e classes sociais no Brasil*. São Paulo: Brasiliense.

KOWARICK, Lúcio (2009). *Viver em risco: sobre a vulnerabilidade socioeconômica e civil*. São Paulo: Editora 34.

LEENHARDT, Maurice (1979). *Do Kamo: Person and Myth in the Melanesian World*. Chicago: University of Chicago Press.

LEFEBVRE, Henri (2008). *O direito à cidade*. São Paulo: Centauro.

LEITE, Rogério Proença (2007). *Contra-usos da cidade*. Campinas/Aracaju: Editora da Unicamp/Editora UFS.

LIBÂNEO, Maria Lúcia Leonardi (1989). "A invenção da cidade de São Paulo". Dissertação de mestrado, Pontifícia Universidade Católica de São Paulo.

MALINOWSKI, Bronislaw (1984). *Argonautas do Pacífico Ocidental: um relato do empreendimento e da aventura dos nativos nos arquipélagos da Nova Guiné melanésia*. São Paulo: Abril Cultural.

MAQUIAVELI, Janaina (2012). "Passando a limpo: um passeio pelos processos e pelos projetos de revitalização urbana do Meatpacking District, em Nova York, e da região da Luz, em São Paulo". *EURE — Revista Latinoamericana de Estudios Urbano Regionales*, vol. 38, nº 115, setembro, pp. 137-58.

MARICATO, Ermínia (1996). *Metrópole na periferia do capitalismo: ilegalidade, desigualdade e violência*. São Paulo: Hucitec.

MONTEIRO, Patricia (2012). "Ocupação Mauá 340". Trabalho de conclusão de curso (Jornalismo), Pontifícia Universidade Católica de São Paulo.

NASCIMENTO, Abdias do; LARKIN NASCIMENTO, Elisa (2000). "Reflexões sobre o movimento negro no Brasil (1938-1997)". In: GUIMARÃES, Antonio Sérgio Alfredo; HUNTLEY, Lynn (orgs.). *Tirando a máscara: ensaios sobre o racismo no Brasil*. São Paulo: Paz e Terra.

NEUHOLD, Roberta R. (2009). "Os movimentos de moradia e sem-teto e as ocupações de imóveis ociosos: a luta por políticas públicas habitacionais na área central da cidade de São Paulo". Dissertação de mestrado (Sociologia), Universidade de São Paulo.

OLIVEIRA, Nathalia Cristina (2010). "Os movimentos dos sem-teto da Grande São Paulo (1995-2009)". Dissertação de mestrado (Ciência Política), Universidade Estadual de Campinas.

PACHECO, Marcelo (2012). "Consciências do direito: um estudo sobre as compreensões da legalidade no contexto do Projeto Nova Luz em São Paulo". Dissertação de mestrado (Direito), Universidade de São Paulo.

PATERNIANI, Stella Z. (2013a). "Política, fabulação e a ocupação Mauá: etnografia de uma experiência". Dissertação de mestrado (Antropologia Social), Universidade Estadual de Campinas.

_____ (2013b). "Ocupação Mauá e poder de fabulação: considerações a partir de uma atividade de formação". *Lugar Comum*, n° 40, Rede Universidade Nômade, pp. 171-87.

PERLONGHER, Néstor (2008 [1987]). *O negócio do michê: prostituição viril em São Paulo*. São Paulo: Fundação Perseu Abramo.

ROSSETTO, Rossella (2003). *Fundo Municipal de Habitação*. São Paulo: Instituto Pólis/PUC-SP (Observatório dos Direitos do Cidadão: Acompanhamento e Análise das Políticas Públicas da Cidade de São Paulo, 15).

RUI, Taniele Cristina (2012). "Corpos abjetos: etnografia em cenários de uso e comércio de crack". Tese de doutorado (Antropologia Social), Universidade Estadual de Campinas.

SAHLINS, Marshall (2001). *Como pensam os nativos*. São Paulo: Edusp.

TAMBIAH, Stanley (2013). "Múltiplos ordenamentos de realidade: o debate iniciado por Lévy-Bruhl". *Cadernos de Campo*, Revista dos Alunos de Pós-Graduação em Antropologia Social da USP, São Paulo, n° 22.

TATAGIBA, Luciana; PATERNIANI, Stella; TRINDADE, Thiago (2012). "Ocupar, reivindicar, participar: sobre o repertório de ação do movimento de moradia de São Paulo". *Opinião Pública*, vol. 2, n° 18, Campinas, CESOP/Unicamp, novembro, pp. 399-426.

THOMAZ, Paula (2011). "Eldorado dos Carajás, 15 anos depois", *Carta Capital*, 21/4, <http://www.cartacapital.com.br/politica/massacre-de-eldorado-dos-carajas-15- -anos-depois>.

TRINDADE, Thiago (2014). "Ampliando o debate sobre a participação política e a construção democrática: o movimento de moradia e as ocupações de imóveis ociosos no centro da cidade de São Paulo". Tese de doutorado (Ciências Sociais), Universidade Estadual de Campinas.

VILLAÇA, Flávio (1998). *Espaço intraurbano no Brasil*. São Paulo: Studio Nobel.

WARE, Vron (2004). "O poder duradouro da branquidade: 'um problema a solucionar'". In: WARE, Vron (org.). *Branquidade: identidade branca e multiculturalismo*. Rio de Janeiro: Garamond.

FILMOGRAFIA

VICENTE, Juliana; MARQUES, Luiza (2011). *Leva* (disponível em <https://www.youtube.com/watch?v=xn2um8xhc4o>).

Parte V
SEGREGAÇÃO E VIOLÊNCIA URBANA

13

Estrutura social, segregação e espaços

Eduardo Marques, Carolina Requena e Telma Hoyler

INTRODUÇÃO

A região metropolitana paulistana caracteriza-se concomitantemente por intensa segregação residencial e expressiva heterogeneidade espacial. Esse padrão é visível tanto se observamos a população distribuída por faixas de renda ou de escolaridade, quanto se considerarmos classificações ocupacionais. O tema foi vastamente explorado pela literatura desde os anos 1970 de forma narrativa, qualitativa ou monográfica por estudos clássicos como Camargo *et al.* (1976), Kowarick (1979), Bonduki e Rolnik (1982) e, mais recentemente, partindo dos dados do Censo de 2000 para construir índices de segregação aplicados a renda e escolaridade (Torres, 2005) ou a classificações ocupacionais diversas (Marques, Bichir e Scalon, 2012; Preteceille e Cardoso, 2008). Em parte, essa estrutura expressa um padrão mais geral presente nas cidades brasileiras e já explorado por estudos como Vetter *et al.* (1979) e Villaça (1998). Este artigo parte de dados dos censos de 1991, 2000 e 2010 para analisar a segregação residencial na metrópole, detalhando os padrões encontrados para duas regiões específicas — o centro histórico e a região Oeste. Essas regiões permitem iluminar processos recentes que caminham em sentido inverso, com a popularização do Centro e a elitização do Oeste. Em ambos os casos, entretanto, a heterogeneidade também se faz presente.

O capítulo é dividido em quatro partes, além da introdução e da conclusão. Na primeira, analisamos a dinâmica da estrutura social na década e o padrão geral de segregação residencial em 2000 e 2010 comparativamente, considerando classes ocupacionais. Na seção seguinte, desenvolvemos uma tipologia de espaços nos dois momentos censitários, de forma a capturar as mudanças espaciais. Na terceira parte, analisamos as áreas central e oeste, marcadas por intensas transformações. Ao final, resumimos os principais achados do trabalho.

A ESTRUTURA SOCIAL E A SEGREGAÇÃO

A segregação pode ser analisada considerando-se diversos indicadores, de forma a delimitar grupos sociais. Neste trabalho, usamos classificação social gerada a partir dos dados relativos às ocupações presentes nos Censos de 1991, 2000 e 2010 e classificados em Barbosa e Marschner (2013). A análise segue uma longa tradição de estudos na sociologia urbana que tentam operacionalizar o conceito de classes sociais partindo de agrupamentos de categorias ocupacionais (Preteceille, 1995). É utilizada a classificação EGP (Erikson, Goldthorpe e Portocarrero, 1979), construída a partir dos procedimentos de método registrados em Barbosa e Marschner (2013). Esta é baseada em uma combinação de distinções entre manual/não manual; de rotina/não de rotina; e de dimensões associadas à hierarquia e ao controle sobre os processos de trabalho.

A distribuição da população ocupada pelas classes EGP, de 1991 a 2010, é apresentada no Gráfico 1. Foram desconsideradas as classes rurais, pela pequena presença na metrópole. Como se vê, as classes mais frequentes são os trabalhadores manuais — qualificados e não qualificados, seguidos dos trabalhadores não manuais de rotina, níveis baixo e alto. Em um terceiro patamar estão os profissionais níveis alto e baixo. O gráfico ainda indica que os profissionais tendem a aumentar a sua participação, enquanto os trabalhadores manuais qualificados e os não qualificados reduzem suas presenças relativas, embora essas duas classes continuem sendo predominantes. Os trabalhadores não manuais de rotina nível alto tendem à manutenção ou a uma redução muito pequena que pode se dever à variação amostral, mas os não manuais de rotina nível baixo apresentam clara tendência de crescimento. Ao final do período os manuais não qualificados e os trabalhadores não manuais de rotina nível baixo se encontram quase em iguais proporções, o que em certo sentido é emblemático das transformações em curso na parte inferior da estrutura social. Os trabalhadores manuais qualificados, característicos do trabalho industrial fordista, também continuaram a ser proporcionalmente predominantes. O tamanho do grupo dos proprietários é muito pequeno e pode ser muito influenciado por variação amostral.

Esse resultado é amplamente contrário ao que seria de se esperar considerando as teorias que associam os processos de reestruturação produtiva com polarização social. Um resultado de polarização seria encontrado se as classes superiores, em especial proprietários e profissionais de nível alto, crescessem ao mesmo tempo em que trabalhadores não manuais de rotina e trabalhadores manuais qualificados diminuíssem e trabalhadores manuais desqualificados aumentassem. As transformações indicadas no gráfico são mais compatíveis com a ideia de profissionalização provocada pela reestruturação produtiva, associada a patamares elevados de produção industrial na Região Metropolitana de São Paulo (RMSP).

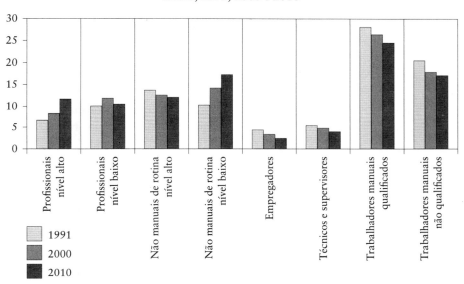

Gráfico 1
DISTRIBUIÇÃO DAS CLASSES EGP,
RMSP, 1991, 2000 e 2010

Fonte: Censos IBGE, 1991, 2000 e 2010, processados por Barbosa e Marschner (2013).

Importa-nos observar de que forma essa estrutura social se distribui no espaço. Desenvolvemos na sessão seguinte um exercício analítico de classificação espacial.

Tipos de espaços

De modo a explorar a estrutura social no espaço paulistano em 2010, assim como as transformações ao longo da década, construímos classificações de espaços a partir das classes. Para tanto, a distribuição das classes EGP nas áreas de ponderação em 2000 e 2010 foi submetida a análises fatorial e de cluster. Esse procedimento gerou tipos de áreas considerando a composição de classes ali presente, e a utilização conjunta da distribuição dos grupos para os dois Censos gerou uma classificação para os dois momentos simultaneamente, garantido a comparabilidade.

Primeiramente foi realizada análise fatorial da distribuição das classes nas áreas com os dados dos dois Censos no banco de dados com 1.266 casos.[1] O primeiro fator se associava de forma forte (e positiva) à presença de proprietários e profissionais e negativamente aos trabalhadores manuais. O segundo fator se encontrava associado principalmente com técnicos e supervisores e com não manuais de rotina, níveis alto e baixo.

Em seguida foi realizada análise de cluster das áreas segundo esses dois fatores, obtendo-se cinco grupos. O exercício permitiu classificar as áreas em 2000 e 2010, mas apresentamos a seguir apenas a classificação de 2010.[2] Como se pode ver, à medida que trafegamos do 1 ao 5, os grupos apresentam proporções decrescentes de classes superiores (proprietários e profissionais), e crescentes de trabalhadores manuais. As classes intermediárias tendem a aparecer mais fortemente nos grupos intermediários, caracterizados por conteúdos mistos, mas com baixa presença relativa dos grupos superiores.

O conjunto dos indicadores médios dos grupos permite que os caracterizemos como se segue.

1) Espaços das elites

Eram caracterizados pela elevada presença de proprietários e profissionais (68%), com renda muito alta (quatro vezes a média da metrópole) e escolaridade elevada. A presença de crianças era baixa e a de pessoas autoclassificadas como pretas ou pardas um quarto da média da metrópole. Os trabalhadores manuais tendiam a ser residuais — 12,5. Esses espaços incluíam majoritariamente apartamentos (69,5), densidade domiciliar baixa e acesso a infraestrutura quase completa (coberturas maiores do que 96% para todos os serviços urbanos). Esses espaços representavam claramente as áreas ocupadas pelos grupos sociais superiores. Perderam população na década de 1990 com taxas médias negativas de -1,1% ao ano, mas inverteram as taxas e cresceram a 1,1% ao ano nos anos 2000.

2) Espaços das classes médias-altas

Os proprietários e profissionais também eram predominantes, mas já não majoritários — 48,1%. Além disso, esses espaços alojavam proporções

---

[1] A análise sugeriu uma grande concentração do fenômeno em dois fatores com autovalor superior à unidade, que explicam 78,9% da variância.

[2] As classificações dos dois anos são comparadas em Marques (2013).

Tabela 1
DISTRIBUIÇÃO PROPORCIONAL DAS CLASSES POR GRUPOS, RMSP, 2010

	A	B	C	D	E	F	G	H	I	J	K
1) Espaços das elites	47	1.346.324	6,9	8,7	38,5	20,8	10,0	7,0	2,3	5,0	7,5
2) Espaços das classes médias-altas	53	1.711.317	8,7	6,2	24,4	17,5	13,7	13,5	3,2	12,7	8,6
3) Espaços médios misturados	136	4.325.736	22,1	2,4	13,3	13,4	15,4	17,3	4,8	21,0	12,1
4) Espaços médios-baixos misturados	214	7.029.647	35,9	1,2	6,3	7,7	11,8	19,2	4,1	28,1	20,2
5) Espaços dos trabalhadores manuais	183	5.188.244	26,5	0,5	3,4	4,8	9,0	18,5	3,9	34,4	24,5
Total	633	19.601.268	100,0	2,2	10,9	9,9	11,8	17,2	4,0	25,4	17,8

Legenda:
A) Número de áreas de ponderação
B) População
C) População (%)
D) Proprietários e empregadores (%)
E) Profissionais nível alto (%)
F) Profissionais nível baixo (%)
G) Não manuais de rotina nível alto (%)
H) Não manuais de rotina nível baixo (%)
I) Técnicos e supervisores (%)
J) Manuais qualificados (%)
K) Manuais não qualificados (%)

Fontes: CEM e cálculos dos autores, a partir de dados do IBGE.

acima da média de trabalhadores não manuais de rotina nível alto — 13,7%, totalizando 61,8% dessas classes na sua população. A renda era média-alta, mas muito inferior à dos espaços da elite (a renda média era pouco mais da metade da dos espaços anteriores). Esses espaços também se apresentavam predominantes como de apartamentos (43,9%) e condomínios (2,8%, a mais alta presença entre os grupos) e completa infraestrutura (praticamente igual à do grupo anterior). Essas áreas também apresentaram queda nos anos 1990 — taxas negativas de -0,7% ao ano em média — e também recuperaram o crescimento nos anos 2000 — 1,2% aa.

3) Espaços médios misturados

Esses espaços tinham características próximas da média da metrópole em quase todos os indicadores, mas proporções levemente acima da média de profissionais, trabalhadores não manuais de rotina nível alto e técnicos e supervisores. A proporção dessa última classe é a mais alta em toda a metrópole. Certamente representavam áreas misturadas, mas com predominância de classes médias e também presença de grupos superiores. Os indivíduos autodeclarados pretos e pardos eram 29% da população. Em termos gerais, suas características eram um pouco superiores à média em termos de composição social. Os apartamentos são amplamente minoritários — apenas 22% da população, mas as condições urbanas continuam bastante elevadas e a infraestrutura próxima da universalização. Apresentaram quase estabilidade demográfica nos 1990 — taxa média negativa de 0,1% aa, e crescimento bastante reduzido nos anos 2000 — taxa média de 0,5% aa.

4) Espaços médios-baixos misturados

Áreas com predominância de trabalhadores manuais (qualificados e não), mas também não manuais de rotina nível baixo e técnicos. Essas quatro classes totalizavam 71,6% da população. Esses espaços apresentam a mais elevada presença de trabalhadores não manuais de rotina nível baixo — 18,5%. A renda relativa era entre média e baixa. Tratava-se de áreas com características sociais mistas entre classes médias e grupos sociais baixos e com elevada presença de pretos e pardos — 44%. A forma predominante de habitação eram casas (apenas 9% de apartamentos) e os setores subnormais eram mais frequentes do que a média da metrópole. Esses espaços tiveram crescimento alto nos anos 1990 — 2,8% aa — e continuaram crescendo nos anos 2000 — 1,1% aa. As condições de infraestrutura eram próximas da média metropolitana ou até melhores do que ela para a maior parte dos indicadores.

5) Espaços dos trabalhadores manuais

O último grupo apresentava uma elevada predominância de trabalhadores manuais qualificados e não qualificados — 58,9%. A única outra classe com proporção superior à média metropolitana era a dos trabalhadores não manuais de rotina, nível baixo, com 18,5%. A renda era muito baixa. A população morava quase sempre em casas (91,7%) e os moradores de setores subnormais, muito presentes. Indivíduos autodenominados pretos ou pardos eram predominantes — 51,7% (único tipo de espaço com essa predominância na metrópole), e jovens eram abundantes. Essas áreas experimentaram explosão demográfica nos anos 1990 — 6% aa, e continuaram crescendo nos anos 2000 — 1,9% aa. As condições de infraestrutura eram muito precárias em quase todos os indicadores — 72% dos domicílios com banheiros de uso exclusivo, 72% com lixo coletado e 73% dos domicílios tinham acesso a serviços de energia elétrica com medidor individualizado. Este é o único espaço onde todos os indicadores de cobertura se apresentam inferiores à média (por vezes substancialmente), e os indicadores do entorno das habitações também indicavam condições muito precárias.

O Mapa 1 a seguir mostra a distribuição das classes na RMSP segundo os tipos de espaço de 2000. A primeira observação interessante a fazer é notar a maior heterogeneidade da distribuição das classes no Centro Expandido do que usualmente observada quando se considera apenas a renda. Como era de se esperar, o espaço das elites se encontra fortemente concentrado a sudoeste do Centro Expandido. A sudeste dessa região pode-se ver o espraiamento dos espaços de elite na direção dos centros dos municípios mais ricos da região do ABC Paulista — São Caetano, Santo André e, em menor proporção, São Bernardo do Campo. No entorno dessa área de elite, regiões de classes médias operam uma transição para as áreas periféricas, com significativa heterogeneidade.

No espalhamento dessa região a sudoeste pode-se observar claramente a favela de Paraisópolis como um espaço de trabalhadores manuais enclavado no território contínuo das elites. E entre as duas manchas contínuas mais escuras — a sudoeste do Centro Expandido e junto à fronteira com o município de São Caetano — localiza-se outro espaço manual e médio-baixo misturado, o complexo de favelas Heliópolis/São João Clímaco. Trata-se dos únicos casos de microssegregação de toda a região central, não por acaso as únicas duas favelas de grande porte presentes no Centro Expandido de São Paulo.

Estrutura social, segregação e espaços

Mapa 1
DISTRIBUIÇÃO DOS GRUPOS,
RMSP, 2000

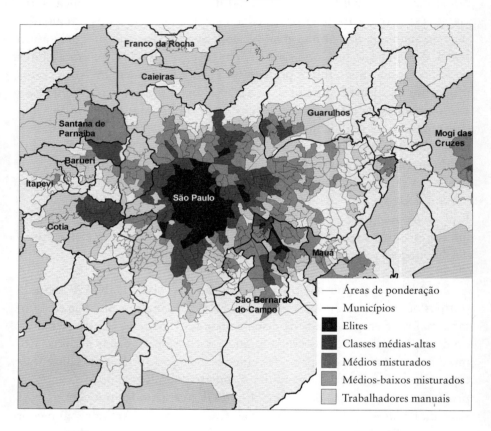

Fontes: CEM e cálculos dos autores, a partir de dados do IBGE.

A leste e a norte da mancha mais extensa da elite se destacam as regiões do Tatuapé e de Santana também como espaços de elite, embora de pequenas dimensões. A nordeste e a leste, o centro de Guarulhos e de Mogi das Cruzes aparecem como espaços médios-altos. A oeste, a região dos residenciais fechados sobressai classificada como média-alta em Santana do Parnaíba e elite em Barueri (condomínios Alphaville e Tamboré), mas também como uma área em parte do município de Cotia (condomínios Granja Viana e desdobramentos).

Mapa 2
DISTRIBUIÇÃO DOS GRUPOS,
RMSP, 2010

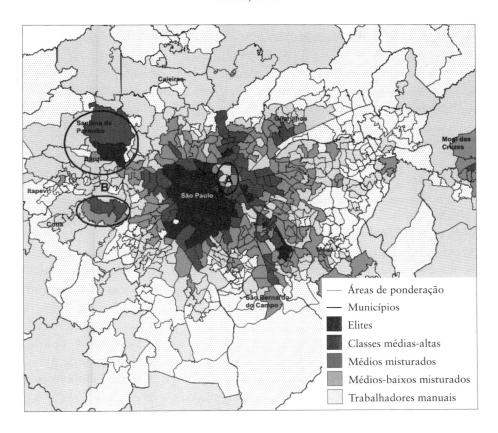

Fontes: CEM e cálculos dos autores, a partir de dados do IBGE.

O Centro Histórico aparece como espaço predominantemente médio-baixo misturado e manual. As regiões mais periféricas correspondem predominantemente a espaços médio-baixo misturados e manuais, embora com descontinuidades espaciais e substancial presença de espaços médios misturados, em especial a Zona Leste do município de São Paulo.

O Mapa 2 apresenta a mesma informação para os grupos de 2010. A configuração geral dos espaços é similar, mas é possível observar importantes mudanças, destacadas no mapa.

As principais tendências de mudança podem ser resumidas como se segue:

Estrutura social, segregação e espaços

1) Expansão da mancha de elite do Centro Expandido: a mancha central de elite junto ao Centro aumentou em direção ao sudeste sobre áreas antes classificadas como média-altas em direção ao ABC Paulista. O mesmo se deu na direção oeste e sudoeste e a norte e noroeste da mancha. Não há efeitos expressivos identificáveis das Operações Urbanas, nem das avenidas Faria Lima/Berrini;

2) Popularização do centro histórico: no centro histórico, uma quantidade maior de áreas apresentava características de médias misturadas e agora tem conteúdos médios-baixos misturados sendo, portanto, mais populares do que antes (marcada como "A");

3) Residenciais fechados concomitantes com continuidade de periferização: no oeste da região, uma área em Barueri transitou para espaço de elite, enquanto outras nesse mesmo município, em Santana do Parnaíba e em Cotia se tornaram médias-altas (marcadas como "B"). Outras áreas a oeste fizeram o caminho inverso ao migrar de médias-altas misturadas para médias misturadas. No extremo sudoeste do município de São Paulo, áreas antes classificadas como médias-baixas misturadas se tornaram manuais, ao mesmo tempo em que outras fizeram o caminho contrário. Em Guarulhos, vários espaços se tornaram mais populares, não muito longe das áreas em elitização já destacadas.

Portanto, processos de expansão da região mais rica da cidade, de empobrecimento das áreas centrais e de elitização e de periferização de áreas periféricas coexistem ao longo da década, tornando a estrutura da metrópole ainda mais complexa, apesar da permanência da segregação.

As regiões do centro histórico e da região Oeste da metrópole, entretanto, apresentam tendências de transformação invertidas de popularização e elitização, sendo analisadas em detalhes na sessão que se segue.

Espaços em detalhes:
centro histórico e condomínios a Oeste

A análise detida dos espaços do Centro e do Oeste põe a teste algumas teses consolidadas sobre São Paulo, como a ideia de que o Centro foi abandonado pelos ricos ou de que as periferias metropolitanas são homogêneas (e pobres). Como veremos, o Centro apresenta conteúdos sociais e tipos de habitação bastante variados e relativamente integrados em termos da construção do espaço urbano. Por sua vez, os residenciais fechados ou condomínios a Oeste garantem a autossegregação física de populações de rendas altas e médias, que se apartam de habitantes mais pobres por muros, portarias com controle de entrada e sistema de policiamento privado.

O Mapa 3 delimita os recortes adotados para o estudo dessas duas regiões. O recorte do Centro inclui os 14 distritos que fazem parte das subprefeituras Sé e Pinheiros. Para o recorte do Oeste, foi separada a sub-região micro-oeste da RMSP e, então, excluídos municípios que não integram o circuito imobiliário de residenciais/condomínios fechados.

Mapa 3
SELEÇÕES DO CENTRO E DO OESTE DA RMSP

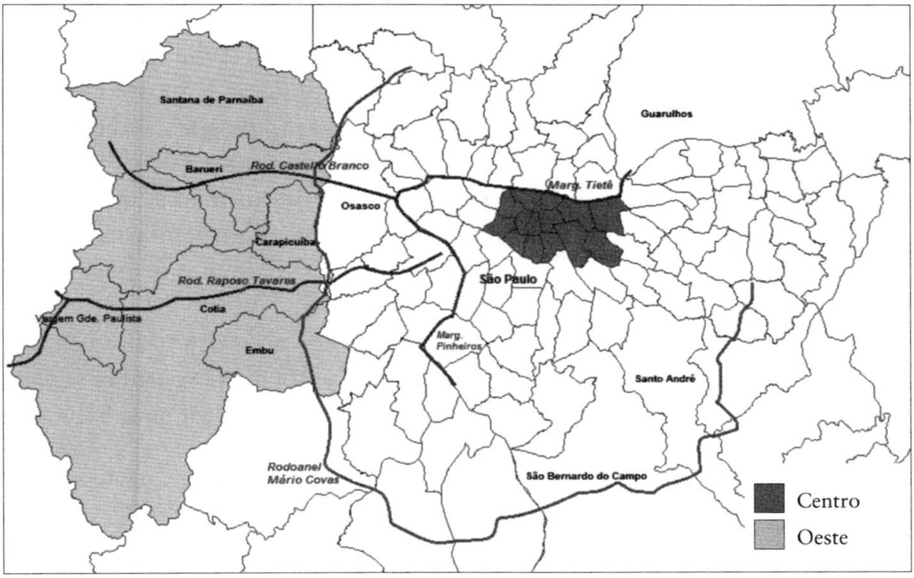

Fonte: Elaboração dos autores com base em cartografia do CEM.

O CENTRO HISTÓRICO

Corroborando as informações censitárias, a tendência de popularização do Centro pode ser expressa no recente incremento, embora tímido, das formas de moradia disponíveis nessa região para a população de menor renda. Seu padrão interno de segregação caracteriza-se por relativa integração, observada pela proximidade entre apartamentos voltados para a elite e cortiços em um mesmo território historicamente delimitado. A integração é relativa porque a apartação social não desaparece.

A despeito do deslocamento das principais atividades econômicas da cidade para o vetor sudoeste, não ocorreu o esvaziamento do Centro, mas um reordenamento das suas dinâmicas populacional, imobiliária e econômica (Garcia e Cruz-Moreira, 2004; Itikawa, 2006; Bessa, 2004). O avanço demográfico por meio de habitações autoconstruídas para áreas mais periféricas da cidade manteve sempre uma tensão com a região central, que continuou a concentrar infraestrutura urbana, serviços, oferta de empregos e ampla provisão de transporte público. Essa tensão é exemplificada na opção de alguns indivíduos e famílias pela moradia central mesmo que em prédios invadidos ou em minúsculos cômodos insalubres em troca dos benefícios proporcionados pelas amenidades urbanas disponíveis nessa região.

Isso nos leva a investigar a atual conformação da habitação na região central, um dos componentes analíticos da segregação. A aposta em olhar para os tipos de habitação ampara-se na constatação de que a cobertura de serviços urbanos (coleta de lixo, água e esgoto em rede) e as variáveis de entorno domiciliar medidas pelo Censo 2010 são praticamente universalizadas ou muito semelhantes, não apresentando resultados significativos para a compreensão das condições em que habitam os diferentes grupos sociais no Centro.

As subseções a seguir atualizam o registro dos tipos de moradia na área central, focando quatro formas de habitação associadas a grupos sociais distintos — prédios desocupados, cortiços, produção pública para habitação de interesse social e produção via mercado.

Prédios (des)ocupados e reformados

Não raro se noticia que no Centro é grande o número de prédios desocupados em função de situações complicadas de propriedade e titulação, além dos casos de dívidas de IPTU, que restringem as transações legais dos imóveis. O levantamento mais recente de imóveis desocupados na região central aptos para fins habitacionais foi elaborado em 2009 pela FUPAM/USP. Identificou-se 53 edificações aptas a serem transformadas em habitação, sugerindo que a disponibilidade oficial é menor do que a observação transeunte sugere. Existem muitas edificações estruturalmente inaptas para a reforma segundo o regramento oficial e alguns prédios muito pequenos, cujo restauro seria ineficiente face aos custos de laudos técnicos, projetos e obra.

Segundo o relatório, as ocupações se concentraram entre 1997 e 2000, totalizando 30 prédios ocupados e envolvendo cerca de 3.673 famílias. No período 2001 a 2006 foram realizadas 14 ocupações de grande proporção, envolvendo um montante maior de famílias, que totalizaram 6.004. Do total desses imóveis, 4 eram públicos e 15 de propriedade privada.

O relatório ainda informa que dentre os imóveis ocupados, 10 já foram reformados ou estão com obras em andamento para transformar-se em Habitação de Interesse Social (HIS). Dentre os processos em negociação com o poder público para viabilização de projetos habitacionais, consta também o envolvimento da CDHU, aumentando a complexidade da execução, visto que isso envolve transferência de bens e uma articulação entre órgãos públicos dos níveis municipal, estadual e federal.

Cortiços

Trata-se de habitações coletivas de aluguel, subdivididas ilegalmente em vários cômodos alugados, onde a parte não edificada é compartilhada. Cortiços tem sido uma solução habitacional para a população de baixa renda no Centro desde o começo do século XX. Inicialmente fechados na tentativa de elitização do espaço, voltaram a aparecer em consequência de deterioração urbana e da desvalorização pontual de alguns imóveis mais antigos e abandonados pelos proprietários.

Vistos como um mal a ser erradicado, até 1985 a política para cortiços empreendida pela prefeitura era a remoção. Alguns avanços foram obtidos na administração Erundina (1989-1992), resultando na construção de dois conjuntos habitacionais pelo sistema de mutirão, o Madre de Deus (48 unidades) na Mooca e o Celso Garcia (192 unidades) no Brás. A recuperação da Vilinha 25 de Janeiro foi iniciada na gestão Erundina e concluída 10 anos depois, na gestão Marta Suplicy. Apesar dessas iniciativas, as intervenções nos cortiços da área central foram feitas sempre de forma tópica, com grande dificuldade de um procedimento sistemático (Bianchini e Schicchi, 2009).

Estudos etnográficos realizados em cortiços da área central informam que oportunidades de trabalho, acesso a serviços públicos e redução do desgaste de longos deslocamentos em transporte público precário constituem o tripé que torna vantajoso habitar cortiços. Nesse tipo de habitação é preciso conviver com a falta de iluminação e ventilação, a pequena dimensão, a alta densidade, a insalubridade dos espaços e com brigas e barulhos de vizinhos. Em função da excessiva proximidade com a vizinhança, é grande a rotatividade de moradores, ao mesmo tempo em que se constituem laços locais de solidariedade (Kowarick, 2009).

Quantitativamente, contudo, os estudos de cortiços são menos conhecidos, de modo que serão apresentadas a seguir algumas informações que contribuem com o dimensionamento desse tipo habitacional no Centro. Diante da defasagem das informações a respeito da quantidade e qualidade de imóveis nessas circunstâncias, em 2009 a Secretaria de Habitação fez um novo mapeamento e vistoria nos cortiços, elencando dados gerais do imóvel, condições edilícias e dados socioeconômicos da população.

Foram encontrados 1.091 cortiços em funcionamento nas subprefeituras Sé e Mooca, com uma média de 10,84 famílias por cortiço, totalizando 19.900 moradores. Quase todos os cortiços funcionam em casas ou sobrados edificados principalmente entre os anos 1930 e 1940 na Sé e entre 1950 e 1960 na Mooca. Desse total, foram identificados 870 imóveis que solicitam reformas mais simples para se adequarem às exigências da Lei Moura[3] e 91 imóveis necessitam de intervenção imediata sob o risco de morte da população residente.

Os distritos do Brás, Belém, Liberdade e Bela Vista destacam-se na quantidade de imóveis encortiçados e no número de famílias que se encontra nesse tipo de moradia, conforme a Tabela 2.

Em relação à Mooca, a subprefeitura da Sé possui mais cortiços, mais famílias encortiçadas e maior densidade por cortiço. Além disso, os imóveis desta subprefeitura encontram-se em estágio mais avançado de deterioração. No que toca às características socioeconômicas, a população encortiçada em ambas as subprefeituras é bastante semelhante: 88% ganha até 3 salários mínimos, 38% dos imóveis possuem de 6 a 10 cômodos. Trata-se de uma população de baixa escolaridade, primordialmente jovem, predominantemente masculina, e quando a família possui filhos, o mais comum é somente uma criança.

Estudos anteriores foram realizados pela Fundação Seade e pela FIPE, mas a falta de sistematicidade na coleta desse dado, as diferentes metodologias adotadas e a mudança na divisão regional administrativa da cidade impedem uma comparação precisa de como mudou ao longo do tempo a população encortiçada.

Os cômodos, em média de 12 m², são alugados pelos locatários porque é uma opção bastante econômica em termos absolutos, mas o preço médio praticado, de R$ 21/m² é relativamente muito alto. Trata-se de um ganho substantivo para quem loca ou subloca cômodos (Kohara, 1999). Para fins comparativos, no Centro, o preço relativo do aluguel no mercado formal (que possui condições mínimas de salubridade) varia de R$ 15,46 a R$ 27,81

---

[3] A Lei Moura de 1991 flexibilizou exigências do Código de Obras e Edificações, mas manteve padrões mínimo de salubridade.

a depender das condições do imóvel, do número de dormitórios e das condições do mercado.[4]

Tabela 2
NÚMERO DE IMÓVEIS E FAMÍLIAS ENCORTIÇADAS
POR DISTRITOS CENTRAIS

Subprefeitura	Distrito	Imóveis	%	Famílias	%
Sé	Bela Vista	153	15	1.750	19
	Bom Retiro	77	8	480	5
	Cambuci	51	5	406	4
	Consolação	-	-	-	-
	Liberdade	136	14	1.214	13
	República	46	5	459	5
	Santa Cecília	101	10	1.125	12
	Sé	37	4	298	3
Mooca	Água Rasa	15	2	96	1
	Belém	115	12	994	11
	Brás	158	16	1.858	20
	Carrão	-	-	-	-
	Mooca	60	6	365	4
	Pari	44	4	316	3
	Tatuapé	3	-	15	-
	Vila Formosa	-	-	-	-
	Vila Prudente	-	-	-	-
Total		996	100	9.367	100

Fonte: Pesquisa para o Programa de Cortiços da PMSP (2005-2010).
Observação: o total de 996 cortiços computados na tabela desconta do total de 1.091 os imóveis identificados como cortiços mas não vistoriados até o momento do relatório.

Habitação de Interesse Social/
Habitação de Mercado Popular (HIS/HMP)
Outras modalidades habitacionais que possibilitam a moradia popular no Centro são as HIS/HMP, que operam pela flexibilização de parâmetros construtivos para padrões de unidade habitacional de baixa renda, esperando que o empresário repasse ao preço final de venda o desconto da outorga onerosa do direito de construir que obtém (no caso de HMP, isso ocorre somente dentro do perímetro de uma Zona Especial de Interesse Social). Constituem HIS, unidades destinadas a famílias com renda menor ou igual

---

[4] Secovi, Pesquisa Mensal de Valores de Locação Residencial, maio de 2013.

Estrutura social, segregação e espaços

a 6 salários mínimos, constituídas por 1 sanitário, até 1 vaga na garagem e área útil total máxima de 50 m². Os parâmetros construtivos dos HMP são mais amplos: destinam-se a famílias de até 16 salários mínimos, podem ter até 2 banheiros, 1 vaga na garagem e sua metragem limite é 70 m² (há, ainda, especificações de gabarito e outros parâmetros de pé-direito).

Por meio da Lei da Transparência[5] foi possível ter acesso aos dados de alvará de aprovação de edificação de HIS/HMP. De janeiro de 2002 a julho de 2013 foram concedidos 301 alvarás de aprovação de edificações desse tipo em todo o município. No Centro, apenas 46 alvarás foram concedidos, com grande concentração no distrito do Cambuci (12 alvarás), seguido da Mooca (6) e Bela Vista (6). Os anos de 2007 e 2010 concentraram maior quantidade de alvarás expedidos para a região central, mas os dados não sugerem um padrão de crescimento constante ao longo do tempo. Adicionalmente, entre janeiro de 2010 e julho de 2013 foram construídos cinco empreendimentos do Programa Minha Casa Minha Vida (PMCMV).

Como se trata de políticas recentes, não há parâmetro de comparação com a década anterior, mas os dados sugerem uma tendência discreta de aumento da moradia — em boas condições — para população mais pobre no Centro. Medidas de compatibilização entre normas do PMCMV e de tais instrumentos urbanísticos e a criação da Subcomissão de Análise Integrada de HIS, que agiliza a aprovação desses projetos, recentemente realizadas na gestão Haddad, confirmam essa tendência.

Lançamentos imobiliários do mercado formal

Relativamente, a atual dinâmica dos lançamentos imobiliários no Centro é menos aquecida, visto referir-se a uma área consolidada e altamente verticalizada. Ainda assim, tem-se dito que o "Centro é a bola da vez", jargão do setor que expressa o interesse do mercado pela alteração da ocupação do solo em determinada região. Os dados sugerem aumento recente da produção, embora afirmações mais precisas devam considerar o comportamento cíclico do setor. O tempo de maturidade da urbanização na região leva a considerar a estrutura fundiária e o histórico da incorporação como fatores relevantes para se compreender o padrão de segregação.

A produção e a comercialização de apartamentos em São Paulo começaram no Centro e de forma tímida, visto que o tipo de produção imobiliária era inicialmente rentista (Bonduki, 1998). Foi somente em 1942, com o

---

[5] Lei n° 12.527/2011.

congelamento dos aluguéis pela Lei do Inquilinato, que a incorporação imobiliária passou a se destacar de modo acentuado.

Inicialmente os apartamentos eram desenhados para atender à classe média, que começou a adensar verticalmente o entorno dos distritos Sé e República em função do aumento dos preços fundiários (Somekh, 1987). Nos anos 1950 foram produzidos no modelo de quitinete, que, por serem pequenos e mais baratos, possibilitavam a apropriação de uma localização central por uma classe de mais baixa renda. Não demorou muito, contudo, para que ocorresse um impedimento legal para a construção desse produto (Somekh, 1987). Foi somente numa etapa seguinte que a classe alta começou a deixar os casarões e adotar essa forma de moradia no Centro. Evidência disso é que o bairro de Higienópolis, o de maior renda no Centro, contava ainda com inúmeras mansões unifamiliares implantadas em grandes lotes quando a verticalização no restante do Centro teve início.

Na fase recente de consolidação do bairro de Higienópolis, que é o mais rico do Centro e quase completamente verticalizado, Homem (1980) registra a adoção de novas tendências imobiliárias por parte dos empreendedores, que começam a se distanciar da atenção antes dedicada à ligação visual e urbanística existente entre os espaços interno e externo aos edifícios desse bairro (Macedo, 2012). A ligação visual remanescente não significa, contudo, ausência de segregação de Higienópolis em relação ao restante do Centro, visto tratar-se de uma região com homogeneidade socioeconômica concomitante à heterogeneidade em relação aos demais espaços desse território. Por outro lado, não há barreiras físicas tão claras quanto as presentes nos residenciais fechados a Oeste analisados na seção a seguir. A segregação deste reduto muito rico na região central ocorre pela diferença de moradia e de circuitos sociais ao mesmo tempo em que a integração urbanística e cultural à região central favorece a interação.

Em termos de heterogeneidade, os dados da Empresa Brasileira de Estudos do Patrimônio[6] mostram que os distritos em questão apresentam um tamanho médio de unidade habitacional de 99 m^2, contra os 106 m^2 médios na RMSP. Essa tendência central esconde as diferenças entre bairros como República, Bela Vista e Brás, que possuem 52 m^2 como tamanho médio. O preço relativo também tem grande dispersão. Embora a média do preço por

---

[6] Embraesp é a empresa que coleta e sistematiza informações dos lançamentos imobiliários da RMSP. Os dados médios são da série histórica 1985-2012 e os preços foram atualizados para valores de julho de 2013 pelo IGP-DI.

Estrutura social, segregação e espaços

metro quadrado seja de R$ 5.186,82, esse valor tem variação de R$ 4 mil/m² no Pari a R$ 8 mil/m² na Consolação.

Exceção feita à década de 1990, em geral a variação do preço médio do m² no Centro acompanhou a dinâmica dos preços no restante da cidade, conforme indica o Gráfico 2. Nessa ilustração também é possível comprovar que os preços do m² de áreas centrais sempre estiveram acima dos preços praticados na cidade como um todo, mas a diferença que era pequena durante toda a primeira década dos anos 2000 passa a aumentar a partir de 2009, como um reflexo do aumento da demanda por solo urbano nesse território. Os preços relativos na cidade e no Centro também se encontram em momento de ascensão da curva.

Gráfico 2
NÚMERO DE APARTAMENTOS LANÇADOS NO CENTRO
E PREÇO DO METRO QUADRADO (R$/m²)

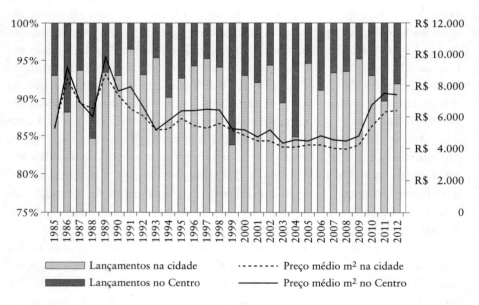

Fonte: Elaboração própria com base nos dados da Embraesp (2012).

Os dados da Embraesp sugerem que a produção imobiliária na região teve grande incremento desde 2007, apresentando em 2011 um número de unidades lançadas superior ao dos anos 1980, quando a verticalização dos bairros estava iniciando seu declínio. Já em 2012, o número de unidades lançadas foi bem mais discreto, carecendo de informações mais recentes para verificarmos se o dado é um novo ponto de inflexão ou uma oscilação passageira. A série histórica também mostra que, embora nos anos 1990 o mercado imobiliário no Centro estivesse operando num patamar baixo, não houve um período de completa estagnação desde que as classes média-alta e alta migraram para outras regiões da cidade.

Outra maneira de olhar a produção imobiliária do Centro é relativamente ao restante da cidade. Conforme ilustra o Gráfico 2, a participação dos lançamentos vem aumentando desde 2009, tendo alcançado 10% da produção imobiliária da cidade em 2011. Esse número, contudo, já foi maior, por exemplo em 1999 (17%) e 2005 (15%). Diante disso, afirmar ser o Centro "a bola da vez" causaria a equivocada impressão de que a incorporação está acontecendo mais intensamente nessa localidade, quando na verdade a incorporação no Centro está mantendo patamares relativos médios. Em termos absolutos, conforme dito, houve incremento do número de lançamentos, mas esse número cresceu no Centro porque cresceu na cidade como um todo.

De 2009 a 2012, os dados mostram crescimento significativo no número de lançamentos em distritos de menor renda (Censo 2010), os quais na década anterior haviam sido alvo de poucos ou de nenhum empreendimento. Esse é o caso principalmente dos distritos Bom Retiro, Pari e República, cujos empreendimentos lançados nesses três anos significam respectivamente 91,37%, 73,81% e 50% de toda a sua produção imobiliária desde 1985, contra apenas 12% na Consolação e 24% na Bela Vista para o mesmo período. Importa, portanto, investigar o perfil dos apartamentos a fim de verificar se há indícios de uma situação de gentrificação em vez de aumento da moradia para população de mais baixa renda.

A identificação do público-alvo dos produtos imobiliários na região central é uma tarefa mais complexa do que em outras partes da cidade, pela diversificação dos produtos imobiliários ali existentes. Nesse caso, o tamanho dos apartamentos não é necessariamente correlacionado à disponibilidade de renda do comprador, não sendo raro encontrar um imóvel do tipo "studio", de 25 m², sendo vendido pelo preço total de R$ 403,5 mil na Bela Vista, ou um apartamento de 120 m² comercializado por R$ 544 mil no Pari. A comparação somente por preço do m² também não é ideal para a região, em vista da ocorrência da produção para faixas de renda mais econômica, de empreendimentos menores, mas com um preço por m² elevado e um preço final acessível. Diante disso, a opção desta análise foi incluir o conjunto das características dos empreendimentos (número de dormitórios, banheiros, vagas, área útil, preço de venda).

Estrutura social, segregação e espaços

Nos distritos de Água Rasa, Belém, Bom Retiro, Brás, Cambuci, Liberdade, Mooca, República e Pari os apartamentos lançados permaneceram, após 2009, na média, com as mesmas características: 2 dormitórios, 1 banheiro, 1 vaga na garagem. Já a área útil média da unidade diminuiu e aumentou o preço relativo do m^2, embora o preço final de venda tenha permanecido próximo a R$ 450 mil.

Nos distritos de maior renda — Consolação, Santa Cecília e Tatuapé — a diminuição da metragem traduziu-se também em redução da média de dormitórios, banheiros e garagens. O preço médio do m^2 de área útil aumentou e o preço médio de venda das unidades diminuiu sensivelmente.

As informações sobre os lançamentos residenciais (Embraesp, 2013) dos distritos de menor renda da área central não sugerem, portanto, troca populacional por uma mudança no perfil da produção recente, embora sejam recomendados estudos qualitativos que identifiquem com precisão as antigas ocupações dos terrenos incorporados recentemente nesses distritos.

Residenciais fechados na região Oeste

A região Oeste da metrópole engloba dois polos dos autodenominados "residenciais fechados". O complexo Alphaville-Tamboré se localiza ao norte da letra B no Mapa 2, ao longo da rodovia Castello Branco. Ao sul de B, às margens da rodovia Raposo Tavares, estão a Granja Viana e seus desdobramentos. Como vimos naquele mapa, a região de Alphaville-Tamboré é a única fora da capital habitada por elites e está rodeada de espaços médios-baixos misturados e de áreas habitadas por trabalhadores manuais. Da mesma forma, uma porção da Granja Viana, reduto de classes médias-altas segundo nossa classificação dos espaços sociais, é contornada por esses dois tipos de espaços. A literatura de caráter etnográfico acerca desses polos sugere conteúdos sociais e urbanísticos distintos.

Trivelato (2006) divide o polo de residenciais da Raposo Tavares em Granja Nobre (margem direita da rodovia, sentido SP-interior) e Granja Pobre (margem esquerda). A Granja Nobre subdivide-se em Nobre-Velha (onde vive a população "granjeira" ou original, em grandes lotes sem formato predefinido e casas "campestres" antigas) e Nobre-Nova (reduto dos chamados "granjolas", habitantes de alta renda mais recentes, em residenciais fechados parcelados pela incorporação imobiliária profissional).

Já Alphaville e Tamboré, ao norte, foram constituídos de forma semelhante entre si, ainda que por incorporadores diferentes. Sacchi (2003) registra a concepção e a implantação do empreendimento Alphaville (e Aldeia da Serra)[7] entre meados dos anos 1970 e a década de 1980, revelando a presença repetida dos conceitos de segurança e serviços condominiais, além do loteamento padronizado dos terrenos. Tamboré, constituído pela Tamboré S/A nos anos 1980, nasceu em moldes parecidos. Dessa forma, os residenciais à beira da Castello Branco nasceram murados, com cancela para controle de entrada e policiamento privado. Houve alguma alteração recente no tipo de moradia, com intensificação da presença de apartamentos, porém sem abandonar a segregação física.

Apesar das diferenças, os dois polos são exemplos de microssegregação na RMSP na medida em que, a um só tempo, detêm conteúdo interno homogêneo e são heterogêneos em relação a áreas vizinhas. Além disso, dados etnográficos indicam que os casos de Alphaville-Tamboré e de alguns residenciais da chamada Granja Nobre-Nova acumulam a característica da autossegregação do tipo "cidadela",[8] em que barreiras são instaladas para impedir a entrada de não residentes. Essas barreiras incluem muros de mais de 3 metros de altura e portarias com sistema de vídeo, coleta de dados, cancelas e, em alguns casos, dilaceradores de pneus. Internamente aos residenciais, há rondas feitas pela segurança privada e interfones para chamadas de emergência (*call box*).

A chamada Granja Velha, loteada sem intermédio da incorporação profissional desde os anos 1940, não se constituiu nos moldes de cidadela em sua origem. Foi a partir de parcelamentos pela incorporação profissional na década de 1980 que se seguiram solicitações de fechamento de ruas e quadras com muros e guaritas, o que configurou os primeiros "bolsões residenciais" da região, concomitantemente à introdução da Granja Viana Nobre-Nova (Trivelato, 2006). Segundo essa autora, a normatização de empreendimentos de tipo "condomínio fechado" junto à prefeitura de Cotia saltou de duas para mais de vinte ocorrências entre 2005 e 2006. A diferença real entre "bolsões" e "condomínios" estaria somente na padronização dos lotes e na obrigatoriedade de adequação arquitetônica das casas, trâmi-

---

[7] Aldeia da Serra é um condomínio estritamente residencial mais adiante na Rodovia Castello Branco (sentido interior), incorporado, assim como Alphaville, pela Albuquerque Takaoka S/A (Sacchi, 2003). Aldeia pode ser considerada parte do polo de segregação ao norte, ainda que não acoplado fisicamente a Alphaville-Tamboré.

[8] Ver Marques (2005: 30-5) sobre três tipos de segregação: a física, que inclui a cidadela (impedimento de entrada) e o gueto (impedimento de saída); a segregação por falta de acesso a políticas públicas; e a segregação por homogeneidade interna de certo grupo social concomitante à heterogeneidade em relação a outros grupos.

Estrutura social, segregação e espaços

tes característicos do segundo tipo. Já a diferença legal entre poder impedir estranhos de entrar (condomínios fechados) e não poder impedi-los (bolsões) não se verifica na prática, pois ambas as configurações são efetivas ao bloquear a entrada de não moradores.

LOCALIZANDO A SEGREGAÇÃO

Nesta subseção, investigamos o Oeste no nível dos setores censitários para observar em detalhe a segregação habitacional da região nos retratos de 2000 e 2010 e descrever que mudanças ocorreram na década.

Ao longo dos anos 2000, o Oeste apresentou alguns movimentos semelhantes aos experimentados pela metrópole como um todo, caso da queda da densidade domiciliar (de 3,76 em 2000 para 3,42 em 2010), do crescimento do aluguel (de 15,4% para 19,7%) e do aumento da incidência de apartamentos (de 7,4% para 8,4%). As coberturas de serviços domiciliares ligados à rede aumentaram, tendo o esgoto em rede crescido 10 pontos percentuais (de 66% de domicílios atendidos, em média, para 76%). Por outro lado, as coberturas alternativas mantiveram-se expressivas na região, tendo o esgotamento em fossa rústica diminuído em relação à fossa séptica — essa bastante presente nos residenciais.

No entanto, as melhorias não vieram acompanhadas de diminuição das acentuadas segregação e desigualdade presentes na região, como observaremos nos Mapas 4 e 5, de tipo LISA.[9]

Essa metodologia é destinada à exploração da existência de associação espacial entre unidades geográficas segundo determinado conteúdo. São três os nossos objetivos ao adotá-la: 1) testar a hipótese de segregação no Oeste; 2) confirmada essa hipótese, observar se e como a segregação se alterou entre os anos 2000 e 2010; e 3) mensurar, nos grupos delimitados pelo LISA, indicadores a partir de variáveis censitárias referentes a 2010.

Como trabalhamos com a hipótese de que a segregação no Oeste se dá por meio da moradia em residenciais fechados, poderíamos usar ao menos três variáveis como subsídio para o teste: renda média do responsável/chefe, presença de empregados domésticos recenseados como moradores,[10] e inci-

---

[9] *Local Indicator of Spatial Association* (Indicador Local de Associação Espacial). Ver Anselin (1995).

[10] A variável "empregados residentes" revela o número de moradores nos domicílios do setor censitário que foram recenseados como empregados domésticos vivendo no

dência de habitações do tipo casa de condomínio/vila. Algumas limitações se apresentaram: a renda foi medida de formas diferentes entre um Censo e outro, e a moradia em condomínio foi medida pela primeira vez em 2010. A variável "empregados domésticos residentes" no trabalho foi a única constante entre as duas medições. Dessa forma, produzimos dois pares de mapas LISA: um, principal, com a variável renda média,[11] e outro, para controle, com a variável empregados, com resultados similares na década. Os mapas a seguir apresentam os resultados — 4 e 5 para renda média, e 6 e 7 para empregados residentes.

Há quatro tipos de situação segundo a relação entre cada área e sua vizinhança, além de ausência de associação significativa:

Baixo-baixo: pinta de preto os setores com baixa incidência da variável adotada cercados de setores também com baixa incidência;

Alto-alto: pinta de grafite os setores com alta presença de determinado conteúdo cercados de outros também com alta incidência;

Baixo-alto: pinta de cinza médio regiões com baixa presença da variável cercadas de regiões com alta presença;

Alto-baixo: pinta de cinza-claro áreas com alta presença da variável cercadas de áreas com baixa incidência.

Observando-se o par dos Mapas 4-5, fica evidente, no quadro geral, a presença de agrupamentos de alta renda média a Oeste. Associando-se a análise de 4-5 à de 6-7, confirma-se a expansão desses agrupamentos, na década, para a margem esquerda da Raposo Tavares (sentido SP-interior).

Especificamente, o complexo Alphaville-Tamboré (mancha alto-alto ao norte) expandiu-se e ficou mais cercado de áreas classificadas como baixo--alto (cinza médio).[12] Ao sul, a Granja Viana e seus desdobramentos revelam transformações mais intensas: a mancha alto-alto atravessa a rodovia Raposo Tavares, em direção a Embu das Artes, e avança na rodovia até Vargem Grande Paulista (mancha grafite mais a oeste). Manchas de setores baixo-

---

trabalho. Ter este tipo de empregado está positivamente correlacionado com a renda média do responsável/chefe a alto nível de significância (0,01).

[11] Os dados brutos sobre renda média do responsável (2010) e renda média do chefe (2000) foram distribuídos nos polígonos referentes a 2000 utilizando *overlay* em ambiente SIG. Como muitos setores censitários do Oeste foram redesenhados pelo IBGE em 2010, transpusemos os dados de setores menores (de 2010) para os setores maiores (2000). O mesmo foi feito com os dados sobre empregados residentes.

[12] A mancha alto-alto a noroeste representa a Aldeia da Serra.

Mapa 4
LISA RENDA MÉDIA
DO CHEFE, 2000

Mapa 5
LISA RENDA MÉDIA
DO RESPONSÁVEL, 2010

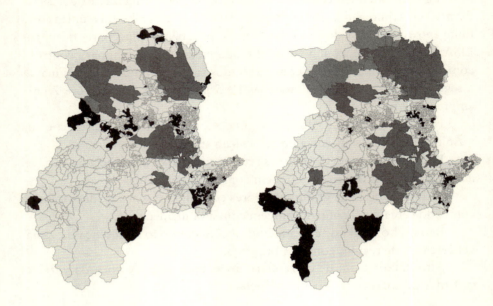

Mapa 6
LISA EMPREGADOS
RESIDENTES, 2000

Mapa 7
LISA EMPREGADOS
RESIDENTES, 2010

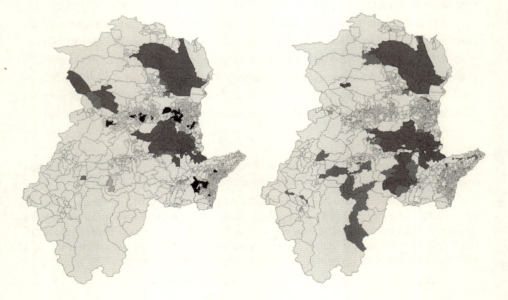

-alto aparecem acopladas à expansão de residenciais sob influência da Granja Viana.

Os dois pares de mapas revelam aumento, na década, de setores censitários classificados como alto-alto, baixo-alto e alto-baixo, confirmando a hipótese do recrudescimento da segregação ao longo dos anos 2000. A exposição numérica desse crescimento é feita na Tabela 3.

Tabela 3
CLASSIFICAÇÃO DE SETORES CENSITÁRIOS SEGUNDO LISAS
Região Oeste da RMSP, 2000 e 2010

		Renda média[1]		Empregados residentes	
		2000	2010	2000	2010
Número de setores censitários Oeste	Alto-alto	72	100	66	77
	Baixo-alto	14	39	22	48
	Alto-baixo	1	3	18	38
	Baixo-baixo	168	102	27	-
	Não significativos	1.294	1.305	1.416	1.386
	Total	1.549	1.549	1.549	1.549
Índice Global de Moran		0,67	0,29	0,58	0,19

Fonte: Elaboração dos autores a partir de dados dos Censos IBGE 2000 e 2010 e bases cartográficas CEM.
Observação: (1) Renda do chefe em 2000 e renda do responsável em 2010.

Confirmada a hipótese da segregação e detalhada sua localização no espaço do Oeste metropolitano, passamos à análise dos indicadores socioeconômicos e de condições urbanas e de entorno domiciliar vivenciados pelos grupos autossegregados e por seus vizinhos. A essa altura é possível falar em autossegregação pois, como revela a Tabela 4, a seguir, as áreas alto-alto são as que mais concentram, em média, casas em condomínio/vila (7,9%). Para efeito de comparação, esse indicador é igual a 1,5% na região Oeste, e 1,25% no grupo baixo-baixo.

Os dados de alfabetização e cor de pele também demarcam diferença: no grupo alto-alto, a taxa de alfabetização infantil é de 75,5% e a população é majoritariamente branca (76,7%). No grupo baixo-baixo, em média 68,8% das crianças são alfabetizadas e a população branca é minoritária: 45,7%, em média. Por ter sido utilizada para a delimitação dos grupos, sabemos que a renda é mais alta no alto-alto: em média R$ 9.430, contra R$ 885 nos setores censitários marcados como baixo-baixo. Nos setores alto-

Estrutura social, segregação e espaços

-baixo o valor médio é R$ 2.702, e nos baixo-alto é R$ 1.185. A renda média do responsável no Oeste é de R$ 1.862.

Tabela 4
CARACTERÍSTICAS DOS SETORES CENSITÁRIOS
AGRUPADOS SEGUNDO O LISA 2010

	Alto- -alto	Baixo- -baixo	Alto- -baixo	Baixo- -alto	Região Oeste
Casas em condomínio/vila	7,9	1,3	0,3	0,7	1,5
Apartamentos	13,0	3,2	0,2	2,9	8,3
Taxa de alfabetização infantil	75,5	68,8	72,2	65,8	69,5
Renda média do responsável	9.431	886	2.703	1.186	1.862
Pardos	17,5	44,3	37,9	35,3	38,0
Brancos	76,7	45,8	54,2	50,6	51,1
Esgoto em rede	54,9	74,9	90,2	65,1	74,7
Esgoto por fossa séptica	35,8	9,4	5,5	10,3	10,7
Esgoto por fossa rústica	6,1	5,8	0,8	14,0	4,5
Iluminação pública	83,3	72,3	66,7	77,3	83,6
Calçada	55,9	66,7	66,6	66,6	74,4
Bueiro	58,3	40,8	31,9	32,9	45,5
Rampa para cadeirante	3,4	0,1	-	0,3	0,8
Sem esgoto a céu aberto	88,7	72,2	66,7	76,2	81,8
Sem lixo acumulado na rua	89,2	71,8	61,9	73,7	82,2
N	100	102	3	39	1.549

Fonte: Elaboração dos autores.

Por sua vez, indicadores de condições urbanas e de qualidade do entorno domiciliar não estão associados de forma inequívoca à renda. A presença de esgoto em rede no grupo alto-alto é a menor dentre os quatro agrupamentos (55% de domicílios atendidos em média), associada à alta utilização da fossa séptica (35,8% de domicílios). No grupo baixo-baixo destaca-se a alta presença de domicílios que recorrem à fossa rústica (14%).

A qualidade do entorno domiciliar tampouco varia de forma constante com a renda. Por um lado, o grupo alto-alto contém mais domicílios contemplados com ausência de esgoto a céu aberto e de lixo acumulado na rua, e presença de iluminação pública, arborização, bueiros e rampas para cadeirante. Por outro lado, é notável a baixa incidência de calçadas para pedestres no grupo alto-alto, o que pode ser uma decisão urbanística deliberada de empreendimentos habitacionais autossegregados para evitar a presença de pessoas caminhando. Caldeira (2000) descreve algo semelhante sobre a construção de "enclaves fortificados" no Morumbi na década de 1980, que privilegiaram a circulação em automóvel. A ampla presença de meio-fio (80% de domicílios atendidos) e pavimentação (82,3%) no grupo alto-alto corrobora essa hipótese.

Os residenciais fechados a Oeste se configuram, portanto, como expressão de autossegregação de população de alta renda, bastante alfabetizada e majoritariamente branca, que lança mão de barreiras físicas e qualidades urbanísticas para garantir a evitação de outros grupos.

RESUMINDO TENDÊNCIAS

É difícil fazer um balanço único de todas essas tendências. Como se sabe, São Paulo é uma cidade bastante segregada, em especial no que diz respeito às classes superiores. As classes médias e inferiores são menos segregadas e tendem a coabitar espaços, mas a estrutura geral da segregação indica uma clara hierarquia entre grupos, apontando para um padrão que poderíamos chamar de evitação social por parte das classes superiores. Ao longo da década, essa estrutura mudou pouco, tanto no que diz respeito aos indicadores de segregação, quanto de distribuição espacial da renda e das classes sociais. Essa estabilidade é reforçada pela análise tipológica dos espaços sociais.

Entretanto, a análise detalhada da composição dos tipos e de sua distribuição espacial sugerem importantes transformações. Os tipos de espaços da metrópole indicam espaços superiores mais exclusivos em 2010, ao mesmo tempo em que espaços manuais e populares se tornaram menos operários e mais misturados ao final da década. Os espaços superiores, portanto, se tornaram ainda mais homogêneos, mas os demais espaços da metrópole, inclusive os periféricos, ficaram mais heterogêneos.

Se por um lado os dados indicaram expansão da mancha mais rica do Centro Expandido, áreas do Centro Velho se popularizaram. Nas amplas periferias da métropole, tanto processos de elitização (ligadas a residenciais, mas não apenas a eles) quanto de continuidade das tendências clássicas de periferização puderam ser observados, tornando a estrutura da metrópole mais heterogênea na década, com periferias mais diversificadas, embora com um núcleo elitizado mais exclusivo e de maiores dimensões territoriais.

A tendência de popularização do Centro é evidenciada por um aumento recente da produção habitacional para classe média e média baixa em diversas modalidades, incluindo reforma de prédios (des)ocupados, melhorias de cortiços, produção de Habitação de Interesse Social e, mais expressivamente, no mercado exclusivamente privado da habitação. Nesse território, continuam a coexistir pessoas muito distintas em termos de renda, sem que haja apartação em virtude de barreiras físicas. A segregação do reduto muito rico no Centro ocorre pela diferença de moradia e de circuitos sociais, ao mesmo tempo em que a integração urbanística e cultural à região central favorece a interação. Essa característica alterou-se pouco na década, embora estudos qualitativos recentes apontem a adoção tendencial de aparatos de segurança mais severos em promover a evitação social.

Os residenciais fechados a Oeste, por sua vez, se consolidaram como expressões de autossegregação de população de alta renda, bastante alfabetizada e majoritariamente branca, que conta com coberturas alternativas de serviços domiciliares. Esse tipo de moradia, encerrada em barreiras físicas e determinadas qualidades urbanísticas para garantir a evitação de populações vizinhas e não residentes, expandiu-se no Oeste, especialmente por meio do avanço no sentido interior da rodovia Raposo Tavares.

BIBLIOGRAFIA

ANSELIN, Luc (1995). "Local Indicator of Spatial Association — LISA". *Geographical Analysis*, vol. 27, n° 2, pp. 91-115.

BARBOSA, Rogério; MARSCHNER, Murilo (2013). "Uma proposta de padronização de classificações em pesquisas do IBGE (Censos 1960-2010) e PNADs (1981-2011): educação, setores de atividade econômica e ocupação (ISCO-88, EGP11 e ISEI)". Working paper. São Paulo: CEM (mimeo).

BESSA, Vagner (2004). "O setor de serviço às empresas". In: COMIN, Álvaro A.; SOMEKH, Nadia (orgs.). *Caminhos para o Centro*. São Paulo: Emurb/CEM, pp. 363-80.

BIANCHINI, Ligia; SCHICCHI, Maria (2009). "Cortiços no centro de São Paulo: um convite à permanência". *Cuadernos de Vivienda y Urbanismo*, vol. 2, n° 3, Bogotá, pp. 12-37.

BONDUKI, Nabil (1998). *Origens da habitação social no Brasil*. São Paulo: Estação Liberdade/FAPESP.

BONDUKI, Nabil; ROLNIK, Raquel (1982). "Periferia da Grande São Paulo: reprodução do espaço como expediente de reprodução da força de trabalho". In: MARICATO, Erminia (org.). *A produção capitalista da casa e da cidade do Brasil industrial*. São Paulo: Alfa-Ômega.

CALDEIRA, Teresa P. R. (2000). *Cidade de muros: crime, segregação e cidadania em São Paulo*. São Paulo: Editora 34/Edusp.

CAMARGO, Candido P. F. *et al.* (1976). *São Paulo, 1975: crescimento e pobreza.* São Paulo: Loyola.

CASTILHO, Luiza (2008). "Consensos e dissensos no centro de São Paulo". Tese de doutorado (Arquitetura e Urbanismo), Universidade de São Paulo.

DURHAM, Eunice (1988). "A sociedade vista da periferia". In: KOWARICK, Lúcio (org.). *As lutas sociais e a cidade.* Rio de Janeiro: Paz e Terra, pp. 169-92.

EMBRAESP (2013). *Lançamentos imobiliários na Região Metropolitana de São Paulo.* São Paulo: Banco de Dados.

ERIKSON, Robert; GOLDTHORPE, John; PORTOCARRERO, Lucienne (1979). "Intergenerational Class Mobility in Three Western European Societies". *British Journal of Sociology*, vol. 30, pp. 415-41.

GARCIA, Renato; CRUZ-MOREIRA, Juan (2004). "O complexo textil-vestuário: um cluster resistente". In: COMIN, Álvaro A.; SOMEKH, Nadia (orgs.). *Caminhos para o Centro.* São Paulo: Emurb/CEM, pp. 363-80.

HOMEM, Maria Cecília (1980). *Higienópolis: grandeza e decadência de um bairro paulistano.* São Paulo: Prefeitura Municipal de São Paulo/Departamento de Patrimônio Histórico.

ITIKAWA, Luciana (2006). "Trabalho informal nos espaços públicos do centro de São Paulo". Tese de doutorado (Arquitetura), Universidade de São Paulo.

KOHARA, Luiz (1999). "Rendimentos obtidos na locação e sublocação de cortiços: estudo de caso na área central da cidade de São Paulo". Dissertação de mestrado (Escola Politécnica), Universidade de São Paulo.

KOWARICK, Lúcio (1979). *A espoliação urbana.* Rio de Janeiro: Paz e Terra.

_____ (2009). *Viver em risco: sobre a vulnerabilidade socioeconômica e civil.* São Paulo: Editora 34.

MACEDO, Silvio S. (2012). *Higienópolis e arredores: processo de mutação de paisagem urbana.* São Paulo: Edusp.

MARICATO, Ermínia (2003). "Metrópole, legislação e desigualdade". *Estudos Avançados*, IEA-USP, vol. 17, nº 48.

MARQUES, Eduardo (2005). "Elementos conceituais da segregação, da pobreza urbana e da ação do Estado". In: MARQUES, Eduardo; TORRES, Haroldo (orgs.). *São Paulo: segregação, pobreza e desigualdades sociais.* São Paulo: Senac SP.

_____ (2013). "Os grupos sociais na metrópole". In: MARQUES, Eduardo. *As transformações de São Paulo nos anos 2000.* São Paulo: CEM (mimeo).

MARQUES, Eduardo; BICHIR, Renata; SCALON, Celi (2012). "Residential Segregation and Social Structure in São Paulo: Continuity and Change Since the 1990s". In: MALOUTAS, Thomas; FUJITA, Kuniko (orgs.). *Residential Segregation Around the World: Why Context Matters.* Londres: Ashgate.

PRETECEILLE, Edmond (1995). "Division sociale de l'espace et globalisation". *Sociétés Contemporaines*, nº 22-23, Paris, pp. 33-67.

PRETECEILLE, Edmond; CARDOSO, Adalberto (2008). "Rio de Janeiro y São Paulo: ciudades duales? Comparación con Paris". *Ciudad y Territorio*, vol. 40, nº 158, Madri, pp. 617-40.

SACCHI, Even (2003). *Yojiro Takaoka: o construtor de sonhos*. São Paulo: ASA.

SOMEKH, Nadia (1987). "A verticalização de São Paulo: um elemento de segregação urbana?". *Espaço & Debates*, São Paulo, vol. 7, vol. 1, nº 21.

TORRES, Haroldo (2005). "Medindo a segregação". In: MARQUES, Eduardo; TORRES, Haroldo (orgs.) *São Paulo: segregação, pobreza e desigualdades sociais*. São Paulo: Senac SP.

TRIVELATO, Ana Cristina (2006). *Granja Viana: a produção (ideo)lógica do espaço*. Dissertação de mestrado (Geografia Humana), Universidade de São Paulo.

VETTER, David; MASSENA, Rosa; RODRIGUES, Edmundo (1979). "Espaço, valor da terra e equidade dos investimentos em infraestrutura no município do Rio de Janeiro". *Revista Brasileira de Geografia*, vol. 41, nº 1-2, Rio de Janeiro, IBGE.

VILLAÇA, Flávio (1998). *Espaço intraurbano no Brasil*. São Paulo: Studio Nobel.

14

A cidade e a dinâmica da violência

Sérgio Adorno, Camila Nunes Dias e Marcelo Batista Nery

Introdução

A par de objeto de inquietação pública, as relações entre a violência e a cidade têm sido, há muito, objeto de interesse das ciências sociais, especialmente da sociologia. Basta lembrar que, nos fins do século XVIII, processos acelerados de urbanização e industrialização vieram acompanhados do acrescimento da delinquência. No mesmo sentido, no período pós-revolucionário, a França foi palco de perturbações sociais de várias espécies — dos protestos políticos às desordens urbanas que nutriram sentimentos coletivos de que a ordem moral estava sendo fraturada pelo aumento dos crimes e da delinquência, pela proliferação de crianças abandonadas nas ruas, pelo relaxamento dos costumes que conferiram visibilidade pública à prostituição, ao alcoolismo, aos escândalos domésticos. Algumas décadas mais tarde, fenômenos semelhantes se disseminaram pela Europa, em especial na Alemanha. Nas primeiras décadas do século XX, esses mesmos sintomas de transformação nos modos de vida urbana alcançaram as prósperas cidades americanas que já ensaiavam sua configuração como metrópoles. Nelas também foram visíveis os mesmos sintomas de que transformações agudas estavam em curso, porém agravadas pela diversidade de culturas e etnias emergente por força da presença de imigrantes procedentes de distintos países europeus, em especial da Itália pobre e ainda camponesa. Talvez, como jamais anteriormente documentado na história das sociedades modernas, a delinquência e o crime urbanos mudaram de configuração. Especialmente em cidades como Nova York e Chicago, foram criados nos distritos onde habitavam preferencialmente imigrantes de baixa qualificação ocupacional os primeiros núcleos que evoluíram para formas organizadas de crime sob inspiração das máfias italianas e irlandesas.

Não sem motivos, mudanças na dinâmica do crime com seus efeitos sobre a organização social e sobre a regularidade das atividades cotidianas, sobretudo aquelas envolvendo o mercado de bens e serviços e o mercado de trabalho, passaram a ocupar a atenção das autoridades públicas e políticas, dos gestores urbanos, dos filantropos, dos formadores de opinião, ensejando a necessidade de estudos cientificamente conduzidos. Não sem razão, a chamada Escola de Chicago foi berço de uma profícua geração de sociólogos, antropólogos, historiadores, geógrafos e urbanistas voltados para entender as raízes da desordem social e propor diretrizes para o planejamento urbano. Chicago é, nesse sentido, exemplar. Do alto da Torre da Sears é possível visualizar a Chicago branca e a negra. Considerada um dos sítios de maior conflito racial, o planejamento buscou reordenar a distribuição da circulação e da mobilidade pelas ruas e avenidas, disciplinar os contatos entre estranhos, minimizar as oportunidades de tensões nas relações sociais e interpessoais. O êxito dessa estratégia política é ainda hoje objeto de discussão acadêmica. Certo ou não, o sonho de uma ordem social e moral pacificada contaminou o sonho de muitos planejadores.

No Brasil também, especialmente em cidades como São Paulo e Rio de Janeiro, essas ligações "perigosas" entre a cidade e o crime estiveram presentes no debate público e nas discussões domésticas desde o fim da era colonial (Kowarick, 1987; Fausto, 2001). No entanto, os estudos no domínio das ciências sociais que buscaram compreender as raízes sociais e sociológicas da violência no Brasil são recentes, pois datam de no máximo três décadas atrás. Nos seus primórdios, nos anos 1980 e 1990, pareciam inquestionáveis para cientistas sociais as determinações econômicas e sociais da pobreza e do crime. Em sociedades como a brasileira, situada na periferia do capitalismo hegemônico dominante no hemisfério ocidental norte, o agravamento da pobreza estava na origem da desordem urbana e do crescimento do crime e da violência. Estudos subsequentes vieram a questionar essa associação mecânica e demonstrar que as relações entre mercado, sociedade, cidade e violência eram mais complexas e resultavam de um concurso diversificado de fatores, circunstâncias, variáveis e mesmo de conjunturas socioeconômicas e políticas determinadas.

As relações entre cidade e violência não poderiam ser explicadas como simples emanações da pobreza, ao menos por algumas evidências empíricas, entre as quais: a) há sociedades pobres com baixas taxas de crime e violência; b) a sociedade brasileira não é pobre — basta ver o crescimento dos principais indicadores econômicos a partir dos anos 1990 — mas sim uma sociedade rica com muitos pobres, portanto, o problema estava mais associado às acentuadas desigualdades sociais; c) a maior parte dos pobres não revela envolvimento com a delinquência e o crime, tampouco com as formas diversificadas de violência urbana. Um conjunto de estudos, embasados em tratamento cuidadoso das estatísticas disponíveis, enveredou pelo questionamento das suspeitas iniciais e pela demonstração das evidências empíricas. Os primeiros pesquisadores brasileiros a colocar essas relações sob suspeição foram Alba Zaluar (1985) e Edmundo Campos Coelho (1978). Evidências empíricas contestando as associações entre violência e pobreza tiveram como pioneiros os estudos de Gláucio Dillon Soares reunidos em livro (2008) e de Cano e Santos (2001). Outros estudos que exploram essa questão são: FBSP (2011); Lima (2005); Paes (2007); Cruz e Batitucci (2007).

Mais recentemente, essas relações têm sido ainda mais aprofundadas. Com a geração de estudos fundamentados em georreferenciamento foi possível visualizar a partilha da cidade em dois grandes grupos: de um lado, a concentração de bairros e distritos com elevada concentração de população de baixa renda, onde predomina baixa qualidade de vida medida pela precariedade de condições de infraestrutura urbana e por elevadas taxas de crimes, em especial homicídios; por outro, concentração de bairros e distritos habitados preferencialmente por população de alta e média rendas, com adequadas condições de infraestrutura urbana — arruamento, adensamento, tráfego, iluminação, calçamento, saneamento e coleta de lixo, ao que vem se associar a presença de instituições igualmente encarregadas de promover bem-estar social como escolas, postos de saúde, equipamentos de lazer, postos policiais. Nesse conjunto, as taxas de crime são mais baixas, sobretudo a de homicídios. Estabeleceu-se assim uma sorte de associação entre cidade, classe social e violência. Dentre esses estudos, mencionam-se: Abreu e Rodrigues (2000); Akerman e Bousquat (1999); Almeida *et al.* (2005); Assunção *et al.* (1998); Assunção (1996); Beato e Reis (1999); Beato *et al.* (2001); Beato (1998); Carvalho e Cruz (1998); Carvalho *et al.* (1997); Ceccato *et al.* (2007); Fonzar (2008); Lima *et al.* (2002); Nery e Monteiro (2006); Paim *et al.* (1999); Rolnik (2001); Santos e Noronha (2001); Santos *et al.* (2001); Santos *et al.* (2005); Santos *et al.* (2006); Santos (2006); Szwarcwald e Castilho (1998); Villaça (1998). A mais recente contribuição é de Soares e Sapori (2014).

Outros estudos recentes (Adorno, 2009; Almeida *et al.*, 2008; Andreuccetti *et al.*, 2009; Biderman *et al.*, 2010; Camargo *et al.*, 2008; Ceccato *et al.*, 2007; Cerqueira e Mello, 2012; Feltran, 2010b; Goertzel e Kahn, 2009; Manso, 2012; Mello e Schneider, 2007; Miraglia, 2011; Nery *et al.*, 2012; Nery *et al.*, 2014; Peres *et al.*, 2011; Teixeira, 2012) têm mostrado contudo que essa visão dicotômica não corresponde efetivamente à diversidade das formas de organização social presentes que recobrem o território da cidade de São Paulo e de sua região metropolitana. A distribuição do crime e da violência é antes descontínua e heterogênea. Não há evidências de que a presença do crime organizado nos bairros seja uniforme. As tendências recentes de queda das taxas de homicídios, verificadas a partir do início da década de 2000 neste estado da federação, podem estar associadas ao controle social exercido pelo Primeiro Comando da Capital (PCC), a mais poderosa organização criminal de São Paulo, possivelmente do Brasil. Mas essa associação não é suficiente para explicar o declínio das mortes violentas. O propósito deste capítulo é justamente explorar as relações entre a capital paulista e suas dinâmicas do crime.[1] Com base em estudo que identificou sete "regimes" territoriais de violência fatal neste município, cujos resultados vêm se associar ao de estudos sobre a presença do PCC nos bairros e distritos, procura-se demonstrar que as relações entre cidade, classe social e violência são mais complexas e merecem estudos mais aprofundados.

VIVER E MORRER NAS "SÃO PAULOS":
AS DISTINTAS REALIDADES DA CAPITAL PAULISTA

Poucos problemas são de tão ampla relevância social e tão complexa quanto a violência. Tomando as taxas de homicídios como indicadores dessa violência, a gravidade da situação pode ser confirmada. Entre 1980 e 1989 houve um aumento da ordem de 44% nas mortes por homicídios no país, período no qual as taxas passaram de 11,69 para 16,86 por 100 mil habitantes (Souza, 1994). Nos anos 1990, constatamos uma crescente tematização da complexa situação social nas cidades brasileiras, com a intensificação das atividades de tráfico de entorpecentes e armas e das mortes violentas, sobretudo das mortes por homicídios (Adorno, 2002). O crescimento das organizações criminosas no Brasil intensificou o processo de tipificação

---

[1] Cabe destacar que muitos outros fatores produzem efeitos importantes na dinâmica da violência na cidade de São Paulo, dentre os quais a violência policial é um dos mais visíveis. Levantamento divulgado recentemente, por exemplo, apontou que a letalidade da Polícia Militar (ou seja, os homicídios cometidos por policiais militares) bateu recorde no ano de 2014 no estado de São Paulo, atingindo a marca de 926 pessoas mortas, 61% a mais do que no ano anterior. Contudo, dado o recorte analítico proposto neste texto, essa questão não será abordada. Sobre a letalidade da Polícia Militar paulista no ano de 2014, ver: <http://ponte.org/pms-de-sao-paulo-matam-uma-pessoa-a--cada-10-horas/> (acesso em 6/1/2015).

penal, de normatização dos recursos e dos instrumentos legais utilizados para combatê-lo.[2] Além das sucessivas tentativas de legislar para enfrentar com maior eficácia o crime organizado, o país foi signatário de várias convenções internacionais que tratavam direta ou indiretamente do fenômeno. Além disso, preocupações em explicar a emergência do crime organizado no Brasil encontram-se em Dias (2013), Mingardi (2007), Misse (2006) e Zaluar (1994a, 1997).

Partindo da identificação de áreas com taxas de homicídios recorrentemente alta ou baixa e que apresentam indícios de atividade criminosa organizada no município, no período de 1990 até 2010, pretende-se explorar algumas interpretações acerca das dinâmicas sociais e criminais constitutivas dessas áreas e desenvolver algumas hipóteses no que diz respeito aos fatores produtores dos homicídios. Além dos já citados dados quantitativos, a proposta do texto tem por apoio uma série de estudos etnográficos realizados em diversas áreas paulistanas, com o propósito de adensar a discussão a respeito das relações entre a violência e a cidade. No Brasil, a violência fatal foi elevada a uma das quatro principais causas de óbito desde o final da década de 1980, condição que se mantém neste século. Nos anos 1990, o cenário tornou-se mais grave especialmente nas grandes cidades e metrópoles brasileiras com a intensificação das atividades de tráfico de drogas ilícitas e com o comércio de armas de fogo, repercutindo tanto no aumento dos crimes, em especial das mortes violentas, quanto na intensificação de sentimentos coletivos crescentes de medo e insegurança.

Entre os centros urbanos que merecem especial referência no que diz respeito ao padrão de violência medido através da taxa de homicídios está a cidade de São Paulo. Segundo o Sistema de Informações sobre Mortalidade (SIM), do Ministério da Saúde (SVS), a cidade registrou, segundo os dados oficiais, entre 1998 e 2002, 30 mil mortes por homicídio.[3] No mesmo período, a cidade de São Paulo apresentou uma taxa de 66,7 por 100 mil habitantes. Taxa, por conseguinte, muito elevada considerados os padrões internacionais, dado que a cidade de Nova York, por exemplo, teve taxa de homicídio de 6,64/100 mil habitantes (Serafim e Mello, 2010).

---

[2] A primeira lei brasileira a objetivar o combate ao crime organizado foi a Lei 9.034 de 1995. No mesmo ano também foi promulgada a Lei 9.080, sobre dispositivos financeiros e tributários, tangendo o crime de lavagem de dinheiro.

[3] Cf. Rede Interagencial de Informações para a Saúde (Ripsa). Ver <http://tabnet. datasus.gov.br/cgi/idb2012/matriz.htm#mort> (acesso em 6/1/2015).

No entanto, na última década, as taxas de homicídios dolosos têm decrescido continuamente. Os paulistanos observaram, entre 2003 e 2007, uma redução de 3.093 óbitos por agressão (a quase totalidade, em termos absolutos, da queda nacional). Essa diminuição entre 1999 e 2007 foi, segundo dados do Sistema de Informações sobre Mortalidade (SIM) do Ministério da Saúde,[4] de 74%, de 67 para 17 por 100 mil; o município, que em 1999 ocupava a segunda posição entre as capitais, em 2006 já caía para a 23ª posição, com uma das taxas de homicídios mais baixas do país (Peres et al., 2011: 18).

Gráfico 1
EVOLUÇÃO DAS TAXAS DE HOMICÍDIOS DOLOSOS,
POR 100 MIL HABITANTES
Município de São Paulo, 1981-2013

Fontes: Caldeira (2000), Fundação Seade/Anuário Estatístico, MSP Registro Civil (homicídios de 1981-1995); SSP-SP, RES SSP 160/01 (homicídios de 1996-2013); Fundação Seade (população de 1981-2013).
Elaboração: Marcelo Batista Nery/NEV-USP.

---

[4] Em uma nova consulta ao SIM, verificou-se que aos valores das taxas não estão acessíveis, apenas os números totais de óbitos. Considerando esses números e a população estimada pela Fundação Sistema Estadual de Análise de Dados (Seade), <http://produtos.seade.gov.br/produtos/imp/index.php?page=consulta&action=var_list&busca=Popula%E7%E3o> (acesso em 6/1/2015), a diminuição entre 1999 e 2007 teria sido de 72%, de 63,9 para 17,8 por 100 mil.

Assim sendo, após um crescimento periódico das taxas de homicídios nas décadas de 1980 e 1990, entre 2000 e 2011 a queda foi de 82,2%, de 51,1 para 9,0 por 100 mil habitantes (menor valor observado em todo o período), conforme vemos no Gráfico 1.

Em uma perspectiva intramunicipal constata-se que essa diminuição é relativa. Nos primeiros anos da década de 2000, altas concentrações de homicídios foram registradas em diversas partes do território (SEMPLA, 2008). Porém, não um padrão recorrente que se generalize pelo conjunto do território urbano. A hipótese segundo a qual as taxas são elevadas nas regiões e distritos onde predomina população de baixa renda e onde os indicadores socioeconômicos e de infraestrutura urbana indicam a existência de cenários de precariedade social necessita ser reavaliada, quando menos, relativizada. Estudo recente permitiu reunir os setores censitários em conjuntos homogêneos e identificar sub-regiões com um padrão espacial próprio (Nery *et al.*, 2012). O aprofundamento dessa identificação revelou sete tipos de regimes espaciais, cada qual apresentando um padrão distinto de distribuição e concentração de mortes violentas.

Segundo estudo da SEMPLA (2008: 24), nos primeiros anos da década de 2000 verificamos altas concentrações de homicídios em diversas partes do território: em parcelas dos distritos censitários de Rio Pequeno, Jaguaré e Vila Leopoldina (na Zona Oeste); em Brasilândia, Cachoeirinha, Limão, Mandaqui, Jaçanã e Tremembé (na Zona Norte); no Centro Velho; em Itaim Paulista, Vila Curuçá, Lajeado, Guaianazes, Cidade Tiradentes, São Rafael, São Mateus, Sapopemba e Ipiranga (na Zona Leste); em Cidade Ademar, Cidade Dutra, Grajaú, Jardim Ângela, Jardim São Luís, Capão Redondo e Campo Limpo (na Zona Sul). Entretanto, também se constata a existência de lugares onde não houve registro dessa ocorrência no decorrer de anos, o que acontece em partes dos distritos do Alto de Pinheiros, Butantã e Morumbi, bem como em pontos específicos dos distritos de Moema, Vila Mariana, Itaim Bibi e Perdizes.

Outrossim, ao observar os Distritos Policiais de Campo Limpo, Capão Redondo e Parque Santo Antônio, por exemplo, área conhecida nos anos 1990 como "Triângulo da Morte" devido às altas taxas de homicídios registrados, confirmamos que até recentemente eles apresentam taxas muito superiores à média paulistana (Gráfico 2).

De modo semelhante, na perspectiva intraurbana, essa condição é ainda mais evidente. Se as divisões político-administrativas intramunicipais (como os distritos censitários ou policiais) são um dos aspectos fundamentais para a análise da violência no município, não menos importante e até mesmo

A cidade e a dinâmica da violência

necessário para a compreensão da influência dessas divisões é o exame de microáreas (como os setores censitários),[5] assim como a observação de padrões de distribuição espaciais que elas revelam.

Gráfico 2
EVOLUÇÃO DAS TAXAS DE HOMICÍDIOS DOLOSOS
POR 100 MIL HABITANTES
Município de São Paulo e Distritos Policiais de Campo Limpo,
Capão Redondo e Parque Santo Antônio, 1991-2013

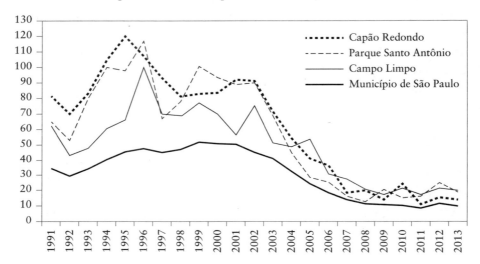

Fontes: Departamento de Polícia Civil e Departamento da Polícia Militar (ocorrências de 1996-2012); Infocrim/SSP-SP (ocorrências de 2000-2008); Fundação Seade (população de 1991-2013).
Observação: No cálculo das taxas de homicídios foram consideradas apenas as ocorrências registradas nos 93 distritos policiais da capital.
Elaboração: Marcelo Batista Nery/NEV-USP.

Uma constatação recente permitiu reunir os setores censitários em conjuntos homogêneos e identificar sub-regiões com um padrão espacial próprio (Nery *et al.*, 2012). O aprofundamento dessa identificação revelou sete tipos de regimes espaciais, cada qual apresentando um padrão distinto de distribuição e concentração, no período 2000-2008:

---

[5] O setor censitário é uma unidade estabelecida por critérios do IBGE para a coleta de dados em função do perímetro urbano.

1) Altas taxas de homicídios dolosos em vizinhança com altas taxas, mas sem nenhuma ocorrência registrada no período;[6]

2) Altas taxas de homicídios dolosos em uma vizinhança com altas taxas;

3) Nenhum homicídio doloso registrado no período;

4) Baixas taxas de homicídios dolosos em uma vizinhança com baixas taxas;

5) Baixas taxas de homicídios dolosos em uma vizinhança com altas taxas;

6) Altas taxas de homicídios dolosos em uma vizinhança com baixas taxas;

7) Setores que não repetiram o mesmo padrão em ao menos 5 dos 9 anos do período observado.

Portanto, o território da capital paulista desdobra-se em várias "São Paulos". Esse território é altamente heterogêneo, com desiguais características e situações econômicas, demográficas, sociais e criminais, indicativas de condições de vida e de mortalidade distintas. Dentre os vários elementos comumente relacionados à variação das taxas de homicídios e à explicação para a gigantesca queda verificada em São Paulo na última década destaca-se a presença de organizações criminosas, como se procurará caracterizar mais à frente.

Por certo, essa relação é demasiadamente complexa e de difícil aferição. No entanto, ainda assim é possível abordá-la de forma indireta, com vistas a melhor qualificar seus possíveis nexos causais. Propomos assim uma discussão sobre a relação entre a variação das taxas de homicídios e indicadores de presença de organizações criminosas, com foco em dois contextos extremos: taxas de homicídios sempre altas e taxas de homicídios recorrentemente baixas. Trata-se de uma análise exploratória com vistas a contribuir para uma interpretação das dinâmicas da cidade consideradas a partir da sua heterogeneidade e de alguns elementos importantes na configuração de padrões de violência.

---

[6] Foram identificados lugares que não registraram nenhum homicídio doloso e, devido às taxas dos locais que circundam esses lugares, estima-se que as taxas de homicídios sejam altas.

Taxas de homicídios e indicadores de presença de organizações criminosas: aproximações e possibilidades de análise

São Paulo é uma cidade violenta? Mesmo no ano de 1999, quando 5.418 pessoas foram vítimas de homicídios dolosos na capital paulista, segundo dados oficiais (Secretaria de Segurança Pública-SP), poderíamos afirmar que ela é violenta, ao menos em relação aos homicídios? Sem dúvida a melhor resposta seria afirmar que há nela uma escala de violência que se estende de áreas e regiões muito violentas comparativamente a outras que poderiam ser caracterizadas como pacíficas, ao menos em termos da violência fatal.[7]

Ao avaliar os dados de homicídios dos anos 2000 na cidade, observamos que em aproximadamente 43% do território paulistano o padrão encontrado é de locais com baixas taxas em uma vizinhança com baixas taxas, e em "apenas" 8,4% o padrão é de taxas altas em uma vizinhança com taxas elevadas (Nery *et al.*, 2012). Tendo esses resultados como referência, constatamos que os números de homicídios dolosos não estão sempre ou necessariamente relacionados com melhorias sociais. Assim, do ponto de vista de certos indicadores, os contextos de pobreza, por exemplo, podem apresentar temporariamente alguns indicadores de significativas melhorias sociais. Entretanto, outros indicadores, que em princípio poderiam igualmente apontar no sentido de melhorias, não revelam comportamento idêntico ou na mesma direção, como as taxas e os números da violência. Isso ocorre porque a possibilidade de entrar para o tráfico de drogas e/ou de ser vítima das várias formas de violência (seja a perpetrada por bandidos, seja decorrente da ação policial) não guardam necessariamente relação causal com situações de evolução socioeconômica (Zaluar, 1994a). Cano e Santos (2001) não encontraram relação de causalidade entre evolução da renda e taxas crescentes de homicídios.

Comumente a relação entre indicadores socioeconômicos e homicídios dolosos é significativa e negativa, portanto, quanto melhores esses indicadores, menores as taxas de homicídios. Todavia, em partes do território urbano e em momentos determinados, essa relação pode não existir ou, até mesmo, ser positiva. Isso pode ocorrer basicamente por duas razões.

---

[7] Não estamos considerando, nesta afirmação, os crimes violentos contra o patrimônio, tampouco as formas de violência que envolvem agressões nas relações interpessoais sem desfechos fatais, como conflitos de vizinhança e violência doméstica.

A primeira delas está associada ao fato dos dados utilizados para avaliar essas relações estarem frequentemente agregados em grandes unidades de área, reunindo regiões com características muito distintas — como aquelas onde os homicídios são frequentes e outras nos quais homicídios são raros —, o que acaba resultando em um valor "médio". Tal valor pode ser uma medida inadequada como indicador da magnitude de homicídios em uma localidade qualquer que seja. Já se constatou que o uso de dados agregados em grandes unidades de área pode conduzir ao erro de pressupor que a distribuição dos homicídios é similar em todo um distrito censitário. Assim, um estudo que utilize essas unidades de análise apresentará distorções inerentes a uma irreal homogeneização (Nery, 2006; Cano e Santos, 2001).

A segunda razão conduz à questão de que existem fatores mensuráveis invariavelmente associados com as taxas de criminalidade, ao passo que outros fatores apresentam comportamento mais volátil, algumas vezes estatisticamente significantes, outras vezes não, conforme lugar e tempo observados. Além do mais, homicídios também são condicionados por fatores de mensuração menos objetiva ou não mensuráveis. Entre os mensuráveis existem fatores econômicos, infraestruturais, demográficos, sociais, bem como concentração de pessoas segundo idade, educação, renda e gênero ou presença de infraestrutura (serviços de água, luz, esgotamento sanitário, coleta de lixo etc.) (Beato, 1998). Confiança política, por sua vez, constitui um bom exemplo de fator de mensuração menos objetiva (Tyler, 2001). Ademais, podem ser indicados como não mensuráveis o desenvolvimento institucional e a força da lei (Soares, 2004a, 2004b).

Diante disso, o que explica condições e cenários de violência tão distintos na cidade de São Paulo? Em passado recente, diversas abordagens foram capazes de evidenciar a difusão do acesso a armas de fogo e a crescente participação de crianças e adolescentes em crimes patrimoniais praticados com violência, como roubos e latrocínios (roubos seguidos de morte) (Paixão, 1983; Coelho, 1988; Caldeira, 1989; Adorno, 1991a). Da mesma forma, hoje é possível demonstrar, dentre os vários fatores relacionados com a dinâmica dos homicídios na capital, que aspectos sociodemográficos e a presença de organizações criminosas merecem destaque. Desde já é preciso notar que esses dois fatores separadamente ou em conjunto não são capazes de elucidar a variabilidade da violência: eles nos oferecem apenas explicações parciais dessa variabilidade.

Com relação aos aspectos sociodemográficos, convém lembrar que eles estão sempre entre os fatores mais mobilizados para explicar a mudança nas taxas de homicídios. De modo simplificado, pode-se argumentar que as transformações de ordem infraestrutural e demográfica comparecem em não poucas análises como determinantes do volume de mortes intencionais, em espaços e momentos determinados. Associando a precariedade ambiental e habitacional, a falta de água e de rede de coleta de esgoto e de lixo, assim como a carência de transportes públicos em condições de suprir essas demandas em face do tamanho dos estratos populacionais, ao lado do predomínio de mulheres chefes de família, de homens jovens, analfabetos e pobres — tudo isso pode resultar em elevado grau de assassinatos. Da mesma forma, a melhora das condições ambientais, habitacionais, sanitárias e de higiene, e da mobilidade urbana, bem como a redução no número de adolescentes com filhos, sem instrução e de baixa renda estão, ao que parece inevitavelmente, relacionadas com a queda das taxas de homicídios dolosos. Não obstante, o estabelecimento de conexões estatísticas entre tais variáveis não traduzem necessariamente explicações causais.

Alguns fatores são significativos para explicar elevadas taxas de homicídios, mas perdem a sua significância à medida que elas declinam, sendo esses fatores substituídos por outros quando as mesmas alcançam um patamar específico, mais baixo. Quando isso acontece é necessário estabelecer, para os anos 2000, análises em dois períodos, de 2000 a 2004 e de 2005 a 2010 (Nery *et al.*, 2014). Notamos que as condicionantes dos homicídios dolosos, baseadas em variáveis sensíveis à infraestrutura e à demografia intraurbana, são mais significativas no segundo período, quando a taxa da cidade se torna inferior a aproximadamente 30 homicídios por 100 mil habitantes. Em outras palavras, os aspectos sociodemográficos explicam melhor a concentração de homicídios em um contexto de menor violência.

Já foi devidamente analisada a predisposição para desfechos fatais em conflitos sociais, interpessoais e intersubjetivos nos bairros com concentração de qualidade de vida coletiva precária do que nos bairros mais bem atendidos por infraestrutura urbana, por oferta de postos de trabalho e por serviços de lazer e cultura, na década de 1990 (Adorno, 2002). Naqueles bairros as taxas de homicídios eram sempre flagrantemente mais elevadas. Essa constatação tendeu a se confirmar no curso do período e ganha atualmente contornos ainda mais fortes e precisos.

Em relação à presença de organizações criminosas, encontramos algumas regularidades que podem nos oferecer pistas interessantes para a compreensão da dinâmica da violência no contexto paulistano. Uma alegação corrente é que as organizações criminosas estabeleceram um padrão de regulação da ordem social na cidade, especialmente nas áreas periféricas. Argumenta-se que a hegemonia da facção criminosa denominada Primeiro

Comando da Capital (PCC) refreou a disputa por territórios pelas várias quadrilhas ligadas ao tráfico de drogas e contribuiu para a redução das taxas de homicídios pela mediação de conflitos (Dias, 2013; Feltran, 2011; Lima, 2009).

Ao avaliar o padrão distinto de distribuição e concentração dos homicídios (já citados anteriormente) e os indícios de atividade de organizações criminosas nas mesmas unidades de área, em um período restrito (anos de 2007-2008),[8] encontramos o seguinte resultado, visível no Gráfico 3.

Gráfico 3
RELAÇÃO ENTRE PADRÕES DOS HOMICÍDIOS DOLOSOS
E INDÍCIOS DE ATIVIDADE DE ORGANIZAÇÕES CRIMINOSAS
Município de São Paulo, 2007-2008

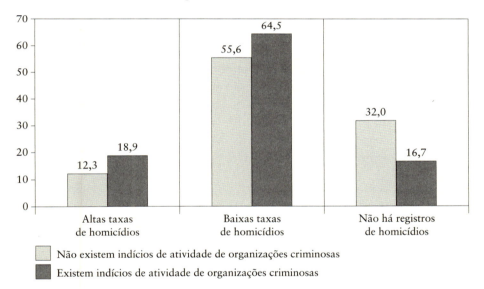

Fonte: Infocrim, SSP/SP (2007-2008).
Elaboração: Marcelo Batista Nery/NEV-USP.

---

[8] Esse indicador foi elaborado a partir de dados criminais de 2007 e 2008, tendo sido criada uma variável binária de indicador da presença de atividades criminais organizadas, para cada setor, composta de três variáveis: prisão de pessoas no setor por operar uma central telefônica clandestina ou por formação de quadrilha; pela ocorrência de mais de duas prisões por tráfico de entorpecentes, associada ao menos a uma prisão por receptação, porte ilegal de armas ou de preso procurado; ou, ainda, pelo acontecimento dessas três ocorrências em um mesmo setor (Nery et al., 2014).

A cidade e a dinâmica da violência

Empregando o teste do qui-quadrado,[9] podemos demonstrar que há uma associação significativa entre o perfil de distribuição de lugares com indícios de organizações criminosas e lugares sem indícios. Em lugares em que não há homicídios registrados, 32% dos setores não apresentam indícios de organizações criminosas. Em lugares onde as taxas de homicídios são baixas no período, 64,5% dos setores apresentam indícios de organizações criminosas; e, em lugares que as taxas de homicídios são altas, 18,9% dos setores apresentam esses indícios.

Baseados nesse achado, podemos inferir que a presença de organizações criminosas apresenta associações com o fato de não haver homicídios registrados e no fato das taxas serem altas ou baixas. *Grosso modo*, em setores onde o padrão é não ocorrer registro de homicídios, a tendência é não existir indícios de atividade criminosa organizada. Complementarmente, onde há indícios de atividade criminosa organizada, notam-se dois padrões: a taxa de homicídios é recorrentemente alta ou baixa.

As regularidades demonstradas por meio dos dados quantitativos apontam, portanto, para uma dimensão importante na compreensão sobre a dinâmica dos homicídios. A compreensão adequada desse fenômeno requer a mobilização de análises de natureza qualitativa que permitam apreender as práticas sociais engendradas a partir dessa nova forma de organização do crime que foi capaz de produzir efeitos sobre a dinâmica das mortes e, desta forma, causar um impacto considerável nas taxas de homicídios.

Drogas ilícitas, crime e presença do Primeiro Comando da Capital (PCC)

Desde o final da década de 1970 o comércio de drogas ilícitas tem sido associado de forma direta ou indireta às dinâmicas do crime violento, especialmente dos homicídios nos grandes centros urbanos (Lima *et al.*, 2000;

---

[9] O teste do qui-quadrado é utilizado para comprovar se existem diferenças estatisticamente significativas entre os atributos de dois grupos quando comparados. Neste estudo, comparamos os grupos "Não existem indícios de organizações criminosas" e "Indícios de organizações criminosas" e consideramos como nível de significância o valor de 5%, ou seja, avaliamos como significativas as diferenças quando o valor encontrado no teste era menor ou igual a 0,05, o que ocorreu nos padrões "Altas taxas de homicídios dolosos em uma vizinhança com altas taxas", "Baixas taxas de homicídios dolosos em uma vizinhança com baixas taxas" e "Nenhum homicídio doloso registrado no período".

Zaluar, 1999; Leeds, 2003; Machado da Silva, 2008). Dentre os múltiplos elementos mobilizados para explicar a associação entre o comércio de drogas ilícitas e os homicídios destacamos a natureza ilícita dos negócios nos quais a resolução dos conflitos, necessariamente informal, acaba assumindo uma face eminentemente violenta. No que diz respeito à natureza dos conflitos no comércio de drogas ilícitas, ressaltamos as disputas de mercado que, frequentemente, assumem um aspecto territorializado, bem como as relações propriamente comerciais envolvendo credores e devedores. Nesses casos, a resolução do conflito envolve o uso da violência física direta que muitas vezes culmina na eliminação física do outro. Nesses cenários, não é improvável esperar que o uso da força para a satisfação de interesses e desejos individualistas imediatos venha se constituindo, ao menos para parcelas de habitantes desses territórios, em resposta frequente para superação de disputas locais, pouco importando quais objetos — materiais e simbólicos — estejam em causa.

Essas dinâmicas violentas foram associadas ao comércio de drogas ilícitas, principalmente na sua dimensão varejista. Durante as décadas de 1980 e 1990 estiveram vinculadas aos grandes centros urbanos, notadamente Rio de Janeiro e São Paulo (Zaluar, 1999; Adorno, 1993). Essas duas cidades e suas respectivas regiões metropolitanas assistiram nesse período a uma drástica elevação nas suas taxas de homicídios, fato que ocorreu *pari passu* à entrada do Brasil como entreposto nas rotas do comércio de drogas ilícitas provenientes dos países produtores vizinhos — nesse época, a Colômbia e o Paraguai —, bem como à consolidação do mercado brasileiro como um dos mais importantes mercados consumidores de cocaína e de maconha (Misse, 2006).

Nesse contexto, o descompasso entre o processo de redemocratização da década de 1980 e a persistência de formas autoritárias e violentas de atuação das polícias, inclusive no interior das prisões, se tornaram um dos objetos privilegiados das ciências sociais (Adorno, 1991a, 1991b; Coelho, 2005 [1987]). Diante das transformações sociais e políticas que nas décadas de 1980 e 1990 estavam em curso, o tráfico de drogas se constituiu como problema social e sociológico por excelência e a figura do traficante como a materialização da violência urbana e do crime violento (Machado da Silva, 2008), com a emergência de representações sociais que conformam esse ator singular a um processo de sujeição criminal (Misse, 2006).

A despeito de sensíveis diferenças entre os fenômenos aqui relatados tal como eles se configuraram no Rio de Janeiro e em São Paulo, a associação entre o crescimento da violência urbana e as disputas travadas no contexto

A cidade e a dinâmica da violência

desse mercado ilícito se consolidaram igualmente nas duas regiões metropolitanas e ensejaram respostas de natureza repressiva pelas agências estatais encarregadas do controle social. Um de seus efeitos mais importantes foi o aumento do encarceramento, com a ampliação significava dos indivíduos vinculados ao tráfico de drogas na composição da população carcerária (Adorno e Salla, 2007).

Tal aumento do encarceramento foi — e continua sendo — muito mais intenso em São Paulo (Salla, 2003, 2006). No que diz respeito à discussão proposta neste texto, o que importa é o efeito produzido pelo encarceramento na forma de organização do crime. Em decorrência de uma série de processos que ocorrem articulados entre si, durante as décadas de 1980 e 1990 as prisões paulistas se constituem em espaços de articulação do crime e de criminosos (Salla, 2008; Dias, 2013; Teixeira, 2012). A prisão emerge, assim, como ponto de irradiação de práticas sociais e criminais que envolvem a circulação de pessoas, de objetos e de mensagens que acabam conformando um circuito entre a prisão e os bairros periféricos, locais de onde advém a maior parte de sua clientela. Uma multiplicidade de vasos comunicantes conecta esses dois espaços sociais entre si, de forma substantiva e permanente, permitindo a mútua interpenetração de lógicas e dinâmicas sociais (Godói, 2010).

A explicitação pública da articulação entre bairros e prisões em São Paulo ocorreu na ocasião da segunda megarrebelião protagonizada pelo PCC, em maio de 2006. Apresentava-se um componente inédito: a organização dos criminosos que estavam encarcerados havia transbordado para além dos muros das prisões. A capacidade de mobilização e de articulação dos indivíduos que compunham o autodenominado Primeiro Comando da Capital, originado dentro das prisões paulistas em 1993, havia adquirido uma amplitude que envolvia diversos bairros da periferia da capital paulista e de regiões do interior e do litoral do estado (Adorno e Salla, 2007).

Cabe salientar, contudo, que o mercado de drogas em São Paulo desde a década de 1980 era pensado como fragmentado e desorganizado, especialmente na medida em que o Rio de Janeiro era o ponto de referência para a comparação (Lessing, 2008; Misse, 2006). No Rio de Janeiro, a suposta organização do mercado varejista de drogas ilícitas remetia às facções criadas no sistema prisional ainda no final de década de 1970, com o surgimento do Comando Vermelho no Presídio da Ilha Grande (Amorim, 2005; Coelho, 2005 [1987]). Nas décadas seguintes, o Rio de Janeiro assistiu às disputas sangrentas travadas pelas facções pelo controle dos espaços urbanos onde o comércio varejista de drogas ilícitas se territorializava. Dissidências no Comando Vermelho deram origem a outros grupos — Terceiro Comando, Amigos dos Amigos — e a uma verdadeira guerra que, como tal, produziu como um de seus efeitos mais perversos uma "corrida armamentista" entre as facções para proteger seus territórios. As imagens de jovens, adolescentes e até crianças portando armas pesadas como fuzis e metralhadoras chocaram o mundo em diversas ocasiões. O papel ambíguo e igualmente perverso tanto da Polícia Civil quanto da Polícia Militar também contribuiu para o quadro conflituoso que a cidade do Rio de Janeiro apresentava nesse período (Misse, 2006; Zaluar, 1999, 2004).

Por sua vez, em São Paulo, o aumento dos crimes violentos durante as décadas de 1980 e 1990 era associado justamente à desorganização e à fragmentação do mercado de drogas ilícitas (Manso, 2012). A enorme quantidade e diversidade de fornecedores, distribuidores e vendedores de maconha, cocaína e crack — este último chega a São Paulo ainda nos anos 1980, embora apenas décadas depois chegará a outros grandes centros urbanos, como o Rio de Janeiro — configurava um mercado varejista de drogas ilícitas atomizado e pulverizado e, portanto, bastante instável e conflituoso. Diferentemente do Rio de Janeiro, não havia nenhum grupo ou organização que exercesse algum controle efetivo sobre esse mercado. Isso mudou radicalmente na segunda metade dos anos 1990, conforme já mencionado acima, com a criação e expansão do PCC dentro do sistema carcerário e, na primeira década de 2000, sobre os territórios urbanos onde o mercado varejista de drogas ilícitas já estava enraizado (Dias, 2013).

Foi a partir de 2006 que se tornou evidente, portanto, que a criminalidade organizada desse modo a partir das prisões paulistas havia adquirido uma capilaridade inédita, não apenas pela sua abrangência, mas, principalmente, pela capacidade de ação articulada e mobilização coletiva. Desde a eclosão dos acontecimentos de maio de 2006, um conjunto importante de estudos de natureza qualitativa, sobretudo etnográfica, tem apontado para o efeito da hegemonia do PCC em São Paulo sobre as dinâmicas sociais relacionadas ao mundo do crime, especialmente aquelas vinculadas aos conflitos existentes no mercado varejista de drogas ilícitas.

De acordo com a literatura existente, desde meados dos anos 2000 o PCC passou a ocupar uma posição hegemônica na economia ilícita no estado de São Paulo, principalmente no que se refere ao tráfico de drogas (Dias, 2013). A hegemonia no referido mercado foi alcançada a partir da consolidação da mencionada organização criminosa como instância de poder político e econômico dentro do espaço prisional e, na verdade, como uma decorrência direta dessa posição de poder (Dias, 2013).

A cidade e a dinâmica da violência

A emergência do crime organizado em São Paulo é um fenômeno que ainda enseja estudos históricos e sociológicos aprofundados. Embora desde meados do século passado processos embrionários indicativos da presença de crime organizado em partes das áreas centrais do município já pudessem ser observados em modalidades como jogos ilegais (especialmente jogo do bicho), prostituição e mesmo o varejo da venda de drogas ilícitas (mais propriamente maconha), é somente a partir dos anos 1980 que o fenômeno começa a ser observado nas prisões, sobretudo com a denúncia (nunca comprovada) da existência de um grupo denominado Serpentes Negras no sistema penitenciário do estado de São Paulo. Embora o nascimento do PCC nas prisões seja um fenômeno um pouco mais conhecido, dados os estudos recentes (Alvarez, Salla e Dias, 2013; Dias, 2013; Feltran, 2011), ainda estão para ser compreendidos os processos e mecanismos através dos quais ocorreu o transbordamento desde as prisões até a solidificação do poder do PCC nos "bairros periféricos" da capital paulista,[10] assim como pouco se sabe como ocorreu a "chegada" do PCC a esses bairros e a tais mercados ilícitos. O que se sabe é que foi uma decorrência subsequente à saída da prisão dos membros do PCC e que teve configurações locais bastante diferenciadas, dependentes de uma multiplicidade de fatores intervenientes. Dentre os fatores decisivos, no que diz respeito a essa transição em que o PCC aparece como protagonista na ordenação social do mundo do crime, ressaltam-se características da organização criminosa em suas relações prisão-bairros, em especial a natureza da relação previamente estabelecida — ou não — entre o portador da "disciplina do comando" e os donos das "bocas" locais naquele momento específico. Evidentemente, a existência prévia de relações de confiança e amizade facilitou essa transição. Relações prévias de conflitos, disputas ou desavenças são reproduzidas e amplificadas no momento de transição de regime de poder — da pulverização ao monopólio do poder (Dias, 2013) — que, neste sentido, assume uma face extremamente violenta.

Há certo consenso na literatura especializada quanto ao período em que essa transição teria ocorrido: entre o início e meados da década de 2000 (Feltran, 2010a, 2011; Telles e Hirata, 2010). A reconstrução analítica de processos econômicos, sociais e políticos das décadas de 1980 para a primeira década do século XXI sugere que o transbordamento do PCC das prisões para os bairros periféricos teve início por volta de 2000; em meados dessa década, esse novo ordenamento social está sobretudo fundamentado em

---

[10] O controle do PCC sobre os bairros que compõem a chamada periferia urbana da capital abrange todo o estado de São Paulo, em graus variados e de forma heterogênea.

novas práticas e comportamentos entre criminosos distintas daquelas até então vigentes no mundo tradicional do crime no contexto paulistano (Teixeira, 2012), e entre estes e pessoas não diretamente envolvidas com esse microuniverso social. Ele se estende a todos que circulam nos territórios onde esse ordenamento social tem vigência: familiares, amigos, vizinhos, moradores.

Progressivamente, a malha de relações entre os bairros que compõem a chamada periferia da cidade e o interior das prisões converge para reforçar a integração entre padrões de comportamento vigentes e recorrentes em ambos espaços sociais, em todos os planos da existência, sejam verticais ou horizontais. Novas normas de conduta passam a regular a mobilidade de moradores e transeuntes pelos bairros e pelas ruas, o contato com vizinhos e estranhos, os silêncios e os recatos, as informações, inclusive rumores que fluem dos bairros para as prisões e tomam o caminho inverso. Não é estranho também que a rígida regulação das condutas públicas e privadas preveja punições aos seus transgressores. Trata-se de um ordenamento supralocal — em suas origens, em suas configurações e em sua dinâmica — que se enraíza e é colocado em prática localmente.[11]

O monopólio do controle supralocal em mãos do PCC, exercido em microterritórios através de um encadeamento que é simultaneamente vertical (várias instâncias decisórias, as "Sintonias") e horizontal (as células regionalmente descentralizadas) faz com que essa organização venha se constituindo como instância de mediação e regulação do comércio de drogas ilícitas em São Paulo. Essa instância apresenta uma dimensão comercial, relativa à competição e distribuição de lucros, bem como uma dimensão política que diz respeito aos conflitos direta ou indiretamente relacionados a essa atividade econômica, embora não se restrinja ao conflito entre criminosos (Telles e Hirata, 2010; Dias, 2013), pois alcança os conflitos da vida cotidiana, tais como brigas entre casais, entre pais e filhos, entre vizinhos, a par de outras desordens locais como som elevado e algazarras de ruas promovidas por crianças, adolescentes e jovens adultos. Não raro, essas formas de controle local pretendem igualmente regular a presença ou distância da polícia e das instituições oficiais nesses bairros.

Tudo parece indicar que a monopolização dessa modalidade de controle nos territórios onde o PCC exerce influência acabou por bloquear o ciclo

---

[11] Sobre a estrutura organizacional do PCC, através da qual operam os controles sociais aqui destacados, ver Dias (2013).

de violência subjacente às formas de resolução de conflitos nos mercados ilícitos. Neste sentido, é destacada a importância do "debate". Embora não se possa dizer que esse mecanismo de resolução local de conflitos tenha sido criado pelo PCC, pode-se afirmar que o "Partido"[12] o consolidou como mediação extrajudicial nas disputas verificadas tanto nas prisões envolvendo membros da organização ou pertencentes a facções inimigas, quanto nos bairros e distritos sob seu controle. Trata-se de um mecanismo em que se articulam em cadeia os discursos sobre fatos, a discussão a respeito de eventuais transgressões e transgressores das normas impostas por meio da disciplina do Comando, os rituais de acusação, defesa e concurso de testemunhas — tudo convergindo para definição de eventual punição. Por vezes, os "debates" são absolutamente informais e realizam-se entre os envolvidos em pequenos conflitos diários em favelas e bairros populares. Noutras vezes, podem tomar mesmo a forma de um tribunal, muito sofisticado, que em alguns traços mimetiza o funcionamento da justiça estatal oficial (Feltran, 2010a: 255). De qualquer forma, a "legitimidade"[13] do debate é reivindicada pelos membros do PCC como uma forma democrática e justa de buscar soluções para algumas modalidades de conflito uma vez que permite a participação de todos os envolvidos e conta com a mediação de "terceiros", isto é, de indivíduos que ocupam uma posição considerada neutra para conduzir o processo a um desfecho esperado. Tudo indica que se trata de um mecanismo capaz de bloquear um eventual ciclo de vingança privada e, portanto, capaz de evitar ou interromper a violência (Dias, 2009).

Em outros termos: se antes o homicídio era um mecanismo amplamente disseminado para solucionar conflitos relacionados, por exemplo, ao mercado de drogas e que envolviam diretamente credor e devedor (Manso, 2012), com as transformações anteriormente mencionadas o PCC se consolida como instância de mediação, regulação e controle social. Importante, ainda, sublinhar que os efeitos do debate sobre a dinâmica da violência são dependentes do reconhecimento e de certa "legitimidade" do PCC, ao menos

---

[12] "Partido", "Comando" ou "Família" são outros termos utilizados pelos seus membros para designar o PCC.

[13] Embora alguns autores tenham se referido a tais mecanismos como dotados de legitimidade (Feltran, 2011; Dias, 2013), o conceito é mais complexo, envolve o tratamento de inúmeras questões teórico-metodológicas espinhosas (Tyler, 2006) e não parece se ajustar sem problemas a realidades empíricas e históricas determinadas, como o caso da expansão do PCC pelas prisões do sistema penitenciário paulista e por bairros da cidade de São Paulo, onde predominam famílias de trabalhadores de baixa renda.

por parte da população local. Por isso, as decisões tomadas nesta instância acabam acatadas por todos os envolvidos. Ainda assim, o êxito desse mecanismo, mesmo que precário, não significa dizer que a violência física tenha sido eliminada da vida social desses territórios. Ao contrário, tudo sugere que a regulação dos conflitos locais pelo PCC exerceu destacado papel na interrupção do ciclo de vinganças interpessoais e nos conflitos fatais entre membros de facções inimigas, ainda que não possa, pelo momento, aquilatar seu peso na redução das taxas de homicídio na cidade de São Paulo.

Neste sentido, esta modalidade de organização criminal configura-se como um ordenamento social que tem em seu centro essa instância de controle, de regulação e de mediação, que acaba por conformar uma nova dinâmica da violência nos territórios controlados pelos sujeitos inscritos no mundo do crime (as prisões e as periferias) em que a morte — através do homicídio — deixa de ocupar o lugar central que teve outrora, como instrumento privilegiado de solução de conflitos.

É exatamente aqui que essa discussão ganha relevância na questão central proposta neste capítulo. À medida que se logra constituir como uma instância de mediação e de regulação dos conflitos, nuclearizada em torno das posições ocupadas pelos membros do PCC que avocam para si a prerrogativa de impor ou bloquear a violência física — em certo sentido, o direito de vida e morte a que se referia Foucault (1999) —, o homicídio se desloca e deixa de ocupar a posição central de outrora e passa a cumprir papel coadjuvante nesse novo ordenamento social. Ainda que não se possa mensurar o efetivo peso dessas formas de regulação na redução das taxas de homicídio em São Paulo, desde o início dos anos 2000 — há certamente o concurso de outros fatores, combinados de forma singular entre si —, tudo indica que a nova configuração do crime no circuito prisão-bairros-prisão exerceu destacada influência nessa queda, cuja caracterização foi apontada no início deste capítulo. Alguns estudos têm insistido e confirmado essa influência (Dias, 2013; Feltran, 2010a; Telles e Hirata, 2010). Aliás, não se trata de um fenômeno inteiramente novo e desconhecido da literatura especializada internacional, pois situação semelhante havia sido anotada no caso dos conflitos e homicídios associados ao narcotráfico na Colômbia (Rico, 2013).

De fato, os dados quantitativos acima apresentados apontam para a importância significativa da presença de organizações criminosas no que diz respeito às taxas de homicídios. Essa correlação é corroborada pelos estudos etnográficos anteriormente mencionados que apontam a centralidade adquirida por figuras do mundo do crime — notadamente vinculada ao comércio de drogas ilícitas e ao PCC — na regulação e na mediação dos conflitos existentes nos territórios onde, historicamente, a presença das agências estatais é marcada pela arbitrariedade, pela violência e pela corrupção.

Num contexto onde o comércio ilícito, notadamente de drogas, é proeminente, as estruturas formais encontram limites evidentes para se constituírem como instâncias legítimas de regulação dos conflitos. Adquirem importância as modalidades informais, extraoficiais de "justiça" ou de "justiçamento", em que a violência física ganha centralidade (Dias, 2009; Feltran, 2010a, 2010b). O ordenamento social constituído a partir da expansão do PCC parece ter logrado êxito em construir uma forma de regulação dos conflitos que reduzem o espaço social para desfechos fatais.

É importante sublinhar que o quadro expresso através dos dados estatísticos não autoriza compreender essa nova configuração social como menos violenta. A partir dos dados estatísticos e dos estudos etnográficos, é possível admitir que a atuação do PCC produz um efeito, provavelmente não desprezível, sobre as taxas de homicídios na medida em que a organização criminosa exerce poder de regulação sobre as mortes. Neste sentido, esse efeito pode ocorrer tanto no sentido da redução significativa dessas taxas quanto na manutenção de um cenário onde as taxas de homicídios permanecem altas. Portanto, tudo sugere que o poder de regulação sobre as mortes é exercido e tem efeitos distintos, conforme as características do bairro, a presença ou não de instituições encarregadas de prover justiça social e segurança pública, a natureza dos vínculos sociais entre os moradores e entre estes e as instituições sociais, bem como a natureza mais ou menos conflitiva das relações entre as organizações criminosas e os habitantes desses bairros, que compõem a chamada periferia das regiões metropolitanas. Conforme já sugerido, há muitas "São Paulos", e essa heterogeneidade — em termos de infraestrutura, de padrões demográficos, de níveis socioeconômicos e tantas outras variáveis mobilizadas para explicar as especificidades dessas localidades — também se reflete na configuração desse novo ordenamento social do mundo do crime.

Esse novo ordenamento social do crime, fundamentado em formas singulares e extraoficiais de regulação e mediação de conflitos — que tem no direito particular de punir (monopólio de alguns integrantes do PCC) e na regulação da morte seus eixos estruturantes —, foi forjado e se exerce nos interstícios de uma complexa e historicamente constituída trama de relações sociais enraizadas nesses bairros. Ela envolve múltiplas disputas e conflitos, uma miríade de alianças, rupturas e alinhamentos que acabam por moldar a vida cotidiana desses moradores. Enquanto uma história social local que dê conta desses processos e dessas dinâmicas permaneça tarefa inconclusa, tais fenômenos só podem ser parcialmente compreendidos.

Algumas décadas atrás, a sociologia urbana sobre São Paulo, que se preocupava em descrever a vida dos moradores nos bairros — seu cotidiano, as relações entre classes sociais e entre gerações, os modos de produzir e distribuir a riqueza, o funcionamento dos mercados de trabalho e do mercado consumidor —, pouca ou nenhuma atenção conferiu à presença do crime. No máximo, o crime e os criminosos eram vistos como patologias sociais que seriam superadas com a marcha da industrialização, da urbanização e da modernização econômica, social e institucional. Em particular, esperava-se, por um lado, que o crescimento econômico e o desenvolvimento social reduziriam as oportunidades de atração e de inserção de jovens no que era, em meados dos anos 1970 do século passado, nomeado como marginalidade social, em especial em seus efeitos sobre a delinquência juvenil. Por outro, esperava-se que haveria fortes investimentos no sistema de justiça criminal, particularmente nas polícias civil e militar, que repercutiriam em um controle legal da ordem pública mais efetivo.

Embora tanto o crescimento econômico e o desenvolvimento social quanto uma relativa modernização institucional tenham tido marcha e conhecido aceleração a partir da primeira década deste século, contribuindo para redução das desigualdades sociais, nada disso bloqueou a chegada do crime violento e sobretudo de suas formas cada vez mais organizadas em moldes empresariais. O crime veio para compor o cenário cotidiano da cidade. Se para uma parte urbana, onde preferencialmente habitam moradores pertencentes às classes médias e altas, o crime repercute em sentimentos de medo e insegurança — visível nas estatísticas de crime contra o patrimônio e contra a pessoa, na reorganização dos comportamentos coletivos nas ruas e nos espaços públicos, na regulação da proximidade e distância entre classes sociais —, para os moradores dos bairros que compõem a chamada periferia urbana, o crime, os criminosos e suas organizações não constituem figuras estranhas ou estrangeiras. Fazem parte da vizinhança, ditam as regras locais de convivência, arbitram conflitos, regulam mortes. A despeito da heterogeneidade da distribuição das mortes intencionais na cidade de São Paulo, o crime e suas organizações vieram, paradoxalmente, em uma era de reconhecidos avanços econômicos, sociais e da própria vida democrática, a aprofundar desigualdades e segregar ainda mais o território urbano.

A cidade e a dinâmica da violência

BIBLIOGRAFIA

ABREU, Daisy M. X.; RODRIGUES, Roberto N. (2000). "Diferenciais de mortalidade entre as regiões metropolitanas de Belo Horizonte e Salvador, 1985-1995". *Revista de Saúde Pública*, vol. 34, nº 5, pp. 514-21.

ADORNO, Sérgio (1991a). "O sistema de administração da Justiça Criminal: fragmentação e conflito no caso paulista". *Caderno de Pesquisas*, vol. 2, São Paulo, Secretaria de Ciência, Tecnologia e Desenvolvimento Econômico, pp. 80-2.

_____ (1991b). "Sistema penitenciário no Brasil: problemas e desafios". *Revista USP*, nº 9, São Paulo, Universidade de São Paulo, pp. 65-78.

_____ (1993). "A criminalidade urbana violenta no Brasil: um recorte temático". *BIB — Boletim Informativo e Bibliográfico de Ciências Sociais*, nº 35, ANPOCS, pp. 3-24.

_____ (2002). "Exclusão socioeconômica e violência urbana". *Sociologias*, vol. 8, nº 1, pp. 84-135.

_____ (2009). "Análise de Pesquisa: Segurança". In: *DNA paulistano*. São Paulo: Publifolha, pp. 359-62.

ADORNO, Sérgio; SALLA, Fernando (2007). "Criminalidade organizada nas prisões e os ataques do PCC". *Estudos Avançados*, IEA-USP, vol. 21, nº 61, pp. 7-29.

AKERMAN, Marco; BOUSQUAT, Aylene (1999). "Mapas de risco de violência". *São Paulo em Perspectiva*, vol. 13, nº 4, pp. 112-20.

ALMEIDA, Eduardo S.; HADDAD, Eduardo A.; HEWINGS, Geoffrey J. D. (2005), "The Spatial Pattern of Crime in Minas Gerais: An Exploratory Analysis". *Economia Aplicada*, vol. 9, nº 1, pp. 39-55.

ALMEIDA, Ronaldo; D'ANDREA, Tiarajú; DE LUCCA, Daniel (2008). "Situações periféricas: etnografia comparada de pobrezas urbanas". *Novos Estudos*, Cebrap, vol. 82, pp. 109-30.

ALVAREZ, Marcos C.; SALLA, Fernando; DIAS, Camila N. (2013). "Das Comissões de Solidariedade ao Primeiro Comando da Capital em São Paulo", *Tempo Social — Revista de Sociologia da USP*, vol. 25, nº 1, pp. 61-82.

AMORIM, Carlos (2005). *CV-PCC: a irmandade do crime*. Rio de Janeiro: Record.

ANDREUCCETTI, Gabriel; CARVALHO, Heráclito B.; PONCE, Júlio C.; CARVALHO, Débora G.; KAHN, Túlio; MUÑOZ, Daniel R.; LEYTON, Vilma (2009). "Alcohol Consumption in Homicide Victims in the City of São Paulo". *Addiction Journal*, vol. 104, nº 10, pp. 1.998-2.006.

ASSUNÇÃO, Renato M. (1996). "Mapas de mortalidade". *Encontro Nacional de Estudos Populacionais*, vol. 10, pp. 2.443-57.

ASSUNÇÃO, Renato M.; BARRETO, Sandhi M.; GUERRA, Henrique L.; SAKURAI, Emília (1998). "Mapas de taxas epidemiológicas: uma abordagem bayesiana". *Cadernos de Saúde Pública*, vol. 14, nº 4, pp. 713-23.

BEATO, Claudio C. (1998). "Determinantes da criminalidade em Minas Gerais". *Revista Brasileira de Ciências Sociais*, vol. 13, nº 37, pp. 74-89.

BEATO, Cláudio C.; ASSUNÇÃO, Renato M.; SILVA, Bráulio F. A.; MARINHO, Frederico C.; REIS, Ilka A.; ALMEIDA, Maria C. M. (2001). "Conglomerados de homicídios e o tráfico de drogas em Belo Horizonte". *Cadernos de Saúde Pública*, vol. 17, nº 5, pp. 1.163-71.

BEATO, Claudio C.; REIS, Ilka A. (1999). "Desigualdade, desenvolvimento socioeconômico e crime". In: BARROS, Ricardo Paes de; HENRIQUES, Ricardo; MENDONÇA, Rosane (orgs.). *Desigualdade e pobreza no Brasil: retrato de uma estabilidade inaceitável*. Rio de Janeiro: IPEA, pp. 385-404.

BIDERMAN, Ciro; MELLO, João; SCHNEIDER, Alexandre (2010). "Dry Laws and Homicides: Evidence from the São Paulo Metropolitan Area". *The Economic Journal*, vol. 120, nº 543, pp. 157-82.

CALDEIRA, Teresa P. R. (1989). "Ter medo em São Paulo". In: BRANT, Vinícius Caldeira (org.). *São Paulo: trabalhar e viver*. São Paulo: Brasiliense, pp. 151-67.

_____ (2000), *Cidade de muros: crime, segregação e cidadania em São Paulo*. São Paulo: Editora 34/Edusp.

CAMARGO, Eduardo C. G.; DRUCK, Suzana; MONTEIRO, Antônio M. V.; FREITAS, Corina C.; CÂMARA, Gilberto (2008). "Mapeamento do risco de homicídio com base na co-krigeagem binomial e simulação: um estudo de caso para São Paulo, Brasil". *Cadernos de Saúde Pública*, vol. 24, nº 7, pp. 1.493-508.

CANO, Ignácio; SANTOS, N. (2001) *Violência letal, renda e desigualdade social no Brasil*. Rio de Janeiro: 7 Letras.

CARVALHO, Marilia S.; CRUZ, Oswaldo G.; NOBRE, Flávio F. (1997). "Perfil de risco: método multivariado de classificação sócio-econômica de microáreas urbanas — os Setores Censitários da região metropolitana do Rio de Janeiro". *Cadernos de Saúde Pública*, vol. 13, nº 4, pp. 635-45.

CARVALHO, Marilia S.; CRUZ, Oswaldo G. (1998). "Mortalidade por causas externas: análise exploratória espacial da região Sudeste do Brasil". *XI Encontro Nacional de Estudos Populacionais, Anais*. Caxambu: ABEP.

CECCATO, Vânia; HAINING, Robert; KAHN, Tulio (2007). "The Geography of Homicide in São Paulo, Brazil". *Environment and Planning A*, vol. 39, nº 7, pp. 1.632-53.

CERQUEIRA, Daniel R. C.; MELLO, João Manoel Pinho de (2012). "Menos armas, menos crimes". Texto para Discussão 1.721. Brasília: IPEA.

COELHO, Edmundo Campos (1978). *A ecologia do crime*. Relatório de Pesquisa. Rio de Janeiro: IUPERJ.

_____ (1988). "A criminalidade urbana violenta". *Dados*, vol. 31, nº 2, pp. 145-83.

_____ (2005 [1987]). *A oficina do diabo e outros estudos sobre criminalidade*. Rio de Janeiro: Record.

CRUZ, Marcus Vinícius Gonçalves da; BATITUCCI, Eduardo Cerqueira (orgs.) (2007). *Homicídios no Brasil*. Rio de Janeiro: Editora FGV.

DIAS, Camila N. (2009). "Ocupando as brechas do direito formal: o PCC como instância alternativa de resolução de conflitos". *Dilemas — Revista de Estudos de Conflito e Controle Social*, Rio de Janeiro, vol. 2, pp. 83-105.

_____ (2013). *PCC: hegemonia nas prisões e monopólio da violência*. São Paulo: Saraiva.

FAUSTO, Boris (2001). *Crime e cotidiano: a criminalidade em São Paulo (1880-1924)*. São Paulo: Edusp.

FÓRUM BRASILEIRO DE SEGURANÇA PÚBLICA (FBSP) (2011). *Anuário Brasileiro de Segurança Pública*, vol. 5, São Paulo, SENASP (Secretaria Nacional de Segurança Pública).

FELTRAN, Gabriel (2010a). "Crime e castigo na cidade: os repertórios da Justiça e a questão do homicídio nas periferias de São Paulo". *Cadernos CRH*, vol. 23, n° 58, pp. 59-73.

_____ (2010b). "Margens da política, fronteiras da violência: uma ação coletiva das periferias de São Paulo". *Lua Nova*, vol. 79, pp. 201-33.

_____ (2011). *Fronteiras de tensão: política e violência nas periferias de São Paulo*. São Paulo: Editora Unesp.

FONZAR, Udelysses J. V. (2008). "Análise espacial da mortalidade por causas externas no município de Maringá, estado do Paraná, 1999 a 2001". *Acta Scientiarum. Health Science*, vol. 30, n° 2, pp. 145-54.

FOUCAULT, Michel (1999). *Em defesa da sociedade (curso no Collège de France, 1975-76)*. São Paulo: Martins Fontes.

GODÓI, Rafael (2010). "Ao redor e através da prisão: cartografias do dispositivo carcerário contemporâneo". Dissertação de mestrado (Sociologia), Universidade de São Paulo.

GOERTZEL, Ted; KAHN, Tulio (2009). "The Great São Paulo Homicide Drop". *Homicide Studies*, vol. 13, n° 4, pp. 398-410.

HIRATA, Daniel V. (2010). "Sobreviver na adversidade: entre o mercado e a vida". Tese de doutorado (Sociologia), Universidade de São Paulo.

INSTITUTO BRASILEIRO DE GEOGRAFIA E ESTATÍSTICA (IBGE) (2004). *Síntese de indicadores sociais*. Rio de Janeiro: IBGE.

KOWARICK, Lúcio (1987). *Trabalho e vadiagem: a origem do trabalho livre no Brasil*. São Paulo: Brasiliense.

LEEDS, Elizabeth (2003). "Cocaína e poderes paralelos na periferia urbana brasileira: ameaças à democratização em nível local". In: ZALUAR, Alba; ALVITO, Marcos (orgs.). *Um século de favela*. Rio de Janeiro: Editora FGV, pp. 233-76.

LESSING, Benjamin (2008). "As facções cariocas em perspectiva comparada". *Novos Estudos*, Cebrap, São Paulo, n° 80, pp. 43-62.

LIMA, Maria L. C.; SOUZA, Edinilsa R.; XIMENES, Ricardo; ALBUQUERQUE, Maria F.; BITOUN, Jan; A BARROS, Maria D. (2002). "Evolução dos homicídios por área geográfica em Pernambuco entre 1980 e 1998". *Revista de Saúde Pública*, vol. 36, n° 4, pp. 462-9.

LIMA, Renato S. (2005). "Contando crimes e criminosos em São Paulo: uma sociologia das estatísticas produzidas e utilizadas entre 1871 e 2000". Tese de doutorado (Sociologia), Universidade de São Paulo.

_____ (2009). "Criminalidade violenta e homicídios em São Paulo: fatores explicativos e movimentos recentes". Paper apresentado no seminário "Crime, Violência e Cidade", São Paulo, Universidade de São Paulo, Programa de Pós-Graduação em Sociologia/NEV-USP.

LIMA, Roberto K.; MISSE, Michel; MIRANDA, Ana P. M. (2000). "Violência, criminalidade, segurança pública e justiça criminal no Brasil: uma bibliografia". *BIB — Revista Brasileira de Informação Bibliográfica em Ciências Sociais*, nº 50, pp. 45-123.

MACHADO DA SILVA, Luiz A. (org.) (2008). *Vida sob cerco: violência e rotina nas favelas do Rio de Janeiro*. Rio de Janeiro: Nova Fronteira.

MANSO, Bruno Paes (2012). "Crescimento e queda dos homicídios em São Paulo entre 1960 e 2010: uma análise dos mecanismos da escolha homicida e das carreiras no crime". Tese de doutorado (Ciência Política), Universidade de São Paulo.

MELLO, João M. P.; SCHNEIDER, Alexandre (2007). "Mudança demográfica e a dinâmica dos homicídios no estado de São Paulo". *São Paulo em Perspectiva*, vol. 21, nº 1, pp. 19-30.

MINGARDI, Guaracy (2007). "O trabalho da inteligência no controle do crime organizado". *Estudos Avançados*, IEA-USP, vol. 21, nº 61, pp. 51-69.

MIRAGLIA, Paula (2011). "Homicídios: guias para a interpretação da violência na cidade". In: KOWARICK, Lúcio; MARQUES, Eduardo (orgs.). *São Paulo: novos percursos e atores — sociedade, cultura e política*. São Paulo: Editora 34/CEM.

MISSE, Michel (2006). *Crime e violência no Brasil contemporâneo: estudos de sociologia do crime e da violência urbana*. Rio de Janeiro: Lumen Juris.

NERY, Marcelo Batista (2006). *Gestão urbana: sistemas de informação geográfica e o estudo da criminalidade no município de São Paulo*. Dissertação de mestrado, São José dos Campos, Instituto Nacional de Pesquisas Espaciais. Disponível em: <http://mtc-m17.sid.inpe.br/col/sid.inpe.br/MTC-m13@80/2006/05.15.13.59/doc/publicacao.pdf> (acesso em 9/1/2014).

NERY, Marcelo B.; MONTEIRO, Antônio M. (2006). "Análise intraurbana dos homicídios dolosos no município de São Paulo". *XVI Encontro Nacional de Estudos Populacionais, Anais*. Caxambu: ABEP.

NERY, Marcelo B.; PERES, Maria F. T.; CARDIA, Nancy; VICENTIN, Diego; ADORNO, Sérgio (2012). "Regimes espaciais: dinâmica dos homicídios dolosos na cidade de São Paulo entre 2000 e 2008". *Revista Panamericana de Salud Pública*, vol. 32, nº 6, pp. 405-12.

NERY, Marcelo B.; LINO DE SOUZA, Altay; PERES, Maria F. T.; CARDIA, Nancy; ADORNO, Sérgio (2014). "Homicídios dolosos na cidade de São Paulo: fatores associados à queda entre 2000 e 2010". *Revista Brasileira de Segurança Pública*, vol. 8, nº 2, pp. 32-47.

PAES, Neir Antunes (2007). "Qualidade das estatísticas de óbitos por causas desconhecidas dos estados brasileiros". *Revista de Saúde Pública*, vol. 41, nº 3, São Paulo, Universidade de São Paulo, pp. 436-45.

A cidade e a dinâmica da violência

PAIM, Jarnilson S.; COSTA, Maria C. N.; MASCARENHAS, Joane C.; SILVA, Lígia M. V. (1999). "Distribuição espacial de violência: mortalidade por causas externas em Salvador (Bahia), Brasil". *Revista Panamericana de Salud Pública*, vol. 6, pp. 321-32.

PAIXÃO, Antônio L. (1983). "Crimes e criminosos em Belo Horizonte, 1932-1978". In: PINHEIRO, Paulo Sérgio (org.). *Crime, violência e poder*. São Paulo: Brasiliense, pp. 13-44.

PERES, Maria F. T.; VICENTIN, Diego; NERY, Marcelo B.; LIMA, Renato S.; SOUZA, Edinilsa R.; CERDA, Magdalena; CARDIA, Nancy; ADORNO, Sérgio (2011). "Queda dos homicídios em São Paulo, Brasil: uma análise descritiva". *Revista Panamericana de Salud Pública*, vol. 29, nº 1, pp. 17-26.

RICO, Daniel M. (2013). *La dimensión internacional del crimen organizado en Colombia: las bacrim, sus rutas y refúgios*. Washington D.C.: Wilson Center/Latin America Program.

ROLNIK, Raquel (2001). "Territorial Exclusion and Violence: The Case of the State of São Paulo, Brazil". *Geoforum*, vol. 32, nº 4, pp. 471-82.

SALLA, Fernando (2003). "Os impasses da democracia brasileira: o balanço de uma década de políticas para as prisões no Brasil". *Lusotopie*, pp. 419-35.

_____ (2006). "As rebeliões nas prisões: novos significados a partir da experiência brasileira". *Sociologias*, ano 8, nº 16, pp. 274-307.

_____ (2007). "De Montoro a Lembo: as políticas penitenciárias em São Paulo". *Revista Brasileira de Segurança Pública*, ano 1, nº 1, pp. 72-90.

_____ (2008). "Considerações sociológicas sobre o crime organizado no Brasil". *Revista Brasileira de Ciências Criminais*, vol. 71, pp. 364-90.

SANTOS, Alexandre E. dos; RODRIGUES, Alexandre L.; LOPES, Danilo L. (2005). "Aplicações de estimadores bayesianos empíricos para análise espacial de taxas de mortalidade". *GeoInfo*, nº 7, pp. 300-9.

SANTOS, Márcia Andréia Ferreira (2006). *Análise da espacialização dos homicídios na cidade de Uberlândia/MG*. Dissertação de mestrado (Geografia), Universidade Federal de Uberlândia.

SANTOS, Simone M. (1999). "Homicídios em Porto Alegre, 1996: análise ecológica de sua distribuição e contexto socioespacial". Dissertação de mestrado (Saúde Pública), Fundação Oswaldo Cruz, Rio de Janeiro.

SANTOS, Simone M.; BARCELLOS, Christovam; CARVALHO, Marilia S. (2006). "Ecological Analysis of the Distribution and Socio-Spatial Context of Homicides in Porto Alegre, Brazil", *Health Place*, vol. 12, nº 1, pp. 38-47.

SANTOS, Simone M.; BARCELLOS, Christovam; CARVALHO, Marilia S.; FLÔRES, Rui (2001). "Detecção de aglomerados espaciais de óbitos por causas violentas em Porto Alegre, Rio Grande do Sul, Brasil, 1996". *Cadernos de Saúde Pública*, vol. 17, nº 5, pp. 1.141-51.

SANTOS, Simone M.; NORONHA, Claudio P. P. (2001). "Padrões espaciais de mortalidade e diferenciais sócio-econômicos na cidade do Rio de Janeiro". *Cadernos de Saúde Pública*, vol. 17, nº 5, pp. 1.099-110.

SEADE (FUNDAÇÃO SISTEMA ESTADUAL DE ANÁLISE DE DADOS) (2005). "Mortes por atos violentos em São Paulo: a importância de informações complementares". *SP Demográfico*, vol. 5, nº 3, pp. 1-15.

SECRETARIA MUNICIPAL DE PLANEJAMENTO DE SÃO PAULO (SEMPLA) (2008). *Olhar São Paulo*. São Paulo: Secretaria Municipal de Planejamento.

SERAFIM, Paula M.; MELLO, Marcelo F. (2010). "Transtornos de estresse agudo e pós-traumático". *SMAD — Revista Eletrônica Saúde Mental, Álcool e Drogas*, vol. 6, nº especial, pp. 460-70.

SOARES, Gláucio Ary Dillon (2008). *Não matarás: desenvolvimento, desigualdade e homicídios*. Rio de Janeiro: FGV.

SOARES, Gláucio Ary Dillon; SAPORI, Luís Flávio (2014). *Por que cresce a violência no Brasil?* Belo Horizonte: PUC-Minas/Autêntica.

SOARES, Rodrigo R. (2004a). "Crime Reporting as a Measure of Institutional Development". *Economic Development and Cultural Change*, vol. 52, nº 4, The University of Chicago Press, pp. 851-71.

_____ (2004b). "Development, Crime, and Punishment: Accounting for the International Differences in Crime Rates". *Journal of Development Economics*, vol. 73, pp. 155-84.

SOUZA, Edinilsa R. (1994). "Homicídios no Brasil: o grande vilão da saúde pública na década de 80". *Cadernos de Saúde Pública*, vol. 10, supl. 1, pp. 45-60.

SZWARCWALD, Célia L.; CASTILHO, Euclides A. (1998). "Mortalidade por armas de fogo no estado do Rio de Janeiro, Brasil: uma análise espacial". *Revista Panamericana de Salud Pública*, vol. 4, nº 3, pp. 161-70.

TEIXEIRA, Alessandra (2012). "Construir a delinquência, articular a criminalidade: um estudo sobre a gestão dos ilegalismos na cidade de São Paulo". Tese de doutorado (Sociologia), Universidade de São Paulo.

TELLES, Vera da Silva; HIRATA, Daniel V. (2010). "Ilegalismos e jogos de poder em São Paulo". *Tempo Social — Revista de Sociologia da USP*, vol. 22, nº 2, São Paulo, pp. 39-59.

TYLER, Tom R. (2001). "Public Trust and Confidence in Legal Authorities: What do Majority and Minority Group Members Want from the Law and Legal Institutions?". *Behavioral Sciences & the Law*, vol. 19, nº 2, pp. 215-35.

_____ (2006). *Why People Obey the Law*. Princeton/Oxford: Princeton University Press.

VILLAÇA, Flávio (1998). *Espaço intraurbano no Brasil*. São Paulo: Studio Nobel.

WAISELFISZ, Julio J. (2011). *Mapa da violência 2011: os jovens no Brasil*. São Paulo/Brasília: Instituto Sangari/Ministério da Justiça.

ZALUAR, Alba (1985). *A máquina e a revolta: as organizações populares e o significado da pobreza*. São Paulo: Brasiliense.

_____ (1994a). "Violência, crime organizado e poder: a tragédia brasileira e seus desafios". In: VELLOSO, João P. R. (org.). *Governabilidade, sistema político e violência urbana*. Rio de Janeiro: José Olympio, pp. 35-52.

A cidade e a dinâmica da violência

_____ (1994b). *Condomínio do diabo*. Rio de Janeiro: Revan/UFRJ.

_____ (1997). "O crime e a não cidadania: os males do Brasil". In: BIRMAN, Patricia; NOVAES, Regina; CRESPO, Samira (orgs). *O mal à brasileira*. Rio de Janeiro: EdUERJ.

_____ (1999). "Violência e crime". In: MICELI, Sergio (org.). *O que ler na ciência social brasileira (1979-1995) — Antropologia*. São Paulo: Ed. Sumaré/ANPOCS, pp. 13-107.

_____ (2004). *Integração perversa: pobreza e tráfico de drogas*. Rio de Janeiro: Editora FGV.

Sobre os autores

CAMILA NUNES DIAS é mestre e doutora em Sociologia (USP), professora adjunta da Universidade Federal do ABC (UFABC), atual Coordenadora do Programa de Pós-Graduação em Ciências Humanas e Sociais da UFABC, pesquisadora colaboradora do NEV-USP, vice-presidente do Conselho da Comunidade da Comarca de São Paulo e associada ao Fórum Brasileiro de Segurança Pública.

CAROLINA REQUENA é pesquisadora júnior do Centro de Estudos da Metrópole (CEM/Cebrap), onde integra o grupo de pesquisa Política do Urbano. É doutoranda no Departamento de Ciência Política da Universidade de São Paulo (DCP-USP), no qual desenvolveu pesquisa de mestrado sobre políticas públicas municipais de mobilidade urbana em São Paulo.

EDUARDO MARQUES é professor livre-docente do Departamento de Ciência Política da USP e pesquisador do Centro de Estudos da Metrópole (CEM/Cebrap), onde integra o grupo de pesquisa Política do Urbano. Atualmente é presidente do Research Commitee 21: Urban and Regional Development, da International Sociological Association (ISA).

ESTHER HAMBURGER é professora livre-docente do Departamento de Cinema, Rádio e Televisão da ECA-USP. É PhD em Antropologia pela Universidade de Chicago, crítica e ensaísta. Publicou o livro *O Brasil antenado* (2005), além de vários artigos em periódicos, capítulos de livros e artigos na imprensa diária. Atualmente coordena o Laboratório de Investigação e Crítica Audiovisual e é vice-diretora do CINUSP.

FRAYA FREHSE é professora do Departamento de Sociologia da USP, onde coordena o Núcleo de Estudos e Pesquisas em Sociologia do Espaço. Mestre e doutora em Antropologia Social (pela USP), com pós-doutorado em Sociologia da Cidade (pela Universidade Livre de Berlim e Universidade Humboldt). É autora, entre outros, dos livros *O tempo das ruas na São Paulo de fins do Império* (2005) e *Ô da rua!* (2011).

GUILHERMO ANDRÉ ADERALDO é doutor em Antropologia Social pela Universidade de São Paulo (USP) e membro do Grupo de Estudos de Antropologia da Cidade (GEAC) na mesma instituição. Desde 2009 o pesquisador tem se dedicado ao estudo do impacto das novas ferramentas comunicativas nas formas contemporâneas de engajamento e atuação estética e política na vida cultural dos grandes centros urbanos.

HEITOR FRÚGOLI JR. é professor livre-docente do Departamento de Antropologia da USP e coordenador do Grupo de Estudos de Antropologia da Cidade (USP). Foi professor titular da Cátedra de Estudos Brasileiros da Universidade de Leiden (2010) e Directeur d'Études da École des Hautes Études en Sciences Sociales (2013). É pesquisador do CNPq desde 2005 e tem várias obras publicadas no campo da antropologia da cidade.

LÚCIO KOWARICK é professor titular do Departamento de Ciência Política da USP. Publicou diversos livros, entre os quais *Viver em risco* (Prêmio Jabuti de 2010). Recebeu em 2013 o Prêmio Florestan Fernandes (SBS), pela contribuição ao desenvolvimento da sociologia no Brasil. Foi chefe de departamento durante seis anos e membro do Conselho Universitário, trabalhou no Cebrap (1970-1975) e no Cedec (décadas de 1980 e 1990).

LUIZ KOHARA é secretário executivo do Centro Gaspar Garcia de Direitos Humanos e doutor em Arquitetura e Urbanismo pela FAU-USP. Atua como pesquisador e militante de movimentos populares, políticas públicas, habitação precária, direitos humanos, população em situação de rua e educação popular. Participou de diversas publicações, como *Cortiços em São Paulo* (2006) e *Ambulantes e o direito à cidade* (2013).

MARCELO BATISTA NERY é doutorando em Sociologia pela USP e mestre em Sensoriamento Remoto pelo Instituto Nacional de Pesquisas Espaciais (INPE, 2006). Atualmente, é pesquisador do NEV-USP, do NEV/CEPID/ FAPESP e consultor. Entre suas áreas de pesquisa se encontram a sociologia da violência, a geoinformação, as fontes de dados demográficos, e os métodos e técnicas de pesquisa quantitativa.

MÁRCIO MACEDO é bacharel em Ciências Sociais e mestre em Sociologia pela Universidade de São Paulo (USP). Atualmente é professor do curso de Comunicação Social da FIAM-FAAM Centro Universitário e doutorando em Sociologia na The New School for Social Research (NSSR), pesquisando hip-hop, política e cultura.

MAURA PARDINI BICUDO VÉRAS é doutora e livre-docente em Ciências Sociais, professora titular de Sociologia do Programa de Estudos Pós-Graduados em Ciências Sociais da PUC-SP e pesquisadora bolsista produtividade do CNPq. Entre outros livros, escreveu *Trocando olhares: uma introdução à construção sociológica da cidade* (2000) e *DiverCidade: territórios estrangeiros como topografia da alteridade em São Paulo* (2003).

RACHEL MENEGUELLO é professora titular do Departamento de Ciência Política da Unicamp e pesquisadora associada do Centro de Estudos de Opinião Pública da mesma universidade. É pesquisadora do CNPq e membro do Comparative Study of Electoral Systems Project, na Universidade de Michigan. Suas áreas de pesquisa e publicação são organização partidária, comportamento político e eleições.

SÉRGIO ADORNO é professor titular em Sociologia, com pós-doutorado no Centre de Recherches Sociologiques sur le Droit et les Institutions Pénales (CESDIP). Atualmente é coordenador do NEV/USP, diretor da FFLCH-USP (2012-2016), do NEV-CEPID/USP e do INCT-CNPq Democracia, Violência e Segurança Cidadã (2009-2016). Foi coordenador da Cátedra UNESCO de Direitos Humanos (2007-2015). Suas áreas de pesquisa são a sociologia política e a sociologia da violência.

STELLA ZAGATTO PATERNIANI é mestre em Antropologia Social pela Unicamp (2013) e doutoranda em Antropologia Social na UnB, com bolsa do CNPq. Faz parte do Núcleo de Pesquisa em Participação, Movimentos Sociais e Ação Coletiva (Nepac/Unicamp) e do Grupo de Estudos em Teoria Antropológica (Gesta/UnB). Interessa-se pelas áreas de antropologia e ciência política.

SUZANA PASTERNAK tem graduação em Arquitetura e Urbanismo pela Universidade Presbiteriana Mackenzie (1966), especialização em Demografia pela Universidade de São Paulo (1970), mestrado em Saúde Pública pela Universidade de São Paulo (1975), doutorado em Saúde Pública pela Universidade de São Paulo (1983) e livre-docência pela FAU-USP. Atualmente é professora titular da USP e pesquisadora 1A do CNPq.

Taniele Rui é mestre (2007) e doutora (2012) em Antropologia Social pela Universidade Estadual de Campinas (Unicamp). Atualmente realiza pós-doutorado no Núcleo de Etnografias Urbanas, do Centro Brasileiro de Análise e Planejamento (Cebrap), é professora convidada na Fundação Escola de Sociologia e Política de São Paulo (FESPSP) e membro do Conselho Nacional de Políticas sobre Drogas (CONAD).

Telma Hoyler é pesquisadora júnior do Centro de Estudos da Metrópole (CEM/Cebrap), onde integra o grupo de pesquisa Política do Urbano. É mestre em Ciência Política pela Universidade de São Paulo (DCP-USP), onde desenvolveu pesquisa sobre incorporação imobiliária e intermediação de interesses.

ESTE LIVRO FOI COMPOSTO EM SABON,
PELA BRACHER & MALTA, COM CTP DA
NEW PRINT E IMPRESSÃO DA GRAPHIUM
EM PAPEL PÓLEN SOFT 70 G/M² DA CIA.
SUZANO DE PAPEL E CELULOSE PARA A
EDITORA 34, EM MARÇO DE 2016.